U0928169

中译翻译文库

刘宓庆翻译论著精选集之四

中西翻译思想比较研究

刘宓庆 著

中国出版集团
中译出版社

图书在版编目(CIP)数据

中西翻译思想比较研究 / 刘宓庆著．—北京：中译出版社，2019.5（2020.2重印）
（中译翻译文库．刘宓庆翻译论著精选集）
ISBN 978-7-5001-5942-1

Ⅰ. ①中… Ⅱ. ①刘… Ⅲ. ①翻译理论-对比研究-中国、西方国家 Ⅳ. ①H059

中国版本图书馆CIP数据核字（2019）第056671号

出版发行 / 中译出版社
地　　址 / 北京市西城区车公庄大街甲4号物华大厦6层
电　　话 / (010) 68359827（发行部）；53601537（编辑部）
邮　　编 / 100044
传　　真 / (010) 68357870
电子邮箱 / book@ctph.com.cn
网　　址 / http://www.ctph.com.cn

出 版 人 / 张高里
总 策 划 / 贾兵伟
策划编辑 / 胡晓凯
责任编辑 / 范祥镇
特约编辑 / 王建国

封面设计 / 潘　峰
排　　版 / 北京竹页文化传媒有限公司
印　　刷 / 北京玺诚印务有限公司
经　　销 / 新华书店

规　　格 / 710毫米×1000毫米　1/16
印　　张 / 34.5
字　　数 / 470千字
版　　次 / 2019年5月第一版
印　　次 / 2020年2月第二次

ISBN 978-7-5001-5942-1　定价：79.00元

中　译　出　版　社

2004 年，在香港完成《中西翻译思想比较研究》，意气风发，溢于言表。

新“翻译答问”

——第二版代序

在《中西翻译思想比较研究》（第一版）的“翻译十答”（代序）中，我回答了10个人们常常向我提出的问题。在这第二版中，我想依然按照上次的方式，回答近年来，我的学生、读者和朋友们最关心并常向我提出来的新问题。我发现，这种互动使我受益匪浅，可以说它不仅仅是对我的一种“意外的启迪”（“unexpected reminder”, A. P. Herbert, *Uncommon Law*, 1919），更重要的是很多新问题常常成为鞭策我跳出思维定式的推动力。我不知道我的回答是不是使人们满意，或者相反，或者更加令人迷惑不解。如果是这样，就说明我的见解很成问题，只有期待大家进一步的指正了。

第一问：近年来您常常提到应该开展系统的**中西翻译理论比较研究**，而且应当把它设定为一项基础工程、一门专业核心课来建设。请您谈谈建设这门学科的意义、它的必要性、它的研究范围、课题分布和学科架构好吗?

刘宓庆：比较研究可以使不同文化之间的相关学科在深度（纵向的历时垂直坐标）和广度（横向的共时水平坐标）上显示出相似（Similarity）和差异（Difference or Dissimilarity）来，从而使双方的结构特色、目标设定、功能分布、系统性和范畴论、发展水平乃至理论话语的优长和缺陷等等的轨迹得以显现。更重要的是这种多维显现，具有一种非常积极的“**比较**

效应”（Comparison Effect），即英语所谓“Comparisons make things stand out”（一比知高下；一比见短长）。具体而言，“比较效应”的积极意义是：

第一，可以**激发因果研究**（Causality Studies），意思是可以激发研究者对形成相似性或差异性的因果关系进行深度探索，这种探索不仅必然深及文化历史传统、地缘经济形态、地缘政治和共时的意识形态差异等等客观因素，还必然引起研究者对主体的认识论和方法论的检讨和评估考量，很显然，这一切对双方相关学科的深化发展无疑是极其重要的。

第二，可以**引发取向调整**（Orientation Modulation）。就全世界而论，文化学术发展不可能是处在同一水平上的，而很可能是极不平衡的。历史地缘文化的差异可以使学术发展的水平和特征相差很大。比较研究可以打通不同文化认知的通道，消除障碍，从而使有关方面可以取长补短，适时调整自己的研发方向、研究偏向和研究策略。

第三，有助于形成或促进**学术共识和互动**（Consensus and Interaction），从而达致互补、互释的积极结果，这对相关各方的研究发展极有裨益。学术研究与作战方略一样，也有个“知己知彼，百战不殆”的问题。当然这种“作战”只是一种在研究思想、观察视角、研究领域、课题设计、理论构建和对策制定上的竞争，显然是良性的。比较研究有助于相互了解，取长补短，消除无谓的论争和歧见，因而可以促进各自的良性发展，做到“文人”而不“相轻”，而是“相敬”。

第四，比较研究可以使翻译学的**整体性整合研究**更趋合理化、科学化，因为多维参照——特别是反面的参照，总是必不可少的。

中西翻译理论比较研究是一门系统学科，犹如“比较文学”，我们也可以称之为“比较翻译学”。中西翻译理论比较研究，应该肩负一种多视角、多向度探索研究任务，使比较双方（或多方）相互成为参照对象。参照范畴主要有：

（一）中西翻译学对翻译传统的态度历时对比研究

（1）对传统文化和译论的基本态度：扬弃？有分析批判的继承？超越？

（2）对传统的历时研究与共时研究的当下意义。

（3）中国很重视翻译史的研究，西方很欠缺。

（二）中西翻译思想发展沿革的对比分析研究

（1）中国翻译思想的哲学—美学渊源。

（2）西方翻译思想的三个源头：古典主义、现代主义、后现代主义。

（3）语言学对中西翻译学发展的不同意义。

（4）翻译的整体性整合研究：中西各有千秋。

（三）意义和意向理论

（1）意义对翻译的意义——中西差异：翻译学应当坚守“意义的阵地”吗？

（2）翻译表现法中的内容与形式问题：“还形式以生命”。

（3）意向表现——中西关于“文化理解”的差异。

（4）意象和意境表现的中西方差异。

（四）中西文化研究策略对比分析

（1）所谓“归化”与“异化”：二项式的局限性。

（2）中国文化研究模式：文化翻译的“综合平衡论”。

（3）文本文化理解的中西方研究对策论比较：文化可以“改写”吗？

（五）中西翻译对策论差异

（1）对策论高于方法论。

（2）对应论与代偿论。

（3）翻译者的主体性问题：“调节”VS“主宰”。

（六）中西文本观异同研究

（1）翻译与话语分析：中西文本理解理论比较。

（2）论翻译学的阅读理论。

（3）动态文本观与静态文本观。

（七）美学对翻译的意义：中西翻译学对美学的态度

（1）翻译的美学模式：在中国和西方。

（2）翻译中的意义审美问题：中西方各有千秋。

（3）文学翻译中的意象、意境、意蕴转换。

（4）翻译中的情感问题：论翻译移情。

（八）中西方语言哲学研究对译学理论发展的意义

（1）中西方语言哲学发展路径的差异对译学的深刻影响。

（2）中国古代文论对中国翻译思想发展的指向性。

（3）西方现代语言哲学对译学意义理论构建的重要意义。

（4）语言的互补性和互释性研究对翻译的意义。

（九）中西翻译教学思想和教学实践比较研究

（1）关于翻译教学的目的性：中西关于翻译能力培养的差异。

（2）翻译教学的模式问题。

（3）翻译文化教学模式探讨。

（十）关于翻译理论的职能

（1）中国比较重宏观研究，重整体性整合研究。

（2）西方重创新，重视理论局部的新颖、精彩。

（3）中国比较重理论对实务的指导作用。

以上十个方面，都是翻译研究者最常遇到的课题，大部分属于表层翻译理论对比研究课题，还有一些是属于翻译学的深层理论问题，涉及翻译观、语言观等等有关译学的本质特征，以及如何从语言的本质特征出发来审视科学的翻译学这类语言哲学问题，这方面中西方也有差异。

（一）人类对语言认知的有限性

人的生态环境和生态水平与语言潜力发挥。

（二）语言的同质性与异质性

（1）语言接触的历史文化轨迹。

（2）同质性强调语言结构的"对应"，异质性强调语言功能的"代偿"。

（三）语言的互补性与互释性

（1）语言互补性与互释性的成因分析。

（2）语言之间的可译性问题：可译性是个开放系统。

（3）关于所谓"纯语言"（W. Benjamin）。

总而言之，"比较"是一种可以使人知己知彼的清醒剂。因为比较不仅可以显示"优势"，增强信心，而且更重要的是可以使人看到自己的弱势和短缺，即所谓"相形见绌"，"比"然后知不足，这对双方都有益。

第二问：您在《中国外语》（2006）上撰文论及翻译理论流派的问题，认为中国翻译研究上的功能学派特点和对我国翻译实务的指导作用已经非常鲜明，请具体加以阐述一下，好吗？在西方，学术界常见到特点鲜明而且通常是见解对立的学派，相映生辉，这应该是一种很积极的现象。在中国古代乃至近代，学术思想、治学方法上学派林立，也不乏实例。而在当代的中国，“学派”现象似乎已经消失，这是为什么呢？

刘宓庆：我在第一问中提到的中西翻译对比研究几个方面，可以有助于我们展示中国功能主义的主要特征。

（一）重视对翻译传统的传承和超越：**翻译的文化战略观**。

（二）强调意义对翻译的不可替代的意义；而意义的把握离不开**话语交流**。

（三）认定翻译的美学模式是语际转换的基本模式或核心模式，语言学只是翻译学的“语言**解构工具**”，不是语言“真善美”的**建构法则**。

（四）更加关注翻译转换中的**功能代偿**（包括语义、文化与审美）而不是对应。

（五）重视**文化翻译**的综合平衡观，反对非此即彼的二元对立论。

（六）重视语言之间的**互补性和互释性**，也不忽视语言之间的差异，而且，就对策论思想而言，应该更重视前者。

（七）重视主体观照的、本位的**主导性**，但不忽视客体的、外位参照的**不可或缺性**。

（八）坚信语言的**和合兼容**将伴随人类社会的进步而不断提升。

（九）中国功能主义翻译观产生的时代背景和历史意义。

从世界学术史上看，学术研究的规模化发展必然会导致基本理论主张的分化、再分化，其结果就是理论体系及其特点的多样化、多形态化以及研究力量的相对的、松散的集结倾向，中国人称之为“同声相应，同气相求”。21世纪的翻译研究不会是个例外。21世纪还会有一件必然要发生的历史巨变——汉语将成为必不可免的强势语言。经历了近三四十年的探索，中国翻译研究界的从业者看来大体上已经心明眼亮，知道究竟应该怎样借鉴四海成就来发展自己。有学者多次要求我说明所谓“**中国翻译学功能学派**”的核心主张，我想，以上九条也可以视为我对中国翻译的功能主义学派的基本理论特征的说明。

中国学术史上既有过辉煌的“百家争鸣”，抵制过“党同伐异”，也有过“罢黜百家，独尊儒术”的教训。至于当代，中国学术“学不成派”的原因非常复杂，主因恐怕不在学术本身，而在时代的、社会的学术生态不健全。半个多世纪以来，中国缺乏对多元价值观的扶持、鼓励、兼容，而且不存在保障“主流”和“非主流”之间公平竞争的机制，主流价值观陷入“固化状态”。中国现代更有过“不是香花，就是毒草”“不是东风压倒西风，就是西风压倒东风”的片面的简单化主张，而且有一段时间甚至将它拔高到了“国家政策”或“真理标准”的层面。这对发展多元价值论学术思想是很有害的。历史的逻辑就是这样：**昨日之因，也往往就是今日之果——这是历史从来没有逃脱过的“因果论”。**

总之，我认为学派之争是很积极的事情，是健康的学术生态的标志。中国翻译界功能主义研究的同行们，不要总是感到“底气不足”，其实，“底气”是练出来的。我很希望中国几种重要的翻译核心刊物能够给大家提供公平的“练功”平台，做个好“伯乐”，不要对所谓“现代洋务派的西风颂”格外偏心。我相信，有一天会证实一条真理：越是中国的有价值的东西就越具有世界意义。

第三问：您在去年出版的《翻译美学理论》（与章艳合著，2011，外研社）中大声疾呼翻译研究要回归美学，引起不少人思考、认同，显然也不乏反对意见。您在著作中说中外古今很多知名的翻译大师都是语言大师但都不是研究语言学的，这是事实。但时代在发展，科学研究在互相渗透。您说语言学不能解决翻译审美问题，究竟是哪些问题？请为我们作一深入剖析。

刘宓庆：语言学在翻译学理论武库中只是一件重要武器，不是主打武器，**主打武器是美学**。语言学只能帮我们作语言结构分析，也就是**解构语言**，因为语言本身不过是一套有组织的符号结构，一个空框载体，它是翻译的工具、翻译的“器材”。语言如果排除它所承载的东西，它将一无所有，只剩下符号的**物质性**。语言其所以可以做到“其味无穷”，就是因为它以其物质性承载了其味无穷的人文性，撇掉了它承载的人文性，语言就只剩下一个没啥用的物质空框。猿猴经过训练也是会写字的，但它们写的“字”，不论写得多好，都与我们人类写的书法有本质的区别：一个是“非人文产物”，一个是“人文产物”。下面我们就从语言思维—翻译思维的基点出发，来提纲挈领地仔细考察**翻译的美学性**（Aesthetic Nature）而不是“语言学性”（Linguistic Nature）。概括说来，翻译从思维到操作的以下六个基本环节都是靠语言学办不到的，功在语言审美，不在语言结构分析。

第一，概念的词语化（Verbalization）是一个审美整合过程

所谓概念的词语化，也就是“立意赋形”（sort out your ideas and put them into words, phrases and sentences）无不遵循三个规范，其一是句法结构规范，其二是审美表现规范，其三是逻辑事理规范，三者缺一不可。“概念的词语化”总是始于人的头脑里的原本是杂乱无章的意念（无序意念），头脑的第一步加工是将这些无序意念利用**句法结构规范**加以整合，然后立即按**审美表现规范**加以优化，再看看整合、优化的成品是不是符合**逻辑事理**，如果都通得过，那么这个“概念词语化”工作就通得过了。下例从最基础的词语说起，其中（a）都是**意念群**，箭头后的（b）则是意念经审美整合后的词语化。

(a) 会集了一群既有才学，又很能干的人士→（b）群英荟萃（galaxy）

(a) 经正式注册法定具有使用或出卖某种特定产品的权利→（b）专利权（patent）

(a) 身体内有些毒素必须排除，以保持容颜健康、姣好→（b）排毒养颜 (detoxing)

(a) the sum of somebody's good or bad actions, believed to decide what will happen to him or her sometime later in his or her life → (b) karma（因果报应）

(a) chance especially when it results in something good → (b) happenstance（机遇）

(a) (Of things) producing the results that was wanted or intended→ (b) efficacious（灵验的）

这种从意念群到审美赋形于“词语”（word, phrase）的功夫就是**语义的审美整合**，毫无疑问这正是翻译的基础。幸运的是，这项基础工作词典大体上已经帮我们做好了。词典的概念词语化要求“准确、有序、简练、声调和谐、符合事理”，这不就是美学上的基本要素“真善美”吗？词典之外，就是靠我们自己做工作了，就是审美选择。据此我们可以作出以下的推论。

推论一：上述三个规范不能割裂，是**一个审美化整体**。

推论二：句法合格的语言结构本身就是一种**美的基本体现**。

推论三：符合审美要求是概念词语化的基本形态，也叫作**审美终端式**。

推论四：语言词典中的义项（meaning entries）都是概念词语化的**优化成品**。

推论五：翻译就是词语句法化的**择善从优**。

从表面上看，概念的词语化问题，就是说，“把概念（idea）化为词语，也就是 signifying”的诸多手段好像是个语言学问题，但其实，它们都是语言审美表现的手段，离不开准（Precise）、精（Concise）、美（Refined）（简称 PCR，其实也就是“真善美”），遵循以下的语言审美范式，而不是什么语言结构模式。

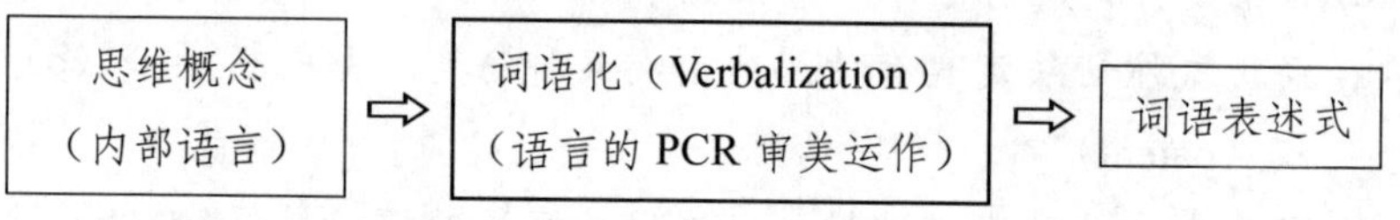

以下是六种主要的意义词语化手段：（a）表述（stating）；（b）描写（describing）；（c）比喻（allegoring）；（d）想象（imaging）；（e）联想（associating）；（f）暗示（insinuating）。以上六种手段实际上都是语言运用技巧，没有一项是少得了审美功夫的。我们就不在这里展开讨论了。

第二，情感的词语化表达是一个审美表现过程

语言的基本功能一是达意，二是传情。上面说了达意，现在说说传情。达意也好，传情也罢，语言都是工具，是物质材料；如何达意，如何传情，看似语言学问题，其实是个美学问题，语言学就是想管也是管不了的。

人类的情感是一条最复杂多变的色谱，可以叫它“情感色谱”，这条色谱，从淡到浓，从明到暗，从浅到深，从冷到热，从清到浊，从虚到实，从乐到哀，从弱到强，从冷若冰霜到炙热似火，从恨之入骨到怜爱有加等等从来没有人可以画得出分明的界线来。长期以来，心理学家对这个问题也是各执一见（参见 S. M. Kosslyn & R. S. Rosenberg, *Psychology: The Brain, The Person, The World*, Pearson Education, 2004: 391），“没有人可以给出一个能够给情感定格的色谱来”。心理学家尚且望洋兴叹，语言学家就更感到爱莫能助了。说到这里，我们就不能不请出美学家来了，因为美学家是专门研究感性和情感表现的，他们的办法一是体验，二是描写。

情感的审美运作（体验和描写）问题很多，下面我们只谈三点。

（1）情感是高度“自我的”

这是美学家最基本的共识之一，Kosslyn 和 Rosenberg 为此给出了一个笛卡尔式的“警句”：“I feel, there I am”（我自有我情）（2004: 390）。以中国诗词中的借“东风”以寄情为例：

东风不与周郎便，铜雀春深锁二乔。（唐・杜牧）
东风气力尽，不减千山雪。（唐・于渍）
东风知我欲山行，吹断檐间积雨声。（宋・苏轼）
东风忽起垂杨柳，更作合心万点声。（宋・刘攽）
东风夜放花千树，更吹落，星如雨。（宋・辛弃疾）
东风染尽三千顷，白鹭飞来无处停。（宋・虞似良）
东风恶，欢情薄，一杯愁绪，几年离索。错！错！错！（宋・陆游）
东风摇曳垂杨线，游丝牵惹桃花片，珠帘掩映芙蓉面。（元・王实甫）

以上八位诗人情寄“东风”，用词无异，情感内涵则可谓千差万别。为什么呢？因为这时候词语只是表情工具，而所表之“情”则因人而异，不可能雷同，也不可能终结，完全是个人的审美表现问题，涉及审美动机，见下述。

(2) 情感与动机是相互结合、相互渗透的

人的情感审美表现与审美动机（aesthetic motivation）是密切结合的（Kosslyn and Rosenberg, 2004: 406）。有爱国报国之志，才可能有爱国报国之行；有崇敬自然之理，才有讴歌自然之情；如此等等，自不待言。因为人的“情”与“志”、“情”与“理”通常是交织在一起的。刘勰说“不有屈原，岂见离骚。…… 山川无极，情理实劳”（《文心雕龙·辨骚》），情感由情志驱动，必有特定的审美表现，与用什么语言（语言表现形式）是一个“支配与被支配”的关系；而不是相反，由语言支配情感、情志、情理。正因如此，语言美才是无穷尽的，清代赵翼在《论诗》（《瓯北诗抄》绝二句）中对此感叹说：

李杜诗篇万口传，至今已觉不新鲜。
江山代有人才出，各领风骚数百年。

“人才”为什么“代出”呢？就是因为人们遇到的历史环境、时代精神、世情人志，特别是个人的艺术襟怀、人生体验、时运顺乖，迁升跌宕等等莫可雷同。这是一条永恒不变的艺术规律，与语言学没有什么关系，只与艺术家驾驭语言的功夫（artistry）息息相关。

(3) 情感常常是超语言的

“文情一体”自古已然。情感寄寓于语言，又不囿于语言。情感的超语言特征已被大词人李清照在900年前一语道破了：“这次第，怎一个‘愁’字了得？”（一个“愁”字怎能道得尽这眼前的寂寥悲凉啊？）个中的奥妙在于，语言结构虽然只是一个“空框”，但它是一个具有无限容载量的空框：这里的无限量，一是指意义，二是指情感，三是指意、情、志、景、境合共打造的意象、意境。英国的大诗人布莱克（William Blake, 1757–1827）也说过类似的话。他在 *Augunes Innocence* 里说：

Every tear from every eye
Becomes a babe in Eternity.
（每一个眼珠流下的每一颗泪花

都成了不了情里的一株幼芽。）

布莱克的诗中提到“不了情”，谁知道“不了情”（*Eternity*）里有多少悲欢离合，而悲欢离合里又衍生出多少新的悲欢离合呢？这时这个词根本就是一个无限空间。可以毫不夸张地说，情感的超语言性造就了人类诗歌和文学的超语言性，甚至造就了人类的超语言性，而这也正是语言的终极奥秘：它用一个中国道家的“空”承载了一个无所不有、无所不包的“无”（“无极”）。对翻译家来说，我们显然不是在谈语言结构，而是在谈语言之美、语言的“生命的精灵”，它与语言学无关，瓦特·本杰明宁愿将它称之为“*Aurora*”（灵韵）。

第三，形式规范和变异是个审美优化考量

如果你细心体察，人类语言的丰富多彩，并不单单在它的规范性，而在它的规范性加上那似乎是天马行空的非规范性，可以说正是语言的规范性和非规范性二者巧妙地并生并存，才造就了人类语言历久弥新的“真善美”。以汉语为例。

汉语中当然也有主谓句，但与此同时还有很多句子是根本没有主语的（与主语省略句或主谓倒装句有别），这与汉语思维方式与风格倾向于主体性形成了一种“形式上的悖论”，使西方人感到很费解。例如：（下例中黑体字都是谓语动词或状语）

有人吗？（肯定不是“人”与“有”的SV倒装，有人认定为“有”字句；试比较“来人呀”则可能是“人来呀”的倒装，但语感欠佳）

有种来试试。（有分析认为“有”字前省略了“你”“他”“谁”，等等，很牵强；有人认为“来”字前面省略了“你”，因此“有”字前也就不必用“你”了）

是我不好。（不是“我是不好”的倒装句。有人认定为“是”字句）

才四点半，太早了！（有分析认为“才四点半”是话题主语，说不通，因为“太早了”可以省略，可见两句都是无主句）

话说清代光绪年间，……（有分析认为“话说”前省略了“有人”，说不通；有人认为属于动词性“引子”）

往死里**打**。（有人认为这是主语省略句，省略了什么呢，“你”？“我们”？很牵强；还有“往好里说”“往坏处想”，也可以说是AV合成式，但仍是无主语。）

不爱江山爱美人。（有人认为是TR句：“不爱江山”是主题T，“爱美人”是述题R，很牵强。看来是无主语反衬句。）

添一分则太多，**减**一分则太少。（有人说这也有可能是TR即话题句反衬句）

待到百花残，又有青苗长。

句子有无主语当然是个语言学句法问题。主谓句（SV提挈句式）是英语句式的轴心，而汉语则不然。在思维方式和风格上，汉语被认为强调主体性，而在句法上主语却并不是不可或缺。这里的基本原因是：汉语形形色色的无主语句的深层生成机制**不是句法的，而是审美的**，它增加了话语和行为施事的模糊感、灵活度和句子的简约美。汉语无主语还可以使读者产生**“主体替代感”**，产生“身临其境”“恍如置身其中”的参与感。当代汉语中还有许多句法变式也是出于种种审美考量（审美设计立意）。例如：

- **句尾动词重心**（End-focus）**句**

  你笑什么**笑**？（笑什么 + 笑）

  还哭什么**哭**？（哭什么 + 哭）

  抢什么**抢**？（抢什么 + 抢）

  吵什么**吵**？（吵什么 + 吵）

- **审美反衬**（Versus）**句**

  晴天不来雨天来。（晴天不来 VS 雨天来）

  好人不听听坏人。（好人不听 VS 听坏人）

  直路不走走弯路。（直路不走 VS 走弯路）

  哪壶不开提哪壶。（哪壶不开 VS 提哪壶）

  谁不爱听谁别听。（谁不爱听 VS 谁别听）

惹不起躲得起。（惹不起 VS 躲得起）

- **述题（R）审美重心句**（Rheme-focus）

不吃**白不吃**。（另如：不拿 T+ 白不拿 R；不干 T+ 白不干 R；等等）
做人要**做这样的人**。（做人 T+ 要做这样的人 R）
他不要你**我要你**。（他不要你 T+ 我要你 R）
要干就**干到底**。（要打 T+ 就打到底 R；说放弃 T+ 就放弃 R；等等）

第（1）类非规范句在句法规范上讲不通，因为它的结构和生成理据**完全是审美的**，第二个动词旨在大大强化第一个动词的情感动势，表示一种不屑或无奈的责备，但能这样用的单音节动词是有限的。用功能语言学派 Jan Firbas 的句法交际理论来解释，句中第二个动词的“交际动态值”（degrees of CD, 1992; 1999）最高，依据何在？结果还只能回到它们的审美意义。第（2）类非规范句尾重心句有很多变式，它们的审美立意也很明白：正反的巧妙对立，有一种带幽默的美感，这种美感从语言符号学上是分析不出来的。第（3）类说的是话题句，一般话题句话题是重心（如：工作忙没问题，工作不忙才有问题），但第三类的句子似乎可以看作述题重心句。句首“不吃”“做人”“他不要”“要干”是条件式话题（theme），后面是述题（rheme）。这种句子干净利落，“后劲儿”相当有力，形式相当精美。形式变异句的美感，都源于它们对规范的变异，属于**风格美**，汉语叫作**“奇光异彩”**，表现主义者称之为**美的趋异性**（beauty in deviation），美的新奇感（beauty in novelty），也是西方当代美学中所谓“时尚主义”（faddism）的观点。可以这么说，语言的功效如果没有语言审美来支撑，那么“功效”就是一句空话。

第四，言辞的意象含蕴是个审美表现过程

语言的意象手法在语言学诞生以前早已在人间传颂，而且得到了哲学家和美学家的审美认同，但语言学家并不关注，因为语言学家分析得也对，这既不是什么语言结构问题，又不是语言认知问题，而是人的审美心理过程。成语“一手遮天”有强烈的意象美，但结构很平常，就是 SVO。《诗经·郑风〈出其东门〉》里说：

出其东门，有女如云。虽则如云，
匪我思存。缟衣綦巾，聊乐我员。
（东门出来很多美女，一个个轻着云裳；
她们虽然都很姣美，却不是我心仪的姑娘；
我只爱那个少女，爱她那绿头巾和素雅的淡妆。）

“言”画出了活生生的“象”，使“言”（汉语称之为“形”）获得了“生命”（汉语称之为“神”）：意象的魅力就在于它在“形神嬗变”中产生的**“生命感性”**，即感官感染力。意象作用于听觉、视觉和想象及联想，从而在人的头脑中构成一种具有**叠像性**、**交织性**的动态的**“象”**（image），包括人象、物象、景象、境象、玄象（玄想中的意象）、幻象（冥冥之中的意象），在现实和虚拟中交相辉映，当代欧洲前卫艺术评论家称之为“3D生命空间”（或“3D灵动空间”，包含各种生命形态的意象空间）。美学认为，营造意象正是艺术家的天职，翻译美学也一样，认为翻译家的重要任务就是不失真善美地描绘出原语中的意象，而且成败就在意象运用之中。欧洲文艺复兴时代有句名言：“真正的画家应该是那么一个人，他既能让人看到他笔下初芽绽放的轻柔生气，又能描绘出死苗的奄奄一息。”我想，这不仅应该是画家的本领，也应该是翻译家的功夫。语言学肯定是不会教你这种“笔下奇招”的，因为语言学不是心理学，它没有意象、情感、意境的衍生机制，也没有承载这些心理现象的“特定的语言结构”（specific linguistic structure）。

第五，词语的优化选择是个审美价值判断过程

其实上面我们说“笔下奇招”有点故弄玄虚。词语的择善从优（选词优化和句式优化，通常始于在使用中加以比较）是任何写作和翻译必不可少的基本功操练过程，所谓“出口成章”和“下笔如神”都只不过是长期刻苦磨炼的结果，而“刻苦磨炼”，就是刻苦于审美判断，磨炼于审美选择。对翻译而言，译语的优化选择是一个有规律的审美价值判断过程，与语言学结构分析无关：

翻译审美价值判断图式

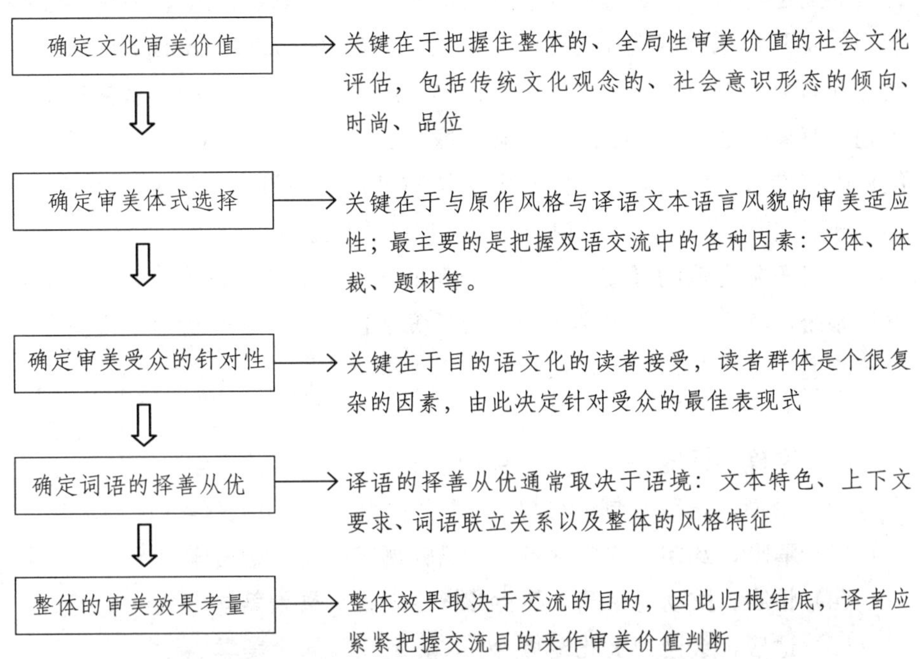

事实上，任何翻译从初学者到翻译大师，每当他（她）做翻译的时候，都要走这个译语优化过程，概莫能外；与此同时，可以看得很清楚，任何翻译离开社会的、文化的审美价值判断和审美效果考量而追求什么“语言学上的完美”（“linguistic perfection”）则是毫无意义的，也是“文不对题的”（irrelevant）。

第六，交流的有效完成是个审美价值的实现过程

因此，从人类的翻译史看，翻译跨文化语言交流的有效完成，有赖于翻译审美价值的实现。通俗地说，也就是译文能站得住脚，审美价值实现是主要条件之一。以《圣经》英译史为例。该书英译始于16世纪初新教时期，掺和犹太教、天主教和基督教三个教派信徒所操的语言，基本取向是宣教对象。大约从1960年起，《圣经》翻译主要是出英语版本，出现了不同风格的“路子”（approaches），但就整体而言，更多地关注了原语语言结构分

析（**语言解构**）、交流效果考量（**文本重组**）和文化适应性（**文化审美**）。这实际上正是翻译美学的基本主张。从20世纪50年代开始，以经营《圣经》翻译的国际机构“联合圣经公会”主持的刊物 *The Bible Translator* 从交流功能和效果出发发表了很多文章，讲的实际上就是目的语的语言文化审美问题。有趣的是，美国的《圣经》翻译家奈达（E. Nida, 1914–2011）提出《圣经》应该推出三种类型的“特征性版本”（characteristic versions）：“信众版”“大众版”和“学者版”，此说与严复提出的“信达雅”审美主张如出一辙。

可见语际交流的圆满完成，必须满足一个既涉及语言学又涉及美学的价值系统，其中少了语言学不行，少了美学也不行，这个价值系统是个不可分割的整体，包括以下六项。

（1）**准确、适境**的意义陈述 ⇨“意义陈述”属于**语言学**
（2）**明晰、正确**的句子结构 ⇨“句子结构”属于**语言学**
（3）**清晰、约定**的视听规范 ⇨“视听规范”属于**语言学**
（4）**恰当、贴切**的情感表达 ⇨“情感表达”属于**美学**
（5）**适应、会通**的文化适应 ⇨“文化适应”属于**美学**
（6）**切合、得体**的文风体裁 ⇨“文风体裁”属于**美学**

而且要看到，属于语言学价值标准的6个形容词和属于美学的12个形容词：“准确”“适境”“明晰”“正确”“清晰”“约定”“恰当”“贴切”“适应”“汇通”“切合”“得体”也统统都是审美摹状词，可见语言学要真正称得上语言学，也少不了“真善美”审美支撑和提升，否则也就难免沦为干巴巴、空荡荡的结构框架。

我想我以上的论述应该能证实朱光潜先生那句简单明确的箴言：翻译绕不开美学。

第四问：近几年来，外语和翻译界的文化研究似乎进展不大，有关研究人士认为“很多问题是方向性”的，也就是说方向不对头，这似乎亟待分析。究竟有些什么问题，您可以谈谈吗？

刘宓庆：国内文化研究从整体看存在一些基本问题：一是**系统性、科学性**较差，始终没有摆脱一般化、现象化；二是**本体论研究**很薄弱，偏见比较深。我们的问题出在急功近利，绕过了对文化的本质问题、深层问题、基础问题的实打实的系统探究，只求捷径，追求表面的认识论、方法论、对策论突破，因而不可避免地将文化浅薄化、时尚化、物态化，特别是缺乏创见。很多研究只停留在物质文化的这一层面，而且是眼下流行的“时尚文化”（fad, faddism）层面，中国的、外国的、传统的、现代的等等，在现象里兜兜转，也就是只关注**文化现象学**。只重视文化现象学必然导致文化研究的浅薄化、片面化，总之只停留在文化表层。研究文化现象当然重要，但只关注文化现象，就肯定会陷入浅尝辄止的陷阱。有些研究观念文化的人自己的观念就很片面，自我局限就很大，不是只谈中国传统文化中的儒家文化，就是只重视西方后现代文化研究中的几个“主义”。文化研究最大的挑战，是它的底蕴既大且深，而且历史悠久，因此必须一竿子插到底——插到历史、哲学、文化人类学。必须通过历时和共时视野来看，我们必须要沉下心来探究的有**中外文化史**、有**文化形态学**（以 Arnold Toynbee 为例）、有现代当代的西方文化研究理论，例如“文化转型理论”（Raine Eisler）、“文化冲突理论”（Edward W. Said）、文化哲学（文化与哲学的关系）等，更有以**文化和合为核心思想**的中国传统哲学（主要是儒家、道家和墨家思想）。我们必须要深入到这些理论深水区，才能克服文化研究的“幼稚病”。

为了克服文化研究止于皮相的“幼稚病”，我们还应该着力研究一些回避不了的深层文化问题，例如以下五大课题：（1）中西精神文化和思维特征及其优缺点比较；（2）中西文化价值观差异及其生成原因；（3）如何突破泛泛之见，把握中西方文化思想精粹；（4）多元价值观即多元文化的构建；（5）翻译在多元价值观及社会多元文化构建中的特殊功能。回避这些深层理论问题，或慑于它的敏感性而对之不作认真探索，要深化我们的文化翻译研究是不可能的。对这些问题，我在《文化翻译论纲》（修订第二版）的序文中有所论述，请大家参阅。

现在大家已经看得很清楚了，文化学术研究（包括文化翻译研究）与国家的社会政治改革的步子和社会进步的方向是息息相关的。所以还是那句“老话”，首先要解放思想，才能跨出行动的步子来。

第五问：您曾经多次提到翻译是以经验为基础的人文科学，翻译学基本的治学方法应该坚持人文性，并举例说明了“不要把一些莫名其妙的自然科学课题和术语扯进来”。请对此加以解释，似然科学和技术对建设翻译学有用吗？

刘宓庆：对于翻译研究，比较准确的说法应该是“以人文科学方法为主，辅以自然科学方法和科学技术手段”。人类的思维结构很灵敏、复杂，有时很难做泾渭分明的认识论和方法论切分。当代很多人文学科都在借用自然科学方法和科技手段，特别是电子科学和信息科学手段：这其实是从爱因斯坦提出的**科学整体性思维**中衍生出来的主张。很多翻译研究者也是想就此闯出一条新路来，力求拓展翻译科学的领域，这是不容否定的。人对客观事物和自我的认识总是伴随人类整体科学的进步而不断深化。

我想翻译学研究界有些同行在这方面的努力主要恐怕是立意于：（1）加强和富集翻译学理论整体结构的**科学依据**；（2）强化和深化翻译学**理论论证**的科学性和逻辑性；（3）翻译手段和效果的**量化可能性**；（4）提升翻译实务的**质素和效能**。事实上，认知科学、理论心理学和实验心理学、逻辑学和信息工程学对翻译的理解过程和理解障碍、意义获得途径和障碍的科学论证、审美感应和审美障碍的科学分析和验证、翻译传播效果和障碍的验证和分析，如此等等，自然科学和电子技术手段确实是可以派上用场的，成果的意义也很重大，而且主要集中于**多维意义转换**、**功能发挥**和**效果检验**三个大的翻译研究领域。乔姆斯基（Noam Chomsky, 1928–　）在 *Language and Mind* 第二版序言中说：

> *This is a matter of considerable importance in a society that tends to professional expertise and to rely on professional judgments. The scientist, in particular, has a responsibility to the public in this regard.* (2008)

只要在乔姆斯基这段话中的“public”前加上一个字“translation”，

成为 translation public，对我们翻译界就非常适合了！

另外，我当时的意见只是针对一些对科学原理不求甚解而机械地、生硬地搬用西方有些论著中的科学概念和术语的倾向，尤其要避免使用一些恐怕连自己也没有搞懂的科学专门术语。科学术语有很强的对特定对象的“**现象诠释性**”和“**意涵代码功能**”，并没有广泛的针对性。术语使用一定要准确，遵循“约定俗称”的原则。

第六问：前些年您坚持翻译理论研究的“中国特色”，主张建设“中国特色的翻译理论”。大约从 2008 年起，您的提法似乎有了改变，用“理论的中国价值”代替了“中国特色的理论”。请您谈谈对这一改变的考虑。你认为体现中国价值是一个根本性的问题吗?

刘宓庆：一句话，“初衷未改”：我希望中国强大，理论话语权与之相匹配。但我认为原先那种提法容易引起误解，有与“中国特色的社会主义”跟风之嫌，有些人对我的误解也出于此。其实，20 世纪 60 年代，北大的翻译大师们给我们学生上翻译课的时候，就经常提到翻译理论的中国特色、中国气派、中国风，朱光潜先生尤其关注翻译美学，认为“这是中国翻译理论的重要特色”。因此我在写《当代翻译理论》（初版）的时候很自然地师承大师之见，丝毫无意于政治口号跟风。2001 年引起争论以后，我开始考虑改用另一种表述法，即 1987 年我在香港当代翻译研讨会上所提到的“体现翻译理论的中国价值”，所谓“**中国价值**”具体表现为以下六个方面。

第一，适应中国和汉语所处的**地缘文化特征**并与之“血脉相连”；同时也认识到自己在国际文化传播和翻译理论研究发展中的**国际责任**。

第二，珍惜文化遗产，继承和发扬**中国传统译论**的优长，并努力克服它的历史局限性；特别关注**中国哲学和美学**对中国翻译思想的深刻影响和指引作用，深入研究体悟，发掘其当下意义。

第三，重视对**西方翻译理论**的历时和共时发展的参证、借鉴研究，取长补短。

第四，重视汉外互译的**意义理论**，发展与时俱进的、系统的意义理论，重视交流对意义表现形式的动态机制。

第五，重视发展**翻译美学**，特别关注情感及意识系统（意义、意向、意象、意蕴、意境）在汉外互译中的转换对策论和表现论（包括表现形式）研究。

第六，在双语转换的对策—方法论上，重视**代偿**而不是**对应**。

第七，在文化翻译研究中重视多元**文化价值观的构建**，不止于文化浅表层，更重要的是文化观念层。

我想翻译理论的中国价值还应该特别关注它对翻译实务的指引作用，因为，归根结底，翻译学是一门经验科学，理论研究与实务质素的提升应该息息相关。这方面，中国翻译教学界一直在努力付诸实施。

第七问：根据这几十年，特别是近几年你在中国大陆的亲身观察，您对中国社会整体、对中国学术界特别是翻译学和成千上万个学子有什么期望？

刘宓庆：我在《文化翻译论纲》（第二版）论文化价值观的序文中有一点没有谈，我打算在这里谈一谈。这一点就是我们中国人要充分认识个人价值，充分发挥个人价值，用当时还是穷愁潦倒的李白那句名诗来说就是“天生我材必有用”（《将进酒》）——李白用自己的卓越成就证明了这句话的**真理价值**。乔布斯（Steve Jobs, 1955–2011）的成功则是当代的一个实例，说明个人价值的巨大潜能。有一种说法，认为中国在传统上一直很重视集体价值，西方传统上一直很重视个人价值，我希望将两者结合：集体价值可以众志成城，个人价值可以水滴石穿。这方面，我们的历史教训是：顾此失彼，重集体、轻个人。这里的“重”和“轻”，都使中国人付出了沉重的代价。中国在思想建设上不要再顾前失后，价值观这个东西实在是太重要了：符合时代要求的**个人价值观**具有的是一种无与伦比的**潜能——创意**和**原创能力**，用乔布斯的话说就是：Think differently! 中国要鼓励种种的不同凡“想”、与众不同乃至奇思妙想，鼓励人们为之实现而自强不息，更不能在体制上为个人的价值发挥设置障碍，社会体制上对多维价值的包容性是最重要的，我国春秋战国时代和唐代的文化之蔚为壮观，与对多维价值的包容性直接相关。最后，我想用乔布斯的两段话作为对我们每一个人的真诚勉励：

Your time is limited, so don’t waste it living someone else’s life. Don’t be trapped by dogma — which is living with the results of other people’s thinking. Don’t let the noise of other opinions drown out your own inner voice. And most important, have the courage to follow your heart and intuition. They somehow already know what you truly want to become. Everything else is secondary.（时不我待。因此不要浪费时间去重复别人的所作所为。不要被教条捆住自己的手脚——那意味着你正在嚼人家嚼过的东西！不要被他人之见的杂音搅乱了你自己的心声。最重要的是，你要有勇气听从心声，跟着直觉走。因为心灵和直觉已经在不知不觉中知道了你真正想成为什么人。）

乔布斯还有一段话听起来有点感伤，也很令人感动，但它讲到了人的**生命的终极价值**：

Remember that I’ll be dead soon is the most important toll I’ve ever encountered to help me make the big choice in life. Because almost everything — all external expectations, all pride, all fear of embarrassment or failure — these things just fall away in the face of death, leaving only what is truly important. Remember you are going to die is the best way I know to avoid the trap of thinking you have something to lose. You are already naked. There is no reason not to follow your heart.（莫忘了**“我即将死去”**：这是我一生中听到的最惊心的一响警钟，它帮我做出了生命中最重要的选择。因为所有的一切——外在的期许、荣光、对难堪和失败的恐惧，一切的一切都将如过眼烟云，留下的才是生命的真谛。记住，你将诀别人间——这是我所知道的免于坠入患得患失的陷阱的最佳选择。你

现在已经了无牵挂，没有理由不随心而行。）

我希望整个世界——特别是中国，在每一个人还活着的时刻，就万分珍惜他（她）生命的终极价值。人生的一切固然如过眼烟云，但重要的是要看到他（她）那生命烟云中耀眼的精彩！

2012 年 3 月 20 日

寒山公寓 1120A

第二版出版说明（2012）

《中西翻译思想比较研究》（*Translation Thinking: In China and in the West,* 2005）是我从2003年夏至2004年底在香港为大陆和台湾的博士生班写的一部翻译思想比较研究参考书，2005年由中国对外翻译出版公司（现中译出版社）在北京出第一版。就我个人而言，写这本书还有一个良苦用心——**“还历史事实以其本来面目，为中国理论争一席话语论坛”**。因此，我也叫它“理论自白”。这本书出版后15年来，我收到大约30封来自各方的信，除了四五封或许是出于偏见，或许是出于道听途说产生的误会而责备我的信以外，其他的来函都使我深受鼓舞。对那几封因误解而批评、责怪我的信，文后我需要作个答复，因为涉及政治态度问题和我的做人原则。现在我先谈谈大部分反馈信件，下面挑出了两封很有代表性的信并摘录如下，它们显示了读者对我这本书的主旨的认真解读和深刻把握，其见地之准确性大大高出我的意料，可以说简直令我不胜惊喜！就凭这种中肯的准确性给我带来的惊喜，也足以使我**快意十年人生**！

2008年大约5月间，我在台北收到武汉大学一位博士后徐君从邮局寄来的一封厚厚的手书（信封上贴满了“转投单”），信函打印得非常工整洁净，我想他是花了很多时间，静心思考后写成的，邮程足有两个月。现将原信的要点摘录如下：

敬爱的刘教授：

有位与我一样长年热爱翻译的同窗推荐我买了一本您所著的《中

西翻译思想比较研究》，由于当时忙于写论文我没有及时去阅读，一直到暑假伊始，我才静下心来研读。一开始我并没有看这本书卷首的“翻译十答”，这是我的习惯，我总是要先避开作者的主观表态，以免它左右我的思考。我是研究历史的（也翻译过历史书），就先从您的第七章“西方当代译论的三个源头”顺着往下看，几章看完，再回头看你的“翻译十答”，我已经被您的分析和“理论自白”完全折服。这显然是一本高屋建瓴的好书！现在中国的学术界是“千军万马乘西风”，一个个“犹恐半路落后尘”，而你却清醒地大声疾呼（请恕我加上了重点）：“更重要的是，中国人应该有自己的‘文化自我’，有自己的外为中用的基本立场”，就是您说的“本位观照，外位参照”。在参照、评析、借鉴外国观点的时候，您提出一定要把源与流分开并且引证了叶燮关于正本清源，不要把源、流倒挂的至理名言（该书第252页）。……这对我而言简直是拨云见雾。我有时也将读到的西方当代作者一些看似“精彩得无以复加”的话，当作他们的“精思灼见”，不禁击节称奇，赞赏不已，凭此发挥一通，竟是一篇“核心刊物”首篇论文。后来一经自己查核才知道原作者的观点只是“二手货”！原先对之顶礼膜拜，源流不分，足见自己的浅薄无知，致使我羞愧不已！这一点经老师指出，实在使我受用终身。

……

当下之中国大陆，社科研究“禁区”比比皆是，且整体上完全不受重视。而是任由“西风劲吹”，拿着鸡毛当令箭，连命题视角、论文体式，都袭用西方模式，不敢偏移，更遑论理据观点了！不客气地说，有些“学者”完全是西方学术的附庸！西方论点的所谓原创性和实用性被一再加码，可以说中国的所谓学术研究已经完全被功利化了！我们学历史的学子，都感到忧心忡忡。我国史学研究有极深厚的学术积淀和史论渊源，清史名家从王国维、陈寅恪到胡适之、翦伯赞已有很多真知灼见，为什么一定要用一个研究辽金史的外国人的一孔之见来一锤定音？…… 学术上的崇洋亲外这股邪风究竟要把中国社科研究和教育吹到哪里去？……

……

统观全书，我不惮冒昧地认为，刘教授正是在全力以赴、“全面出击”地维护中国理论的话语权，通俗地说就是“中国心”。另一方面，我们还可以从本书中看到刘教授在研究西方翻译理论中的深度和精度，老师对当代西方译论的三个源头的探索和对维根斯坦和本雅明等人的分析都使我非常佩服，并因此而引发了我对“三个源头”和这两位西方学者的浓厚兴趣。特别是刘老师提到中国学者对西方后现代的属于“错位”的盲目膜拜，对我更是一个警惕，因为我们史学界也有很多爱唱“西风颂”的人，中国的历史要西方人来“敲定”，实令人情何以堪？！

……

另一封信是我在 2009 年夏收到的，作者是在大陆学习的台湾学生。当年年中，我离开台北来到上海同济大学执教，收到了这位家乡在台湾新竹的博士生 Eric Teng 从厦门大学发来的电邮。Eric 说，据他分析，《中西翻译思想比较研究》的主旨是要倡导**学术的多元价值论**，这正是他到大陆来以后所感受到的“当代中国学术界最大的缺失”。他说中国虽然“自称对外开放”了，但仍然是“犹抱琵琶半遮面”，有许多“不合时代潮流的学术禁区……处处显出大陆主流价值的偏狭性和武断性”，而“**主流价值**不能这样凝固化，**必须注入新的时代需求**，不断富集新的元素，这里涉及的就是学术如欲昌盛则必须提倡的**多元价值论观**”。Eric 认为“只顾吸收西方价值不要中国本土价值是错误的，正如只要中国本土价值不顾吸收西方价值是错误的一样，因为中西汇合是时代潮流。《中西翻译思想比较研究》正是在引导我们找到一个‘合理的平衡点’。这是这本翻译理论书最可贵的地方，它避开了理论上的‘一边倒’，维护了理论上的多元价值观。”Eric 写道：

……容我妄自评议，刘教授在书中列入师尊墨子一章（第四章），就是有感于中国传统的主流价值观之偏颇于儒教，而儒教本身又绝不是什么完美的价值体系，其中很多成分根本不值得这么代代推崇、处处推销。儒教繁衍靠的是强人之“礼制”与“权势”，而不是服人

> 之“理性”与“智能”，这一点我由衷赞同。纵观中国史，战国末期至西汉前期其实已形成各家百川汇流之局面。我们在台湾学《淮南子》就相当凸显它具有反一统、反中心论的自由主义倾向，难能可贵。但自汉代董仲舒为维护皇权，端出来一个大一统的“罢黜百家，独尊儒术”……至今日之孔子学院林立四海，只字不提百家争鸣及中国自古提倡的价值多元论……其实墨家（包括后期墨家）提倡的“尚贤”，批判用人唯亲；标举“官无常贵，民无常贱”，批判宗法血统论；力倡“尚用”，批判“执权则好大喜功”“炫绩邀名”；提倡“兼爱”，揭露贫富不均、以富凌贫等莫不是当下中国大陆社会现实之写照……
>
> 刘教授认为当代人对中国文化思想精髓理解过于偏颇，似乎除了仰仗孔孟，别无其他，这不就变成了现代版的“罢黜百家、独尊儒术”？这一点我也很赞同。实则这也是对外国人的一种误导。我到大陆以后，看到大陆各方人士向外国人介绍中国文化时言必谈孔孟，而对春秋战国诸子百家都略而不提，尤其是道家、墨家与法家的思想精华，这种对中国文化割裂态度和“唯我所需、唯今所需”而摒弃乃至阉割整体的作为，是违反历史唯物主义的，在学术上产生偏见、陋见则是必然结果……刘教授在台湾师大教学时我曾聆听教诲，今特不揣冒昧，上书畅述己见，亦祈多加指点。……

收到 Eric 的信以后我看了很多遍，相当感动。我回信给他说“I read your email in silent wonder which makes me almost speechless”，他说看了起初吓了一跳，以为自己“大谬失礼”因而使我哑然以对，后来才知道，我是说“后生卓见，令我快意得无言以对！”毫无疑问，Eric 在信中提到的必须倡导**多元化的价值观论**，以及学术上**“扬西抑中后患无穷”**、**大一统思想流毒**的危害性等等三大问题，是本书的三大宗旨，这番分析实在是一语中的！已经用不着我在这里多加剖白了：作者与读者能达至这样的默契，是多么令人快意！价值论是一个观念系统，受时代精神的制约。时代是发展的，价值观具有所谓“历史性”（historicality），即历史特征内涵，凝滞、偏颇和谬误的价值观念必然会带来消极后果。译学研究上对西方的盲目跟风，即所谓“扬西抑中”，反映中国知识分子在改革开放后蓦然面对西方五光十色的学术后的惊悚感、自卑感和心智空虚感，这是可以理解的。但“自上而下的执意为之，自下而上的层层加码”造成的问题很严重，现在可能还没有完全表现出来，但**历史的因果逻辑**是从来不会容你“不了了之”的。

现在回到本文开头提到我收到过几封质疑我的来信，提到的是三件事。我想有必要利用本书再版的机会，加以澄清。倒不是想搞什么“生前洗净生后名”，但也不希望身后留下这样那样莫名其妙的疑团。

大约是 2007 年，我收到一封朋友来信说有一次“欧美同学会”的年终聚谈，提到中国学术界有人“留英反英、留美反美”的负面实例，颇有贬斥之意。其中有人提到的一个实例就是我。我听了感到很诧异，因为与事实不符。后来才知道是由于有人看到我在书中明确表示不认同“美国的普世价值观”（《四十年学术人生》，载《刘宓庆翻译散论》，第 XXXV 页）。据我理解，所谓“普世价值”指人权、民主、自由和人与生俱来的平等这些普世认同的价值，这我是坚信不疑的。但我想美国和其他国家一样，并没有获得过对这些基本价值观的“专利”，而将它们专称“美国普世价值”，而且我确实坚决反对以“美国主义”概念中所涵盖的实则是“霸权价值”来偷梁换柱为“普世价值”的种种行径。其实欧洲人也不认同“美国主义”，甚至很厌恶美国以国际警察行事的霸道作风，和将“美国国家利益”凌驾于其他一切大国、小国的话事权之上的所谓“美国普世原则”。美国大小政客每逢选举就亢奋不已。有人认为只有自己才能拯救世界的观点不仅是狂妄至极，而且为无数事实所批驳。在美国生活过的人都能看到**两个美国**：一个是华丽光鲜的美国，放射出民主、自由和人权的光芒，那确实是个令人称羡的美国；另一个则是暗淡无光的美国，那个被华尔街所炮制的虚拟经济拿捏玩弄在股掌之中，和被中央情报局、联邦调查局的“有间道”或“无间道”弄得目瞪口呆的普通人民的美国。这两个美国我都不陌生。2005 年我在美国就经历过一件令人毛骨悚然的事。有一次我与亲戚驾车去芝加哥看汽车展览，在芝加哥一条荒芜的偏街看到三个白人警察在痛打趴在地上已经奄奄一息地惨叫的黑人男子，我驶近汽车看到地上已经满地鲜血，于是我打开车门冲过去五六米，想看看怎么回事，这时一个白人警察猛地转过身拿枪对着我狂叫“You get away! Get away, now!”这样的“美国世道”、这样的“美国普世价值”怎么能令人信服呢？类似这类事件，在“9·11”后的美国都几乎无日无之，不过对象似乎又加上了阿拉伯人。另外还有一点我要顺便澄清，我去美国进修得到的是联合国的直接全额资助。我一生从来没有拿过美国政府一分钱，后来我在美国短期工作过，也是一家意大利阿玛尼旗下的企划公司和艾奥瓦州的一家农庄主付给我的工资，并依法向美国联邦政府缴了税，分毫不差。

另一件事是对我著作中用过的“中国特色的翻译理论”这一提法的误解。

有一封北京好友来信“奉劝”我说“学术理论不要与政治跟风”，因为“政治跟风”(他说有人误解我提出“中国特色的翻译理论”是试图与“中国特色的社会主义”的提法跟风)“只会使你的学术理论变成看风使舵的机会主义论调”，“而或沦为干巴巴的口号或说教”。这位北京同行的来信提到了一个我从未想到过但也确实是很尖锐的问题，着实使我哑然以对，因为这种偶合对我来说完全是一种牵强附会的误解。其实在所谓“文化大革命”以前的20世纪60年代初、中期，北大老师们与我们学生谈翻译时，就常常谈到我国的翻译研究很有特色，这是一种源于中国文论的“中国特色”“中国气派”，并常常举出罗什、玄奘、徐光启、马建忠、严复、王国维、苏曼殊、徐志摩、朱光潜、梁实秋、冯至等等前辈的见解，来印证中国的译论总是从汉语的特点、从中国的文化现实要求、从中国读者的审美倾向出发来谈翻译，所以对后代总具有一种理论启迪作用，这几乎已经是一种不言自明的理论思想认同甚至默契。20世纪末期，西方翻译理论随中国之改革开放“破门而入”，这对中国翻译理论研究（包括我本人的译学理论探索和思考）的确起了一定的积极推动作用。但随着开放的深化，形形色色的后现代理论长驱直入，与此同时“扬西抑中”论也就顺势泛滥起来，不少文章或论集中对“外为中用”的观点不屑一顾，对主张建设和发展适应中国语言文化传统与现实的翻译理论研究的观点冷嘲热讽，各种“帽子”满天飞。正是在这种情况下，我提出了坚持“中国特色的翻译理论”作为对“扬西抑中”论的反制。后来的事实证明，这位北京友人的来信不幸而言中，有人借此大做文章。为此，我不得不在很多场合和文章中进行澄清和解释，说明我的提法与“政治跟风”风马牛不相及。为了避免误解，我从 2008 年后，已将我的观点改述为“强调理论研究的**中国价值**”。我自信，四十而不惑以后的我，始终保持了对权力、权贵、官方、名位、职衔和任何政治集团或势力的距离，用一句道家的话说，我一直是“跳出三界外，不在五尘中”。

第三件事情是关于我对日本的态度。

2005 年 4 月我应三位我在台北相识的日本朋友之约到大阪谈“东方学人如何对待西学”问题，顺便看看樱花，去神户吃久负盛名的“神户牛排”（Kobe Steak）。这三位朋友跟我经常通信，畅抒襟怀，其中有一位是长期研究“当代汉语新词语”的，我还帮他在台北审校过他的博士后论文。这几位朋友在我的《四十年学术人生》中读到过这么一段据说足以“使每一个日本人血冲脑门”的话：

> 从公元 16 世纪起，直到 20 世纪上半期，中国频频遭到身边的恶盗日本帝国主义一次又一次的洗劫、凌辱、虐杀。日本是帝国主义、殖民主义残害中国的元凶！时至今日，日本的化学毒气弹还遗留在大片中国的土地上没有被清除。仅凭这一点，中国就有理由以日本使用大规模杀伤性武器，目前仍然在毒害中国人民将它告上联合国和国际法庭。而且我认为只有将日本侵略史问题国际化，才能设法制止日本军国主义分子（如石原慎太郎之流不可雕的朽木）继续毒化中日关系。小小的、野蛮的日本帝国主义竟然能够在 20 世纪三四十年代在世界上泼洒了 20 年的兽性，这简直是全人类的耻辱！（载《刘宓庆翻译论著全集》之十一《刘宓庆翻译散论》，“四十年学术人生”，第 lxx 页）

他们当然看得出来，我的文章里很清楚只是在指控日本帝国主义和日本军国主义。尽管如此，他们还是耿耿于怀，作为普通日本人似有满腔怨情不吐不快。围绕我这段话，我们从大阪谈到神户，又从神户谈到大阪，从清代谈到唐代，又从唐代谈到当代；从历史的腥风血雨谈到当下的灵肉创伤，从日本老人的心灵痛楚谈到今天日本青年的“了却不了的无奈”（Lingering Incertidude），从民族情感的纠结到今天绝大部分日本人的迷茫、踌躇和对未来的憧憬——从这最后一点来看，我已经看不出我们四个人——三个日本人和一个中国人在心灵深处有任何差别！我感到内心很沉重，提出我绝对不愿意看到从唐代就交好的两个民族永远这么隔海怒目而视！这时我的朋友情不自禁地大声回应我说：“老实讲，今天很多日本人其实都能淡然面对那个盛气凌人的美国，但哪一个日本人能淡然面对隔海相望的中国啊！你去日本任何一个城市问问。请不要老盯住好折腾挑衅的日本政客、右派，这种人每个国家都有啊！他们会闹，他们用政客的卑鄙手段不断地闹，一有机会就闹，但日本人民是不会容忍他们的右派闹翻天的！”回到东京，他们三位一起到机场为我送行，三个人几乎齐声向我提出了一个请求：“作为学者，请你带回去一句我们学者的心里话：‘日本深深地道歉，也请接受一个深深道歉的日本。’”

在回国的飞机上，我一直在想着济慈的一句诗：“当爱与恨交织在一起的时候，你取哪一个？你**应该**取哪一个？”

现在回到2006年高教部召集的那个“教授沙龙”。轮到我发言的时候，我着重谈了日本人文学界对待西方人文学术研究的基本态度，和他们近三十年“抛开欧美风，确立自主性”的心路历程，谈到三位日本学者和我在几天的相处中心灵深处的相互观照和沟通。发言最后，我提到他们和我在东京成田机场告别时托付我一定要带给中国学术界思考的关于“接受道歉的日本”的那两句话，并做了必要的解释……

没料到，我的话音未落，一位先生（姑隐其名）立即从听众席中愤然而起，快步直奔讲台，咆哮着拍案顿足，痛批日本对中国的滔天罪行，只差指着我的鼻子痛骂我“卖国忘耻”，他的慷慨陈词，使场上掌声雷动。我注意到，大约有四分之一的人并没有鼓掌。

我又能说什么呢？我想到屈原那两句诗：“路漫漫其修远兮，吾将上下而求索”，耳边很快响起美国作曲家和歌唱家 Jerry Goldman 的那首著名的歌 *It's a Long Road* 的沉重哀伤的曲调、歌词和 Jerry 那充满沧桑感的、凝重的嗓音：

> *'Cause the road is long yeah,*

Each step is only the beginning.
No breaks just heartaches,
Oh man is anybody winning.
(只因为道路那样漫长，
每一步都只是一个开场；
没有休止，只有忧伤，
每个人都只是一名败将。)

目　录

附录

第一章
论翻译思想研究：从不要误会严复谈起

近百年来有一句译事箴言风靡中国译坛历久而不衰，誉之者赞之为“至理名言”而服膺不疑（周煦良，1982），毁之者贬之为“乖理陋见”而不屑一辩（陈西滢，1929）。合二者而论之，则至少是莫衷一是，见智见仁。大概有见于此，刘靖之在近著《翻译新焦点·代序》中说，这是一个“美丽的误会”（2003: 1），失望之情溢于言表。

这句箴言就是严复（1859—1921）在《天演论·译例言》中说的那句有关翻译的话：“译事三难，信达雅。”“信达雅”问世以后，被赋予了各种“封号”，最流行的是：“翻译原则”“翻译标准”和“翻译规范”。当然还有人赞之曰“三字经”，有人骂它作“紧箍咒”。奇妙之至的是，时至今日，还有不少从业者乃至对翻译略知一二的人在内心深处仍把它当作座右铭或挂在嘴边而笃信不疑。

其实，**严复本人从来没有给“信达雅”贴过任何标签**，他只是从自己的翻译实践甘苦中**体悟到了**翻译的“三难”以及解难之道。所谓“原则”“标准”“规范”等等，统统是后世的好事者奉送的“封号”或“标签”。严复提出的是“翻译之难”也是“解难之道”，而这个“道”则是解决矛盾、完成使命的原则主张。对翻译而言，这一原则主张也就是今天我们所谓的“翻译思想”，西方常用“translation principle”来表示。按照中国的民族文化特别是思维方式和人文科学的传统，原则也好，主张也好，思想也好，都可以尽力箴言化（aphorization, canonization），以便记诵力行。作为翻译思想，“信达雅”三表法是古老的中国哲学、伦理学和美学命题，不应将它误判成什么都可以照此办理的“翻译要诀”“操作指引”；它是一种理念、一种基本主张。

就严复本人特别是就他的译作来看，严氏自己从来就没有将“信达雅”当作“标准”“准则”“规范”等等——总之当作金科玉律来一板一眼地照办。在他看来，“信达雅”既然是一种原则主张，则重在领悟，不能拘泥墨守。这个基本态度与维根斯坦关于遵守规则的原则主张是一致的（*Philosophical Investigations*，在本书中概称 *PI*, Prt I, §§201, 202, 207, 217, 218, 219; A. Kenny, 1995, Chapt.5）。有些人责怪严复，说他“说归说，做归做”。这不仅是对他本人的误会，也误解了作为翻译理论最高层级的“翻译思想”的特征、功能和预期的社会效果。

所谓“翻译思想”指翻译家对翻译之“道”的经验的高度提升或高层级认知，这种认知又反过来指导他在更高层级上的实践，由此获得新的经验，从此周而复始。翻译思想通常表现为对译事的某种原则主张或基本理念，通常经历三个深化（或提升）阶段——通常正是翻译家“悟道”的过程：

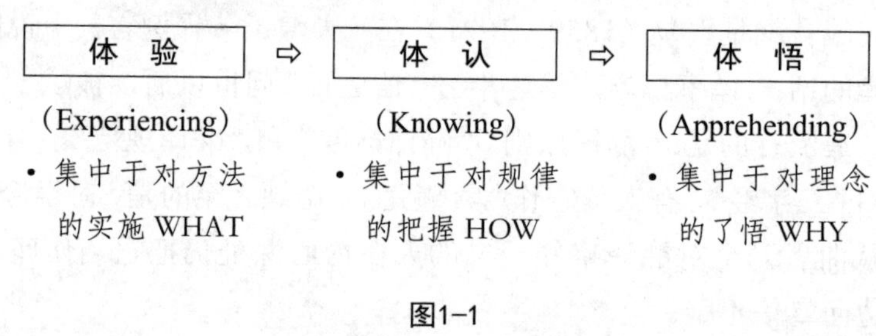

图1–1

人们对原则、理念的了悟常常可以浓缩表述为箴言，这种内容凝练、言辞隽永的表述通常具有鲜明的民族文化特色。下面我们将进一步解析翻译思想的特征、功能和社会效果，以便从中获得教益，使我们认识到应该怎样看待翻译思想，怎样研究翻译思想，怎样发展翻译思想。

1.1　翻译思想：翻译理论的最高层级

如果我们将翻译理论的全局作一个直达纵深的结构解剖，就可以发现翻译理论这个整体结构实际上分为三个层级。第一个层级是**方法论**，其任务是研究翻译的操作程序、操作方法，是一种对行为规律的描写分析，来自译者对翻译的**体验**（experience）。第二个层级是**对策论**。对策论是一个上通下达的中介层级，其任务是研究如何将理论结合翻译的实际，或者说，如何从理论上引导、规管翻译行为使之符合科学的规律以及相对的规范，以保证翻译的质素。要解决这两个“如何”所牵涉的问题，就必然要研究一系列的因应对策（strategies），论证一系列的因应对策。例如，翻译中双语意义转换的主要形式是对应，但不同情况的语句对应有不同的特征，译者怎样适应不同的情况作出不同程度的对应（基本对应？关联对应？类属对应？功能对应？零对应？）呢？这就是一个对策论研究课题，只有解决了这个课题，才好制定出一套操作指引——也就是方法论。译者对翻译规律和相对的规范性的认识，就是所谓**体认**（knowing, understanding）。第三个层级是**翻译思想**。翻译思想来自被翻译家和理论家高度富集的对翻译行为的经验观察，这种经验观察可以是自身的，也可以是他人的；可以是当代的，也可以是过往的。总之涵盖广泛的对翻译的切身领悟，因而具有高屋建瓴的洞见性质，我们可以称之为**体悟**（apprehension, comprehension, insight），体悟标志认识论的基本完成。中国近代文论家王国维（1877—1927）在《人间词话》中提到过三种艺术境界：

> 古今之成大事业、大学问者，必经过三种之境界：“昨夜西风凋碧树，独上高楼，望尽天涯路。”此第一境也。“衣带渐宽终不悔，为伊消得人憔悴。”此第二境也。“众里寻他千百度。蓦然回首，那人却在，灯火阑珊处。”此第三境也。

这就是所谓“以境论道”。我们现将王氏的“三境界”与翻译理论的三个层级合共比照，图示如下：

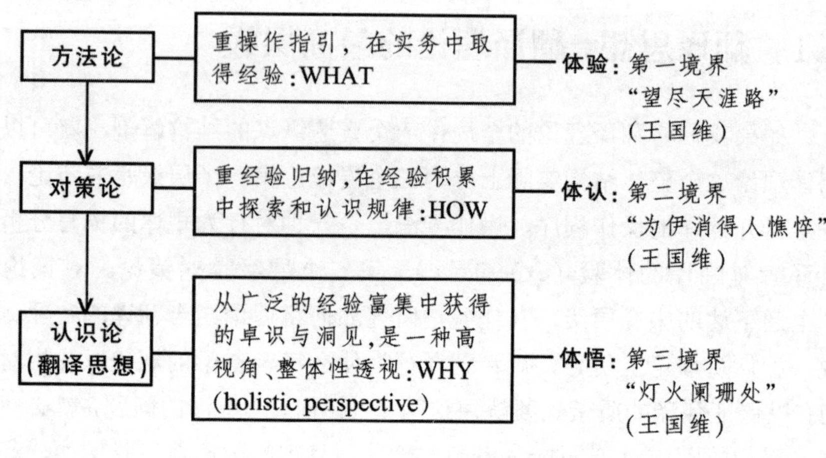

图1-2

1.2 翻译思想的基本特征

我们从严复的“信达雅”可以看到，翻译思想具有深入人心的感召力和行之久远的传承力，这种强大的社会功能，是绝非只适用于一时一事的操作指引和操作规范可比的。翻译思想之所以具有这种功能，是由它的以下特征决定的。

1.2.1 高层级性

翻译思想是高屋建瓴的语际转换规律揭示，这种揭示不是对个别局部的解释，而是对无数局部的**共时的剖析和汇集以及历时的观览提升**，因而是一种**整体性审视，具有很强的概括力**。翻译思想不仅是翻译家对本身的，而且是对许多翻译行为的经验观察和透析，因此它高于方法论，也高于对策论，是一种既“见树”又“见林”的高视角、整体性透视。

以严复为例。他提出“信达雅”这一翻译思想时已有丰富的翻译经验。《天演论》中译本是1905年出版的，此前他已翻译出版了《原富》（1901）

（*Inquiry into the Nature and Cause of the Wealth of Nations*, A. Smith, 1776）、《群学肄言》（1903）（*Study of Sociology*, H. Spencer, 1873）及《群己权界论》（1903）（*On Liberty*, J. S. Mill, 1859）。严氏每译一书，均经冥心钩考、殚思枯竭；行文时更是“一名之立，旬月踟蹰”，无不出乎“辛苦迻译之本心”。此外，他的翻译思想不仅出自自身的体悟，也融会了他人的经验，是严复对翻译行为的整体性审视。因此，所谓“高层级性”也就是**高度概括性**。

翻译思想的高度概括功能使之具有**普遍的指导性**。高屋建瓴的思想概括通常是超文化、超历史、超民族意识的。实际上严复总结出来的“信达雅”思想，也散见于西方古今译论家的见解中，例如 Steiner 于 1975 年提出来的“四字箴言”（trust, aggression, import and compensation, 1975）就与“译事三难”在形式与内涵上有许多相通之处。

1.2.2 能产性

一切源于实践又高于实践的正确思想都是“能产的”（productive），翻译思想也不例外。正确的思想能够转换为无限的能动力量是由于它能推动实践：翻译者一旦领悟了某一翻译思想，就会化**领悟**为本身的**实施**，将翻译思想付诸自己的翻译行为，而且必定会乐此不倦。《高僧传》说，佛经翻译家安世高提出“辩而不华，质而不野”的翻译思想以后，译经者、读经者“皆亹亹而不倦焉”（胡适，《白话文学史》：9—13）。

翻译思想的能产性表现为：

一、“产生”对策（strategy）

“对策之所以能解决实际（问题）就在于融会于其中的思想的正确性”——它源于实务又高于实务：“源”在切合实际，“高”在符合规律。对策、策略是从纷繁多变的“实际”中归纳、抽象出来的触类旁通、以一当十的规律，而这种归纳和抽象又必须紧紧依靠对翻译行为的多视角经验观察，由此产生科学推论，从而获得规律（C. Taylor, 1971: 111）。可见由思想指导的经验观察是其中的关键。

对对策的系统化描写，也就是对规律的科学论证，这种论证就是理论。

因此我们说对策论研究是理论的初阶，对策是翻译思想充分发展以前的富于生机（能动性）的理论雏形。

二、“产生”技巧 (techniques, craft)

翻译思想产生对策，对策产生方法、技能、技巧。我国传统文化中有所谓“思定于笔”，也可以解释为思想决定技法，翻译也是如此：翻译思想决定翻译方法。我国汉末译经主流派翻译思想是“因循本旨，不加文饰”，到东晋时道安（314—385）就据此提出“五失本三不易”的方法论主旨，力主译笔之矜慎质直，使原则主张落到了实处。17 世纪英国文论家兼翻译家德莱登（John Dryden, 1631–1700）的对策是“移植”，他的翻译方法论（translator's craft）是“让外国人说英语”，因此德莱登笔下的维吉尔（Virgil）诗情、文笔并茂。德氏对自己的技巧作过如下描述：①

> On the whole matter, I thought fit to steer *betwixt the two extremes of paraphrase and literal translation*; *to keep as near my author as I could.* Without losing all his graces, the most eminent of which are in the beauty of his words; and those words, I must add, are always figurative. *Such of these as would retain their elegance in our tongue, I have endeavoured to graft on it*; but most of them are of necessity to be lost, because they will not shine in any but their own. Virgil has sometimes two of them in a line; but the scantiness of our heroic verse is not capable of receiving more than one; and that too must expiate for many others which have none. Such is the difference of the languages, or such my want of skill in choosing words. Yet I may presume to say . . . that, taking all the materials of this divine author, *I have endeavoured to make Virgil speak such English as he would himself have spoken,* if he had been born in England, and in this present age.（斜体为笔者所用）

Steiner 在分析德莱登的“craft”时说，很明显，德氏的方法论来源于他的翻译思想，即“Where the author is kept in view by the translator, so as never to be lost, but his words are not so strictly followed as his sense, and that too is admitted to be amplified, but not altered"（**与原作者若即若离；紧随其意而不紧随其文；释其义而不改其义**），Steiner 说这个翻译思想更可以**精微化、箴言化**到三个词："Translate with latitude"（在保证译文自由度的原则下进行翻译）（Steiner, 1975: 269）。

1.2.3 模糊性

语言中词语的意义只是一个疏略的范畴网络。因为语言是一个符号系统，语符与语符下的意义之间不存在一劳永逸的、不变的联系，语符下的意义有可能随语境之变而蜕变、流变，从而形成了一个语义范畴的疏略网络。人类就是按这个语义范畴说话，而范畴的边界则是模糊的。"纯净"的"起点"是多少？有没有绝对的"纯"？纯金为什么是 9. 999？可见语言的模糊性中有自然界的道理。这正是维根斯坦所说的"生活的形式"（*PI*, Prt I, §§23, 241）。按美国哲学家、符号学家皮尔士（C. S. Peirce, 1839–1914，按准确的发音应为"柏尔士"）的"符号三分法"（OSI 即对象—符号—解释项）原理，符号 S（sign）指代对象 O（object）的语义内容，但究竟指代了什么内容？全靠解释项—解释者 I（interpretant）的 interpretation（解释），解释可以见仁见智，人与人之间不可能有"绝对的共识"（"absolute consensus"）（Peirce, 1931–1958: 2. 228）。

语言模糊性对翻译理论的意义是多方面的。语义模糊给意义带来不确定性（Wittgenstein, *On Certainty*, §30, 6e），也给翻译家带来了选择的自由度。因此翻译理论家必须发展出一套适用于翻译的意义理论和文本理解——解读策略，这一套理论必须侧重于研究在特定语境下的语言使用（Wittgenstein, *PI*, Prt I, §§43, 197, 595），为翻译中的意义定夺提供系统的对策和理论依据。

语言的模糊性也为人们如何阐释、解读、表述开辟了广阔的空间。翻译思想都是凭借语言来表述的，语言的模糊性必然导致翻译思想的模糊性以及不可能一劳永逸地加以判定，与理想的"时空绝对性"恰恰相反，这就使翻译思想摆脱了时空掣肘，而可以传之久远。"信达雅"在中国已经谈了100多年，未始不可能再谈50年、100年。德莱登的“latitude”（自由度）也是一样，译者在哪些方面可以“自由”？这个自由的“度”究竟是多少、根据何在？相信世界上没有人可以将它“量化”，将它界定。这是我们必须采取描写的态度来研究、阐发、论述翻译理论的根据。从这里也可以看到“描写”不是一个理论范畴。将翻译理论归并成“描写理论”及“纯理论”分类法是很不妥当的。②翻译思想这种比较“虚”的本质属性恐怕更需要我们悉心加以描写。

1.2.4 传承性

符合翻译实际和语言民族文化传统的翻译思想都有高度的传承力，历千百年遒劲，我们往后还要分析。但是必须看到，思想意识的“传承”（heredity）不是“翻版”（duplication）。传承本身具有“时间性”意义，指时间和情势的变化以及人这个主体因应时势而获得的认知经验对传承中的思想意识的修正（modification），包括“**调整**”（modulation）、“**界定**”（或“再界定”redefinition）和Steiner所说的“**补充**”（或补足、补偿，compensation）（1975）。“信达雅”所经历的历程正是如此。译论家罗新璋认为，“信达雅”前承“案本而传”“依实出华”的中国古典翻译思想，并为近代—现代翻译论家所提出的“神似”与“化境”所继承，而形成了中国的所谓“翻译传统”。罗新璋论曰：③

> 倘若我们再追本溯源一下，则可以发现，精神姿致依然地“故我”，也即是趣不乖本的“本”，也即是当包达雅的“信”，也即是获致原作精神的“神似”。据此，案本—求信—神似—化境，这四个概念，既是各自独立，又是相互联系，渐次发展，构成一个整体的；而这个整体，当为我国翻译理论体系里的重要组成部分。

中国从20世纪70年代以来在政治、经济、文化各层面实现了逐步的对外开放政策，进入了文化转型的新阶段。这是影响深及中国各领域的思想意识的时代巨变，翻译思想也应当与时俱进，也就是说传统有待于重组、重构，亦即罗新璋在上面说的，“相互联系，渐次发展”。因此这里就突出了一个“传承”与“革新”的辩证关系问题。我们必须悉心加以研究的是：一方面，必须因势利导，承认不以人的主观意志为转移的传统翻译思想的传承力，让传统观念中的积极因素继续发挥推展时序的积极作用，坚持所谓“本位观照”；另一方面，又必须注入与时代发展息息相通、与西方翻译思想相济相融的译事主张，不要与全球性文化交流大局、大势脱节，与国际上特别是西方的翻译思想的发展趋势即所谓“时潮”脱节，从而做到中外翻译思想在我们的头脑中的**选择、甄别和包容、兼蓄**，以适应时代的需要，即所谓“外位参照”。**这应该是当今中国翻译思想主导性的考量，也可以说是中国翻译理论研究的发展方略**。容后再议。

1.2.5 迂延性

这里的“迂延性”（procrastination）除了指“始终一贯”（consistence）而外，还含有贬义，指翻译思想之因袭于陈规，延宕于摆脱套路，疏失于推陈出新，致使涵盖的问题积久而著。对翻译思想而言，所谓“始终一贯”指内容与形式的关系，或者更确切地说是围绕以下命题：在实现语义转换的前提下，如何处理形式这一棘手但却无法回避的难题。因为，无论如何，内容与形式是一对互相依存的矛盾，语义内容的转换永远离不开形式或曰表现方式，翻译思想大都是针对这一问题的宏观思考。这一“一贯性”中外译论皆然。由此也可以看到“形式转换”问题——或者说“究竟存在不存在形式转换的问题”——的重要性。从这个意义上说，翻译实践史确实可以看作是翻译思想特别是形式观的发展史。因为说到底，翻译就是解决词（字，word）与义（sense）之间的矛盾：究竟要“因词就义”还是要“因义就词”，或者“只就义不就词”甚或“两不就”？这个翻译思想的基本问题之一，迂延积久，一争就是2000多年，Steiner就此评论说（1975: 275–276）：④

> It can be argued that all theories of translation — formal, pragmatic, chronological — are only variants of a single, inescapable question. In what ways can or ought fidelity to be achieved? What is the optimal correlation

between the A text in the source-language and the B text in the receptor-language? The issue has been debated for over two thousand years. But is there anything of substance to add to Saint Jerome's statement of the alternatives: *verbum e verbo*（词对词）, word by word in the case of the mysteries, but meaning by meaning, *sed sensum exprimere de sensu*（意义对意义）, everywhere else?

Whatever treatise on the art of translation we look at, the same dichotomy is stated: as between "letter" and "spirit"（字与神）, "word"and "sense"（词与义）. Though the rendition of sacred texts（经文）poses a problem which is at once special and central to the whole theory of translation, there have in fact been very few absolute literalists（直译者）. Translating from Latin in the mid-fifteenth century, Nicholas von Wyle demanded a total concordance, a matching of word to word . . . Even errors must be transcribed and translated as they are an integral part of the original . . . .

Steiner 所说的就是长达两千余年西方翻译思想中的"迁延性"。值得注意的是，尽管译坛人人都在谈翻译中词（形式）与义（内容）的对立统一（dichotomy），反对以内容凌驾于形式之上，但整个译坛甚至在译经者中却找不出几个"绝对的直译者"。翻译思想为何如此执着于老套陈腔（"inescapable question"）？尼采和他的信徒甚至怀疑翻译理论家是不是脑袋出了问题而不能自救于痼疾。随后我们还将对此进行探讨。

总之，我们必须把握翻译思想的以上五个特点，才能理解中外翻译思想的发展和现状，明确认清我们的努力方向，制定我们的发展方略。

1.3 研究翻译思想的重大意义

可以说，研究翻译思想最直接的意义就是明确什么是翻译思想，明确了什么是翻译思想也就不会误会严复，而且还能像 Rosen（Stanley Rosen, 1993）说的，看到"历史在当下的潜在力量"。

具体说来，深入研究翻译思想具有以下重大意义。

1.3.1 有助于提高对翻译理论研究认识的整体水平

翻译思想研究有助于促进和加深我们对中外翻译的基本原则、原理和对策的共性的把握，从而提高对深入研究外国翻译思想的必要性的认识，而认识的提高又必定会深化对翻译思想共性的审视，并进一步提高我们对中外翻译思想的整体性领悟，古人叫作“触类旁通”。这样，翻译思想研究就引领我们进入了一个**认知发展的良性循环**中，这个循环又会呈螺旋形逐步提升。上面我们谈到了“信”的思想在中、西译论中的呼应。其实很多翻译主张都是中西所见略同。很多人认为在严复的翻译思想中，“雅”是一个特色（陈元福，1955），而严复的这个“雅”主要并不是唯美主义的“雅”，而是他的目标功效：读者心目中的可读性、可接受性，也就是他[illegible]目中的翻译的目的性。这个主张与西方当代功能派翻译思想的积极面[illegible]谋而合（Vermeer, 1978–1986, Reiss and Vermeer, 1984; Gardt, 1989; Nord, 1991）；也与 20 世纪 90 年代的语言学派新论（如强调与**目标读者合作**，Hatim and Mason, 1990 Bake, 1992; Neubert and Shreve, 1992）的见解基本上同气相求。对翻译思想这类触类旁通、融贯中西的领悟，不仅可以加深研究者对翻译实质的整体性把握，还有助于消除对中国或西方的理论的偏颇态度达到对译论的科学化整体性理解，使研究者看到中西同中有异、异中有同，避免认识论以及研究方向上的偏差。俗话说，“偏见产生于无知”。可以肯定，有“西学优越论”观点（或心态）的人如果能加强对中国翻译思想的钻研、有“西学无用论”观点（或心态）的人如果能加强对西方翻译思想的学习，尽力做到兼学、兼容，就一定能在认识上提高一大步。相反，如果坚持“偏学”“偏信”，认识上就迟早会走向“偏驳”（《文心雕龙 · 史传》“驳”的意思是“不纯正”），有碍甚至有损于研究和实务。

1.3.2 有助于翻译思想在传统重构中的功能发挥

“思想”是“传统”中重要的组成部分，是“传统”中的上层建筑。一般说来，“翻译传统”涵盖以下领域或范畴：（1）以成文或不成文的方式流传下来，形成了具有整体价值观的翻译主张、信仰、学说、观念或态度；（2）以成文或不成文的方式流传下来，形成了具有整体性定式的翻译对策、方法、行为规范或惯例；（3）为广大翻译群体或社会群体所遵循、认同或接受的翻译文化发展趋势。很明显，以上三者中，（1）是最基本也是最重要的。在翻译史中，对任何一个时代而言，翻译思想都是翻译家及翻译群体的精神成果和劳作结晶。对传统而言，抽去了其中蕴含的思想或观念的生命，那么整个传统就犹如一具木乃伊，只是一个简单的“时间的注脚”。笛卡儿（René Descartes, 1596–1650）说科学的真谛不在于彻底的科学的方法，而在于决定彻底的科学的方法的思想。这也正是欧洲科学传统的精髓。笛卡儿认为在传统中由经验验证的思想才是科学史的基石。⑤

因此我们的推论是，思想铸造了传统，思想也可以改造传统，重构传统。从历史上看，翻译传统正是这样被一次又一次地重新组建以适应历史赋予翻译的新使命。20 世纪二三十年代以前西方译论的传统是[illegible]言学的版图为自己的版图，理论的中心课题是关于获得 equivalence 的种种对策。在这一思维定式的推展衍生下，意义很自然地成了语际转换的鹄的，原语文本（translated text）则是意义唯一的“驻地”，而译语文本（translating text）则是译者一切转换运筹的终极目标。进入 30 年代以后，西方译论面临着新的文化与历史格局。维根斯坦等人的哲学对西方语言文化传统观念形成了冲击性激荡，涉及语言哲学观、语言功能观、意义观等与翻译有密切关系的重大问题。在文艺及文学批评领域，继现代主义对西方文化思想的深刻批判以后，“后现代”对西方传统更发起了“全面解构”乃至颠覆。

在这一新的历史、文化格局下，西方翻译思想出现了新的发展形态，并对西方翻译传统进行了新的塑造。这都是值得我们研究的课题。

1.3.3 有助于从根本上推动翻译实务的发展

思想带动行为，理论带动实务，这是常规、常理。因此德国人说“Durcheinander”（思想混沌状态）不是没有思想，“思想混乱”就是一种思想形态：思想混乱不可能有什么实务发展。打开世界翻译史，可以发现不少国家有过属于思想混沌状态的翻译时期或翻译者。突出的例子是中世纪时期的英国翻译。1606 年诺曼人入侵英国以后，英国人精神状态处在分崩离析的边缘，翻译更是无所适从。这个混沌状态大约维持了 300 年，直到乔叟（G. Chaucer, c1340–1400）出来以翻译重拾人心，才使英国翻译事业没有真的断了香火。乔叟创立了欧洲翻译史上的“仿译”套路，应该说他是菲茨杰拉德（E. Fitzgerald, 1809–1883）翻译《鲁拜集》（*The Rubáiyát of Omar Khayyám*, 1859；修订本 1868, 1872, 1879）时译诗体式的先行者。英国翻译界中也出现过鼎鼎大名的“没有思想的翻译家”，其中之一是被 Dryden 讥讽为“辛辛苦苦又浑浑噩噩”的 G. Sandys（*Essays of John Dryden*, Vol. 2, 10）。

翻译实务的大发展大抵有特定的历史语境，集社会、政治、经济因素于一体，形成客观情势，而主观原因中起很大作用的则是翻译思想之更新、提升符合了客观情势的需要。我国东晋时期（371—420）释道安（314—385）以直译来整顿他“意常恨之”（《出三藏记集》卷十二引）的“好华”“莹饰”之风就是其例。释道安的翻译思想是“案本而传”，方法论主旨是“五失本、三不易”。在释道安的整顿下，中国的译经事业着实大大向前推进了一大步。这就与汉代社会上层崇尚“解经”“说经”“释经”等所谓“依经立言”的汉儒传统“合拍”。至唐代国威日盛，形成了盛世局面，始有玄奘（602—664）之“直译意译，圆满调和”（《梁任公近著，第一辑》中卷 115 页）。这个由玄奘创始的**“圆满调和论”**（Regulation to Perfection）**翻译思想**，就成了我国的翻译传统思想的主流，“信达雅”、神似和形似以及“化境”等等说到底也都是**翻译中诸多元素的调和**，符合中国人**和合兼容**的审美要义。

1.3.4 有助于发现问题、识别真伪、增强判断力，从而使我们能更有的放矢地克服思想上和理论上的偏差

一般说来，翻译思想之是否活跃也在一定程度上说明翻译事业（包括翻译理论研究）之是否在蓬勃向前发展。因为观念上的混乱常常是行

为上的停滞以及发展上受阻的深层原因。研究欧洲翻译史的人都知道，公元6世纪罗马帝国的大哲学家以及西方乐理的创始人之一波伊堤乌斯（M. S. Boethius, c475–c525）同时也是一位大翻译家，但这位大师却是欧洲“翻译无理论”论的鼻祖。波伊堤乌斯对理论的轻视预示了中世纪欧洲翻译理论“荒蛮时代”的来临。波氏所提倡的“形式对应论”，集拘谨、烦琐之大成，也就成了长达千年的欧洲中世纪翻译实践的一大绊脚石，致使欧洲译坛“万马齐喑”，即所谓错误观念将事物发展“逼进了死胡同”。

整个来说，近年来，中外译坛关于翻译思想的探讨不是很热烈，这中间原因当然很复杂。就西方而论，我认为大概可以说结症在经历了后现代近40年（从20世纪60年代到90年代）“怀疑一切、解构一切”之风的扫荡，⑥欧洲传统价值观被视如敝屣，欧美当代翻译理论家只有紧紧抓住唯技术论（技术主义，technicalism）来休养生息。而“技术”这个东西，可以越谈越使人乐此不疲、不能自拔。我整个的印象是西方译论的唯技术论与西方后现代派信奉“反本质主义”（anti-essentialism）有心有灵犀一点通的关系。

中国的情况当然不一样。中国译界对翻译思想的探讨不够，大抵属于认识问题。如果以翻译思想的要求对观念、态度上的问题作一番清理，在中国译界令人不安的倾向有如下一些。

一、有些人对西方译学的盲目崇拜

我同意皮亚杰的论断：“崇拜”是一种病态的信仰，而其所以陷入病态则是由于严重的“自我缺失”（self-inadequacy），将自己推向了“绝对无地自容的虚无”。

对绝大多数翻译从业者来说，热切地学习西方译论、热望从中学到有益于自己业务发展的经验和知识，当然是无可厚非的。实际上，这也是我们应该做的“功课”，即所谓“学人之长、补己之短”，或者“外为中用”“外位参照”等等。

但是重视对外域理论的借鉴与对西方译论的盲目崇拜、鼓吹完全是两回事，后者往往是痛感“严重的自我缺失”，在西方理论面前痛感自己的“绝对虚无”而“无地自容”，于是小至学术历史、大至民族尊严可以完全不顾。这里可以介绍给大家一篇文章——《中国译学研究：世纪末的思考》（载张柏然、许钧主编的文集《面向21世纪的译学研究》，商务印书馆2002年版，第52页至72页）。这篇文章否定了严复（第66页）、否定了傅雷（第67页）、否定了钱锺书（第67页）。这位作者还莫名其妙地用西方的“语境论”（据这个作者说西方有“一套完整而系统的语境论”）批倒了钱锺书的“化境论”。我认为这位作者鼓吹的就是所谓西方“不谬论”（infallibility）。这里还可以介绍大家读另一篇文章——《学术范式：西方译学的启示——世纪之交关于中国译学研究的理论思考》（载上述同一文集，第87页至110页）。这篇名为“理论思考”的文章，没有展示出什么严肃的“理论思考”，却连篇累牍地罗列了西方一些属于**操作层面上的对策主张**，并不加分析地将它们一一拔高为“学术范式”；同时，作者刻薄地嘲笑中国的理论是“刀耕火种”，是品位低、学问浅、思想差的“术”。以上两文所谓“思考”的主旨在明眼人看来其实很简单：“西学优越论”“西人优越论”。有人可能辩解说他们这样“思考”是“自省”，是“勉励”中国人，“打是疼、骂是爱”，是一种“自励”式的“苦肉计”。不过，我想“苦肉计”应该只是刻意要让今人受点苦，也不必骂倒我们无辜的前人吧？！

作为一个整体，西学的成就和水平并不待我们去否认或肯定，也没有一个有理性的人要刻意贬低西学，这里的问题完全在态度。作为一个有民族文化自尊和自珍的学术人，“将自己推向绝对的、无地自容的虚无”去抬举西学，又何以在国人和子孙面前自处、自容？！而且，好奇怪，21世纪中国需要这样的译学研究？

二、未充分重视译学的宏观研究

一般说来，宏观研究具有一定的指导性，微观研究具有较多的经验性。对译学来说，二者不可偏废，自是自然之理，原因是二者之间本来就存在着辩证关系，下面是一个宏观研究与微观研究的对照表。

表1-1

宏观研究	微观研究
·指导性 ·整体性 ·观念层面 ·着眼于功能 ·比较抽象 ·不能立见成效	·经验性 ·局部性 ·操作层面 ·着眼于结构 ·比较具体 ·较易立见成效

在一般情况下，由于微观研究比较接近实务层面，因此涉及的具体问题比较多、研究课题比较多、从事微观研究的人也比较多，各地各国皆然，这不叫“只懂术”。更何况“术”是通向“道”的必经之途。老子、庄子、孙子提出过一个问题：你不精通“术”，又怎么能理解“道”？这就是辩证法。指责我们只懂“术”的人，实在应该多读点书，了解中国的先哲说了些什么，免得自己无知妄说。

但是，由于宏观研究具有相对的指导性，因此在各层级的整体规划上应该更重视宏观课题，并将微观研究提升到宏观审视，完成翻译研究的全程性辩证考察。但从目前我国许多翻译论文来看，不少作者在西方译论的负面影响下，不仅只是着眼于微观，而且微观到“纤维化”“微量化”的地步，对外国理论的某一观点进行细而又细的孤立的、片面的诠释注疏，将西方译论的“局部精彩”当作自己的楷模。有些人（尤其是某些“洋博士生”）疏于对国学的体认以及基础性科学研究，只熟悉一小部分洋文献，于是追求半通不通的抽象、凌虚，以为越是“空对空”就越有水平。其实学术的根基是体验，就是**经验观察**（R. Carnap, 1998: 306; N. R. Hanson, 1998: 339），也就是维根斯坦所说的“**生活的形式**”（*PI*, Prt I §19, 8; §107, 46e），超越体验，追求“空对空”的体悟，恐怕只有旷世奇才才能办得到。我们还是脚踏实地为好。脚踏实地有了基础，再去搞“空对空”，也就是“实中有空、空中有实”，这时的“空对空”读者才可能信服。

三、有些人提出形而上学的理论建设主张

我认为，目前中国有一些翻译理论研究者处在“完全失重状态”。他（她）是中国人，却失去了基本立足点（footing），扬言他（她）们是在为一种虚拟的“世界翻译学”打拼。看他（她）们的论文，会以为他（她）们是外国人，露马脚的地方大抵是外文不够味。1887 年波兰人 Zamenhof 虚拟了一种语言叫 Esperanto（世界语）。这种虚拟语言开始时很多人拥护，到处开年会。但到今年已经搞了 117 年，仍然还在水中捞月。“世界语”的“世界性”还不及英语和汉语的千百万分之一（世界上有多少人用英语和汉语尚无精确统计。语言流通有深刻的非语言因素，难以人为推广）。“翻译”跟“语言”一样，必须以深厚的人文历史、人文语言以及复杂的人文地缘因素做母体，没有母体（或者叫它“泛母体”）的“航空母舰式”的“世界翻译学”和“世界语言学”一样，都是空对空的虚构。

有人为中国翻译理论建设开了一个方子：“请进来—走出去—世界翻译学”（见上述张柏然、许钧主编文集，第 111 页至 125 页，公式见第 122 页）。这是一种学究式思维模式：“单向”加“断代”。人类文化融合（交流、融汇）的基本形态是 interflow 和 convergency。汤因比（Arnold Joseph Toynbee, 1889–1975）说，世界文化融合是一个交互过程，**基本上不存在“单向、断代”现象**。19 世纪末英国有一种殖民主义文化政策（方子）叫作“interfusion”（渗透—混合—成型）。我们可以比较一下这两个方子。不同之处只是：一个是主动请进来；另一个是主动打进去（“渗入”“渗透”）。当然，中国翻译理论工作者都是为中国翻译理论建设出谋献计，主观上盼望最终能建成一门兼容性很强的“世界翻译学”。这里的比较只是为了看到它的弊病。

最重要的是，即使人们可以叫它“世界翻译学”，这门“世界性”学科也必须包括中国翻译理论（即有以 13 亿人用作母语的汉语参与的翻译理论）在内，这个重要的组成部分还得靠我们自己来创建，恰如“世界文学”中的中国文学是由中国文学家创作的，“世界历史”中的中国史是由中国人民打造的一样。中国人的事，欢迎外国人援助，但外国人无法越俎代庖。

作为一位饱学之士，汤因比说得有一定的道理，世界上各种形态的文化无时无刻不在 interflow、不在 converge，不以人的意志为转移，你说不上什么时候要“走出去”，什么时候要“请进来”，“单向”“断代”的学究气和

幼稚性即在于此。

这里我还想就所谓“请进来—走出去—世界翻译学”“公式”的合理性提出一个反证。香港其实早就将西方译论毕恭毕敬地“请进来”——而且奉为“至圣”了；此外，香港资讯、人力、财力资源完全不匮乏，“走出去”的机会也极多，但至今看不到香港“世界翻译学”的踪影。“文化”需要母体的沃土，外国文化（尤其是深层文化）在异域想要生存、开花、结果，必须要由本域中以本地人为主体的媒体将它本土化，为之提供经过改造后的“优化配置”和发展生态，这方面，佛教之入中土而生根、开花、结果的成功经验堪称楷模。

本来，外域宗教要介入中国、打进“儒、墨、道”的流通版图和话语权力架构之中是十分困难的。僧祐曾经著文描写过他碰到的钉子：⑦

> 世宗周孔，雅仗经书，然辩括宇宙，臆度不了，《易》称天玄，盖取幽深之名，《庄》说苍苍，近在远望之色，于是野人信明，谓旻青如碧；儒士据典，谓乾黑如漆；青黑诚异，乖体是同，儒野虽殊，不知一也，是则俗尊天名而莫识天实。

经历了从5世纪至7世纪约300年传播媒体（中外僧侣、中外翻译和信众）的不懈努力，佛教终于从一个外国来的异端“受气包”跃升为中国的“准国教”。中国史论家特别谈到了翻译在这个“文化磨合”（cultural inter-adaptability）中的功绩：⑧

> ……不仅各种各样的佛教经典被翻译出来了，而且符合中国人观念的佛经被特意挑选出来了，接着，根据中国人的理解而自己编造的“伪经”也炮制出来了。就比如关于“孝”，自从安世高译出《尸迦罗越六方礼经》以后，西晋的支法度译了《佛说善生子经》，佚名人译了《菩萨睒子经》，竺法护译了《盂兰盆经》，在《佛说目炎子经》中说，“使我疾成无上正真之道诀，皆是我父母育养慈恩，从死得生，感动天龙鬼神，父母恩重，孝子所致，今为得佛，并度国人”，下面佛陀让阿难向世人宣说道，“人有父母，不可不孝”，这样，佛教就与古代中国的

个人伦理没有了冲突；又比如关于“忠”，如果看一看当时逐渐流行的《金光明最胜王经》和《仁王般若经》，理解其中提倡的王臣护法与佛教护国的说法，就可以知道在中国这个语境中，佛教渐渐屈服于国家，向主流意识形态认同的历程。这样，佛教就已经大体填平了它与古代中国社会伦理之间最深的鸿沟。在据说是后来中国人自己造的疑伪经《梵网经》《父母恩重经》和出身不明的疑经《血盆经》中，不同伦理系统之间的这道鸿沟已经几乎泯没无痕。

可以说，汉唐中外翻译家为中外文化磨合，在惨淡经营中恪尽职守，尤其是在外域文化的“归化”方面已经做到几乎臻于完美，下面是翻译家支遁（314—366）写给晋哀帝（司马丕）的信，不但力求让佛学密切反映中国核心价值观论［Erich Zurcher在他的著作 *The Conquest of China* (1972) 中称之为中国的proto-science“本位科学”］，而且连行文风格也尽力仿效汉赋：⑨

> 盖沙门之义，法出佛圣，凋纯反朴，绝欲归宗。游虚玄之肆，守内圣之则，佩五戒之贞，毗外王之化……是以哲王御南面之重，莫不钦其风尚，安其逸轨，探其顺心，略其形敬，故令历代弥新矣……恢恢六合，成吉祥之宅。洋洋大晋，为元亨之宇。常无为而万物归宗，执大象而天下自往。国典刑杀，则有司存焉。若生而非惠，则赏者自得；戮而非怒，则罚者子刑。弘公器以厌神意，提铨衡以极冥量。所谓天何言哉，四时行焉。

当然，我的意思绝不是盼望今天外国文化要这样来仿效中国。时代大大地发展了，今天我们想揭示的是，汤因比所阐述的interflow无时无刻不在发生，而翻译在这个永不停息的互动中，又应该如何在“文化磨合”方面像我们的汉唐前辈那样恪尽职守，参与打造和迎接文化融合的成果。

四、不分“源”与“流”或误将“流”看作“源”

如果用辩证的观点来看问题，就不会忽视“源”与“流”的关系，也不会混淆“源”与“流”的区别。一般说来，“源”是原生的，“流”是衍生的；“源”是原创的，“流”（在初生期）是仿制的；同时也要看到“源”是无穷的，“流”是有限的；“源”是“历史的”，“流”是“超历史”的。不分“源”与“流”或误将“流”看作“源”在理论上都会犯错误，违反了历史唯物主义和辩证唯物主义。具体表现是：（1）有失于对理论问题的阐释和科学解释，而不得不诉诸“不可知论”；（2）有失于对学术见解的科学评价。这方面最突出的例子是德国文论家本杰明（Walter Benjamin, 1892–1940）在表现法论中多次提到的“纯语言”，有人认为“不可理解”，有人又视之为“表现法理想”。但究竟何谓“纯语言”？本杰明从未加以论述，终而形成一大悬疑。论家各执一见，都是就本杰明论本杰明，没有联系到“源”来剖析。日本人三岛宪一说：[10]（着重点为笔者所加）

> 所谓纯粹的语言已是全然不以任何一物为志向，也不表现任何事物，没有表现，作为创造性的语言，它虽然是在所有语言中所追求的，但在这纯粹的语言上，不经意中到达了所有传达、所有意思、所有志向全都消失了的一个层次。或者他也认为所有语言所求之不得的终极秘密是沉默中保管的真理语言。“在纯粹语言的面前，所有志向都会消失”的想法，也是在真理的火焰前燃尽的个人存在的这种想法的延长。可以说是这样一种印象，无数的语言天使不断在真理面前唱着赞歌飞舞，并且在靠近真理的瞬间消失。（贯倞译文）

这种解释显然不解决问题。美国文论家德曼（Paul de Man, 1983）也同样不得要领。他一会儿说“纯语言”就是“原始语言”，一会儿又说“纯语言即纯形式”，最后他干脆说“根本绝对没有（纯语言）这回事儿”：[11]（着重点为笔者所加）

> 译文与原文比较，纯语言可能更见于译文，但是以寓意的形态出现。本雅明说寓意手法不足以表达意义，但那些假设言辞足以表达意义的方法，他自己却经常使用，只不过在实际使用上，他每每从中作梗，推置文意，激扬文字，动摇原文的典范地位，把它推进一场分解、

分裂的运动。原文在运动、漫游、漂泊，你甚至可以说是在永远流放，但又不是真正的流放，因为没有一个可回的家，流放原来没有起点。根本绝对不存在纯语言的问题，因为根本没有这回事，有的不过是永恒的推置，那倒是寄生在每个语言，包括我们的母语，而且尤其是我们的母语。给推置得最厉害、异化得最深的，其实是我们的母语。（商承禹译文）

本杰明如果在世，一定会对这种武断议论哑然失笑。读遍本杰明的作品，你都可能找不到这里所说的什么“永恒的推置”。其实，他使用“纯语言”这个术语既是承袭了早期浪漫主义的立意，又有他自己的见解。

“纯”“纯语言”是浪漫主义者热衷的话题：浪漫主义是“纯语言”之源。首先，浪漫主义是用“纯”的理想来批判、扬弃“不纯”的现实。歌德、席勒、施莱格尔（A. W. Schlegel, 1767–1845）、诺瓦利斯都是用“纯”来做“批判的武器”。其次，用“纯语言”翻译也是荷尔德林（F. Hölderin, 1770–1843）的主张。在德国，荷尔德林的诗作享有仅次于歌德和席勒的盛誉，而且他也是一位因翻译古希腊和罗马经典文学作品而享有盛名的翻译家。荷尔德林认为“纯语言”是一种人类共享的**表现意蕴的方式**，人类用纯语言表达的是明白无邪的内心意涵，是在感性的纯真世界中使用而能使操不同语言的人都能领悟的语言，“意蕴”是语言的最深刻的普遍性，把握了这一普遍性就能跨越语言间的种种心理樊篱。这种普遍性也就是所谓“可译性”。

本杰明正是在这个浪漫主义传统的意义上使用“纯语言”这个术语，因而不必作更多的阐释。他所做的只是一种更加明确的认同：不同语言文本意蕴之间的整体性互补——语言甲隐约而言的东西，语言乙可以直言不讳，而语言甲、语言乙的目标则是一致的：[12]

Wherein resides the relatedness of two languages, apart from historical considerations? Certainly not in the similarity between works of literature or words. Rather, all suprahistorical kinship of languages rests in the intention underlying each language as a whole—an intention, however, which no single language can attain by itself but which is realized only by the totality of their intentions supplementing each other: pure language. While all individual elements of foreign languages—words, sentences, structure—are mutually exclusive, these languages supplement one another in their intentions.

（如果不是从历史的视角来考察语言，我们还能在哪里找到两种语言间的相似性呢？显然不在文学的作品或词句之间。相反，任何超历史的语际亲族关系都依存于每一种语言各自的整体性意图中。不过这种意图并不是任何语言单独能够实现的，它的实现只能通过所有这些意图互补的总体。这一总体即纯语言。即使不同外语的个别因素，诸如词汇、句子、结构等等是互不相关的，这些语言仍在其意图中相互补足。）

请注意，本杰明这里谈的是语言，不是文本。他说的是不同语言在表述相同的深层意蕴时的互补性，虽然不同语言之间的思维方式与风格可以完全不一样，但它们的目标（“整体意图”）则是相同的。

可见本杰明是用“纯语言”指语言中的整体性意图或意蕴。而本杰明所谓的“纯语言”翻译也就是他所倡导的“直译”——这种直译诚然是interlinear（逐行对译）的，但它追求的是某种潜在（potential）在语言的“flow of revelation”（“天启之流”指作者意蕴的纯真表露），那是语言本我表达“意图”或“意蕴”的自由之声。语言具有这种素质，也就具有了可译性：⑬

Where a text is identical with truth or dogma, where it is supposed to be “the true language” in all its literalness and without the mediation of meaning, this text is unconditionally translatable. In such case translations are called for only because of the plurality of languages. Just as, in the original, language and revelation are one without any tension, so the translation must be one with the original in the form of the interlinear version, in which literalness and freedom are united. For to some degree all great texts contain their potential translation between the lines; this is true to the highest degree of sacred writings. The interlinear version of the Scriptures is the prototype or ideal of all translation.

（当某一文本符合真实或信条，而无须关联意义作中介并以“真实语言”的字面出现时，这一文本就具备了无条件的可译性。在这种情况下，只因语言的多样性而诉诸翻译。太初之时，语言和“神启”是浑然一体的，两者间不存在张力，因而译作和原作必然是以逐行对译的形式排列在一起的，直译和意译合而为一。一切伟大的文本都在字里行间包含着潜在的译文，在神圣的作品中这一点再真实不过了。《圣经》不同文字的逐行对照本是一切翻译的原型或理想。）

这里本杰明是在谈文本的翻译了。他所说的逐行对照翻译，就是要紧扣原语和译语以不同的行文方式和风格，表达出相同的深层意图或意蕴。

由于对“源”与“流”缺乏历史唯物主义的分析，我国有些译论犯了一个共同的错误，即夸大了西方当代译论中的某些“主义”的历史功绩，将他们描写成“妙造天成”“自铸伟业”“震撼了世界译坛”等等，溢美之词泛滥成灾，造成了学术上的浅薄夸饰之风。可以说今日西方的流行理论没有一项不是“流”，它的“源”就靠我们的研究者去“探”，探明了它的“源”，认知就会深入一步，必有助于克服浅薄之弊。例如当代德国的功能主义译论大抵溯源于维根斯坦的语言哲学观以及当代语用学、认知语言学、社会语言学的发展。

有些人有一种误解，认为中国自改革开放以来，意识形态方面风气大开，译坛上“西风四起”，中国译界也一定会有一场向西方一边倒的“学术狂飙”，如果这场“狂飙”并没有到来，那么原因一定是学西方还不够卖力——于是惊呼中国译界走进了“误区”，中国译论家已沦为“民族主义者”“大汉族主义者”，惊呼中国理论家还在“刀耕火种”、茹毛饮血！政治偏见更使有的人采取无中生有的手段来诋毁中国的译界和翻译教学界。⑭

其实翻译思想作为一种传统是不可能接受一个人为的抽刀断水式“思想大革命”的。我现在还没有找到当代西方译论中有哪一种学说，哪一个流派具有一种可以掐断中国传统翻译思想发展，使自己“威镇华夏、皈依西学”的神功！我可以断然地说一句：西方译论及其膜拜者今天没有、明天没有、永远也不可能有人能练出这一身神功！要发展中国的翻译思想只能靠一大批学贯中西的中国人自己惨淡经营，加上若干深研“中国学”的外国同道和衷共济的集体努力。

1.4 中国当代翻译思想发展沿革

中国当代翻译思想应该是中国传统翻译思想在新的历史条件下因应新的社会发展需要和诉求的产物，它应该既具有浓郁的中国特色，又具有明显的时代特色。

如果将西塞罗（M. T. Cicero, 106–43BC）《论译事》（52–51BC）算作西方译论之始，那么这个初始之芽比中国的译论开篇《法句经序》（东汉末，即后汉约公元 223—253）早大约 200 年。这个“时差”主要应归因于古代中国的文化政治版图和汉语的流通版图都不同于古罗马和古罗马语。前者孤处东亚中原，与外界沟通殊为不易，而后者在地缘上与古希腊文明摇篮犬牙交错。古希腊文明的灿烂之光使罗马人备受激励而心向往之，以致每个罗马人都希望能“长出一个可以说希腊语的舌头”。语言史家罗宾斯在描述被称为 Hellenism（希腊文明化）这一景观时写道：[15]

> From their earliest contacts the Romans cheerfully acknowledged the superior intellectual and artistic achievements of the Greeks. Linguistically this was reflected in the different common languages of the eastern and the western provinces. In the western half of the empire, where no contact had been made with a recognized civilization, Latin became the language of administration, business, law, learning, and social advancement. Ultimately spoken Latin (by no means identical with classical literary Latin) displaced the former languages of most of the western provinces, and became in the course of linguistic evolution the modern Romance, or neo-Latin, languages of contemporary Europe . . .

> During the years in which Rome ruled the western civilized world, there must have been contacts between speakers of Latin and speakers of other languages at all levels and in all places. Interpreters must have been in great demand, and the teaching and learning of Latin (and, in the eastern provinces, of Greek) must have been a concern for all manner of persons both in private households and in organized schools. Translations were numerous. The first translation of the Old Testament into Greek (the Septuagint) was the work of Jewish scholars of the Hellenistic age, and from the third century B.C. Greek literature was systematically translated into Latin. So much did the prestige of Greek writing prevail, that Latin poetry abandoned its native metres and was composed during the classical period and after in metres learned from the Greek poets . . .

人类历史似乎给了欧洲翻译“殊荣和眷顾”。世界翻译史上，只有欧洲的翻译获得了这一天赐良机，只要看看当时的欧洲政治、文化版图即可了然。比较之下，中国的政治地缘和人文地缘格局就大不相同。

中国古代的翻译始于佛经汉译。佛教经学源于印度（古代天竺），天竺国力远不及古代中国。因此佛学之入中土是“以弱入强”，与古罗马输入希腊文明之“以强入弱”恰恰相反，因而在**文化战略上**也就截然不同：前者的首要考量是“**立足、生存、发展**”，艰难险阻自不待言；而后者则是“**扶持、融合、发展**”，左右逢源则是自然。这一切决定欧洲翻译开局就不同凡响，而在中国翻译的势力和影响就弱得多。这一点非常紧要，它决定了中国翻译思想为什么从一开始就将文化战略考量放在中心的、主轴的、决定一切的地位：它开始的时候是以“自我生存”为内涵，也是目标；继而在不同的历史时期更以“民族生存”和“民族复兴”为内涵，也是目标。根据这一主轴性文化战略考量，中国译坛的先驱们一代继一代紧紧地把握住了一点：**以我为本的意义**（significance）**抉择、以客为本的意义**（meaning）**转换**。中国译坛的主流力量从来不把眼光放在无助于国计民生的翻译上，而是惨淡经营于宗教、学术、文教、科技、文艺、军事等等领域的翻译事业中。中华民族的许多翻译家可以说鞠躬尽瘁，死而后已。同时，为了不悖于外域文化思想之精华，中国翻译界一直将忠实的意义（内容）转换（transfer）、传送（transmission）、解释（interpretation）等等各种代偿性转达形式（mode）作对策论之第一要义，务使“万变”（mode）不离“其宗”（meaning）。以上两个方面就是中国翻译传统中最值得人人珍惜的“核心价值”或“价值核心”。

《法句经序》提出了三项主旨性翻译原则或主张：(1)“因循本旨”（恪守自己的宗旨，忠于文本内容）、“不加文饰”（为弥补语言差异，可以增删文字，但不能添枝加叶），这两项都是“信”的问题。(2)“当令易晓”“实宜径达”，这就是后世所谓的“达”。(3) 以信为美、以信求美，点出了“美”。这篇经文序其实还提到了许多翻译行为的基本命题，如明义、名物、达旨、得体以及一系列的翻译理论二元对立项“文饰”VS“质直”，“依音”VS“依义”，“美言”VS“信言”，“尽言”VS“尽意”等等，属于翻译认识论、方法论、价值论的命题。由于佛教在汉代和唐代宗教文化中的地位很特殊，因此这篇序文对东晋及后世佛经乃至一般的翻译和中国翻译思想起定向、定调作用。钱锺书认为**“严复译《天演论》弁例所标：‘译事三难信达雅’，三字皆已见此”**（《管锥篇》第三册）。

东晋影响深远的翻译家是释道安。释道安前承汉末的矜慎套路，提出**“案本而传”**的 SL 文本中心论翻译思想，力求不损经文的“巧质”。为此，他制定了“五失本三不易”的对策论主张，认为“经之巧质，有自来矣。唯传事不尽，乃译人之咎耳”，非常强调主体的功能发挥。

魏晋六朝，译风大变。“案本”有偏，文意殊隔，出来纠偏的是鸠摩罗什（祖籍天竺，即古印度，公元 344—413）。鸠摩罗什的翻译思想是**“依实出华”**，而要做到“依实”则必须“善披文意”（善于解读 SLT 意涵）。在形式上，鸠摩罗什主张不失藻蔚，提出“曲从方言，趣不乖本”，这是中国翻译思想史上第一次明确倡导的“TL-orientation”（译语取向，但不是译文中心论）。鸠摩罗什的意译新风充分表现在他主译的《维摩诘经》中。为此，鸠摩罗什公所译的经文被誉为“文约而诣，旨婉而彰”（译文精美达旨），忠信与可读兼备。鸠摩罗什是效果论的提倡者，也是身体力行者。

进入唐代（公元 618—907），中国翻译已有了约 300 年的探索和操作经验。玄奘就是身处于这一历史背景下，因而有条件使译经理论与事业达到一个高峰。事实正是如此。玄奘之为大师，是因为其做了几件大事：以艰苦卓绝之西行求法、以宏通佛理的“内功”译经、以广开法脉（法相唯识宗）的志向讲学、以梵汉互译的实践创新（佛学界一般将鸠摩罗什以前的译经称为“古译”，将鸠摩罗什以后的译经称为“旧译”，将玄奘的译经称为“新译”）。凡此业绩使玄奘的翻译能像梁启超为之总结的那样“直译意译圆满调和，斯道之极轨也”。实际上，**圆满调**和也正是玄奘的翻译思想：他的基本特征在“调和”，而“调和”又功在“圆满”，梁启超将玄奘与诸巨子作了对比，论曰玄奘之“圆满”在能以一身兼笔舌之两役，殊途皆通洽，绝无扞格，相得益彰。“圆满调和”遂成中国翻译越千年之思想主旨。

中国译界从宗教翻译转入科技翻译，使**文化战略考量从“一业之生存”攀升到经世济民的大视界**。中国科技翻译大约始于16世纪六七十年代的徐光启（1562—1633），至清末（大约是19世纪六七十年代）而蔚为时潮。科技翻译的历史功绩是使中国翻译事业从宗教殿堂走向了国计民生的现世市井，也是翻译在中国第一次与国民教育、国民经济挂钩。这是中国翻译的**第一次质的变化**。

中国翻译**第二次质的变化**以严复和马建忠（1845—1900）的译事和译论为标志，说明具有政治启蒙思想的中国知识分子在翻译的社会功能认知上的跃进（见［研究资料 I］），也说明中国译坛已从自在状态走向了自为状态。严复对中国翻译的主要功绩不仅在于他提出的翻译思想（“信达雅”），而且在于他与马建忠、林纾一同开创了一个历史性局面、历史性政治文化景观：自觉地用翻译做武器来谋求社会进步，首先是突破顽隘得令人窒息的清末政治文化闷局。

除了这个明确的文化战略考量以外，严复的箴言化翻译思想（“译事三难信达雅”）也同样深入人心，使严复成了中国译学理论启蒙的先驱。就严复本人而言他是从对策论的视角，以“解难之道”的形式提出来这一翻译思想的，符合中国人认知理论、领悟理论的传统习性。它可以强调“解难”，将它放到“操作”指引的应用理论范围，也可以强调“之道”，将它推到思想、主张、理念的基本理论范畴之内。这种“两可状态”因而引起了长达百年的解读争论或“误会”，其实这正表现了翻译思想的概括性、模糊性和能产性特征，也就是说这种论争是正常现象，不足为怪，并非某些批评者说的，"'信达雅'是一个幽灵在中国译坛徘徊"。至于说他是"说归说，做归做"就更是一种对严复的不求甚解的误会了。

进入20世纪二三十年代以后，中国内忧外患不止，社会、政治、经济文化困局和破局败象丛生，译坛的事业奋斗与对国家民族命运的文化战略考量可以说结合得更加紧密了。同时中国译坛围绕"信达雅"理念出现了旷日持久的对立局面。针对赵景深（1902—1985）提出的"宁错而务顺，毋拗而务信"，鲁迅提出了"宁信而不顺"的主张，并解释说翻译不但在输入新的内容，也在输入新的表现法。同时，就总的"走势"而言，中国译坛的翻译思想在严复关于"雅"（也是争论最多的命题之一）的启发下，更多地向中国传统哲学——美学（包括修辞学，见下述）借鉴。这一方面是由于在中国，现代意义中的语言学迟至1938—1949年才开始其探索、革新期；[16]而古典语文学又集中于训诂学、文字学与音韵学领域，与翻译关系甚微。另一方面，中国哲学与美学命题则常常落脚在修辞上，形成了中国特有的修辞哲学与辞章美学，[17]在传统上对知识阶层（士大夫）影响很深，如先秦时代的"象与意""文与质"，两汉时代的"文与质""形与神""情与辞"，唐代的"文与道""陈与新""奇与正"，宋金元时代的"事与言""雅与俗""意与言"，明清时代的"繁与简""文采与本色"，清末民初时期的"体与用""传统与继承"等等。对这些命题翻译家大抵耳熟能详，依附出理，亦是自然。1929年陈西滢（1896—1970）提出了"形似、意似、神似"的翻译"三格"论，这一命题引发了曾虚白（1894—？）关于神韵的议论，曾氏云：所谓神韵"是作品给予读者的一种感应"，也是"读者心灵共鸣所造成的一种感应"。1932年，林语堂（1895—1976）提出了"忠实、通顺、美"的翻译原则，并明确论述了**翻译是艺术，翻译中的课题是美学问题的思想**。这些论述，正是傅雷（1908—1966）在1951年提出"重神似而不重形式"、钱锺书于1963年、1978年提出"化境"的先声。1979年，许渊冲著文阐发了他的"意美、音美、形美"的翻译思想。1980年，黄邦杰提出了"信与顺的统一论"。1981年欧阳桢提出了自明（self-sufficient）、信达（generically true）、透明（transparent）等三个审美"鉴别"的标准。1985年刘重德提出了"信达切"的原则，指"信于内容""达如其分""切合原文风格”。

中国译论至20世纪70—90年代酝酿第三次质的跃进。重要特色是受改革开放大势驱动，译界继承了恪守文化战略考量的主流传统，同时凝聚着世世代代翻译前辈的事业憧憬，因而迸发出对民族复兴特别是文化多元化发展的热烈憧憬和追求，出现了全国性翻译研究之风，其中包括对西方译学研究的热潮。1951年董秋斯曾经著文首次提出建立中国翻译学，引起了讨论，后因中国政治形势剧变，讨论中断。80年代中期罗新璋与刘靖之分别在北京和香港出版了同名的译论汇编《翻译论集》，掀起了全国性研习中国传统译论的热潮。1987年谭载喜著文强调建立翻译学的必要性和迫切性。1988年刘宓庆在《现代翻译理论》（后改为《当代翻译理论》）中提出了重描写的功能主义翻译理论建设原则刍议，次年又著文阐述了西方翻译理论的优长及局限性（《西方翻译理论概评》，载《中国翻译》，1989年第1期），力倡强化基础研究，并发表多部专著，阐述他所谓的“重描写的功能主义翻译观”（1989, 2000, 2004）。

20世纪最后20年，中国译论论坛时有著作出版，可以说是一个译论界深入求索的时期。

综上所述，有必要作几点重要补充。

一、关于思想演进及发展轨迹的中西对比

首先，中国翻译思想从初始时期的宗教视界扩大到科技（以徐光启为代表）、学术（以严复为代表）、文学（以林纾为代表），如果作一个广泛的历史扫描，可以归结为对翻译的社会功能的逐步认同，其中的翻译思想有一点始终未变，即将翻译视为文化战略的重要手段，虽然在各个时期内涵有所不同，这一点与西方有异；其次，直译与意译（质与文）经历了此涨彼消式反复最终归于“圆满调和”这一点与西方大体相同，但在中国更为明显；最后，西方翻译（及理论）进入20世纪以后有逐步放松对意义的要求的倾向，这一点与现代主义特别是后现代的发展有同步的趋势。

二、关于主流文化对翻译的态度的中西对比

在中国，翻译是伴随佛学东渐兴起的，也伴随译经之没落而告沉寂。

译经的所谓“鼎盛期”（指公元300—500年：胡适，《白话文学史》第九章、第十三章）只有不到300年。晚唐以后，佛教“渐就弱落”，“译事无复足齿数”（梁启超，《梁任公近著第一辑》中卷）。加上宋初几个皇帝“灭佛”，佛教更抬不起头来。属于中原主流的儒家文化凭借皇权之势就曾将汉初流行的道教逼上了“弃原道、重方术”的世俗之路。事实上“黄老之言”只盛行了大约70年就对儒教这个主流文化的宗主臣服了。在中国，只有当皇上和贵族士大夫感觉到需要儒教以外的精神灵丹作为新的解释空间和解读方式的时候，佛教（释）和道教（道）才有可能找到不至于动摇宗主地位的配角性生存空间。中国传统中的儒、释、道统合局面的形成，也正是佛、道尽力与儒“磨合”的结果，这就是为什么《法句经序》在提到自己的翻译理念的时候要郑重其事地搬出儒教经典撑腰的原因。

在西方，翻译始于强势文化（古希腊文明）对弱势文化（古罗马文明）的“精神征服”，因而不存在“宗主文明”（译入国文化）对翻译文化（译出国文化）的抗拒，或“翻译文化”对宗主权势的臣服。翻译之在罗马犹如雅客临门，来者为的是解救罗马莽蛮于精神荒芜和文化匮乏。这种情形一直延续到中世纪，在中世纪的托莱多（Toledo 西班牙中部名城，是西欧的翻译中心）以及文艺复兴时期的德、英、法等国，翻译都是弱势文化召唤强势文化。因此，从总的情况来看，论翻译所处的发展生态环境，欧洲胜过中国。在中国，直到明末科技翻译时期，译入国文化才处于劣势。汤因比说艰苦环境有助于文化发展（*A Study of History*, Chap 15），特别是民族性格的锻炼。我国佛经翻译时期遭遇到的长期而且有时相当强烈的抗拒，这对翻译界确实是一种教育和锤炼，使它确立了“以自身改造求生存”的文化战略，始有中国佛学之诞生及翻译界高屋建瓴的思想传统。这一点对我们创建中国翻译学应该很有启示。

三、关于翻译流派

流派的指标性特征是翻译思想，关于翻译的理念以及涉及翻译的功能、学科结构及理论基本模式等等，中外皆然。从这个标准来看，中国翻译史上是有流派的。董秋斯说：[18]

> 东汉以来的佛经翻译，就分直译和意译两派。直译派主张译人只须变梵语为汉语，不许有多余的话，也不许有缺少的字。有的还说，梵语倒置，译时必须改从中国文法。有的连这一点也反对，遂有“大比丘众共半十三比丘百”的译文。意译派说直译派的译文晦涩难读，失去真美，这恐怕是实在的。但是像鸠摩罗什那样“文辞流便”的意译派的译文，也未成为定式，初唐以后，又有多少变更。……

但董秋斯说的毕竟是最一般的翻译思想或对策之分。中国译坛始终没有形成有规模的、阵线分明的互异共存式流派有以下几个主要原因。

（一）受制于对翻译的本体论的有限认识，而且很多从业者都是僧人，见识有限，可以说根本不懂“翻译”究竟为何物，手捧梵文经书，没有“翻译”的基本特征是“要把握交流中的意义”的起码的概念。

（二）受制于中国语言学的后滞发展。在西方，翻译学始终将语言学的研究版图视为自己的研究版图，颇有“大树底下好遮阴”之利，而在中国却缺乏现代意义上的语言学的“大树之荫”，因此翻译理论上很难形成语言学派。

（三）受制于儒家无远弗届的话语权威，对“异端邪说”具有“过敏反应”，自甘于明哲保身或自耽于“儒家大一统”观念。应该说，儒家话语权威（即所谓“圣贤之言”）深深地束缚了中国知识界的独立性格、自我价值和创造性。汉武帝（公元前156—前87）年间，董仲舒（公元前179—前104）重释了“礼”（被解释为“以人随君，以君随天”），加剧了对士大夫的思想控制，对大一统主流思想更加依附不疑。

（四）受制于翻译业的发展水平和规模，尤其是宋代以后。进入近代、现代以后，中国人的一统观、整体观并没有改变，而中国传统哲学和美学中蕴含的价值标准如“信言不美，美言不信”“辞达而已矣”则早已深入人心，译学可以“信手拈来”，是另一种“大树之荫”。加以严复的“三难之说”确有很强的概括力和一定程度的“可操作性”，译坛并没有感到有什么需要去“另组阵营”“另搞一套”。这也反映出我国翻译界在20世纪上半叶对翻译、翻译理论的性质和功能的理解存在很多根本性的问题，理论研究的开拓也很不够。这里有历史条件的掣肘，也有主观上的认识问题。

1.5 中国当代翻译思想探讨

上文提到，中国翻译理论研究正在经历**第三次重大的质的变化**，这个变化开始于20世纪的八九十年代，到现在并未完成。形成第三次质变的原因有很多，其中很重要的一条就是时代发展正在促使中国翻译思想进行与时俱进的优化重构。概括起来，有以下新的有利的历史条件。

一、中华民族复兴和文化多元化发展契机

我们的前辈曾经用“山花烂漫”来描绘他们期盼的民族复兴的景象。在当代中国人看来，这个景象应该不会距离现实太遥远。翻译事业要奋力跟进。同时，中国人看得很清楚，国际环境相当严峻，危机感不能放松，也就是说，要赋予中国翻译传统中的文化战略考量民族复兴的厚重使命感。

二、巨大的“翻译群体”的形成

时代的发展以及二三十年来翻译经验的大量富集和翻译理论研究的拓展、深化，大大加深了翻译（包括笔译及口译）从业者、翻译理论研究者、翻译教学者和翻译传播的受众这四个广大的“翻译群体”对翻译的体验、体认和体悟。这是我们的翻译思想广泛的社会基石。这在中国都是空前壮大了的不容忽视的巨大群体。

三、悠久的翻译史和翻译思想史有待于反思

历史铸造传统，传统造成定式。这一定式固然可能形成阻滞发展的因袭因素，然而，不能否认，它也是通向发展的难以“绕行”的桥梁。因此，从这个角度看，它又是发展新里程的现实起点。否认传统就会形成难以弥合的断层。这也是翻译思想的“一贯性”的积极面。因此，我们不能忽视前人提出的基本上是从“意义”（内容）与“表达”（形式）这一“二元对立”中构建的翻译原则主张，不能忽视中国文化—伦理—美学传统所珍视的“信”“达”“出神入化”等价值观以及不能忽视直至20世纪末中国翻译群体悠悠越千年的翻译经验观察。凡是有价值的历史遗产我们都不应抛弃，而轻言“重起炉灶”则更不是历史唯物主义的科学态度。

四、翻译已成为一种全球性跨语言—文化行为

另一方面，我们必须看到，翻译到今天已成了一种全球性跨语言—文化行为。翻译事业已不能像20世纪以前一样，基本上闭门造车。这个大趋势敦促我们在顾及中国特殊的历史文化传统与国情以外，还必须在翻译思想与基本价值观上与全球特别是西方这个主要的“翻译原料”产地尽量“适当拉近”，以实现语言互补性。因此，我们的基本态度应该是发扬老传统，吸纳新理念，这中间最重要的是以下几方面的考量。

（一）如何看待意义

翻译的目的（purpose; aim）和目标（goal; target）究竟是什么？是“意义”本身还是有意义的（meaningful）语际“交流”？应该说是后者（交流）而并不是前者（意义本身），前者只是达致后者的手段；[19]而且，在语际交流中，从基本上、总体上说是后者制约前者、规约前者，而不是相反。因此背离目的和目标来追求语义等值（equivalence）是没有意义的。西方翻译思想的这一重大进展，归功于始于20世纪初的哲学之向语言学转折，特别是后期维根斯坦哲学和语用学的发展。

（二）如何看待翻译行为

翻译行为的根本目的既然不是追求意义而是为了有效的交流，达到“知彼之义、知彼之意、知彼之情”的目的，那么很清楚，“翻译”实质上是一种有目的的传播行为。这中间，意义只是一种达意传情的媒介，意义离开了达意传情的交流目的（陈述、解释、劝说、劝阻、评论、期待，等等）就变成了“飘忽不定的概念”。翻译传播就像做游戏一样，参与其中就能把握、运用词语工具进行有效交流。因此维根斯坦说翻译是一种“语言游戏”。

（三）如何看待译者（和译文）、作者（和原文）的关系

欧洲传统译论的主流思想是以fidelity（忠实）为表达的指针，极端的“忠实”论者甚至主张以讹传讹（Steiner, 1979，见本文“第二”中的引语），这种情况延续到了15世纪中期。另一种极端论者则反其道而行之，以杰罗姆为代表，主张译者（译作）对原作的“征服”。但时至今日，西方译论主流思想（特别是就文学翻译而言）已出现了一种“新功能主义概念中的

蜕变”（Venuti, 2000）：翻译不再要求译者殚思枯竭于意义的对应，而是要求他（她）尽一切努力实现 SLT 向 TLT 社会交流功能的转化，译者的任务与其说是对 SL 的“信任”（Steiner, 1975），毋宁说是对 TL 的“尊重”（A. Berman, 1995），译者不再是 SL 的“拳打脚踢的维护者”，而应当是借 TL 语言文化特征之助而催生了一个 TL 新生儿的助产士（A. Lefevere, 1992; S. Bassnett, 1996; Robinson, 1997）。

以上三方面的问题，涉及当代尤其是 20 世纪 80 年代以来西方译论关于翻译的本体论、认识论、价值论和方法论的可取的认知提升，很值得我们作参照思考（本书另有专文对西方译论加以评析）。看来，21 世纪译论研究的总趋势是认识论的多样化、价值论的多元化和方法论的功能化。以语言流通版图和交流量为基准的语言转换描写研究将日益得到关注，理论模式将出现百花齐放的可喜景观。时代在大大向前发展，中国当代的“翻译群体”对自身的翻译体验、体认和体悟也大大提升了，这就使我们在坚持中国特色的同时，有条件、有基础也是有原则地与西方译论的新认知取得一定的共识。这里提出中国当代翻译思想的一种表述供大家讨论，目的是努力做到与时俱进。

现在试将中国当代的翻译思想要旨分项表述如下，供研讨。

一、振奋中国译界传统的战斗精神，以中华民族复兴和多元化文化发展作为新时代译学的文化战略考量

二、重话语（或文本）在语际交流中的动态意义定夺（meaning determination）

（一）在维护中国译论中行之久远的关于“信”（“忠实”“忠信”“忠于原文”）的翻译本体论基本理念的同时，切实关注交流目的与效果对意义（微观语义及宏观语义）的制约、调节作用，使语义处于适应 TL 语境和社会交流之所需的**高度动态**中；在不断变化的语际交流中，担负交流目的的意义越动态化就越能达到交流的目的。

（二）在对原语文本（SLT）的理解方面，在维护中国译论行之久远的关于“案本”（SLT-orientation）的翻译认识论基本理念的同时，切实关注交流目的与效果对 SLT 理解的制约、调节作用，使受制约、经调节的理解**尽可能地适应于社会交流目的**之所需。

（三）赋予翻译主体（译者）平等参与“翻译语言游戏”的充分**自主权**（“autonomy”, Venuti, 2000: 5）、“自由度”（“latitude”, Dryden; W. Frost, 1955）和**酌情权**（“discretion”, 刘宓庆，2000: 495），使翻译的原创性这一本体论特征得以体现。

（四）上述（三）项之实施受制于语际交流的目的与效果，依功能文体的类别（variety）而定，体式化或正式程度越高的文体（如契约、条法、公文、典籍、学术论著等等），实施的制约越大。

三、重话语（或文本）在语际交流中的译语表现法选择和优化（optimization of TL representation），直至圆满调和

（一）准确解读并把握严复的“雅”的本义：**社会接受**（“social reception”, Vermeer, 1989）及**对读者语用价值的尊重**（“respect the use-value”, P. E. Lewis, 1985）。

（二）一切 SLT 意义—意向的表现均受制于译者而不是原作者的交流目的与效果考量。因此，就表现法及整体形式而言，SLT 中原作者的表现式只是一张为译者提供的**参考蓝图**（suggested blueprint），而不应被视为供复制的蓝本（copy）。

（三）正式文体的表现法宜在较大程度上遵循一贯性，但不排斥因应时势的、更有表现力的“脱格”（licence）。

（四）TL 行文操控应以译者的交流目的和预期效果为依归。

以上三项合共八点涵盖理解（意义）和表达（形式），基本理念是：将中国译论与西方译论思想中可取的一面**兼容并蓄**，使二者**互补相融**，这样做既符合时代的发展，也符合中国的传统文化价值观。这个基本内容很难箴言化，但可以包含在以下尽力简约的表述式中：**重交流中的语义定夺和优化表现**或**意义与表达取决于交流目的与效果**。

这样表述是不是可以说概括了中国当代的翻译思想？是不是既具有**传承性**又具有必须具备的**前瞻性**？盼所有热爱翻译事业的人参与我们的讨论。

〔注释〕

①转引自 R. Schulte 等编 *Theories of Translation: An Anthology of Essays from Dryden to Derrida*, UCP, Chicago and London, 1992, p. 26。

②另见刘宓庆著《中国翻译理论研究的新里程》，载刘靖之编《翻译新焦点》，香港：商务印书馆 2003 年版，第 113 至 159 页。

③引自罗新璋著《我国自成体系的翻译理论》，载《翻译论集》，北京：商务印书馆 1984 年版，第 19 页。

④引自 G. Steiner 著 *After Babel*, OUP, 1998, pp. 275-276。

⑤参见 R. Blake 等编著 *Theories of Scientific Method*, WUP, Seatle, 1966, pp. 84-86。

⑥英国文论家 T. Eagleton 在评后现代基本倾向时说：

> 后现代性是一种思想风格，它质疑客观真理、理性、同一性和客观性这样的经典概念，质疑普遍进步或人类解放，不信任何单一的理论框架、大叙事或终极性解释。与这些启蒙时代的规范相左，后现代性认为世界充满偶然性、没有一个坚实的基础，是多样化、不稳定的；在它看来，这个世界没有一个预定的蓝图，而是由许许多多彼此不相连的文化系统和解释系统组成……
>
> ……
>
> 后现代主义则是反映这种时代变化的文化风格。它无深度，无中心，漂移不定，自我指涉；它是游戏性的，往往从别处借来观念和意象加以折中调和；它是多元主义的艺术，它无视高雅文化和通俗文化的划分，也模糊了艺术与日常生活的界线。

史学家 M. C. Lemon 在批评后现代史学主张时也批判了后现代的“五反”基本倾向：

> . . . More strident in tone, Jenkins makes some aspects of postmodern “history” clearer in places where Munslow is hesitant or merely indicative. What does Jenkins add? Essentially, he explicitly politicises both the postmodern critique of “traditional” history and its putative replacement.
>
> In his critique of mainstream history, like Munslow and others Jenkins approves of the “anti-essentialist（反本质主义的）, anti-teleological（反目的论的）, anti-foundationalist（反基础论的）, anti-representationalist（反表现主义

的）and anti-realist（反现实的）implications" of the postmodern perspective for history . . . .

引自 Lemon 著 *Philosophy of History: The End of History?* Routledge, 2003, p. 378, Eagleton 引文引自其近著，*Illusions of Postmodernism*，见文集《后现代主义与当代中国》，香港：牛津出版社 2000 年版，第 165 页。

⑦引自葛兆光著《中国思想史》，第一卷，复旦大学出版社 2001 年版，第 443 页。

⑧同上，第 445 页。

⑨引自吴存浩著《国学举要》，佛学卷，湖北教育出版社 2002 年版，第 232 页。

⑩引自贾倞译，日本・三岛宪一著《本雅明》，河北教育出版社 2001 年版，第 145 页。译文欠顺，因原文缺如，无法核对，谨致歉意。

⑪摘自商承禹译文，载陈德鸿等编《西方翻译理论精选》，2000 年版，第 232 页。译文欠顺，因原文缺如，无法核对，谨致歉意。

⑫ 引自 W. Benjamin 著 *Illumination, Essays and Reflections*, Schocken Books, 1968, p. 74。

⑬同上，第 82 页。

⑭以下引文取自署名"孙歌"为《语言与翻译的政治》（香港牛津出版社，2000）一书所写的"前言"。文中所"据说"的"清空"完全是无中生有的造谣！任何在中国大陆担任过外语教师（包括口笔译教师）的中外人士都可以根据亲身的教学经历驳斥这种恶劣的中伤：

> 以中国大陆的翻译状况为例，它一直是令人不满的，不仅翻译的水平参差不齐，译者队伍素质不高，而且在选题与构想方面也存在许多明显的缺陷。核心的问题是在这一切背后活动着的那个系统，那个以中国大陆的外语教育体系为基础的外语教育和翻译的理念，那个把语言视为传达思想的工具的古老传说。正是这一切，在把论述透明化的同时，不露痕迹地抹掉了论述和翻译的政治性。
>
> 有一个很典型的情况可以象征中国大陆的外语教学，那就是同声翻译的训练。一个掌握了双语的翻译要接受同声翻译的训练，要点是把自己"清空"。据说经过是这样的：首先，接受训练者要经过一段"鹦鹉学舌"的过程，就是通过耳机不断接收母语信息，再以最快的速度不断把它用母语传达出来。这是同步传达，同步而不翻译。当他习惯了这种程序之后，在事实上自我意识

已经被“清空”，他变成了一个传声筒。接下来，耳机开始传达外语的语词信息，接收者用母语把它表达出来，接收者的要点是迅速对译关键词。反过来，接收母语表达外语也是同样的要点。我有几位很优秀的同传朋友，据他们介绍，其实他们翻译过的大部分内容他们不甚了解，也不需要了解，甚至有时一场翻译下来，他们几乎不记得自己究竟听过和说过什么。除掉那些他们自己感兴趣的内容之外，公事公办的翻译不需要使用头脑。

引自上著第Ⅶ页。着重点为本书作者所加。回忆20世纪五六十年代，帝国主义者曾经咒骂中国的教育是“洗脑”，上述作者不惜以十分低劣的捏造来丑化中国翻译界、教学界，不知是借谈翻译政治之名，玩哪一家的政治？！

⑮ 引自R. H. Robins著 *A Short History of Linguistics*, Longman, London NY, 1990, p. 54。

⑯参见龚千炎著《中国语法学史》，语文出版社1997年版，第2—3页。

⑰参见吴礼权著《中国修辞哲学史》，台北：商务印书馆1995年版，第7—15页。

⑱引自董秋斯著《论翻译理论的建设》，载罗新璋编《翻译论集》，商务印书馆1984年版，第540页。

⑲毫无疑义，语言（笔译中的文本、口译中的话语）是交流手段，但这里的语言是有意义的语言，语言本身只是一种意义的物质外壳，抽去了意义内涵，这个外壳就是完全无用的“一串符号”。因此我们必须辩证地看问题：将语言外壳和意义内涵看作一种“生活形式”中的统一体。（Wittgenstein, *Philosophical Investigations*, Prt I, §§331, 107e; 334, 108e; 335, 108e; 594, 155e）

第二章　论中国翻译传统

有位研究生从法国来信向我提出一连串的问题，他问我，究竟何谓“翻译传统”？又何谓“中国翻译传统”？“中国翻译传统”是不是不同于一般的“翻译传统”？如果有不同之处，那么“中国翻译传统”又指哪些具体内容？

我想，所谓“中国翻译传统”与“西方翻译传统”一样，都有各自的具体含义，论者心目中一般也是有所指或者甚至必有所指的。因为“传统”必定具有特定的时空条件而且具有很强的跨时空信息传递功能：世界上找不到没有特定的时空条件的所谓“翻译传统”。毫无疑义，由特定的时空条件和历史连续性所决定的中国翻译传统，是中国翻译学的基本特色之一，并由此而形成特定的历史价值，与其他特色可能互为因果关系，形成中国翻译传统的价值体系。在我看来，所谓“中国翻译传统”，主要指以下四个方面，今分别论之。

2.1　文化战略考量

翻译自在中国发轫之日起，就具有出自文化战略的考量，而且，可以说作为一种历史文化现象，翻译在中国从来就是一种“顺时序之变而变”的文化战略手段，中国的译界先驱通常具有我们称之为“顺时序之变而变”

的“文化使命感”，**这种使命感实际上是中国译坛先进分子共同的“历史诉求”和对“历史记忆”的高态势认知**。

佛教及佛经从进入中土之日（大约在汉明帝时，公元58年）起，就是一种标志国家权力意志形态的宗教思想体系，与原佛（悉达多）时代的观念相比，具有更明显的政治诉求和宗教色彩。其时，道教（张天师创五斗米道）已在中原民间流行。但佛教一进入中国就先声夺“道”，原因是道教只是一个世俗组织，流传于无权无势的民间，市井布衣只会“小打小唱”。清代《文献通考·经籍考》（卷五十二）说：“道家之术，杂而多端，先儒论之备矣。”意思是说，道家说的都是升斗小技，儒家经典“莫不可以涵而盖之者”。而佛教经典就不一样了，佛经带来的不仅是伦常规范，而且还有异域政教合流的一整套典章文物，对沉闷衰颓的西汉（前206—25）劣政“遗风”以及还没有定局、正处在“选择的彷徨”中的东汉（25—220）统治阶层来说，可以说具有极大的吸引力。果然，汉代一连出了几个粗通佛理的皇帝（汉宣帝、汉哀帝、汉明帝、汉桓帝和汉灵帝）力倡佛教，时间长达两个半世纪（前73—184）。到北魏孝文帝（元宏，471）时，佛教已蔚为“国教”，法师悉被尊为“国师”，皇帝亲躬，曾七下敕令振佛教、译经书。翻译于是登台亮相而且诚惶诚恐地被置于皇权庇护之下。总之，佛学之倚强势东渐，源于而且善于把握一个特定的历史机遇：①

> 在中国的皇帝、士大夫和贵族文人们觉悟到儒抑或道并不能成为解读一切社会人生的灵丹妙药之机，作为新的解释空间和解读方式的佛教便具有扬新的优势和求奇的吸引力，而且从根本上有利于国家存在和人生修养，有利于以意识形态的力量来再一次建构与不平等（的）利益分配制度相配套的社会心理秩序；入佛深者往往只看到佛学与个人生存和人生心理的均衡关系，却看不到那上面有一只巨大的权力之手在时刻控制着正在发生的一切。

可见，在这个特定的历史文化框架下蔚然而兴的佛经翻译，以被赋予**浓重的政治功利色彩的文化战略考量**为翻译思想和翻译传统之肇始，实在是一种历史的必然。自此以后，时势斗换星移，考量也容或有变，但二者的联系始终未断。这也是从历史上看中国翻译传统的重要特色。很明显，中国翻译的这个“肇始”，就与西方翻译之发源迥然有别。

汉唐以后佛经翻译之风式微，与中国传统文化进入转型期很有关系。这段时期始自魏晋南北朝，实际上是儒、道、释三家在矛盾中实现整合，预示中国传统文化的“三元融合”格局的基本定型。至宋代理学崛起，形成了“新儒学”，实际上仍是儒学独领风骚，特别是排斥了主张包容兼蓄的墨家。佛学的禅宗化实质上是佛教的本土化、世俗化、中国化，严格说已不是什么“涉外性融合”了。[②]这段时期一直延伸到明末，其时中国文化在基督教东渐影响下再次转型为儒、道、释、基督四元的“涉外性融合”，即与外域文化的多元融合，翻译才又一次“有名有分”地登上历史舞台。因此可以说**翻译是多元文化融合的动力和结果**——我们可以从中得到一个具有战略意义的启示：多元文化融合才是翻译获得生存机遇和生存空间的关键。

但是在中国，多元文化融合必须具有一个起码的前提性的意识形态和社会政治格局作为基本保障。这就是为什么中国的译学先驱总是将翻译事业的发展提到文化战略来进行考量，而且每个历史时期的文化战略考量都有不同的内涵和显著特征，即所谓“顺时序之变而变”。这既是一种高瞻远瞩的诉求，也是一种维系生存的期盼，**从文化战略的高度、赋予中国翻译学建设战略价值，可以说是中国翻译传统中的一根轴线，古代如此，近代也如此**。纵观近200年的中国译论，这根轴线大致以20世纪中期为分界线。分界线前期，中国翻译传统以**民族忧患意识**为特色，后期的中国翻译传统则以**民族复兴意识**为特色。自鸦片战争（1839—1842）以来，中国文人和文化事业的命运就与民族盛衰兴亡息息相关、与“国运”息息相关。这种相关性使中国的知识阶层、中国的译论家具有一种**墨子所谓的“天志”**精神和气质，就是将国家感、民族感**神格化**，将个人的贫富荣辱与国家、民族的盛衰治乱紧紧联系在一起，从而赋予自己崇高的使命感。[③]直至今天，我们仍然可以从马建忠和严复的译论中清楚地体察到这种使命感的搏动。[④]林纾的译文或受人非议或讥讪，但经过了150余年，我们仍然可以看到这位戏称自己是“冷红生”的“译书匠”忧国感时的“心迹”，仍然可以看到他的“天志”精神和气质的熠熠闪光而深受激励和感动。林纾在着笔翻译外国爱国小说的时候，自己常常感动得声泪俱下，他写道：“吾述之，吾且涕泣述之”(1907)，并且发出了“天下爱国之道，当争有心无心，不争有位无位”(《爱国二童子·达旨》，1907）的铿锵壮语，感人至深。这种阳刚奋发之气是中国翻译传统中最令人感佩也是最值得我们发扬维护的中国特色。

在我看来，19世纪中期（具体说来是甲午战争）以后，我国翻译思想明显地激进化，翻译先驱的忧患意识明显加深加强，翻译家和译论家大都具有“国家兴亡，匹夫有责”的墨家精神，因而可以说相当自觉地从文化战略的高度来审视建立中国翻译学，以及如何赋予中国译论中国特色和中国气派并孜孜于兹。这个态度和使命感从马建忠、严复、林纾三氏的论述中看得很清楚。这应该是我国翻译传统中最富积极意义也是最值得珍惜的“轴心构件”。

20世纪中期中国国运重开，这一历史巨变使民族忧患意识至此暂告一段落。中国在严峻的国际环境中图变、图强，民族复兴意识于是取而代之。每一个民族所处的外部环境和内部情势都不是等量齐观的。因此，每一个民族要生存就一定要有自己的生存战略——**文化战略正是生存战略的一部分**。汉语是13亿中国人的母语，汉外之间的互译占全世界翻译行为的相当大的一部分，今后犹然。“中国翻译学”之建设中国人自己不干，谁干？因此中国译论前辈认为这不仅是一项**学科建设任务**，更是一个责无旁贷的**道义问题**。全世界特别是受中国文化影响很深的亚洲都将越来越关注中国人如何尽这项不可推诿的、众目所瞩的道义责任。1951年，董秋斯发表文章，正式提出翻译为**文化建设服务的战略思想**以及理论的**时代特征**和**地域特征**。他写道：⑤

> 翻译理论的建设基础有三：正确的科学方法，广泛的调查，深入的研究。建设在这样基础上的翻译理论，自身就是一种科学，一切非科学的东西都不能拿来与它比拟。正如一切科学理论，翻译理论有它的普遍性，也有它的特殊性。它的建设一方面要符合普遍的科学法则，另一方面却具有明显的时代特征和地域特征。它要参考前人的和别国的理论和经验，但绝对不是抄袭。要建设这样一种理论，没有捷径，没有省力的办法，必须结合一定的人力和物力，辛辛苦苦去工作。为了这个缘故，我要反复说明这个问题，希望从事翻译工作和关心翻

> 译工作的人，认识它的重要性，肯提供一定的力量来完成它。一旦完成之后，我们的翻译工作就要脱离以往的手工业方式，而进入现代化。就能对中国新文化的建设有更大的贡献。

我认为，董秋斯在半个多世纪前提出的**中国翻译理论建设方略**，在今天仍然具有突出的现实意义。我们20年前读到它，与此时此刻读到它同样感到催人奋发。所不同者，比诸50年前，中国所处的时代已经有了很大的发展，中国的现实国情也有了很大的发展。中国的生存战略已被民族的全面复兴战略所取代。可以说，饱经忧患的中国知识阶层今天憧憬的是中华民族的全面复兴，包括国土的重归统一。这应该是中国也是中国知识阶层的价值观核心，也就是"核心价值"。**民族复兴意识已经取代了民族忧患意识，这正是中国译论传统的历史性转折和发展**。毫无疑问，中国文化目前又一次面临转型的历史性任务，史无前例的涉外规模及多元文化融合也必然给翻译带来巨大的发展机遇。一般而言，文化转型的发生期社会价值观将不可避免地被"reshuffled"（重新"洗牌"），文化传统也将不可避免地被reviewed（重释）、"remolded"（重新塑造）。因此，从文化战略高度来审视中国翻译理论必须看到文化转型给它注入的新的内容与活力，使之不负历史使命，容后再议。

2.2 圆满调和，斯道之极轨

这是中国翻译传统观念（传统翻译思想）中仅次于文化战略考量的一大特征，语出梁启超有关唐玄奘翻译造诣的论述。"道"在这里指的就是翻译，"极轨"犹言最高准则、完美境界。⑤ 所谓"圆满调和"（Regulation to Perfection），也就是中国哲学上的"和合之境"。中国的译论有史籍可查者始于支谦的《法句经序》。⑥ 支谦在文中提出的命题就是"信"，并引老子（生约公元前604，卒年不可考）之言"美言不信，信言不美"以佐证。钱锺书考证说，严复"信达雅"三字"皆已见此"。⑦ 可见"信"（忠于原文）是中国译论中一个一脉相承的理念。"信"作为中国的传统价值观，可以追溯到远古。在《老子》五千言中，“信”出现了10次；在《庄子》中一共出现34次。“信”在中国传统的价值观系统中占有很重要的地位，它涉及中国人的道德规范、伦理规范以及行为规范。在翻译中，“信”笼统地指“忠于原文”，因为历史上没有译论家具体界定过怎样译才算“忠于原文”；老子的论断也无异于将“美”与“信”对立了起来，译者在莫衷一是之余只好弃“美”而从“信”，或以“信”为先，以“美”为次，开译坛直译意译此消彼长之始，也与哲学上文质之争相呼应。[⑧] 支谦的“忠于原文”似乎主要指不悖“本旨”(“因循本旨，不加文饰”)，“本旨”就是原文文本的意旨(“旨”:《周易·系辞下》，“其旨远，其辞文”)。梁启超将这样的翻译套路称之为“未熟的意译之一派”(《翻译文学与佛典》)。梁氏之所以说支谦的意译“未熟”，是因为根据当时的译经、习经界对支谦（及法护）译文的评议，如僧睿（？—约438，《大品经序》等作者，《出三藏记集经序》卷八）即批评支谦的译文“颇丽其辞，仍迷其旨”（辞藻华丽，但意义晦涩不清楚）。过了100年，释道安出来“纠偏”，他的对策论要旨是著名的“五失本三不易”(参见罗新璋编《翻译论集》，第59—60页)，可谓质派直译之正宗。释道安反对“巧则巧矣”的译风，痛恨(“意常恨之”，《出三藏记集》卷十二）翻译之不求甚解(“译人考校者少”，同上)，应该说很有道理。梁启超称赞释道安的译论业绩说“……翻译文学程式，成为学界一问题，自安公始也”(《翻译文学与佛典》)。

然而矫枉难免过正，直译得过了头，也不能说“忠于原文”。那种“直译得过了头”的译文被鸠摩罗什喻为“嚼饭与人”，令人难受得“乃令呕秽”。鸠摩罗什是印度人，“深通梵语，兼娴汉言”(梁启超)，具有改革译风的条件，加上他刻苦锤炼自己的技能技巧，终于做到了“文约而诣，旨婉而彰”(曾肇，《维摩诘经序》)，实现了中国翻译史上第一次比较圆满的直译意译“折中调和”。梁启超在评鸠摩罗什翻译思想时有一段很中肯的**折中调和论**，他说：[⑨]

> 道安大弟子慧远，与罗什并时，尽读其新译。故其持论，渐趋折中。其言曰：“譬大羹不和，虽味非珍；神珠内映，虽宝非用。‘信言不美’，有自来矣。(此言直译之缺点) 若遂令正典隐于荣华，玄朴亏于小成；

则百家诡辩，九流争川；方将幽沦长夜，不亦悲乎？（此言意译之缺点）……则知依方设训，文质殊体。以文应质，则疑者众；以质应文，则悦者寡。”（大智论抄序）此全属调和论调；亦两派对抗后时代之要求也。

北朝末年的彦琮（557—610）师重道安，所著《辩正论》可视为我国第一篇佛经翻译专论。文中说“意者宁贵朴而近理，不用巧而背源”，这是质派直译的主张，基本上与鸠摩罗什唱反调，是否定之否定。彦琮提出的“译才八备”是典型的主体中心论，下文再议。他倡导所谓“翻译劳师无益”论也受到道宣（596—667）的反驳。⑩

至唐代（618—907），佛教东渐臻于鼎盛，僧侣多达 200 万人，寺院多至 1.3 万余座，帝王沉湎于从佛家教理中找寻治国富民之道。道宣因而叹曰“翻译之功，诚远大矣”。盛唐的文治也是玄奘（俗名陈祎）能将译经大业推向“极轨”的历史条件。玄奘志大学精，上通“梵文天语”，兼晓“神州之俗”（道宣），创“五不翻”对策（周敦义，《翻译名义集》），孜孜于斯者十九年，译经一千万言，又是第一位将《老子》外译的翻译家，思才、文才、辩才（我国第一位口译大师）皆备。总之玄奘的翻译辞义既无扞格（意思是与原文抵触），语趣又避流便（译文流畅而不流俗），融文质于一体，所以梁启超说：“若玄奘者，则意译直译，圆满调和，斯道之极轨也”（《翻译文学与佛典》）。至此，我国传统翻译从鸠摩罗什的“折中”（赞宁，《宋高僧传》）到玄奘的“调和”，**风格、思想大定**。

我国后世的翻译主张，也都没有脱离**圆满调和或和合调谐**的传统主旨。严复的“信达雅”是三元调和论，“信”不失“达雅”，“雅”不离“信达”，“达”则言其整体功效，以“达”来完成“信”“雅”之所求。傅雷的“重神似不重形似”，有人理解为傅氏倡导“只要神似不要形似”，这是误解。傅雷实际上是在推崇一种“以神为用、以形为体”的积极的审美调和统一论。主旨是“神似形似，浑然一致，是为胜境；但不能两全时，则不要拘泥字面，死于句下”（罗新璋，1984）。钱锺书的“化境”之论更凸显了调和至极的功趣，所谓“出神入化”强调的是译者在意义、形式、效果、功能等方面与原作者的**整体性和合均衡**；未有“失衡”而能进入化境者，即所谓“格格”肯定“不入”。入化者，入原作而化出，也就是明代文论家胡应麟在《诗薮》中说的

"质中有文，文中有质，浑然天成，绝无痕迹。"这就是"**以境论道**"，"境"指"境界"，传承自王国维质（直译）与文（意译）、主（译者）与客（原文）、内容与形式、目的与效果等等，推而广之到中国译论与西方译论的和合调谐，构成了中国翻译传统的重要特征。梁启超用"圆满调和"四字来点破，后人用了100年才抓住了先人的"天机"。

2.3 关注意义，兼及审美

这就叫作"两相嵌合"（Incorporation）。中国传统语言研究非常重视意义。清代段玉裁在《广雅疏证序》中说"**治经莫重于得义**"，古代义理之辨可以追溯到魏晋时代的王弼。段玉裁还说，"**音生于义，义著于形**"，也就是说，汉语总是将意义实体与语义承载糅合在一起考虑：意义和形式都不要诉诸"单打一"的手段，中国人总是"双管齐下"，关注意义，兼及审美。这种源于文字的合二而一的模式，也就成了中国翻译传统的重要内容之一。中国翻译历来重视意义，但传统译论之重视意义有中国人的特点，就是**兼及审美**，将意义理论与翻译辞章审美理论嵌合起来，而不是像西方译论那样，把重结构的语义学扯进来。中国辞章学、文艺学历来将意义与审美挂上钩，认为"言"与"意"的关系不仅是符号逻辑关系，**也是符号审美关系**。《周易》上说"立象以尽意"，"尽"的意思是尽善尽美地表达或恰如其分地表达，说的就是"优化"这个美学道理。

支谦的《法句经序》关注的中心问题就是"如何以言表意？"这中间意义是不言而喻的前提，文中多次直接提出"义"（"偈义致深""以义出音""依其义不用饰""勿失厥义""今传胡义"等），释道安的"五失本、三不易"也是本乎义提出来的对策。

中国翻译传统中的意义观的主要特征是将意义（**质**）放到审美（**文**）这一个二元对立项中加以考察，而以功效（**用**）作为审美的基本价值参数。很显然，这里的"用"，也就是严复所说的"达"的成效、作用、结果。在特定的概念框架下，功效越大，说明意义与审美的结合越完美，反之亦然，即所谓"二律背反"。这个"**质—文—用**"的三元统一观，相当于墨家的"三表法”，是中国传统译论将意义有机嵌合在美学中的基本理念。严复的以下一段论述，就是从翻译的认知程序论、操作方法论视角，阐释翻译求义、达意与审美实现嵌合这个基本理念，很有中国气派：[11]

> 西文句中名物字，多随举随释，如中文之旁支，后乃遥接前文，足意成句。故西文句法，少者二三字，多者数十百言。假令仿此为译，则恐必不可通，而删削取经，又恐意义有漏。此在译者将全文神理，融会于心，则下笔抒词，自善互备。至原文词理本深，难于共喻，则当前后引衬，以显其意。凡此经营，皆以为达；为达，即所以为信也。

传统译论是将翻译在三个层面上的综合努力——**求义之功、求达之功和求美之功**嵌合调和，使之相济相融、相辅相成于整个翻译过程中。林语堂在 1937 年写了一篇文章阐述了这个中国人审美的道理，至今仍是译者对以上“三求”考量的座右铭。[12]

> 译者所应忠实的，不是原文的零字，乃零字所组成的语意。忠实的第二义，就是译者不但须求达意，并且须以传神为目的。译成须忠实于原文之字神句气与言外之意。这更加是字译家所常做不到的，“字神”是什么？就是一字之逻辑意义以外所夹带的情感上之色彩，即一字之暗示力。凡字必有神（即“传神达意”中“神”字之义），即语言学所谓 Gefühlston（依 Sapir 在英文作“feeling-tone”），语言之用外实不只所以表示意象，亦所以互通情感；不但只求一意之明达，亦必求使读者有动于衷。诗与散文之别，则诗人能运用语言文字之直接的传感力，使于意义之外，读者能得一种之暗示，受一种之冲动。如我们读“山重水复疑无路，柳暗花明又一村”二句时，恍惚中因此文字暗示力之冲动，引起我们的幻象，宛然如亲临其境。不善用字之暗示力者，徒执字字对译之义将全句文义译出，则不如不译之为妙。（着重点为笔者所加）

此之谓“中国气派”。中国翻译家认为，对语义的**理性分析**必须与对语义的感性把握相济相融，这才是有汉语参与的翻译的意义认知和意义表现特征，它完全不同于语言学的语义结构分析，中国人的办法是使语义结构分析与审美感性把握两相嵌合。王以铸引王国维论曰：[13]

> 既然说是语言的精细微妙的地方、语言的神韵，或是借王国维先生的话来说，语言的“境界”，那么它就不会是表面上的东西，而是深藏在语言内部的东西；不是孤立的东西，而是和包括它的全体、和作者本身、甚至和作者的时代背景交织在一起的东西。这种东西不是在字面上，而是在字里行间。与其说我们要了解它，毋宁说我们感觉到它更恰当些。由于我们把握住了语言的 nuance, 那么我们才得以体会到语言的感情。到了这个地步，译者才有可能把原文的神韵毫无遗憾地发挥出来。
>
> 王国维先生在《人间词话》中指出:“红杏枝头春意闹”一句中着一“闹”字而境界全出:“云破月来花弄影”着一“弄”字而境界全出。当然，“闹”与“弄”两个字在这里应该是最传神的地方。如果有一个译者想把这两句译成外文的话，那么我们首先就要求这位译者应有鉴赏和把握原句的神韵的能力，才能使译文读者所得的印象，至少能约略相当原文给予原文作者的印象。(着重点为笔者所加)

汉语是一种非常感性的语言，它永远与视觉感性和听觉感性密不可分。感知经验和知性体悟则永远是汉语的意义之源。汉字源于象（物象和非物象)，“象”与“义”在汉语中有不解之缘，将意义形象化、意象化，或者叫作 iconization 都是属于表现主义的美。“象”始终是感性的东西，因此汉语重感性可以说源自远古。以下三位诗人同以“一年”为基本意象，但莫不融三维于一体：深刻的语义含蕴、清逸的感知体悟及和悦的语音运筹：

> 一年几变枯荣事，百尺方资柱石功。(唐·李商隐《题小松》)
> 一年好景君需记，正是橙黄橘绿时。(宋·苏轼《赠刘景文》)
> 一年始有一年春，百岁曾无百岁人。(唐·崔敏童《宴城东庄》)

这就是“中国气派”。据此，在中国传统译论看来，意义含蕴于人的感性世界中，这个感性世界就是“象”之所托。**意义（知性体悟）需要寄寓或呈现意义的氛围，而这个氛围也就是托“象”构建起来、表现出来的**，其中包括语言提供的语境（如词语的联立关系）和话语情景提供的意境。这个道理就是魏晋时代的大学者王弼在《周易略例》说的：“夫象者，出意者也；言者，明象者也。尽意莫若象，尽象莫若言。”王弼解释说，“意以象尽（话语化），象以言著（明朗化）。故**言者所以明象，得象而忘言；象者所以存意，得意而忘象**”。这后面四句是王弼的意义观的中心思想，他的意思是说：语言只是一种工具，人们用它来描写、呈现“象”；要得到意义，就必须超越描写、呈现（“明”）象的语言，超越含蕴、涵盖（“存”）意义的象。这可以说是**中国古代的“语言游戏”观**要义。唐代的孔颖达、宋代的程颐先后提出“实象、假象皆以义示人”（孔颖达，《周易正义》）、“因象以明理”“假（借）象以显义”（程颐，《易传序》）等重要命题。这是中国译学**传统意义观重感性把握、重体悟的思想源头**。中国人倾向于以一种美感心态来掂量语言的立意、抒情、遣词、造句、谋篇（起承转合），刘勰将这种中国人独有的“语言美感心态”叫作“文心”。中国人的“文心”运作充分体现了黑格尔的一句隽永的名言：“美是理念的感性显现。”

与形态语言相比照，就可以看到**汉语独特的美学素质**：重意念、重形象、重感性、重神役（神合）、重了悟。汉语的美学素质是气质性的、结构性的，同时又是功能性的。汉语属于审美形态的语言。翻译理论作为一个体系要摆脱与之休戚相关的语言基本形态特征，磨去它独特的光华色泽，去迎合什么“世界融合性”，至少可以说是一种舍本求末的无益徒劳，更何况是“无情地”夺汉语之专美。各国比较成熟的翻译理论都必然有自己的特色，应该说，都有各自的体系。以 13 亿中国人的母语——汉语为基本语种和语料、与以千差万别的汉外相互转换的规律为描写目标的中国翻译理论，是对全世界的翻译事业的一大贡献，这也正是中国哲人所向往追求的“与天下求和合之境”——这才是真正的“世界融合性”。

2.4 强调悟性、强化主体

中国翻译发轫于佛经翻译，原语文本是来自天竺圣地的经书。对于这个“文本”，人们敬而畏之犹恐不及，更不用说敢于怀疑，译者正心诚意去翻就是了，这是中国翻译传统为什么一开始就努力强化主体的功能、强调悟性的重要原因，也是质派强调直译的重要根据，我们不要忘记这个“历史记忆”（Jacob Burckhardt, 1983）。梁启超对此作过评论，并详及隋初时期彦琮意在强化主体功能的“八备”：⑭

> 关于此问题之讨论，莫详于隋代之彦琮。《唐高僧传》(卷二本传）称其“著《辩正论》以垂翻译之式”其要略曰：“若令梵师独断，其微言罕革；笔人参制，则余辞必混。意者宁贵朴而近理，不用巧而背源。”此旨要趋重直译也。又言“译才须有‘八备’：(1) 诚心爱法，志愿益人，不惮久时。(2) 将践学场，先牢戒足，不染讥恶。(3) 筌晓三藏，义贯两乘，不若暗滞。(4) 旁涉坟典，工缀典词，不过鲁拙。(5) 襟抱平恕，器量虚融，不好专执。(6) 耽于道术，淡于名利，不欲高。(7) 要识梵言，方闲正学，不坠彼学。(8) 薄阅苍雅，粗谙篆隶，不昧此文”。其 (1) (5) (6) 之三事，特注重翻译家人格之修养，可谓深深本原。……

中国哲学思维源于人本主义思想，中国古代哲学家无不从一开始就全力投入关于人的生命、存在、意义和价值的思辨。中国哲学主体思维注重内在的情感陶冶，这种内在情感的运筹也是基于经验（empirical）的。但古代哲学家赋予经验主体意识的特征，而这种主体意识具有明显的价值取向，即指向人生及事物的意义以及对人生理想的铸造，而不是对客体（各种客观事物）的结构和功能分析。中国古代哲学思维的基本价值取向与佛家的倡导不谋而合，佛经译家亦深受影响。传统译学力图强化主体功能、力倡提升人的悟性也与魏晋时代（220—420）的哲学、文学思潮有密切关系。事实上汉代的儒学已经“经学化”，⑮完全降为规范主体的教条，这种主体规范化教条旨在局限主体的能动性。当时的士大夫阶层希望以道家的老庄之学使自己“回归自然”，但又苦于无法规避儒家的经学，于是形成了魏晋时代的一种特殊的意识形态——玄学观。玄学倡导重主体心性、重义理的分析性运作，以此来对抗两汉经学的精神桎梏，有一定的反叛意义，王弼就是其中杰出的代表之一。在文学领域，道家的自然主义（表现为“无”“空无”的命题）也唤起了作家崇尚“通脱”（亦作“通侻”，《北史·李文博传》：“通侻不持威仪。”）的追求，而通脱就是主体的旷达不拘，可以随心所欲而又不逾距。当时的文学代表就是对后世影响很深的“建安文风”。阮籍、嵇康、顾恺之、王羲之的人格魅力和艺术魅力，翻译界在备受启悟之余是根本无法抗拒的，而这些大师则无一不是讲求主体之舒绻自如者。道宣在畅叙他所崇拜的“僧杰”时说，他们都“善披文意，妙显经心，会达方言，风骨流便”，总之句句显扬主体的“灵性”。[16]佛教在中国经历了一个采纳儒学心性论的改造过程，即将佛理从外在偶像变成内心的信仰。很明显，这个过程实际上是一个中国式的正心诚意以实现现世主体化的过程。禅宗提出“佛向性中作，莫向外身求”，强调所谓“身外无佛，我就是佛”（《坛经》），也与儒学“默而抵之”（《论语·述而》）的内省之道洽洽调和。中国翻译大业处在这样的历史语境中，要摆脱主体中心论的话语框架是根本不可能的。有些人受“西学至上”论影响，责怪我们的前人以我为中心、不研究文本、分析文本是抱残守缺、坐井观天云云，完全是苛求于古人，也可以说是一种反历史主义的态度，叫作“伐古”，这种态度对学术研究是很有害的。我们的责任是分析、增补前人之不足，而不是用什么“刀耕火种”来对前人和今人进行冷嘲热讽，引致“抑中扬西”的效果。

重悟性与重形象（象）一样，与汉语语言文字的基本形态极有关系。汉语文字结构不具备形态（inflexion）发生学机制，**重意念而不重规则**。汉语语法范畴和基本规范均被意念所隐含，即所谓“**以用寓意，以意出律**”，“意”是主轴。汉语中性、数、格、时、体、态、级、语气等等未有不可以用词汇表示者，也都不具备表示语法范畴的形式标志，一切都靠意念来维系，所谓**尽在不言之中**，汉语形态独特，早已有中国学者举而论之。清代章学诚说：“（汉语语法）有一定之法，又无一定之法”，“文成法立，未尝有定格也。传人适如其人，述事适如其事，无定之中有一定焉”（《文史通义》）。

这个“有一定”就是逻辑意念，也就是庄子所谓“言者所以在意，得意而忘言”（《庄子·物外》），王弼的提法则是“得意在忘象，得象在忘言”。语法范畴和规范的隐含化就给意念（意，表现为词、词语，即“象”）提供了非常广阔的自由度：在语言中形与意总是处在功能代偿的能动关系中。强势的意念功能常常不需要形式来“锦上添花”。在讲汉语的人看来，“天若有情天亦老，月如无憾月常圆”（宋·石延年）肯定是“非真实条件句”，根本用不着再加上“虚拟语气范畴符号（标志）”。这样一来，在说汉语的人的语言认知中，“悟”——也就是直觉经验感应（或“体验感应”）的功能就给凸显了出来。在汉语长达几千年的生生发展中，这种由“意”来补偿“形”的功能（或曰“以意役形”“以意运法”“以意统形”）的思维方式和风格，就形成了**与审美结合的定式**。这种定式，马建忠称之为**“心悟神解”**（1894），严复称之为**“神理”、“融会于心”**（1898），**林纾则云“口述神会”**（1909）。**当然我们不必拘泥于这个“神”字，但必须把握住他们的深层含义——“悟”**。

从古至今汉语的使用者必须在话语（包括口头语及书面语）交流中善于“神解”“神理”“神会”——总之准确地“悟”出意义来，这就叫作语言的直觉经验感应能力，他（她）必须在似花非花、似雾非雾中把握住究竟是花还是雾。我们大致可以说从语法可辨性来看，汉语是最富于隐喻性（metaphorical）和“高度印象性”（highly impressional）的语言，汉语的**音**（sound）—**言**（word）—**意**（idea）—**实**（reference）之间的“灰色地带”常常很宽、很泛、很富于游动性。

汉语中所映衬的直觉思维（也就是所谓“直觉顿悟”）是中国传统思维的重要特征，它不同于笛卡尔的理性主义直觉，也不同于柏格森生命哲学的直觉，它是“一种中国人所特有的超理性的体验式的直觉”（蒙培元，1993）。说汉语的人非常善于直觉思维，这种思维的特点如下：

> 直觉思维的特点是整体性、直接性、非逻辑性、非时间性和自发性，它不是靠逻辑推理，也不是靠思维空间、时间的连续，而是思维中断时的突然领悟和全体把握。这正是传统思维的特点。就是说，它不是以概念分析和判断推理为特点的逻辑思维，而是靠灵感，即直觉和

> 顿悟把握事物本质的非逻辑思维。这当然不是说，它不运用逻辑思维，而是说，它不是自觉地或有意识地运用逻辑思维，而是把直觉作为认识本质、本体的主要方式。⑰

汉语讲求悟性与历代哲人的学说倡导和理析也很有关系。道家认为“道”无形也无名，只能靠“涤除玄览”即直观体悟来把握。庄子提倡“唯道虚集”，以“心斋”获得超理性直觉。在中国历史上，影响中国人精神世界者除圣贤之外，崇尚孤芳自赏的魏晋玄学派可居其首。说到底，玄学是在描写“智的直觉”，即以直觉体验来达致“自然之智”“情感之智”“领会之智”，中国文人历来就是在这种孤芳自赏中“自我完成”。王弼正是这样将直觉与理智统一起来，而统一境界的实现，就是靠“悟”出来的自我超越和解脱。⑱这就是李商隐所说的“心有灵犀一点通”。不妨说，天底下以汉语为母语的中国人就靠这“一点通”来达意传情。

2.5 反思与重构

中国翻译传统的四个特征——文化战略考量、“圆满调和”、关注意义兼及审美以及强化主体、强调悟性，既是中国翻译自身发展的必然结果，又是历史语境局限下的必然产物。因此我们既不能忽视它，更不能摒弃它。对于历史遗产，我们既不能把它“视若珍宝而未敢动以分毫”，又不能将它看成包袱，“欲弃之于荒野沟壑而后快”（王国维）。“传统”可以说是一个民族的思想的历史文本，它是一个“半活性”文本，记载了**“可传承性”**（inheritability）和**“不可传承性”**（non-inheritability）所组成的种种**“基本属性”**（inherencies）。至关重要的是，可传承的和不可传承的历史记忆都不是“固态”的，一成不变的，而是可变的，“半活性”的。因此很显然，为了从一连串的历史记忆中推陈出新，我们唯一的办法就是历史地解构那个文本，剔除不可传承性，保留可传承性并引入新的可传承性。这就是为什么人们说传统既具有不以人的意志为转移的传承性，又具有容纳改革的可变性、开放性。世界上不存在“一以贯之”的不变传统。说到底，传统是在特定的历史条件下由人构建的，传统也可以在新的现实条件下由人重新加以构建，**关键则是根据时代发展的需要，注入新的内容**。因此，可以说，重构传统，使之适应新的历史条件是我们的历史使命，责无旁贷。

下面，我们针对以上四个特征，递次说明应该注入什么新的内容，谨供讨论。

2.5.1 关于文化战略考量

这可以说是中国翻译非常可贵的历史资源和精神传统。当国家与民族危亡系于一线的时刻，中国译坛的先驱梁启超、马建忠、严复等人以无比厚重的民族忧患意识、危机意识奋发于译事，唤起民族救国于颓亡。今天，当国家建设和统一的历史任务摆在中国人面前，而国际上反华势力制造一波又一波的"中国威胁论"之时，中国译坛又复以千军万马之阵，待命于"天志"(《墨子·天志》，犹如今日之"天职")，以振奋中国人的民族复兴意识为己任，参与民族复兴的千秋大业。这一文化战略考量的当下性可以说应该是今日中国翻译从业者心中的最强音。

为此，我们应该努力学习，包括深入钻研译论前辈留下的丰富的理论遗产，切切实实地医治妄自菲薄的心态；[19]另一方面，还要深入钻研西方译论，真正做到知己知彼，特别是对"彼"之所长和所短（局限）了然于心，克服"西学至上"论和"西学优越"论的无知偏见。[20]在学习中，既要抓住"流"，更要抓住"源"，所谓"沿波（流之波）讨源"，方能知学问之究竟，建立起科学的价值观。不知"源"只知"流"，就难免夸大"流"的价值，更有可能将"因袭"误判为"独创"而盲目跟"风"(西风)。有科学的价值观，才能谈得上用正确的态度借鉴西方译论特别是当代译论。

2.5.2 关于"圆满调和"

梁启超对玄奘的翻译功过的这一历史性论断实际上可以视为对中国传统翻译思想的一个历史总结。事实上，以现有的文献而论，自玄奘后1500年以来，译坛虽众说纷纭，但大抵是对调和论的不同程度的认同或阐发，已如前述。

翻译思想上的调和论在中国传统哲学中有广泛而深厚的“脉源”。玄奘翻译思想的大定，也可以说只是唐代有容乃大的盛世文化的一个小注脚。

在中国人看来，“和合”“中和”之美是最高的美（《尚书·尧曰》：“允执其中”）。中国古代几位哲人都是调和论者，调和的终极目的就是要达到这个“最高美”的境界。儒家讲中庸，意思是“执其两端，用其中于民”（《礼记·中庸》，十三经注疏本），揭示了一个平凡而极深刻的哲理：功源于两端之和合，用系于两级之中和。刘勰将“中和论”用在文艺学上的结论是“直而不野”（《文心雕龙·辨骚》）、“义直而文婉”（《文心雕龙·哀吊》），对传统译学影响至深。老子的“中和论”极为独特。中国禅宗解释为“不修之修”“不知之知”，认为《老子》才是文化主根。老子的政治观也是“大一中和”。《老子》第四十九章中说，圣人之治“天下浑心”，意思是说天下人心浑然一体，洽洽融和。庄周的和合、中和论非常深刻，表现为他的“是非不确定论”（indeterminacy of “yes” or “no”）。他在《齐物论》中雄辩地论说了他的调和主张（白话译文见注[21]）：

> 即使我与若辩矣，若胜我，我不若胜，若果是也，我果非也耶？我胜若，若不吾胜，我果是也，而果非也耶？其或是也，其或非也耶？其俱是也，其俱非也耶？我与若不能相知也，则人固受其黑甚暗。吾谁使正之？使同乎若者正之？既与若同矣，恶能正之。使同乎我者正之？既同乎我矣，恶能正之。使异乎我与若者正之？既异乎我与若矣，恶能正之。使同乎我与若者正之？既同乎我与若矣，恶能正之。然则我与若与人俱不能相知也，而待彼也耶？

庄子的意思是“是与非”永远不能一刀切地说定，二者只能“得以环中，以应无穷”（《齐物论》）。因此，我们可以这样看翻译：直译好，还是意译好？不能一边倒、一刀切，只能得之以环中，也就是像玄奘那样，圆满调和，直至“极轨”。

毫无疑问，“圆满调和”的翻译思想对我们今日之翻译操作仍切中所需。不仅如此，“中和论”还应该**适用于我们的理论研究**，我们的多维整合性翻译学创建，需要的正是老子所说的“浑然一体”的指导思想，不能只顾“局部深刻，片面精彩”（中国当代西方文艺批评家袁可嘉批评西学的用语），而这正是相当多的西方译论的特点。事实证明偏信一方、各自为政的研究实在是事倍功半而且很可能走弯路、走错了路。我们需要的是局部和整体的“圆满调和”、古与今的“圆满调和”、中与西的“圆满调和”以及对中国翻译理论研究和对西方翻译理论研究的“圆满调和”，其中包括：在理论领域的开发和运用、理论思想的探索和论证、理论手段的富集和提升等等方面，实现 intercommunication（**相互沟通和知情**）；interconnection（**相互关联和合作**）；interplay（interaction，**相互作用和推动**）和 intermingle（**相互融合和发展**），而这四个“相互”中的出发点、落脚点则是“为我所用”：中心在我，主导在我；同时又兼及周边、兼顾客体，通体融洽、主客互济，庶几可云“和合”。这其实是世界政治现实（当然也是世界文化发展）中的一条通则。单边主义突出主体的主宰性，无视周边和客体，不可能实现和合互济。事实证明，相互作用和相互融合的生存之道，才是中西方共荣并进的发展之道，靠否定自己取悦于西方、求荣于西方不只是水中捞月，而且恐怕难免于自毁。

2.5.3 关于意义兼及审美

对“翻译的实质究竟是什么”或者说“什么叫作翻译”等所谓翻译本体论问题或有不同视角的回答，但对与翻译有休戚关系的一个关键问题——意义转换则是无法回避的。简单地说，撇开了意义，就等于取消了翻译。这个道理，跟有意义的声音与没有意义的声音一样：有意义的声音是一个词、一个词组成一句话，而没有意义的声音则只是一个或一串音符的咿呀之声罢了。对这个问题，西方不少理论家采取的态度是回避，我们不要跟风。

中国传统译论一贯重视意义，重视在表现中将意义表述与审美嵌合、挂钩（即在**审美意识参与下遣词造句**）。这正是**中国的翻译意义观**的特色，这个源远流长的特色是十分可贵的，应该加以阐扬；千万不要认为这是“过时”“守旧”。

但是时代在发展，人们的信息交流目的的多样化所引致的交流方式、体式或样式——总之“交流形态”在发展、变化。而且，由于交流目的的多样化，社会价值观也就必然发生变化，而社会价值观变化的深层原因则是（1）**社会功效**；（2）翻译群体（原作者、译者、读者、出版者）的**接受倾向**；（3）在今天，社会价值观的发展也不能排除来自国际的乃至全球性交流形态及目的、要求等等，总之是**积极的外部影响**。

因此，应该看到调整我们关于意义的传统观念、使之更加符合时代发展要求的必要：

（一）在语际意义转换中，不强调交流中的语言运用而执着于对静态的意义“等值”（identical equivalence）、“等效”（identical effect）、“语义等同”（semantic identity）等等是没有意义的，应该放弃。但同时，不能由于放弃对等值、等效、语义等同（对等）的追求而忽视意义在实际的语言交流中动态的意义：舍弃了语义，也就舍弃了语际交流，翻译也就不复存在了。这正是当代西方某些翻译理论的盲点。

（二）**对应是一个范畴**。在翻译中应该将意义对应扩大到具有语义的“家族相似”的整个范畴，作整体性“比较选择”（selection through comparison as a whole），而不执着于“原型”，所谓整体性即扩及语义代偿功能的整个范畴。

（三）翻译整体性比较选择的抉择考量，**取决于词语在交流中的“用”**（use，使用、应用、运用）：原则应该是**用中求义，以用取义**。这是翻译的意义观对策论的“灵魂”。离开交流中的“用”来求义取义，必然导致 TL 的“不达”。这也可以说是通过**将语言游戏化**来把握意义，摆脱学院式的、贻害 TL“达”（也就是有效交流）的意义追求。简单明确地说，就是必须将意义动态化、“游戏”化、“生活形式”化。

（四）将意义的定夺、表述及语句—话语的意向探求与情境密切挂钩。原因是，**“用”必有情境，情境体现“用”**。因此，所谓“用中求义，以用取义”必须落实在情景（situation）与语境（context）的密切关注中，落实在“生活的形式”中。

（五）将 SL 意义转换与 TL 审美表现密切挂钩，以**保证 TL 的“优化接受”**（optimized reception），即“**最佳接受**”，总之，在交流目的与最大功效之间，在SL意义与社会接受之间取得一个平衡：在任何情况下都不能只顾一头。“平衡论”也就是“中和论”“调和论”。

概言之，我们可以用四句话来概括新时代翻译观中关于意义的对策性要诀：**用中求义，以用取义，紧扣情境，优化表现**。

2.5.4 关于主体问题

当代西方译论的普遍偏向就是走极端，有失于辩证分析：例如，在强调目的与功能的时候，抑制了意义的本体性、不可或缺性；在强调译语TLT的时候，否定了原语SLT；在强调客体的时候，忽视了主体等等。这类例子极多。走极端的结果必然否定“允执其中”，导致观念的片面性和理论的严重的局限性。对西方译论，我们可以观察、参考，但千万不要盲目地跟风笃信，应当尽力避免西方译论易走极端的偏向。主体也好，客体也好，都应该有一个科学的定位，使各方按自己的功能进入一个互动关系中，符合“调和论”的主导思想。本书另有专论。

其实，中国传统译论不是过多地关注了主体，而是太少地分析客体、太少将译语文本纳入自己的审视范围。从一定程度上说，主体的认知能力源自客体的“刺激”，《易传》提出的“天人合一”观也有“人意”源于“天意”的意涵，“人道”受制于“天道”。但汉儒经学却忽视了“天人互动”的思想，把它贬为“合一存我”“合一有我”的主体化“现世思维”，对传统译学有负面影响。这个偏向也是我们应当切实避免的。

在翻译中，我们应当树立的正确观念必须是“**主客体互动论**”，给予主客体科学定位。在翻译的整个过程中，主体始终是矛盾的主要方面，是翻译行为的主导者、实施者；而客体（文本）则始终是矛盾的次要方面，是翻译行为的受导者、承受者。西方有人倡导“主体泯灭”论和“客体崇拜”都是禁不起科学验证的。但这只是问题的一面。另一面是必须充分认识到客体的“不可或缺性”：客体是主体功能的**启动者**、主体行为的**引导者**和行为效果的**检验者**。中国传统译论在这方面很薄弱，我们要强化。试想，如果没有文本的存在，还可能有译者存在吗？如果没有千变万化的文本，主体的思维能随之千变万化终而能做到穷源究本、应策自如吗？因此可以说主

体的经验世界实际上反映了客体的现象世界，没有客体的现象世界，主体也不可能构建起经验世界。老子很早就看到了这个辩证关系，他在《道德经》第五十一章中说“道生之，德畜之，物形之，势成之”(“道”与“生”相关联，“德”与“畜”相关联，“物”与“形”相关联，“势”与“成”相关联，“之”字前那个词都是动词)，现在我们可以加上一个“**主客之**”，犹言**主体的客体化**，即主体的能动性源自客体：人之所以能演进成人，全靠大自然这个大客体锻造。当代认知科学则是论证了人的感知的生成其实既来自“我”(top-down)，也来自“物”(bottom-up)，相辅相成。[22]

综上所述，翻译界要努力做到用历史唯物主义的态度对待传统：传统是历史的产儿，历史则必将在新的社会动力推动下重塑传统这个产儿；传统不是历史的化石，**新的时代必然产生“传统的新生代”，我们要做的是用新的认知来催生这个新生代**。我们要力求用自觉的努力让“新生代”脱颖而出；同时力求利用积极的外来因素支援我们的努力而不让消极因素来“扯后腿”。这就是 Kracke 所说的“change within the tradition”(源自内部的变革)，再加上来自外部的促进。[23]从世界范围看，传统的欧洲社会在十五六世纪以南欧的资本主义生产方式萌芽和全球性远航为开端，出现了近世影响深远的文化转型，其结果是文艺复兴的新传统取中世纪传统而代之；随之又有十七八世纪以英国工业革命和法国政治大革命为契机的现代文化转型，其结果是现代欧洲文化传统起而代之。今日欧洲经历的是以统一的市场和欧洲政治联盟为契机的现代产业—文化大转型。欧洲整合论的新传统已在世纪初出现雏形。欧洲的新发展会对中国产生深刻的心理震荡。

中国的文化转型也是历史的必然。如果说 19 世纪中期以鸦片战争的爆发为标志，表示近世中国文化转型的肇始，20 世纪中期以中华人民共和国的成立为标志，表示为期长达 100 年的近世中国文化转型的完成，那么，20 世纪的后 50 年则是中国现代文化传统重构的准备期，21 世纪的前 15—20 年则大约是巩固或完成期。东方既已启明，旭日必将腾升。大业之成或早或迟。**一切端赖我们站在文化战略高视角下的不懈努力**。

大概可以预言，待到旭日当空时，在千千万万翻译从业者的努力下，一个具有新传统的中国翻译事业，一个以包容、兼蓄为主导思想的翻译事业，必将自立于世界的译学之林，这也正是今日中国翻译的文化战略，用梁启超的话说，就是要实现“吾国四千年之大梦”(《戊戌政变记》)。

〔注释〕

①引自王列生著《中国人的精神家园》，四川人民出版社2000年版，第183页。

②“涉外性文化融合”指有本国以外的文化即域外文化与本国文化的融合。

③墨子有为天下兼爱行文之志(《墨子》、《兼爱》、《天志》、《法仪》、《大取》、《小取》)，所以“天志”是他心中的“人格神”。墨子的政治抱负是一个“兼”字(“故兼者，圣王之道也”《墨子·兼爱下》)，韦政通解释说：

> 墨子能在中国文化中取得一重要的地位，不在哲学家这一角色，更不在宗教家这一角色，而在他的反侵略、反战争，热情救世、力行不懈的牺牲精神。他的思想是因受到这一精神的支持，才被重视。他的人格，不仅能感召一世，且足以震动万代，这就是墨子的真正伟大处。

引自韦政通著《开创性的先秦思想家》第五章（墨子），现代学苑月刊社1974年版。

④马建忠在内忧外患不止的19世纪90年代忧心忡忡地写道：“今也倭氛不静而外御无策，盖无人不追悔于海禁初开之后，士大夫中能有一二人深知外洋之情实，而早为之变计者，当不至有今日也”(《拟设翻译书院议》)。严复更有明确的政治使命感，见[研究资料I]《严复与近代思想启蒙》(何晓明)。

⑤参见梁启超著《翻译文学与佛典》，载罗新璋编《翻译论集》，1984年版，第62页。“和合之境”是墨子提出来的。墨子在《尚同·中》说，“皆有离散之心，不能相和合。”管子论述过“和合”，他说：“畜之以道则民和，养之以德则民合。和合故能习，习故能偕，偕习以悉，莫之能伤也”(《管子·幼官》)。庄子也谈到“人和”、“天人和合”之道(《庄子·天道》)。“和合之境”在中国哲学中指和谐、调和、调谐（协）以利于发展的“存在状态或态势”。

⑥《法句经序》以前是否还有译论，无现存史籍可考。但我们可以按史实推断很可能有。研判根据之一是：最早从事佛经翻译的高僧安世高早在东汉桓帝建和二年（公元148）就到了洛阳，至灵帝建宁年（公元168—172）中，共译经数十部，积累的翻译经验相当丰富。安世高是一个很有见解的僧人，善于讲经，形成了学

系，他所译的小乘佛教“说一切有部”理论性很高，惜已佚失，译论亦无复留存；二是：支谦在汉灵帝光和、中平之间的11年（公元178—189）中译经14部，共27卷。支谦博知佛理，他所传译的“大乘般若学”在魏晋时代因依附玄学而盛行一时，门下译人、学者很多，谈经说译自是自然，译论当不止《法句经序》。

⑦国内有人著文说严复“信达雅”之说是抄袭西方译论。有人将钱锺书的“化境论”附会为“语境论”，该作者妄言西方“早已……代之（指“化境”）以一套完整而系统的语境论”，这是讹夺西人也是罔顾历史。我们且不说西方语言学和语言哲学界连自己都不认为他们“已经有了一套完整而系统的语境论”（W. Quine, 1953, 1972; L. Wright, 1973; B. Boas, 1981），将钱锺书基于王国维文艺美学的意境论表现法与西方现代语言学关于语境（context）的命题风马牛不相及地扯在一起以达到“扬西贬中”的目的，这类手法真可谓“世纪末”的“独创性”！看来，有些谈“研究”的“研究者”，真得沉下心来多读点书，认真“思考思考”才行！

⑧中国哲学上的文质之争也是此消彼长。最早提出“文质”命题的是孔子。《论语 · 雍也》中说：“质胜文则野，文胜质则史。文质彬彬，然后君子。”“文”指“文采”（“文”或“采饰”），“质”指“质朴”。孔子赞成统一论。墨子不同于孔子。墨子的基本思想是“用”，反对繁文缛节，包括“文采”“文饰”，甚至反对“乐”；他的主张是“先质而后文”（《墨子闲话》引《墨子》佚文）。后来的刘安（汉）、董仲舒（汉）、扬雄（汉）都附和孔子。汉代的王充基本上附和统一论，但他的提法是“言不得巧”（《论衡》），意思是“文”不得流于“巧”，“巧”（指“乖巧”，有贬义）而“文”本身并无贬义。梁代的肖统讲得很明白，文质彬彬固然好，可惜我做不到（“但恨未逮耳”，《全梁文》卷二十）。唐代的刘知几对孔子之说也颇有质疑。他说“文胜质则史……但朴散淳移，时移世异，文之与史，皎然异辙”，他举出张衡、陈寿为例，认为“文”与“史”各有所偏，“其流几何？”（刘知几《史通 · 核才》）。宋代的陆游提出的观点有他的道理，他认为“必有是实，乃有是文”（《陆放翁全集》卷十三），意思是说，可以“以文观实”“以文观人”，这是“文实必然统一论”。明代的归有光认为“以文为文，莫若以质为文”（《庄氏二子字说》），相当于“依实出华”，不同意陆游以“文”来观“实”的观点，很接近“内容决定”论。同时代的王世贞同意归有光的见解，他提出例证说，六朝的靡靡之音就是“以文掩质”，“六朝浓于笔而浅于志”，难道不是很明白吗？（《风笙阁简抄序》）

⑨见⑤梁文，第61页。

⑩见⑤梁文，第62页。

⑪引自严复《天演论・译例言》，第二段。

⑫引自林语堂《论翻译》，载罗新璋编《翻译论集》，商务印书馆 1984 年版，第 425—426 页。

⑬引自王以铸《论神韵》，载罗新璋编《翻译论集》，商务印书馆 1984 年版，第 567 页。

⑭引自罗新璋编《翻译论集》，第 61 页。

⑮所谓“经学化”，指一、失于迷信的谶纬；二、失于烦琐的传注；三、失于经生墨守家法，只以师传之说为是。总之，具有拘泥、僵化、教条的特征。参见《国史概要》，樊树志著，香港：三联书店 2000 年版，第 158 页。

⑯引自道宣著《大恩寺释玄奘传论》，载罗新璋编《翻译论集》，第 50 页。

⑰引自蒙培元著《中国哲学主体思维》，北京：人民出版社 1993 年版，第 187 页。另外，中国人重悟性与自古以来的佛学宗教思维也有密切关系。下面是转引日本人铃木大拙对“悟”与“悟性”的分析：

> 铃木大拙在谈到开悟不同于常规理智认识的特征时，曾指出以下若干方面：(1) 不合理性，“是指悟并非推理作用的结果”。(2) 直觉的洞见，“有一种纯粹理智性质”。(3)信实性，“指悟所印证的知是究竟的”。(4)肯定性，“超越事物的对待性去接受事物”。(5) 超越感，“一种完全解放或完全安静的感觉”。(6) 非人格性本质，“不同于基督教神秘主义者所体验的”。(7) 向上超升感，“表示了个人无限扩充”，“一种恬静自足感。”(8) 刹那性，“悟是突然来到一个人身上的一种刹那间的体验”。
>
> ……
>
> 作为具体的非理性思维方式，开悟即是一种“直觉洞见”，亦即是“见性”。这种思维方式的特点，既是“直觉”的，而非概念推理的，又能把握事物的本质。对于禅的开悟来说，就是能“识心”“见性”，把握人生的真谛和宇宙的本体。因此，所谓“信实性”，不过是“直觉洞见”，认识“本质”或包括“本体”的表现；所谓“肯定性”则是“直觉洞见”非中介性的表现；所谓“刹那性”乃是“直觉洞见”不假思索的迅速反应性，有如电灯，按下按钮灯泡即亮一样。至于所谓“超越感”和“超升感”，不过是获得“直觉洞见”的一种主观感受或心态；而所谓“非人格性本质”，乃是中国禅宗作为东方神秘主义体验与西方基督教神秘主义体验不同的特征。由此可知，对于开悟特征的把握，就是要首先把握住开悟是作为非理性思维的“直觉洞见”。这是开悟特征中决定一切

的根本特征。

以上分析，仅供参考。引自王树人等著《传统智慧再发现》(上)，台北：联经出版公司 1999 年版，第 292—293 页。

⑱参见吴怡著《禅与老庄》，台北：三民书局 1997 年版；吴存浩等著《中国文化史略》，郑州：河南文艺出版社 2004 年版。

⑲从我国有一些近期发表的论文来看，有些研究译学的人恐怕根本没有认真读书，特别是并不了解我们的前辈究竟说了些什么、干了些什么，意义何在。为少犯这类错误，应该多读书，读一些中国史书。作为一名社会科学理论研究者，研究本国及相关外国的历史是一项基本功。以下论述供学习、参考：

> 轻视历史所带来的恶果，或者说是对社会的一种惩罚，现在已经屡见不鲜了。在一个有着悠久历史传统的国度里，轻视历史实在是不可思议的！
>
> ……
>
> 更加使人感到忧虑的是，大批在外国大学留学的中国学子，当外国学者与之谈到中国历史与传统文化时，居然一问三不知。“数典忘祖”在这批未来的学界精英身上，已经不再是一个形容词，而是一个严酷的现实。这种不正常状况，难道还不值得有关方面深刻反省吗?
>
> 历史给人以智慧，教人以具有历史纵深感的深邃眼光去看待过去、现在、将来，而不被眼前方寸之地所局限，不至于成为鼠目寸光的庸碌之辈。只有深刻地认识过去，才能理解现在发生的一切，才有助于选择一条正确前进的道路，才能展望美好的未来。历史并不是一些人眼中所谓“老古董”，历史是常学常新的。历史学家的职责并非简单地复原历史，而是对历史不断作出新的解释，为当代人提供足资借鉴的“镜子”，或一种考虑全局、展望未来的思路。从这个意义上讲，意大利历史哲学家古罗齐(Benedetto Croce)的名言：“一切历史都是当代史”，实在是意味深长的。

引自樊树志著《国史概要》，香港：三联书店 2003 年版，第 3—4 页。

⑳中国翻译从业者及研究者中的“西学至上”论者和“西学优越”论者的通病是读到“局部深刻、片面精彩”的西方译论时即如获至宝，雀跃不已，并习惯于将西方理论神圣化、经典化、普遍化。其实，任何某种语际的翻译理论都只是解释翻译行为的一种样式、“版本”(version)，不能盲目崇拜，这是学术上的常识。参见本书“西方翻译思想的局限性”一文。

㉑白话译文如下，仅供参考：

假使我和你辩论，你胜我，我未胜你，你就果然“是”，我就果然“非”吗？我胜你，你未胜我，我就果然“是”，你就果然“非”吗？还是有一人“是”，有一人“非”呢？还是两个人都“是”，两个人都“非”呢？我和你皆不能明，第三人亦不能明，因为他本已受自身是非的蒙蔽。我使谁判定呢？使同于你的人判定吗？既同于你，怎能判定？使同于我的人判定吗？既同于我，怎能判定？使不同于我和你的人判定吗？既不同于我和你，怎能判定？使同于我和你的人判定吗？既同于我和你，怎能判定？那么我和你和第三人皆不能明，还有待于第四人吗？

引自涂又光著《楚国哲学史》，湖北教育出版社 1995 年版，第 385 页。

㉒ 参见 Michael W. Esyenck and Mark T. Keane 合著 *Cognitive Psychology*, NY, Psychology Press, 2001。

㉓ 转引自葛兆光著《中国思想史》，第二卷，复旦大学出版社 2001 年版，第 540 页。

第三章
中国翻译理论研究必须体现中国价值

价值问题在中国社会科学研究中没有受到应有的重视。所谓“价值”，是“对存在需求和发展需求的合理性的检验”，也是对这种合理性的一种科学论证和判断。所谓“价值诉求”，就是主体对价值的合理要求。因此价值认同也就是科学判断的真值认同，我们说理论体现某种价值就是说这种理论具有的特定素质，符合主体经过科学论证和判断的合理诉求。

本章将从几个主要方面论证中国翻译理论必须体现的中国价值和理论素质，正是这些特定的价值素质，使中国翻译理论卓然自立于世界译学之林。作者的基本态度是为中国译论作自我解剖而不是自我宣扬，希望中国译论从对“自在存在”的充分剖析和认知中找出还没有充分体现出中国价值的薄弱点，奋发图强，勉力提升以臻完善，立意是积极的。

此外，我们提出要关注翻译理论的中国价值还有具前瞻性的文化战略考量。以汉语为母语的人口占全世界人口的四分之一，汉语可谓全球性最大语种。随着中国的日益强盛，发展这样一个大语种的语际转换理论理，以利全人类的语言文化交流，应成为中国人的国际文化责任，责无旁贷。同时，还应该看到，“民族性体现世界性，世界性寓于民族性”，我们尽心尽力发展中国翻译理论也就是对世界翻译事业作出了贡献，犹如中国960万平方千米的国土正是亚洲宝贵的腹地，华夏的九派江山正是世界不可分离的东方沃土。这就是“大千世界的自然辩证法”（黑格尔，《历史哲学演讲集》）。

3.1 中国翻译理论应有的理论诉求与理论素质

纵观历史和目前翻译实务与研究全局所需，并与西方研究作一个深层次的比较，我们可以将所谓"翻译理论的中国价值"概括为以下七个维度的特征，也就是说，它应该具有以下七个方面的理论素质，以回应对它的价值诉求。

（一）理论发展的**人文、历史定位**：必须确保对于中国的地缘历史、地缘人文特征的适应性，并认识到自己的国际责任，翻译应赋予**文化战略考量。**

（二）理论发展的**当下与传统观照**：关注中国哲学—美学对翻译思想的深远的传承关系，和传统译论深厚的人文内涵对中国现代译论的基本取向的影响。

（三）理论发展的**借鉴与开拓：**重视西方译论的历时和共时发展对中国译学的参证、借鉴作用。

（四）关于**意义与形式：**中国翻译理论重视意义理论和阅读—理解理论对翻译的关键作用，尤其强调把握**交流中的意义**和它的**形式表现。**

（五）关注发展**翻译美学：**美学对中国翻译理论的特殊意义，翻译的美学模式是中国翻译理论的核心模式。

（六）中西翻译对策论与方法论差异：**代偿**重于**对应，**而不是**对应**重于**代偿。**

（七）**跨文化研究**对中国翻译理论的重要意义：坚持**综合平衡观**，即以有利于发展中国和世界的多元文化为原则。

以上七个维度展现出中国翻译理论的特色，也就是它特定的理论价值和素质，内容非常广泛，内涵丰富，本书不拟也不可能在本章中逐条加以论述，而是将这些核心论点分散到有关章节，乃至分布到《刘宓庆翻译论著全集》(第一版及第二版)中的有关专著中，深加探究，这符合作者倡导的整体论整合研究的方法论思想。本章仅就较长期以来最具争论性的几个问题作一些初步探讨。

3.2 中国译论应具有鲜明的中国地缘人文历史、地缘社会政治特色

中国译论的初始之源在华夏中原腹地，是中原地缘腹地人文活动的产物，这一地缘人文活动就是佛教的渐入中土，以及由此而伴随的“译经”“格义”创举，它实际上反映了一个佛教的中国化过程，这个过程具有一个思想上的主旨，即佛教所倡导的“因缘和合”论。佛教的缘起论强调一切事物和现象的生生泯灭，所有变化无一例外是因缘和合的结果，这种“二元和合”的调和并生(并存)观与中国古代的“合同论”(《尚书·洪范》)和《易经》的二元辩证观不谋而合，对中国译论原始思想萌动(东汉的“信言、美言”之辩)和成形及至后续的发展演进(唐代玄奘的“圆满调和”论)影响至深。[①]

佛经翻译及传播对中国人的精神世界的构建和格局起着深远的作用。这一撼动中国人心灵的人文活动的发源地基本上在中国中原地区，扩及荆楚一片广袤的大地。当时这片大地与外部世界隔绝，没有海路，只有一条取道西域，历经难以言状的艰险，才能通到中亚细亚和印度的旱道。中国的海上通路迟至明成祖(永乐年，公元 1403 年)时才开始启用。[②] 这一相对闭塞的大陆型地缘特征一方面强化了中原以儒、墨、老、庄为主体的本土文明，同时也强化了佛教顺应中土文化以求生(立足)、求荣(荣盛)的和合因缘论。特别是佛学中的几位大师(南方的道安弟子慧远和北方的鸠摩罗什)力倡用汉语来为梵语“格义”，以定译文，使“案本”的原语取向论向译语取向论靠拢，这在当时实在是一种了不起的**文化战略考量**，为玄奘的“直译意译，圆满调和”(梁启超)的翻译思想铺垫了基础，并使佛教因此在中国真正站稳了脚跟。

佛学渐入中土后之所以能演化发展为光照数千年的中国式佛学——禅宗，与几位大师高屋建瓴的“求生”“求荣”的文化战略考量有极大的关系。

而佛学之所以能做到这一点，起决定作用的是翻译。以鸠摩罗什为例：③

> 从鸠摩罗什重译大、小品《般若经》和新译“三论”到他的弟子僧肇等人对般若思想的系统阐发，可以看作般若思想在中土的流传进入了第三个阶段。自此以后，般若思想逐渐为中土人士系统地了解和准确地把握，并成为影响中国佛教发展的最重要的理论学说之一。
>
> 鸠摩罗什于后秦弘始三年（401）被姚兴迎入长安后，在后来的十多年时间里，系统地译介了龙树、提婆的中观般若思想，强调用“非有非无”的“毕竟空”来破斥一切执着。他曾提出：“断一切语言道，灭一切心行，名为诸法实相。诸法实相者，假为如、法性，真际，此中非有非无尚不可得，何况有、无耶？”（《大乘大义章》，《大正藏》，第45册，第135页）这种思想经他弟子们的进一步发挥，对中国佛学产生了广泛而深远的影响。

可以说，佛学大师们的这种以“中和协调”为主旨求立足、求荣盛的战略思想，实在是其时外域文化欲求进入以儒、墨、老、庄为正统的中国话语框架、以求实现与中国“对话”，最终达致“文化融合”的关键。这个“文化融合”的格局也可以说正是人类文化学者 Robert Redfield（1897–1956）在《农民社会与文化》（*Peasant Society and Culture*, 1956）一书中所谓的“great tradition”（“大传统”）；而译经界将“中和协调”思想用于翻译，以实现文化战略考量，则成了 Redfield 所说的“小传统”。④ 千百年来，中国社会屡经波折，文化基本形态数度转型，中国的译论先驱都根据时势之变调整、更新文化战略考量的内容，使译论表现出特定的地缘人文政治特色和活力。如果说魏晋汉唐时代的佛学和佛经翻译以谋求与中国本土文化合流为文化战略考量，那么，随着时势的发展，从明清科技翻译开始，这种**文化战略考量**大体经历了三个内涵蜕变的演进期。

（一）**明清科技翻译期** 以徐光启（1562—1633）、李之藻（1565—1630）为代表，以济世图强的**民族发展意识**为特征。

（二）**清末社科翻译期** 足至20世纪上半期社科翻译，以梁启超、严复为代表，文学翻译以林纾为代表，以民族忧患意识为特征；20世纪上半期这种**忧患意识**以鲁迅、郭沫若为代表，更发展为危机意识和救亡意识；

（三）**现代综合翻译期** 自20世纪下半期起，中国大陆的综合性翻译以**民族复兴、振兴意识**和国家复归于统一的意识为特征。

总而言之，纵观2000多年的中国翻译及译论史，翻译家与理论家大抵胸怀大志，将个人命运和事业的荣辱沉浮与民生国运直接挂钩，用翻译事业来体现政治理念，用政治理念来砥砺翻译事业，这在西方翻译史上则是罕见的，更不用说形成砥柱而为思想主流了。作为改革派先驱的翻译家梁启超站在历史的前头大声疾呼说："大地既通，万国蒸蒸，日趋于上，大势相近，非可瘀制。变亦变，不变亦变"（《变法通议》）！徐光启更是我国成千上万科技翻译者的典范，他立下的志向是"令彼（指西方）三千年增修渐进之业，我岁月拱受其成，以光照我圣明来远之盛"（《简平议说·序》）。

在本书中，我们将列表（见图3–1与图3–2）阐述中国和西方译论各自所植根的不同文化母体的发展模式和格局，从表中我们也可以看到中国译论采取文化战略考量的高态势，实在是一种历史的必然；它有助于明白，中国翻译学之"自成体系"也实在是一种历史的必然。

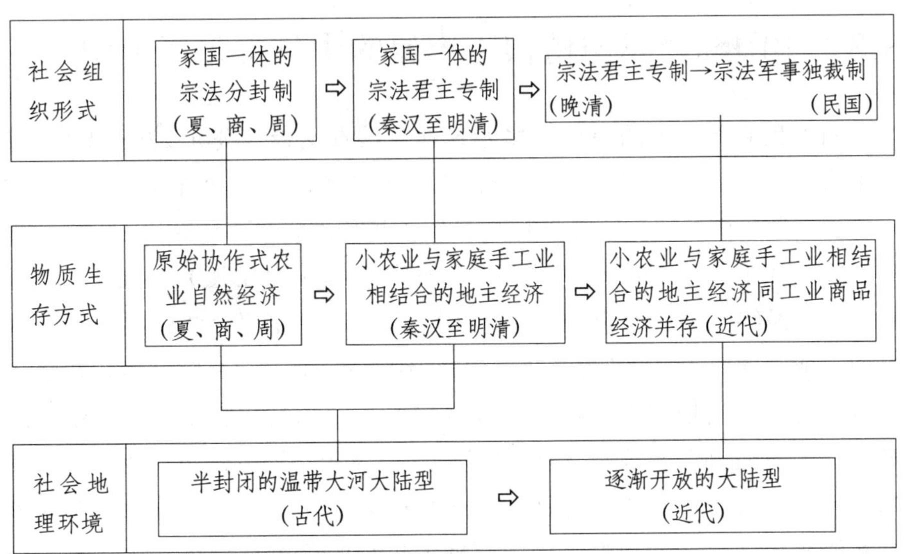

图3—1 中国文化母体：结构和演进

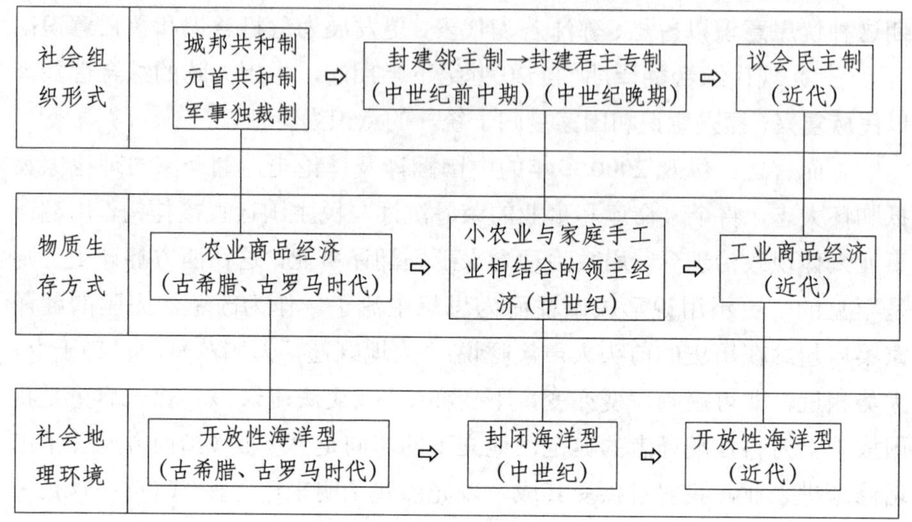

资料来源:《中国文化的现代转型》湖北大学中国思想文化研究所,湖北教育出版社 1995 年版,第 122—123 页。

图3－2　欧洲文化母体:结构和演进

3.3　中国翻译思想植根于丰厚的中华文化沃土中

如果我们将中国的译论之肇始定在三国魏文帝(公元 220—226)时支谦写的《法句经序》,那么到唐代玄奘的佛经译业大功告成之日(玄奘于贞观十九年即公元 645 年从印度带回大批佛经,潜心翻译达 19 年),为期大约 450 年。这 450 年中,直译(质派)与意译(文派)的翻译主张此消彼长,最终归于玄奘的“圆满调和”。自此,“圆满调和”的翻译思想主旨历千余年未变,尽管它在各个时代有不同的表述式,反映译者在对翻译行为本身规律的把握上有不同的体认以及不同的时代特征(如“汉末质直”“六朝达而雅”等等),但此消彼长的结果不是使各派更急剧地分道扬镳,而是大家都向“允执其中”(《尚书·尧曰》)靠拢,共同体认到包容兼蓄的和合之美、中和之美。中国翻译思想的这个总趋势其实反映了中国战国末期到西汉前期之间百家由争鸣而达致的百川汇流式的思想荟萃。

司马迁曾经在《史记·太史公自序》中描写过这一对中华文化影响极其深远的壮景：

> 其为述也，因阴阳之大顺，采儒墨之善，撮名法之要，**与时迁移，应物变化，立俗施事，无所不宜**。（重点是本书作者加的）

司马迁在文中只点出了儒、墨、名、法四家，独缺道家，反映出汉儒对儒道之争的倾向性，当然是不足取的，实际上到东汉末年道教经士人的熔炼提升已非昔比，儒、道、佛、法、名等五大家在矛盾诘难中**兼修共济**，到元明时代还加上基督教，确实是中华文化乃至世界文化史中的至盛景观。实际上正是百家争鸣后的这一思想文化壮景使中华文化的“大传统”得以大体构成，而司马迁在上面描述的中国古代思想史上的辉煌时期则是中国文化“大传统”的“轴心时代”（K. Jaspers, 1988），历经后世的斗换星移，基本上没有偏离这个轴心。

中国翻译思想也一样。尽管各家都有自己不同的表述，但在中国文化传统的历史语境中，翻译思想也都没有偏离**允执其中，圆满调和**论的主轴。

中国翻译思想与中国哲学—美学紧密依附，首先是价值观和基本命题上的认同。直译、意译之争与哲学上的“名实（言、意、象）之争”“文质之争”相呼应。孔子主张“文质彬彬”，是文质统一论者。墨子务实、尚用，反对“民力尽于无用，财宝虚于待客”（《墨子·七患第五》），主张摒弃繁文缛节，因此很自然地倾向于“先质后文”。可以说“先质后文”论是直译派“案本”主张的哲学依据，到今天都还有一定的影响。梁代（502—557）的大文论家刘勰提出要“文质相称”，同时代的肖统表示质疑，他说：“能丽而不浮，典而不野，文质彬彬，有君子之致，吾尝欲为之，但恨未逮耳”（《全梁文》卷二十），表示以亲力为之，碍难办到。同时代的另一位文论家钟嵘举出班固做例子，说班固的《咏史》就是“质木无文”（《诗品序》），不能说没有魅力。《法句经序》透露的意思则是“质直”（“信言”），虽近于“不雅”（“不美”），“尚贵其实”。文质之争到了唐代又回到“**允执其中**”“**圆满调和**”的轴心，都倾向于和合协调，就其“两两相宜”。大散文家柳宗元对和合统一的表述是“**以质乎中，而文乎外**”，陆游则认为“**必有是实，乃有是文**”，不仅同意柳冕的主张“**兼之者，斯为美**”（《唐文粹》卷八十四），还提到二者的关系，与译论中鸠摩罗什的表述“依实出华”相呼应，相当于“内容决定论”，也就是宋代张载（1020—1077）所说的“充内形外之谓美”（《张子正蒙》，《张横渠集》）。明代的文质之争又出现了“否定之否定”，实际上是对“质”的回归。胡应麟倡导“浑然天成”“绝无痕迹”，认为“文盛而质衰”“文胜而质灭”都是不可取的，为“质”而辩之意很明显。文论家湛若水提出“不难于文而难于质，不难于华而难于朴，不难于巧而难于拙”（《元次山集》卷首），反对脱离了内容要求的形式技巧，提出了“质—朴—拙”的三元价值观和“三表法”表现论，倾向于墨家之说。明代后期思想逐渐趋向多元化，可惜好景不长，到清代政治高压、经济不振，再加上民族矛盾，使中国思想界“心思气力，无所放泄，乃一注于学问”（钱穆，《国学概论》，1979），学术界倾向于复古。刘熙载反对“以文灭质”，提出“质文不可偏胜”（《艺概·诗概》），与宋代的程颐之说“和顺积于内，英华发于外”（《遗书》卷二十五）相呼应。于是，又回到了孔子文质彬彬的统一论。

中国译论与美学之间的渊源更不可忽视。美学是译论的一个待开发的宝库。“文与质”既是哲学命题也是美学命题，与译学中的直译意译之争并行不悖。《法句经序》提出“依其义不用饰”“美言不信，信言不美”，很容易被理解为将汉语中“文”与“义”、“美”与“信”的关系简单化了，两级化了，不仅不符合中国人传统价值观中的中和之美，也不符合中国翻译史的实际情况。无论是宗教翻译、科技翻译、文学翻译或公文翻译，最终还是要落实在“用”（效果、效用）上，“不饰”“不美”的文本实在很难让人看懂，当然也难谈得上适用。因此，中国传统上讲和合之美、中和之美，总之“圆满调和”既是语义要求，也是审美要求，目的是“用”。“尚用”是墨家的实用主义美学观，墨家强调“效”（成事致用的原因）。《经上》中说“效也者为之法也”。“同效而致功（功能）利（收效）”是墨子哲学的基本美学价值观，“效果”也是翻译传播的审美要求。其实，说到底，“文质彬彬”也好，“依实出华”也好，“必有是实乃有是文”也好，如果没有“用”、没有“效”，就谈不上“文”（语言美）的存在价值。

汉语是一种具有高度美感素质的语言，汉语重直觉感应、形象（意象）感应。说汉语的人的语言感应（包括意义理解与意义表述）与审美感应是嵌合、交织在一起的，就是《周易》上说的“立象以尽意。”[⑤]汉语重意念，而一般说来，汉语意念之建立，常常要凭借“象”（意象，image, imago），正是这个“象”存贮着、蕴藏着说汉语的人的极丰富的直觉经验，也叫作“意象直觉”，这些直觉经验是构筑概念的重要材料。下面一个例子是关于说汉语的僧人觉贤（汉人）与鸠摩罗什之间对“空”与“色”二字究竟是什么意思的对话：[⑥]

> 在后秦时代，觉贤即佛陀跋驮罗曾经与鸠摩罗什有过一次关于“空”的讨论，觉贤曾经说道，“众微成色，色无自性，故虽色常空”，鸠摩罗什问：“既以极微破色空，复云何破微？”觉贤回答颇有些王顾左右而言他，说“群师或破析一微，我意谓不耳”，鸠摩罗什又问，“微是常耶？”答道，“以一微故众微空，以众微故一微空，”大家不明白，第二天他又解释道，“夫法不自生，缘会故生，缘一微故有众微，微无自性，则为空矣，宁可言不破一微，常而不空乎？”据说，当时很多人都不明白，确实他解释得不明白，这里的关键是“微”究竟是什么？汉语中的“微”，很容易被误解为细小，极细小，而从空到色之间的转换关节就在这“微”上，一微是空，众微是空，一微是色，众微即空？但是，在汉语中，就是再细小的微，如果它是聚合成色的基本单位，它也是色，不能是空，可见，关于“空”的分析不能用数量分剖的方式来解析空之为空，而只能用意识聚合的方式来瓦解色之为色，说起来，这一思路与解释多少有些像《老子》所谓的“损之又损”一样，最终并不能**推论和触摸**真正彻底的“空”或“无”。……

汉语极富**表现性的艺术美**（H. Walden, 1910）。说汉语的人非常关注始于意义—声调的主体视听直觉感知嵌合（如“月黑风高夜”，五感俱全），关注语言的意象素质和品位（grade，例如清代顾炎武的“十年天地干戈老，四海苍生痛哭声”意象、意蕴和音调配置品位极高），较少关注与意象无涉的语法形式，可以说意象思维是汉语最基本的思维方式，容后再议。说汉语的人在“立象”之中求“尽意”，“尽”的意思是“充分表达”（韩愈：“听其言，约而尽”）。“尽”需要审美经验和判断，要求表达者对头脑中所有与意象有关的元素进行整体性综合呈现，以便推出一个表达式来，而且声调平仄和谐完美（例如苏轼的“千里孤坟，无处话凄凉”，集象、情、意、境、音、调于一体）。鸠摩罗什其所以感到对汉语“空”“色”“微”的意义很难把握，就是因为他究竟是外国人，很难用意象直觉“触摸”到“空”“无”“色”“微”；而觉贤是汉人，他根据头脑中丰富的汉民族直觉的意象整合经验，推出天竺语中佛理概念中的四个汉语对应词（空、无、色、微），以应鸠摩罗什之疑义。根据现代认知心理学研究，人类脑部功能右半球不同于左半球。右半球司掌对视觉感性材料如整体性映象、图形、色彩等方面的信息处理功能；而一般说来，左半球主管语言、时间观念，具有命题的、分析的、线性的计算等能力，是逻辑推论性的思维器官。右半球则司掌形象知觉、空间观念等功能，具有绘画的、舞蹈的、几何空间以及综合的鉴别能力和理解能力，是直觉的、意象性的思维器官。

表3—1

	功能分布
右半球	视觉　形象　绘画舞蹈　几何　空间　意象直觉　整体综合等等
左半球	听觉　抽象　语言描述　数学　时间　概念推论　细节分析等等

有趣的是，在言语交流中，讲汉语的人多倚重右半球，而讲英语的人多倚重左半球，为证实这一点，认知科学家从事过不少实验。请看以下一则简单报道：[⑦]

> 英国韦尔科姆基金会研究机构的科学家们发现，讲英语的人只用一边的大脑来理解语言，而讲汉语中的人用两边的大脑来解释汉语的不同发音。
>
> 该研究机构的索菲·斯科特博士说：“我们很惊讶地发现，讲不同语言的人用不同的方式使用他们的大脑理解他们所讲的语言。这一发现推翻了一些长期被认为是正确的理论。”
>
> 通过对志愿者进行大脑扫描，斯科特发现，人们用不同的大脑区

域来理解别人讲话时所用的字和语调。讲英语的人理解别人讲话时只有大脑的左颞叶是活跃的，而讲汉语的人理解别人讲话时同时使用左右两个颞叶。一般人的右颞叶只有在听音乐及分辨讲话中的抑扬顿挫时才使用。

在汉语中，说话的声调十分重要，因为同一个音用不同的声调念出来就有不同的意思。例如，“ma”这个音，不同的声调可以表示母亲的“妈”、植物中的“麻”、马匹的“马”或骂人的“骂”。

斯科特说，“我们认为，讲汉语的人用右颞叶解释声调和抑扬顿挫，以便正确理解别人所讲的话；同时又用左颞叶作语言的抽象分析。”

这个发现证明了我们上面的论断：汉语是一种具有美感素质的语言。说汉语的人（“a Chinese speaker”，表示以汉语做母语的人，下同）在交流中的语义解码，必须同时启动大脑的意象直觉功能（右半球管辖）和概念推论功能（左半球管辖），使之**嵌合运作**（Incorporation）。说汉语的人的语言机制中含蕴一种与之并驾齐驱的审美机制，尤其是在句法层。一个懂英语说汉语的中国人听到“A bird launched off.”这句话，叫他翻成汉语时，他的大脑会以极快的速度作“**意义解码→句式转换→优化用词**”，末了一定会说“鸟飞走了”而不是别的句式。

A bird launched off.
鸟飞走了。

他为什么能这么做呢？因为他知道其他选择在句法上同时在审美优化上均“不合格”。下面是他在头脑里以极快的速度所做的“**句法—审美嵌合运作**”（Syntactic and Aesthetic Incorporation, SAI）式择善从优的描写主义分析：

(a)“**鸟飞走**”——缺少“了”，不合格。“了”表达“时间性”(temporality) 及动作进行或完成的“态势”，语法上称为“体”(aspect)，省去了“了”在汉语语法上、审美上均不合格，即“不达”（“辞达而已矣”）。“达”是中国话语审美的基本标准之一。汉语中与“达”搭配的合成词（例如：通达、豁达、通情达理，等等）都是褒义词。

(b)**“鸟飞去了”**——“去”是唯一一个可取代“走”的词，但在此处不合格，“去”可以表示行为趋向或目的，但一般说来，它是静态的，而“走”表示行为趋向时则是动态的。苏轼的诗句“只恐夜深花睡去”中的“去”就不能改为“走”，将二者作一对比即可明白。

(c)**“一只鸟飞走了”**——“一只”多余，多余就是“赘”，在传统的中国辞章美学中“赘”是大忌（曾巩《讲官仪》:“问一告二谓之赘”）。在中国人的文化审美心理中，“数”的泛化既没有什么词汇意义，更没有语法意义，与印欧语殊异。因此汉语中无“冠词”。

说汉语的人在话语表述中的句法审美（SAI）机制，已深深地渗透到了他的文化语言机制中，实际上，**二者相辅相成、相济相融，从而嵌合**（incorporated）、**交织**（interwoven）**为一种主导话语的**“意念流”，这个意念流与其说它受控于句法规范（句法形式机制），毋宁说它是由一种**意象直觉经验引导**，这种“引导”既有语义组合能力及句法构建能力，又有审美判断、审美选择（语音、声调、韵律、节奏）及逻辑校正能力，而这一切能力的基础——审美经验则是一根贯穿始终的轴线，这根轴线的功能发挥（指它在伴随语言机制实现遣词、造句乃至段、章构建中的作用和效果），就是我们所说的汉语独特的美感素质之由来。下面第四节中还要举例分析。

因此，语言审美就成了一切有汉语参与的语言传播和语际转换的重要课题，当然也是中国翻译学的重要课题，这一点与印欧语有很大的区别。中国翻译理论的审美课题，涵盖以下七个方面：

(1) 中国传统美学与翻译学的**联姻关系**；
(2) **语言审美**与翻译的**审美表现**；
(3) 翻译审美活动及**审美程序**图式探讨；
(4) 翻译的**审美价值观**论和**表现对策论**；

(5) 翻译**审美心理系统**(意义审美、情感、意象、意境、意蕴,想象、联想,等等)探讨及运作图式探讨;

(6) 翻译的**审美接受**理论;

(7) 翻译**美学学科**架构探讨。

由此可见,翻译美学理论应成为中国翻译学必不可少的组成部分。将翻译美学研究作为整个学科研究的“必不可少的组成部分”(intrinsic component)是中国翻译学的重要特色。忽视翻译美学的构建,或者说,一味跟西方之风,不从汉语特征和中国语言美学的传统和发展来审视中国的翻译理论体系,那么,对中国翻译学来说,将处在“失重状态”,是一个或迟或早不得不掉转头来“补课”的缺失。

3.4 中国翻译理论有其独特的发展渊源、发展沿革和发展模式

中国文化发源于东亚中原温带的大河腹地,腹地以西是一个“荒蛮世界”。东边的1.8万千米海岸线虽说很长,但在远洋航海工具缺如的古代,海岸线无异于一道与外界隔绝的天堑。中国迟至南宋初期(公元1127—1194年)才完成经济重心的南移,开始了南洋近海的贸易;迟至明代永乐元年(公元1403年),明成祖才抱着“宣教化移海外番国”的目的,遣郑和南下“示中国富强”(《明史·郑和传》),开始与外部世界进行规模很有限的远洋沟通。历时漫长的半封闭大陆型小农业与家庭手工业相结合的经济形态,使中国文化具有典型的大陆型农耕(织耕)文化的性质,执着于淳朴的“泱泱之国的乡土之恋”。总之,自古以来中国人的“精神自闭”倾向和中国社会闭关自锁的事实都有深刻的地缘文化和地缘经济的根源,这是中国翻译理论有其独特的发展模式的历史语境,这一点我们不应忽视。随后,我们将以图表形式将其与欧洲翻译理论的发展模式进行一番比较,就会看得更清楚(请参见第85页图3–3及第90—91页图3–4)。

3.4.1 佛经翻译期

“文化渗透”是人类文明的必然现象：新向旧渗透、强向弱渗透、动向静渗透是文化渗透的必然规律，不以人的意志为转移。根据中国历史学界的研究，“佛祖西来”的最早年代应该是东汉明帝（公元58—75年）时，到东汉桓、灵之际（147—189）佛教已在中原腹地传播开来。佛经汉译的第一位译者安世高就是东汉桓帝建和二年（公元148年）抵达洛阳的。安世高在20余年中（148—172）共译出佛典数十部（《出三藏记集》中说安世高译经35部，凡41卷）。[⑧] 佛经汉译的第一位译论家支谦从三国武元（222）年至建兴（252—253）年间译经（《维摩诘经》、《了本生死经》等）88部，凡118卷，是三国时期译经最多的大师。《法句经序》中提到的翻译思想之争实际上是支谦对中国翻译前100年（148—253）的一个小结。梁启超曾经在他的著述中赞扬中国翻译的这个“热烈腾涌”“译业宏富”的“开局”(《翻译文学与佛典》)。

中国翻译以宗教典籍作“开局”实在是历史的必然。公元1世纪末，汉明帝派遣班超打通西行路线，班超为此奋斗了30年，开辟了一条西至波斯湾的“丝绸之路”(这个词出自德国人利希霍芬著《中国》一书，1877)，这是中国通向外部世界的“第一条小缝”。政治上，体现汉代帝王文治武功的“光武中兴”(公元25—220）气象日见消弭，门阀政治日益猖獗，统治集团苦于内外交困，正力图找到一服具有某种寄托和缓解作用的安抚剂。这一心态与当时的社会特别是知识分子的精神诉求不谋而合。汉武帝独尊儒术，至建安（176—220）时代儒学已沦为毫无生气的“经学”，至魏晋时更被建安文士们视为不屑一顾的“空无”，知识分子追求精神上的清峻、通脱、简约、旷达，总之归于道家“超远之心志”。这一切成了佛教得以比较顺畅地进入中国人的精神世界和意识形态话语框架的有利条件。[⑨] 于是佛经翻译在唐代便成了盛世文化的一大景观。玄奘系统地翻译了大量佛典，特别是瑜伽行派的思想和学说，对佛教的中国化——禅宗的发展影响很大。入宋以后，理学被定于一尊，佛教为求存而求变，也尽力向宋明理学靠拢，终而形成了宋代以后“儒道释合流”的新局面，“新儒学”也就应运而生。

中国翻译以宗教翻译为宏业之开局，并从一开始就将自己移花接木于中国传统哲学与美学，借中华丰厚的哲学—美学思想以自用自持，同时也为自己植入了中华传统文化的基因。“信”与“美”在当时对应于“质”与“文”及“实”与“名”，也大体对应于今天的“直译”与“意译”。由僧人自己出马，投入宗教典籍的翻译，自然而然会倾全力于“信”、倾全力于意义，此其一。其二，佛教关注主体的“净心”(《维摩经·弟子品》注）和“悟性”(“以不二之悟，符不分之理”，见慧远著《肇论疏》)。佛理中特别重视主体的“慧”(梵文作 mati，即“摩提”)，指主体的一种通达事理、断决悬念、取得真谛的心性能力，人正是用这种能力去观照客体、把握客体，这也与中国传统哲学不谋而合。在安世高所译的禅经及注释中更提到一种主、客体的统一论。例如，《阴持入经注》中就提到“心念善即善法兴，恶念生即恶法兴。夫心者，众法之本也”(《大正藏》，第 33 册，第 10 页上)。佛理中的这种“主体决定论”，对身为僧人的译者，在操控佛经文本中，不可能没有“正面效应”，也是不可能不引起“负面效应”的。中国传统译论不重视文本，倾全力关注主体的运作（如彦琮提出的“译才八备”，《辩正论》)，应该说是有历史渊源的。最后很重要的一点是，佛教在中土的沉浮起落，使一代又一代的高僧深深体会到要生存并得到传播就必须实行“儒佛调和”，“别无二途”。[⑩] 特别是经由慧远、罗什、玄奘等杰出的翻译业组织者、翻译家苦心竭力、历数十年惨淡经营的锤磨锻造，为中国传统翻译思想的折中调和论定下了主旨，也就是梁启超所说的“直译意译，圆满调和，斯道之极轨”这一论断，亦即生存战略与翻译思想的统一。嗣后的中国翻译思想发展都没有从根本上偏离这个调和主旨。

3.4.2 明末清初科技翻译期

明代（1368—1661）出现了中国翻译的第二个高潮，这个高潮以科技翻译为特征，它的强大动力是宋、元以来的经济发展尤其是种植业（如棉花）和手工业（如兵器和耕具）生产力有大幅提高。元代也重视商业，政府采取鼓励专卖经营的政策。元朝中期商业税收已相当于全国货币收入的十分之一，这是历史新高。政府还推行各种商业优惠政策，组织庞大的商队深入西亚地区。蒙古最终成为横跨亚欧大陆的统一大国，元朝对中国多元文化观念的建立起了很积极的作用。对翻译事业有直接推动作用的是对外交流的扩大和深化。马可·波罗（Marco Polo, 1254–1324）于 1275 年到达中国，1295 年回到威尼斯，使东西方交流成了“家喻户晓的期待”。1584 年意大利的传教士利玛窦（Matteo Ricci）来到中国广东肇庆。利玛窦在知府王津的协助下刻印了《山海舆地全图》，正是这个非同小可的地图，颠覆了中国人心中的世界图像，颠覆了阻碍中国几千年进步的“中国中心论”。当时统治集团和士绅阶级受到的震惊可以从瞿式谷所写的《职方外纪小言》看出来：⑪

> 尝试按图而论，中国居亚细亚十分之一，亚细亚又居天下五分之一，则自赤县神州而外，如赤县神州者且十其九，而戋戋持此一方，胥天下而尽斥为蛮貉，得无纷井蛙之诮乎！曷徵之儒先，曰东海西海，心同理同。谁谓心理同而精神之结撰不各自抒一精彩，顾断断然此是彼非，亦大舛矣。且夷夏亦何常之有？

这一震惊带来的“彻悟”对中国发展的意义非常深刻，陈九渊意识到了世界之大、世界之同，他写到：⑫

> 宇宙便是吾心，吾心便是宇宙。东海有圣人出焉，此心同也，此理同也。西海有圣人出焉，此心同也，此理同也。南海北海有圣人出焉，此心同也，此理同也。千百世之上至千百世之下，有圣人出焉，此心此理，亦莫不同也。

不出所料，这一震惊和彻悟带来的是对知识的渴求，预示了 19 世纪下半期，西方新知和“奇器”进入中国，中国知识体系几乎被瓦解后的重构，中国人的思想和信仰世界的重构以及政治势力版图的重构。大约从明万历十年（1582）起，数以百计欧洲基督教士从澳门、泉州、塘沽进入中国，并迅速与有求新图变意向的士绅阶层代表人物徐光启、李之藻、李天经（1579—1659）、杨廷筠、瞿式谷、冯应京等人结合，从事“利国利民之实学”，对抗其时儒士沉湎于经学的“空疏之论”（徐宗译，《明清间耶稣会士译著提要》）。其实，明代西学东渐带来的震惊也波及了朝政。万历三年（1575），内阁道辅（相当于总理）张居正提出了“整顿学政、振兴人才”“著实讲求、躬行实践”等有改革倾向的措施，治政也有起色，[13] 世称“万历中兴”（1573—1592）。这就是明末开始的中国“儒道释基督”多元文化合流从而形成中华文化新形态的历史转折。

与这一历史转折相呼应，以徐光启、李之藻等人为代表的科技翻译是继佛经翻译的中国翻译第二次高潮。这个高潮一直延续到19世纪（清末）的李善兰（1810—?）、徐寿（1818—?）、毕蘅芳（1833—?）等人的科学著作和科学教科书翻译。1868年江南制造局翻译馆成立，1875年格致书室（出版公司）由傅兰雅（John Fryer, 1839–?，1894年任芝加哥大学东方语文学教授）创办于上海，使科技学术翻译首次在中国蔚然成风。

3.4.3 清末以学术翻译为主的综合翻译期

19世纪下半期中国在鸦片战争（1839—1842，第二次鸦片战争1856—1858）中的惨败粉碎了中国知识界徐光启等人“经世济民”“科技救国”的美梦。中国被往日心目中的“蛮夷”、今日现实中的强权和霸道包围，而清廷却委顿沉迷于不堪一击的“帝国”架势。这种令人痛心疾首的“绝境”使中国知识界陷入了深深的民族忧患意识中。与严复同时代的激进改良派代表人物谭嗣同（1865—1898）哀叹中国实际上是生存于“人间地狱”之中（《仁学》，1896），更宣称他同情同理于造反的洪秀全（同书）。

19世纪末以马建忠和严复为代表的西方学术翻译就是由“民族忧患意识”所驱动的翻译行为，具有鲜明的振邦兴国的文化战略性质。马建忠于1894年上书清廷，大声疾呼“倭氛不静”“蒿目时艰”“外御无策”的国难危机，提出开设“翻译书院”的建议。1895年甲午惨败后，严复更愤然命笔，发表了《论世变之亟》《救亡决论》等论文。这在当时实在是“时代的最强音”。严复以清代士绅阶级的先进代表之觉醒为梁启超的论断“一战（指甲午一战）而人皆醒矣，一战而人皆明矣”下了最好的注脚。严复更以自己的学术翻译树立了投身于“开民智、强国基之急务”（梁启超，《饮冰室合集·文集》之四，第 81 页）的范例。从严复的九种译著和他为救国兴邦而作的论文来看，他的翻译以十分明确的政治理念为“原动力”和主导思想，具体说来是民族生存的文化战略考量；经世济民的兴邦抉择；翻译欲达致其功的经营因应之道。以上三点涵盖翻译的价值观论、方法论和对策论，在每一个方面，严复都达到了当时翻译思想、翻译理论和翻译业绩的高峰。

3.4.4 20 世纪上半期的综合翻译期

民国时期（1911—1949）中国内忧外患不减。共和体制几次受到帝政复辟的威胁和国耻濒临的灾难。翻译家的**民族忧患意识与救亡意识相交织**。1909 年苏曼殊所译的《拜伦诗选》和 1922 年郭沫若的《雪莱诗选》可以说是以唤起民族觉醒为宗旨的中国文学政治翻译的最早的号角。嗣后的近 40 年，以思想启蒙为目的的文学翻译成了白色恐怖下**中国政治翻译的主体形式**，而它的政治色谱则从左到右、从激进到保守几乎一应俱全，站在左端激进派的翻译家代表是鲁迅（主要翻译俄国文学）和郭沫若（主要翻译德国文学），他们后面则是一大批忧国忧民的翻译家，如沈雁冰、巴金、曹靖华、成仿吾、朱光潜、林语堂、冯至、陈康、朱生豪等，堪称中国近代、现代翻译的奠基人。

这个时期的发展对中国翻译具有特殊的意义。

（一）**翻译的社会功能突破了历史局限**。以文学为主的综合翻译第一次被国人视为不可或缺的精神武器，也就是说，翻译作为社会改造强力工具的功能第一次获得了举国认同，虽然比欧洲晚了将近 300 年，**翻译在中国终于成了一种全民意识**。

（二）“直译意译圆满调和”的翻译思想第一次广泛地获得了宗教翻译以外的广大翻译从业者的认同，这一认同表现为对严复“信达雅”的历久不衰的服膺。在实际操作层面，**调和论表现为墨子主张的“先质后文”**，译者先倾全力于析出原文文本的意义，然后再在表现上下功夫，以实现形与义的和合协调。这一翻译思想的深远影响已逾半个世纪。

（三）在翻译语言上，中国翻译在这个时期也实现了历史性突破：由用文言翻译推进到用白话翻译，而且令人惊异的是，这个推进为时仅仅用了大约 20 年（例如鲁迅在 1909 年仍用文言翻译《域外小说集》，到 1929 年同一个鲁迅却已用基本上流畅的白话译《艺术论》），**话语系统的“现代化”大大推进了翻译的群体化**。

（四）另一个历史性突破是现代意义上的语言学（主要是**结构主义的语言观**）之进入翻译研究。以 1945 年出版的《汉语语法论》（王力、吕叔湘、高名凯）为标志，中国语言学家第一次用结构主义句法理论分析汉语，使译界开始关注以现代语言学的语言结构观来分析原语文本，把握意义意向，例如**林语堂就提出翻译以句为本的结构主义对策论思想**（《论翻译》，1932）。

3.4.5 20 世纪下半期的综合翻译期

20 世纪下半期（尤其是 70 年代以来）迎来了翻译事业的新发展，出现了名副其实的、范围空前的综合翻译，它的动力则是中华民族前所未有的高涨的复兴意识，中国人第一次摆脱了民族危亡（许珏：“[民与国]土崩瓦解之祸”，1922）的精神重负，第一次看到民族复兴的真正的曙光——也就是梁启超说的“中华四千年之大梦”成为现实的真正可能。这一时期的特点还有：

（一）翻译成为一种**“全民意识”的深化**，表现为颇具规模的翻译群体（由译者、读者、研究者[其中包括教师]、出版者四个次群体组成）的出现。

（二）对中国**翻译理论建设**的前所未有的努力，出现了不少重客体研究、文本（话语）研究、文化研究、功能研究的优秀著作；同时译界开始重视经验研究，有不少论集出版，翻译史研究大大加深了译界对翻译的体认和体悟。

（三）**现代语言学对中国译学影响进一步显现**，结构主义语法、功能语法、语用学、文化语言学开始广泛受到翻译研究界的注意。

（四）对**西方和俄国翻译理论**的前所未有的关注，出现了一些专门介绍西方译论的著作。

（五）**翻译教学蔚然成风**，翻译科系逐渐普及全国高校，这些科系一方面培养了翻译人才，另一方面还锻炼了教师，使其中不少人成为翻译研究的骨干。

综上所述，我们可以将中国翻译的发展历程以图表分述如下（见图3–3），以补叙述不及之遗。

西方翻译理论的发展渊源、沿革和模式有其本身的独特性。

西方翻译之肇始源于古代地中海东部文明。所谓“地中海东部文明”，离不开一个相当广泛的地缘文化版图，这个版图包括位于地中海东部的西亚文化、埃及古文化、南欧文化（希腊和罗马文明）和非洲（北非洲）文化（主体是回教文明），16世纪以后还加上美洲文明。将“西方文明”狭隘地理解为“欧美文明”是一种误解。西方文明的地缘文化版图决定它从一开始就是多元的，包括多语种交流。

西方文明的曙光始于古西亚地区，包括黑海以西以及以南、地中海以东一大片冲积平原。公元前5300—3600年，在幼发拉底（Euphrates）和底格里斯（Tigris）两条河之间（在西亚塔鲁斯山区Tarus）的南端苏美（Sumer）和阿卡德（Akkad）地带（合称Babylon）出现了最早的欧洲文明，被称为乌拜文化（Ubaid Civilization）。到公元前3000年时，乌拜文化已有多语交流，其中主要是在Sumer语与Akkad语之间，时间在公元前2750—2500年。西方的翻译当始于此，惜无史证可考。1799年拿破仑的军队在埃及北部城市Rosetta发现了一块古代碑石，上面刻有象形文字、古埃及语、古希腊语三种文字。这块碑石的准确年代很难判定，但它确实可以证明，西方翻译的发祥地之所在：这与古代中国的翻译源于大陆腹地形成了鲜明的对比，前者是开放性海洋型（参见第70页图3–1与图3–2）。这种地缘特征很有利于跨语言交流和跨文化融合。由于是多民族、多种族杂处，必然涉及多语的行政法令、法规、规则、条例、公告、布告的文书翻译。这也完全不同于古代中国的佛教经书翻译：前者关注的是**效果**，后者关注的是意义的忠信。

一般说来，有一定规模的翻译活动通常发生于弱势文化对强势文化**需求的觉醒**。欧洲的**第一个翻译高潮**并没有发生在古埃及文化与罗马文化之间，也没有发生在古波斯文化（公元前800—400）与罗马文化之间，而是发生于受到波斯帝国压制下的希腊文化与罗马文化之间。

• 第一个时期始自公元67年

佛经翻译期

——初始期：东汉永丰十年→唐代开元十八年，67—730

——高峰期：唐代开元十八年→贞元五年，730—1037

——渐息期：宋代景祐四年→元代二十二年，1037—1285

特点：(1) 有强烈的中华文化“主流参与”意识

(2) 以中国哲学—美学作为翻译认识论和价值论依据

(3) 译者大都为僧人，重视经义，因此在翻译中也极重视意义转换

• 第二个时期始自16世纪中期

明末清初科技翻译期

——以徐光启为代表

特点：(1) 有强烈的经世济民动机

(2) 输入并翻译了大批科技及制造业书籍及教材

• 第三个时期始自19世纪中期

清末以学术翻译为主的综合翻译期

——以严复为代表的学术翻译

——以林纾为代表的文学翻译

特点：(1) 有强烈的忧国忧民意识

(2) 严复到达了中国翻译及译论前所未见的高峰

• 第四个时期始自20世纪初

20世纪上半期的综合翻译期

——有启蒙意义的西方古典及进步文学翻译

——有推动作用的政治翻译及其他

特点：(1) 有强烈的民族危机意识

(2) 翻译首次在中国成为一种“全民意识”，虽比欧洲约迟了近300年

(3)“信达雅”被广泛服膺

(4) 翻译使用白话文，是一种历史性突破而且成绩斐然

(5) 现代西方语言学方法论进入翻译研究

• 第五个时期始自20世纪下半期

20世纪下半期的综合翻译期

——西方各时代有代表性的学术著作翻译

——大量科技资讯翻译

——内容广泛的综合翻译

特点：(1) 有强烈的民族复兴意识

(2) 有发展科学的使命感及竞争意识

(3) 颇具规模的“翻译群体”的形成

(4) 重视理论建设；对弱点的克服较慢，但有一定的认识

(5) 关注西方理论，但在部分人中有偏颇倾向

(6) 现代语言学等学科对中国译学的影响开始显现

(7) 翻译教学蔚然成风

图3—3 中国翻译发展的沿革：分期与模式

希腊文化是古代爱琴海文明（始于公元前 6500 年）的璀璨之花。从公元前 2000 年左右进入希腊半岛的古印欧民族经历了数百年的发展，在公元前 1600 年已建立了许多小城邦。至公元前 1400—前 1200 年的麦锡尼（Mycenae）一带，希腊文化已发展到极盛。古希腊人在文学、哲学、建筑学、美学、科学和艺术方面的惊人成就延续了 1000 余年。公元前 500 年之初，雅典民主政治的兴衰史令人瞩目。公元前 4 世纪，雅典仍然是希腊哲学和学术思想的中心。公元前 3 世纪，希腊各城邦的政治联盟由于内讧而衰落，被来自马其顿的亚历山大大帝统一。大批希腊移民在意大利定居。从罗马建城（公元前 753 年）到 2 世纪中期，罗马击败了北非的迦太基强权。公元前 146 年起，征战频捷，终于在公元前 27 年建立了罗马帝国。此时，罗马在地中海已无敌手，文化上非常发达的希腊，则正位于这个庞大帝国的中心。这就是欧洲第一次**综合性翻译高潮**的地缘历史和地缘政治概略，可谓尽享天时、地利之盛。比之于中国的翻译之始，西方翻译占尽优势，试作一对比：

（一）作为译出语文的希腊文化与作为译入语文的罗马文化二者地缘接触极为密切，前者可谓被后者**怀抱于腹中**，罗马人可以尽取文化营养；而中国初始时期的翻译所处的地缘文化情况殊隔，汉唐时代周边均无强势文化，佛教文化也远在印度，输入路线异常艰险。西中比较，可谓一个是“近在眼前”，另一个是“远在天边”。

（二）罗马人翻译的希腊文化题材广泛，**具有极强的综合性**，尤以文艺和造型艺术为主，或强调交流效果，或关注实用价值，西塞罗译论的主旨也在于此；而中国初始时期的翻译范围很窄，只局限于宗教。而且，译文都是经典，译者本人又是僧人，信奉“佛言不可离心，不可离缘，不可离义”（智解，《摩诃止观》卷五上，《大正藏》第 46 册），佛典经文对意义的掣肘很大，不关注实用和效果。

（三）古希腊的意识形态**属于完全开放型，自由度很大**，可以说完全摆脱了现实话语的框囿，即以神话来“净化现实”。希腊人力求用已知的事物和逻辑推理解释未知世界，非常重视客体这个 the Other（即并非由主体所决定的“他在”）。“希腊思想”这个基本属性对罗马人的翻译影响极深。中国翻译从一开始即受制于儒、道教义的规管（支谦，《法句经序》)，一切必须铆合于主体中心论的传统哲学话语规范，给译者留下的自由度很小，精神上的制约（以“忠信”为核心）相当大，此中可谓有利有弊。

宗教翻译在西方出现于中世纪之初，集中于《圣经》的翻译，可以说是西方翻译史上的**第二次高潮**。宗教翻译在西方基本上是在印欧语系中的跨语言转换。古罗马人说的是拉丁语（后来发展为罗曼语 Romance languages 或“新拉丁语”)，《圣经》中最古老的经文是用希伯来语写的，后来希腊人大都将它译成了古希腊语（但 St. Jerome 是根据希伯来语译成的 Vulgate)，罗马人则是将古希腊语译成拉丁语，这两者同属于印欧语系，语义上的症结问题大抵可以从语源分析中得到解决。应该说，比佛经从属于印欧语系的梵语（Sanskrit 属于印欧语系中的印度—伊朗语族 Subfamily）译成汉语（属于与印欧语系毫不相干的汉藏语 Sino-Tibetan Languages）容易得多。佛经汉译无语源依据可考，就算是饱学的僧人如彦琮者亦惊乎翻译“良可哀哉”，下面是他的分析：[⑭]

> 至于天竺字体，悉昙声例，寻其雅论，亦似闲明。旧唤彼方，总名胡国。安虽远识，未变常语。胡本杂戎之胤，梵唯真圣之苗，根既悬殊，理无相滥。不善谙悉，多致雷同。见有胡貌，即云梵种。实是梵人，漫云胡族。莫分真伪，良可哀哉！语梵虽讹，比胡犹别。改为梵学，知非胡者。

故此有玄奘的“五不翻”(周敦义，《翻译名义序》）之“不得已对策”，佛家称为“不为之为”。《圣经》翻译中这类情况就比较罕见。在罗马帝国时代，语言版图囊括了希腊语、希伯来语，罗马人与地中海两岸的闪语这只不过是隔海相望罢了，无论语言版图和文化版图都隶属于同一个行政版图，沟通起来无疑便当得多。

对欧洲的翻译而言，这个时期还有一个有利条件不容忽视，即古代语文学之助。古代语文学可以说发源于柏拉图（公元前 427—前 348）对词类划分的讨论，历经亚里士多德（公元前 4 世纪)、希腊经院哲学（公元前 300—前 200)、希腊“Techne 语法”(特别是希腊语句法）及阿波罗尼奥斯

（Apollonius Dyscolus，公元 2 世纪）的拜占庭句法研究，已经对翻译产生了吸引力。古罗马时代有几位语文学家对翻译的影响很大，他们是 Varro（116–27BC）、Crates（生卒年不详）、昆体良（M. F. Quintilian, c35–c95）和普里兴（Priscian, c500AD）等人。他们关注的中心是拉丁语语法（主要是句法）、希腊语与拉丁语语法比较、辞章学语言与逻辑的关系等，这一切构成了语文学（philology）的主要内容，这些内容几乎都与翻译有密切的关系，凡俗译人都可研习。

西方翻译的**第三个高潮**出现在 11—12 世纪之间，集中于西班牙中部的托莱多（Toledo）。托莱多地处“朝圣之路”的交会点，是阿拉伯文化在西欧的集中地，也是英德法意西与西亚贸易的交流中心，因此这个高潮具有欧洲多元文化交流的性质。随之而来的是 12—13 世纪欧洲文化统一、政治分裂的趋势。托莱多后来之成为欧洲学术文化交流中心之一，翻译起了很大的作用。

欧洲翻译的**第四个高潮**在 14—16 世纪的文艺复兴时期，并延续到 19—20 世纪之交。这个时期西方也有宗教翻译（如 1534 年的德语通俗圣经以及 1611 年英国的《圣经钦定本》的出版），但主体则是百花齐放的综合翻译。在这个翻译高潮中，西方出现了以语文学为依据的翻译理论论述，首次涉及翻译的意义对应、风格对应和效果对应的理论探讨。第二次世界大战以后，西方政治、文化甚至语言版图出现了天翻地覆的变化，迎来了从 20 世纪中期开始以至于今近 60 年的西方**第五次翻译高潮**。这是一个名副其实的综合翻译高潮，翻译语种空前增多、翻译范围空前扩大、翻译规模空前广泛。与此同时，翻译新论踵出，翻译流派也应运而生。欧洲、美国和日本现已形成了西方翻译的三个中心。

下面我们再将西方翻译的发展沿革及模式列表分期说明如 90—91 页图 3–4 所示，以补叙述不及之遗。

了解了中国翻译与西方翻译不同的发展沿革及模式，我们就可以在对比中探讨中国翻译发展模式的特点了。以下三点是其荦荦大端。

一、与西方翻译比较，中国翻译及理论研究具有十分独特的文化战略考量

在明末清初，翻译与“科技救国”论密切相关，在清末及民国时期与“民族救亡”“学术救国”论密切相关，在20世纪50年代特别是70—80年代以后又与“民族复兴”论密切相关。正因为这样，中国翻译在每一个时期都与民族文化心理、意识形态诉求息息相关，并以此作为理论与实务的重点。这是中国翻译的特点、优点，但也有它的局限性，即综合性、整体性不足，影响了翻译对社会整体进步的推动力。我们可以比照一下西方。西方翻译从11世纪开始就有了全面铺开的综合翻译。综合翻译使翻译的社会功能发挥更全面、更普及、更深入人心。综合翻译促进了欧洲各国之间的语言文化的全面接触，也为互利的经济发展扫清了道路。因此“欧洲一体化”思想很早就有人提了出来，到20世纪80年代“欧洲统一”诉求更趋明朗，至80年代中晚期（1985—1986）通过了《欧洲一体化文件》（“AUE”, J. Aldebert, 1992），并继续前进走向统一化，直至今日的水平。可以说，在欧洲的一体化成就中，翻译（包括口译）扮演了关键的、助推力最强的“无名英雄”角色。

二、与西方翻译比较，中国翻译始终将交流中的意义放在第一位

可以说，意义转换是中国译论的本体论基本命题。中国翻译始于佛经汉译，经文重义，自是自然。《法句经序》将“义”字重复了五次。道安说“推经言旨，唯惧失实”，这实际上是中国历代译人共同的座右铭。西方翻译界当然也谈意义，但对形态语言之间的转换而言，意义对他们来说始终不是个大问题，究其原委有五，也就是说西方语种之间析出、辨识、定夺意义的手段很多，获得**对应**远较汉外之间容易，而不必“多此一举”地进行**代偿**：

（1）西方语言（尤其是印欧语）之间大抵可以凭借**语源**（etymology）及**词语形态学**（morphology）的同一性来分析双语词义的对应关系；

（2）西方语言（尤其是印欧语）之间大抵可以凭借双语**句法结构（句法形态表现）的同一性或相似性**来析出词义、句义的对应关系；

（3）西方语言（尤其是印欧语）之间大抵可以凭借**语用规范**在双语用

- 第一个时期始自公元前3000年至大约公元100年

综合翻译：罗马对古希腊文化的翻译

——古罗马仰慕希腊古典文明（Hellenism），翻译题材广泛涉及哲、艺、文、医、建筑学等

特点：(1) 地缘特点很特殊，希腊处在罗马帝国怀抱之内

(2) 翻译活动发生在政治上强势（罗马输入）与文化上强势（希腊输出）之间

(3) 高度的综合性，因而对社会及后世产生广泛的影响

(4) 译论以古代修辞学和古语文学为依据

- 第二个时期始于中世纪初期（约公元500年）

圣经翻译

——以杰罗姆所译Vulgate（《圣经拉丁文通俗本》，400—405）为标志，带来对经文的诠释之风；在希腊、罗马语法修辞学家的专注研究下，古语文学应运而生

特点：(1) 杰罗姆倡导对原文文本的“征服”（Kelly, 1979），与中国古代译经大师诚惶诚恐的态度恰恰相反

(2) 重视文本研究，“一文（经文）多译”现象很普遍

(3) Vulgate促进了拉丁语的普及；公元500年时拉丁语法也趋于稳定，Macrobius还完成希腊语和拉丁语的动词对比研究

- 第三个时期始自11世纪

综合翻译

——以西班牙Toledo城为中心的欧洲—阿拉伯文化交流盛事，对欧洲的文化开放影响很深。特别是促进了欧洲人对语法和辞章的古代语文学的关注

——中世纪时（后古典时期，Post-classical Period）关于希腊文化的翻译实际上已大大减少，基督教文学盛行

——“理论语法”（Speculative Grammar）和“中世现代语言学”（Mediaeval Modernistic Linguistics, 以发音变化、语法及逻辑为关注中心）流行

特点：(1) 欧洲盛行转译之风

(2) 拉丁语仍被奉为正宗，一切翻译均以拉丁语为依归

(3) “死译”“硬译”（词对词的翻译，即Metaphrase）与解释性翻译的并行

- 第四个时期文艺复兴时期（14—16世纪）

综合翻译

——欧洲人文主义哲学激发人们对世界的重新解释，思想交流加强，促进了翻译新潮。文艺创作蔚兴，大批人投入翻译

——文艺复兴时代重要的语法家Pierre Ramée（Petrus Ramus）从事法语、拉丁语与希腊语的比较语法研究，成为结构主义的先驱。罗曼语与拉丁语的比较研究也很有起色。历史比较语言学兴起

特点：(1) 提倡古典的翻译文风与提倡通俗文风的并行，开始重视多样性
(2) 民族语言的翻译取拉丁语而代之成了主流
(3) 题材十分广泛，而以文、哲、艺、史为主体
(4) 开始关注与读者对话，如在英国，很重视译者为读者而作的“前言”“后记”之类的自我介绍与译者剖白

• 第五个时期文艺复兴后期（17世纪末至20世纪上半期）

综合翻译

——西方工业迅速发展、重商主义全盛、殖民主义在全世界扩展等历史发展导致政治版图的重构，新型强国崛起，强权文化兴盛，促进了西方翻译业的发展，同时东西方翻译也呈交流之势
——第一次世界大战以后，出现了现代主义思潮，对西方传统持批判态度；随之而来的是后现代思潮，主张颠覆西方传统及传统文化
——翻译突破了原有的传统领地（宗教、文学、哲学），向各个学术及行业领域扩展，跨国翻译群体开始形成
——20世纪初语言学中以索绪尔为代表的结构主义的出现。提出了语言的符号性和共时性，心理学中的结构主义提出了完形理论及感知场概念

特点：(1) 出现了一批颇有卓识的理论家，如德莱登、坎贝尔、泰特勒、荷尔德林等；开始有翻译专论出版
(2) 传统语文学和历史比较语言学开始让位于现代语言学
(3) 20世纪中期西方翻译思想有重大发展，翻译的“交流概念”有取“模仿概念”而代之之势
(4) 17世纪下半期有论者提出“流畅”（“fluency”J. Denham, 1656）作为外译英的规范，影响以迄于今（Dryden, 1962; Steiner, 1975; Grove, 1984），即所谓“domestication”（翻译的归化论）

• 第六个时期20世纪中期以迄于今

综合翻译

——“二战”后西方在三论（控制论、信息论、系统论）带动下，知识世界和经验世界大大扩展、社会文化交流大大扩展，使翻译获得了无限生机
——后现代“五反”思潮（Lemon, 2003）泛滥
——现代语言学、符号学、释义学、传播学和认知科学使翻译理论的描写论证手段大大丰富了，也使翻译理论有可能调整自己

特点：(1) 战后西方翻译逐渐形成美、英、法、德、西班牙五个“翻译次版图”及相应的“译论次版图”；其中英、美翻译界的整合性较明显，因有共同的Anglo-American literary culture（Venuti, 1995）为依托
(2) 翻译受到战后西方思潮很大的影响，尤以后现代文论对翻译的影响最明显，很多西方译论家都是比较文学研究者
(3) “交流概念”盛行；重视译语文本的文化性、行文的透明性（transparency）及交流的有效性，致使SL意义的重要性明显边缘化；归化论（尤以美国为然）流行。

图3—4 西方翻译发展沿革：分期与模式

法比照中析出、辨识、判定 SL 意义；

（4）西方语言（尤其是印欧语）之间大抵可以凭借**文化渊源、文化底蕴的同一性或相似性**析出、辨识、判定 SL 意义；

（5）西方语言（尤其是印欧语）之间大抵可以凭借同一语系对同一词语的翻译在跨语言文化转换中的**先例或经典定式**来决定 SL 意义。

在西方，关于意义获得与校正的语言学、语言哲学和释义学研究（hermeneutic studies）历史已很悠久，翻译学可以驾轻就熟地加以利用，不必另搞一套。而汉语则不然，汉语语言学的意义理论底子很薄，汉语传统语言的意义研究集中于文字学、训诂学，跨语言文化意义探索也不在现代汉语语言学的研究范围之内。这样就给中国翻译学留下了一些包袱很重的研究课题。意义理论（以及与此有关的文本理解理论）的开发和系统构建也就成了中国翻译理论的特点之一；译文操控中"交流概念"与"模仿概念"较劲是由于"交流概念"的优势不易显现出来。

三、与西方翻译比较，中国翻译从一开始就依附于中国传统哲学—美学思想

具体表现为：中国翻译始于佛经经书的汉译，这在中国是"开天辟地之业"，而且梵文佛经"玄意幽远"，其时中国没有语言—意义的结构工具，译人深感需要"依圣人之言以明本"，就是说要依靠**中国传统哲学的认识论**来看佛经翻译问题。支谦《法句经序》中的下面一段话实际上正是借孔子、老子的观点来回答"翻译是怎么一回事"的问题：

> 将炎虽善天竺语，未备晓汉。其所传言，或得胡语，或以义出音，近于质直。（这怎么能叫作翻译呢？）仆初嫌其辞不雅。维祇难曰："佛言依其义不用饰，取其法不以严。其传经者，当另易晓，勿失厥义，是则为善。"（只要抓住意义转换就叫作翻译）座中咸曰："老氏称'美言不信，信言不美。'（老子说的就是依据）仲尼亦云：'书不尽言，言不尽意。'明圣人意深邃无极。（孔子说的也是依据）今传胡义，实宜径达。"是以自偈受译人口，因循本旨，不加文饰。（因此，翻译就应当这么做）译所不解，则阙不传，故有脱失，多不出者（否则如此这

般的后果，实难避免）。

释道安也是引圣贤书来证明自己对翻译的认识（见《鞞婆沙序》），文中提到的“文质”是孔子提出的命题：[15]

> 赵郎谓译人曰：“《尔雅》有《释古》《释言》者，明古今不同也，昔来出经者，多嫌胡言方质，而改适今俗，此政所不取也。何者？传胡为秦，以不闲方言，求识辞趣耳，何嫌文质？文质是时，幸勿易之。经之巧质，有自来矣；唯传事不尽，乃译人之咎耳。”众咸称善，斯真实言也。遂案本而传，不令有损言游字；时改倒句，余尽实录也。

我们既要将这些论述看作当时的翻译价值论，又要将它们看作翻译的本体论、认识论，因为在中国，古人通常是通过价值来认识事物的本质、原本、原质。宋代的唯物主义哲学家张载说“凡可状皆有也，凡有皆象也，凡象皆气也”（《正蒙・乾称》），“可状”（“可以加以描写的”存在）就是一种价值。

按照古人的逻辑，顺着认识论就可以引出价值论，集中于“文”与“质”这个儒家的哲学命题。翻译界展开两派之争。支谦和道安是主张质的，僧肇主张“质而不野”，罗什则反对“言过质”。慧远是中国译经方面相当重要的一位理论家，他认为“以文应质，则疑者众，以质应文，则悦者寡”（《大智论钞序》），主张“依实去华，务存其本”，也就是保证“质”的前提下的“文”（《三法度序》），符合墨子的观点。慧远是玄奘“圆满调和论”以前的折中派重要代表。清末以还的马建忠、严复、伍光建（1866—1943）、陈西滢、曾虚白、林语堂、朱光潜、傅雷、钱锺书等译论家都是将中国传统美学中的命题“文与质”“神与形”“虚与实”“雅与俗”以及意境、意象、风骨、变通等移花接木于译论。

综上所论，我们可以将中国和欧洲（西方）翻译在发展沿革及模式方面的特点作一对比：

表3—2

	中国翻译	西方（欧洲）翻译
地缘特征	大陆腹地型⇨跨大陆型	开放性海洋型⇨跨大陆型
翻译题材及范围	综合翻译起步较晚（19世纪末）	基本上以综合翻译纵贯各个时期（始于第一个时期）
支援科学或学科	哲学与美学；现代语言学介入较晚	语文学—现代语言学；后现代文论；释义学；符号学
翻译思想	始终十分关注双语的意义转换；“模仿概念”与“交流概念”并存，形成“圆满调和”的主流	更加关注TL的表现形式和效果，意义被边缘化；“交流概念”占上风
翻译所涉及的语文特征	始终是跨语系转换；SL比较复杂，至明代才趋于多语转换的综合性跨语系翻译	主要在印欧语系中转换，有“家族相似”（同源）的有利条件；跨语系转换是次要的

据此，从发展沿革和发展轨迹（模式）来看，我们可以说中国翻译和欧洲（西方）翻译各有特色，不存在孰优孰劣的问题。坚持了这一点，也就坚持了应有的、实事求是的唯物史观，有助于我们摒弃“重洋轻中”或“扬西抑中”的学术偏见和偏颇态度。这方面还非常值得深入研究，从中获得教益。

3.5 中国语言文字自成体系

中国翻译理论的价值诉求可以说源于一个基本事实：中国语言文字体系在世界上独一无二，自成体系。**汉语的独特性**（uniqueness）曾经使文艺复兴时代的欧洲人（早在15世纪50年代，即明代中期）惊叹不已，更使19世纪德国的哲学家洪堡（W. Humboldt, 1767–1835）印象很深，他写道：[16]

> Among all known languages the most violent contrast obtains between Chinese and Sanskrit, since the former consigns all grammatical forms of the language to the work of the mind whereas the latter seeks to incorporate it, even to the finest shadings, in the sound. Thus the difference of the two languages obviously lies in defective, and visibly luminous, designation. Apart from the use of a few particles, which as will be seen below, it is again largely able to dispense with. Chinese marks all grammar forms, in the widest sense, by position, by a word-usage just fixed in one specific form, and by the connection of the sense—by means, that is, whose application calls for inner effort. Sanskrit, on the other hand, puts into the sound itself, not only the sense of the grammatical form, but also its more intellectual aspect, its relationship to material meaning.

Robins 在其所著《世界语言学简史》(第四版，1997）中提到汉语与欧洲所有的印欧语言之间的“salient differences”(显著差异)，它们是：前者不具有 morphological paradigms（词的层析式形态变化)、基本语法结构（essential grammatical structure）二者殊异（汉语属于分析型 analytic)、具有起语法作用的虚词、独特的汉语音位思维（Chinese phonolgical thinking）以及独特的书写系统（Robins, 1997: 121–123）等等。[17] 欧洲人写的第一部汉语语法（出版于 1727 年，作者是 J. H. De Premare, 1893 年还在香港重版发行）也提到汉语的这些特点，Robins 就该书的论述评论说：

> In their（指 Premare 等人著作）more or less simultaneous appearance on European linguistic maps *the extreme isolating or analytic grammatical structure of Chinese* and the extreme incorporational structure of several American-Indian languages served to stretch the linguistic experience of Europeans far beyond what the classical and mediaeval world had given them.

西方语言学家的观察基本上是对的，但就语言结构而言，汉语最深层的独特性其实只有一个：**意念主轴**，其他都是“派生的”(derived)，当然“派生性特征”也很重要（例如音位思维、形象性、表现性）。有趣的是，汉语意念主轴这个深层论断都是从它的派生性特征——文字书写系统衍化出来的。汉语文字系统正是汉语意念主轴的表征——思维外化符号的秩序化（语法化）：汉字的功能是提供思维特征的“可追溯性”（retracibility）的符号学论据，我们可以根据汉字追溯到远古中国人的思维方式与特征，印欧语就不具备这种“可追溯性”。下面是当代中国学者葛兆光的解释：[18]

> 通常，较为理性化的、完整的、表述充分的句法应当句式规范、结构完备，但研究者却说明，在甲骨文中有很多与现代语言相当不同的句式，其中如：
>
> **主谓颠倒**。例如：“受年商”（商受年），“今出羌”（羌今出），“钔（御，祭名）王于上甲”（王钔于上甲）。
>
> 使动、意动句无明显标志。如“归在川人”（使在川之人归来），“帝弗冬（终）兹邑”（帝难道不使兹邑长久）。
>
> **可割裂性**。如“士奚大乙卅”（“奚卅”是宾语的一个词，但被“大乙”隔开），“其又羗妣庚三人”（“羗三人”一个词组被“妣庚”隔开），“十伐士五”（即“伐十士五”）。
>
> 在后来的汉语尤其是书面文字中，语法关系也常常不那么严格和细密，表达者常常省略或颠倒，而阅读者也总能“以意逆志”，这是否反映了古代中国思维世界的感觉主义倾向？因为汉字象形性的长期延续，它的独立呈意性使它在任何场合，均无须严密的句法即可表现意义，故而句法的规定性，约束性相对比较松散，这就使得古代中国思维世界似乎不那么注意“逻辑”“次序”和“规则”。（**就是我们在上面说的意念主轴**）语言本身是思维的产物，也是思维运作的符号，如何表达与如何理解，本来需要有一种共同认可的规则，但是，当文字的图像意味依然比较浓厚，文字的独立表意功能依然比较明显时，就可以省略一些句法的规定和补充，凭着话语发出者和接受者的共同文化习惯，他们能够表述和理解很复杂的意义（就是Robins所说的音位思维）。

意念主轴使汉语句法获得了充足的**自由度**，世上其他语言未有能及之者。汉语句子（句段）的结构（关系）往往需要凭借用**语义结构**（关系）尤其是**意义审美**来定夺。下面是一个著名的例子，出自《老子》第七十一章：

知不知上，不知而病。夫唯病病，是以不病，圣人不病；以其病病，是以不病。[意译：有真知者，以众人之知为无知，是知之上也；以众人之不知为知，乃知之病也。众人之“智慧”“有大伪”《十八章》，故曰病也。人唯以病为病，始无病焉，圣人如之，圣人无病，以其以病为病也。]（《老子》原文无标点，标点是后人按句读加的。）

意念主轴也使意义本身获得了极大的**自由度**。汉语的字，举世无双，复合成词，可实可虚。像落拓、风流、清狂（还有“轻狂”）、缱绻、虚白（庾信：“一室之中，未免虚白”）、轻悠、飘逸等等，意思很难把握。漂泊、飘零、缥缈（渺）、飘蓬（出自杜甫诗“飘蓬逾三年”）、飘萧（出自杜甫诗“飘萧觉素发”）意思都很接近，但又有所不同，给翻译的**语义审美定夺**出了难题。有许多词自古以来解释不一，叫翻译怎么、办？白居易的诗“世途倚伏都无定，尘网牵缠卒未休”句中的“牵缠”，有人解释是“牵制”，有人根据成语定义认为是“羁留”（如“牵缠人世”，也可以说“人世牵缠”），有人说很简单，等于“纠缠”。我们信谁？汉语词的独立性很大，对语境的依赖性相对较小，陆游和唐婉的“错！错！错！”和“莫！莫！莫！”究竟是言“人诘事非”，还是说“事诘人非”，殊难定夺，但又都能言之成理。汉字的文化底蕴极深，字（词）与字（词）的合成“玄机四伏”。在这种情况下又如何把握意义的对策论“用中求义，以用取义”？因此中国译论必须着力建设有汉语参与的、有针对性的、有科学系统的、可操作的意义理论和文本解读理论，焦点在**交流语境**和**审美心理**。

除了意念主轴这个基本特征以外，汉语还具有以下由“意念主轴”派生的鲜明的特色。

一、因简单的直接对接即所谓“意合”而形成的高度简约性使意义浓缩化

意念主轴可以将概念一个接一个地串起来，犹如金缕穿珠，珠珠无隔。唐代的诗人刘长卿写诗思念友人就采取这种串珠式表现法：“白云千里万里，明月前溪后溪”，词语之间没有任何连接成分，但中国人可以意会诗人日则望白云隔千里而相思，夜则托明月照清溪以托念。复杂句也一样可以这样高度浓缩化：“山开云吐气，风愤浪生花”就是两个因果条件复杂句：“云吐气”是果，山让开了通道是因，也是前提；同样，“浪生花”是果，风愤涌则是成因（后人评“愤”字审美上欠妥。可以改为“风急”）。这类形形色色的浓缩句在汉语中很多，例如“一招鲜走遍天”是“只要你有一招鲜，你就可以走遍天”的浓缩化，“爱去不去”是“你爱去也好，不爱去也好，随你的便”的浓缩。汉语在句结构成形（sentence structuring）中只需要最低限度的虚词乃至零虚词，其所以能做到这一点，基本条件是意念的顺线性扩展所形成的意念主轴化产生的“主轴动势”（force）。现代汉语中的逆线性（约定式倒序）是常规、定式，是说汉语的人的语言直觉感应所形成的句法语感，俗称“默契”，因而不言自明。而在印欧语中，顺线性和逆线性都是常规，都是定式，因此，语流中一旦出现逆线性（例如被修饰语放在修饰语之前），就必须用一个形式装置作听觉或视觉标志，如 of, by, that, which, what 等等。这些汉语认为纯属多余，可见在汉语中人对“意”的悟性功能之强。

二、汉语具有明显的解释性和描写性

先说解释性（explanative）。解释性的对立面是符（代）码性（symbolic）。从广义来说，人类所有的语言都是自成体系的符号系统，这是语言的“家族相似”，但实际上每一种（系、族）语言的符码化程度和特征都不是等量齐观的。这是语言之间的差异，而差异是不可忽视的。汉语的符码化程度和特征有自己的特色。汉语不具备印欧语那种形态符码（inflexional symbols）系统，它将形态符码的功能统统以词汇手段代替，从而充分实现了语言的功能代偿。代偿的基本功能是解释。汉语的词汇手段可以说是无所不能的。我们称之为词汇解释手段。除此之外，汉语还有一个“绝招”：

意念手段（ideational means），就是说，什么也不要，只靠“心有灵犀一点通”——也可以说是“落花有意，流水知情”（唐 • 李颀），即说者有“意”，听者知“情”，我们称之为感知性解释手段（perceptive means）。容后再议。以下是汉英句法表现手段对比。

表3—3

英语：形态手段 **Inflexional**	汉语：代偿手段之一 **Lexical** 词汇	汉语：代偿手段之二 **Perceptive** 感知
Gender（性）	• 他、她、它（牠） • 他们、她们、它（牠）们	• 凭语流中的语境领悟
Number（数）	• 们、各、诸、群、类，等等 • 若干、有些、许多、诸多，等等	• 凭语流中的语境领悟 • 可以隐含不表
Case（格）	• 主宾格同一形式； • 所有格一律加“的”	• 凭语序（S)OV/ OV 领悟宾格；S 可以隐含不表 • 所有格常常要用“的”表示
Voice（语态）	• 被、受、遭、遇、挨、给；蒙受、遭到、加以，等等 • （受事）是（施事）……的 • （VO 动受）的是（施事）	• 被动隐含时，凭语流中的语境领悟 • 此时（S）VO/ VO 语序极重要
Mood（语气）	• 如、若、倘若、假若；要是、若是，等等 • 原本、本应、本该、理应；原可、本可、原该、本该，等等	• 凭直觉经验中的逻辑判断非真实条件，即可领悟
Degree（级）	• 较（比较、较为）；最（最为）、顶	• 凭表述式或语境把握等级
Affixation（引起词性变化的词缀）	• 的、地、性、化、度； • 作用、现象、意识、效应等大批解释性范畴词（开放系统）	• 凭语流中的语境领悟 • 凭词汇表述把握词性
Inflexion Symbols	Lexical Explanations	

上表中所说的“代偿手段之一”加“代偿手段之二”就是维根斯坦所说的“用”（use）在汉语中的特征。

19世纪的语言优越论者曾经多次断言不具备屈折式形态变化体系的语言（如汉语）是“低级的”，而具备屈折式形态变化体系的语言（如印欧语）则是“高级的”，前者难以与后者抗衡。现在这类断言已经过了一百年，汉语不仅可以与世界上一切自认为“优越”的语言抗衡，而且伴随日益广泛的“用”，汉语正日趋完善、日趋有效、日趋精美。语言的生命力在“用”，这正是维根斯坦揭示的**简单真理**。从有效的“用”这个基本功能上看，人类一切使用中的语言都是优越的，差别只在于**各有千秋**。

下面再谈汉语的描写性。“描写性”也是相对的，因为人类一切语言都是对话语经验（speech experience）的描写。我们这里所关注的是汉语句法结构形态（或类型）所生成的汉语句子的特定描写属性，是一种唯汉语独有的描写性：主体隐含式、主客体并存式、客体呈现主体隐含式。请先看例句。

（a_1）想清楚再来。（VC再V，“再”是副词，主语S“你”省略）：主体隐含式

（a_2）农业生产形势喜人。（SVO，“喜”成了“使动词”，vt）：**客体呈现+主体隐含式**

（a_3）一顾倾人城，再顾倾人国。（SVO，ASVO）：主客体皆隐含式

（a_4）明月照人来。（SVOC）：**客体呈现+主体隐含式**

（b_1）今年大选（T）有好戏看（R）。（TR）：**客体呈现+主体隐含式**

（b_2）吃不了（T）兜着走（R）。（TR）：主客体皆隐含式

（b_3）云（T）想衣裳（R）花（T）想容（R）。（TR+TR）：**客体呈现+主体隐含式**

（b_4）古今情场（T）问谁个真心到底？（洪昇）（R）（TR）：**客体呈现+主体隐含式**

看来汉语的**描写叙事对策**（Narrative Strategy），重在凸显客体，让它来当主题，而将施事主体“退居幕后”，这是一大特点，即所谓“客体呈现+

主体隐含式”，在以上八句中占了五句，这种对策的形成机制主要是**审美考量**。以上例句（a_1）到（a_4）不足为奇，都是一些常规的结构。但例句（b_1）到（b_4）就不一样了。（b_1）的主语似乎应该是“看”的逻辑施事“人”，但在句中又是“今年大选”处在主位，这是怎么回事？（b_2）中“吃”与“兜”的主语（逻辑施事）是什么？是无主句吗？（b_3）中“云”与“花”的动词是“想”，但“云”与“花”怎么能“想”呢？（b_4）中“问”的主语（逻辑施事）应该只能是发问的那个人，“古今情场”能发问吗？ 刘勰解释这个审美悖论时说：“义欲婉而正，辞欲隐而显”（《文心雕龙·谐隐》），道理就在“‘欲抱琵琶半遮面’，隐中犹有美人香，看官请自细思量”了！

例句（b_1）到（b_4）的共同特点是：句中有明明白白的谓词，也有明明白白的主位词，但主位词却与谓词了无关系，那个有关系的施事却躲在了幕后隐而不露。这个现象被指责汉语的人扣上两顶互相矛盾的帽子：一则曰汉语太不注重说话者（即主体），总是把它排挤在话语之外；二则曰汉语太注重说话者（即主体），总是让它在幕后操纵话语。其实，这两种指责都没有道理。从汉语语法本位来看，这类句子正好说明了汉语句法结构一个极有“个性”的特色：**话题化**。（b_1）到（b_4）句中（T）以前的部分叫作“话题”（topic or theme），（R）以前的部分叫作“述题”（rheme or comment），（b）类句是TR句，或“话题句”。“话题”具有各式各样的描写功能，这是由于“话题句”不同于“主谓句”（SV），主谓句中“S”与“V”有严格的关系规范，即“V”必须是“S”的行为或状态；在形态语言中“S”与“V”还必须在人称上取得一致，叫作Concord（人称与数的一致，如在“第三人称、单数、现在时”中，动词必须加“S”）。这种关系规范就叫作规定性。

但是话题句就不存在这种规定性（在汉语中即不存在上述两条的“死规定”）：话题句中的“R”都是对“T”的“述”，包括描述、陈述、述说，统称为description，“**述**”是很自由、很潇洒、很豪放（苏东坡）、不拘一格的**审美表现方式**，述题的基本功能正是对话题的种种描写。据统计，现代汉语有60%以上的句子是各种话题句。汉语历来被认为是一种流洒疏放的语言，究其原委，话题句与主谓句的掺和搭配，在定式中又有不定之式，正是它具有这种特色的基本原因之一。这大概就是苏轼所说的“**寓新意于法**

度之中，寄妙理于豪放之外”(《苏轼文集》，卷七十)。

不妨认为，**汉语因“话题化”**而多彩化，正是对**英语因“主谓化”**而凝滞化的最精彩的对比性审美解构。

三、审美感性与语言感性的完善“嵌合”

中国人从来不认为语言只是简单的音—义符号，它必然含蕴着美、沁润着美，只要看看中国的书法，听听汉字的平仄四声，就知道中国人在语言里富集了多少审美信息。汉语是一种具有特殊的美感素质的语言。汉语的美感素质表现首先是音。在汉语中，“音”是重要的审美手段，“音”的运筹服从于传达主体感知的“诗性表述”（E. Pound, 1948）。汉语的元音占优势，元音优势使汉语以音出时抑扬顿挫，悦耳动听。

汉语特殊的音美素质的基本成因之一是**声调系统**。汉语声调系统是一个复杂的、精微的、可以凭借声调的变化来承载意义或情态（情绪、情愫、心态）的规范化语音符号系统，为汉语所独有。按文献记载，声调始于魏晋六朝，即公元5世纪时，至唐代这个系统已趋于大定，成为汉语审美异质性机制而与语言感性（意义的直觉感应）两相结合，使说汉语的人的语义直觉表现具有审美（声韵美）的基本要求，而不是什么单纯的形式运筹（如印欧语中的形态变化）。

汉语的声调与语义的关系很紧密，尤其是在古汉语中。现代汉语复音词大量增多，使汉语的审美异质性机制还有一个复音化问题，即单音字之变为复合词。复合词有连音变化，这里不谈。

声调指一个字的pitch（音高）的高、低，它的实际称呼叫调值，即所谓上、去、入（北方音大多无入声），也称为“调型”（Contour tones），调型的审美奥秘在于两个要素：一是起伏时间；二是起伏方向（冯胜利，2005: 86-87）。现代汉语其所以要以北方音（普通话）为标准，是因为北京语音声调有一个很大的特点，即调型的“调值”（上述两个审美要素的量化）有明显的区分：一平、二升、三曲、四降，不容混同，才能准确载义。

汉语声调蕴含的意义非常微妙，前人（载《康熙字典》）有一个以声表义的要诀云：

平声平道莫低昂，上声高呼猛烈强，
去声分明哀远道，入声短促急收藏。

可以说所有以汉语作母语的人都能体会、领悟和运用以平声表沉缓之义，以上声表高亢之义，以去声表急促之义，以入声表哀远之义，汉外翻译的音义运筹也正是在这个“方寸之地”惨淡经营。

至关紧要的是要使我们的语言感应与审美感应**两相嵌合**（Incorporation，就是上文所述 Walden, 1910，和英国韦尔科姆基金会等机构的研究，所揭示的道理，见前注），尤其是在文学翻译中。如果顾此失彼（顾辞藻而失审美），偏离汉语特色就一定会影响效果。汉语的语音审美还涉及复合音、音节、轻重音、音变、语调、一义多音、多义一音和多义多音以及音律、韵律、行文节奏等等问题，都是我们在翻译中应该注意的。关键的问题是要让我们的语言机制与审美机制融洽调和，让语言经验在审美经验的配合、调节下尽显其能，使二者相得益彰，避免魏晋才学大师们所说的“拙于意（意象、意境）则必拙于辞（辞藻、辞致）”的尴尬处境或结局。 试细读以下引号内的翻译（均取自己出版的译文）及经修改的部分：

- the little wrinkled pink face ⇨“那小小的起皱的粉红脸孔”⇨ 那张粉红色的小皱皮脸（“小皱皮脸”：审美考量）
- and I fell into an exhausted sleep ⇨“于是乎我进入疲惫的睡眠状态”⇨ 于是，在精疲力竭中，我堕入了梦乡（句式及“堕入梦乡”：审美考量）
- of such pitifully small things life is apart to be made ⇨ “人生常是由这种可叹的些微小事组成的啊！”⇨ 琐屑不就是人生吗？（句式：审美考量）
- So little happens; the black dog cracking his flees in the hot sun is history ⇨“很少发生什么新鲜事；黑狗在烈日下咬跳蚤就算是历史事件”⇨ 诸事平和——黑狗在烈日下啃身上的跳蚤大概算得上历史事件了（句式：审美和逻辑考量）

- I, too late, under her solemn fillet saw the scorn ⇨ "已经太晚了，当我在她庄严的发带下看见她轻蔑的表情" ⇨ 在她那端庄的发带下，我见到的是一脸轻蔑——可惜为时已晚（节奏调整：审美考量）

语言审美考量在英语和汉语中是各有千秋的：英语首先考虑的是**符合语法**，将语法规模性视为审美态度之始，其次是所谓 CBS（清晰 clarity，简约 brevity，真实 sincerity）原则，重语法化和逻辑化。[19] 现代汉语首先考虑的是符合约定性，即语用的社会性约定俗成，其次是约定俗成规管下的音形义三维和谐感、和合前提下的错落感、变奏感，总之汉语显然更重感性。汉语崇尚约定与和谐保证下的欣畅流洒和清幽隽美。汉语舍弃了严格的形态—形式框囿，因而视社会约定性为语言审美的基本考量；同时又容许基本考量下的个人变通、个性特色，重规范化和审美化。比较而言，中国人对语言上标新立异的"容忍度"(tolerance)是比较有限的，在这一点上，英语（尤其是美国英语）胜于汉语。

对汉语语言感应与审美感应两相嵌合的自觉性之高低可以直接影响到译文操控的质量。以下两例中例一是只顾审美或刻意求美，招致语言之"unperceptible"（碍难接受）；例二是只顾表意或穷于表意，招致审美之"unperceptible"：

［例一］

不宁唯是，这种从人文思入社会的诉求，还同国际学界的发展不期相合。擅长把捉非确定性问题的哲学，看来有点走出自我囿闭的低潮，而这又跟它把焦点对准了社会不无关系。现行通则的加速崩解和相互证伪，使得就算今后仍有普适的基准可言，也要有待于更加透辟的思力，正是在文明的此一根基处，批判的事业又有了用武之地。由此就决定了，尽管同在关注世俗的事务与规则，但跟既定框架内的策论不同，真正体现出人文关怀的社会学说，绝不会是医学医脚式的小修小补，而必须以激进亢奋的姿态，去怀疑、颠覆和重估全部的价值预设。有意思的是，也许再没有哪个时代，会有这么多书生想要焕发制度智慧，这既凸显了文明的深层危机，又表达了超越的不竭潜力。

（文中着重点为笔者所加）

（出版日期:2003. 3，上海）

［例二］

……

工业革命以来的社会自然不得不比以往更为频繁地发明、建立或发展有关此种惯例或常规的新网络。当变为习惯、自动程序甚至下意识反应时，它们运行得最好，为此它们需要恒定性，而这可能妨碍获得另一种必要的实践，即处理不可预测或不寻常的偶然事件的能力。这是常规化或科层化（bureaucratization）的一个广为人知的弱点，特别是在低级层面，在那里恒定不变的行为通常被认为是最有效的。（引文中的那个英语词的意思很明白：官僚化）

（出版日期:2004. 3，北京）

［例一］是刻意（见加着重点处）求美，古人称为"浮靡夸饰"；［例二］适得其反，是疏于审美，古人称为"文芜意滞"。以上两类引文都从根本上违背了汉语话语的生成—交流机制：在汉语中，审美可感性与语言可感性永远是两相嵌合的。这是汉语语言游戏（包括翻译）的基本游戏规则。

根据以上粗略的汉语异质性分析，我们必须通过悉心的、缜密的思考和论证、研究，努力建设凸显中国翻译理论的价值诉求，目前有以下七个方面的研究重点，下面是一个理论研究纲要。

3.5.1 中国翻译思想研究

翻译思想的重要性就在于它对翻译实务的指导作用。

我们的首要任务是从继承与发扬的全局观点出发，审视并总结中国翻译史上各个时期的翻译思想，深入地分析其得失，以及对后世的影响。在总结历史的基础上，按翻译本身的规律，推出符合今次中国社会文化转型、中国发展战略和民族复兴战略的翻译思想。这是一项最重要的基础研究，甚至可以说是统揽全局的基础研究。我们可以依此部署理论研究取向、事业开发重点、中西学互用方略以及实施对策。从历史上看，我们的翻译前辈始自鸠摩罗什、玄奘、徐光启，到马建忠、严复都是从文化战略高度来看待中国翻译事业，唯其高屋建瓴，始有硕果垂世。我们要加强自己的时代使命感，谨防20世纪时表现出的“小事碌碌、大事昏昏”的因循保守倾向。翻译事业跟别的事业一样，也有一个思想建设问题。在这一点上，我希望所有的翻译从业者都能够效法我们的翻译前辈，靠近我们中华民族哲人的天志情性。中华民族灾难深重，400年来难有宁和之世。时至今日仍受到居心叵测的战略包围。这方面中国与欧洲各主要国家有极大的差别。我们要“**明于大**”（《墨子·天志》上第二十六），而不要晦于小。也就是说要有一种明于民族复兴大业的文化战略眼光和胸怀。这一点，我们要学习美国科学家发展美国科学的策略论：以服务美国为基点，以统一观照全球为指针。每一个民族或国家所处的历史语境和现实语境都不尽相同，因而对翻译研究和发展的诉求也各有其独特性。我们不要跟着西方的某些同行“明于小而晦于大”。**高屋建瓴，惠己惠人**，应该是我们处事和发展事业的最高策略之一，这是中国翻译的好传统，必须发扬光大。

与此同时，我们应该认真研究西方的翻译思想，做到知己知彼。西方的译论是西方地缘、人文、历史的产物，与中国译论有“家族相似”性，也一定会有非相似性，一切有待于我们加以科学的审视。这是我们不可或缺的外位参照。

3.5.2 翻译的意义理论必须充分体现中国价值

中国翻译传统历来重视意义，这一点我们应当坚持。这就是说，不论当代西方译论如何诠释、界定、看待、处置（边缘化）语际转换中的意义问题，我们都应根据我们的本位理念、理论原则和需求辨是非、定取舍。西方语言之间广泛存在cognation（同源现象），语际转换中可以借同源优势广泛进行cognate inference（同源推论），以获得语义对应。它们之间的“形态同源”（cognation in inflexion或inflexional cognation）也便于它们根据句法相似性（syntactic familiarity）获得语句结构上的对应。再加上印欧族的文化同源和语用传统上的近似或基本趋势上的共性，西方译论对意义掣肘的解掣研究有某种程度的“松绑”是可以理解的。

汉语与西方各语系之间不存在同源优势。因此我们的意义理论应该非常重视维根斯坦所主张的“用”(use)的研究。具体而言，就是强调交流的目的、交流中的语境与交流的预期效果对语义含蕴和表现的制约，在对策论和方法论上要紧紧把握住**“代偿”**(概念意义代偿、文化意义代偿和审美功能代偿)。因此，我们的意义研究应该与决定形式的意向研究相结合，与话语结构研究相结合，十分关注话语交流形式和句法转换语用机制。在一定程度上，这也正好与当代西方的意义观不谋而合。

不应忽视的是，我国传统语言学对意义的异质性研究(训诂学)精细入微，尤其是在意与象(象形与文字)、意与思、意与笔以及语义的历史演变、语义的疏解、辨析与鉴识以及语义的人文性与互文性、语义与修辞、意义的风格审美表现论等方面，是一个大宝库，亟待整理研究、阐发论证，“释放”他们的当下意义。

做好意义研究开发工作不仅关系到中国翻译理论基本建设的科学性问题，而且攸关到翻译从业者对中国翻译理论的整体性认知，有助于有些人克服思想上轻视中国理论、偏信西方理论乃至唯西方学术马首是瞻等等认识上的偏差。我们要沉下心来认真读点中国书，充实文化自我，不负国人和时代的期盼，构建中国的翻译学派。

3.5.3 中国翻译“阅读—理解”理论具有特定的理论诉求：(RCT)图式

理解是阅读的目的，阅读是理解的途径。阅读得法，才能理解正确。阅读基本上有三个层面：第一是**意义层面**；第二是**文化层面**；第三是**审美层面**。此外，还应该加上第四个即常常被译者忽视的**逻辑层面**。在任何层面上的失误，都可能导致翻译出问题。这是“看得见的文本”阅读，很多文本还有一个(甚至几个)“看不见的文本”，也叫作**“次文本”**，就是所谓**“言外之意”**了，发掘“言外之意”也是翻译的阅读任务。请参见以下**《翻译学RCT图式》**：(“SL”表示“原语”，“TL”表示“译语”;“R”表示“阅读”，“C”表示“理解”，“T”表示“转换或翻译”；另参见《汉英互译技能技巧手册》

即《英汉翻译技能指引》的第二版）

翻译学“SL阅读（SLR）—SL理解（SLC）—TL翻译（TLT）”图式

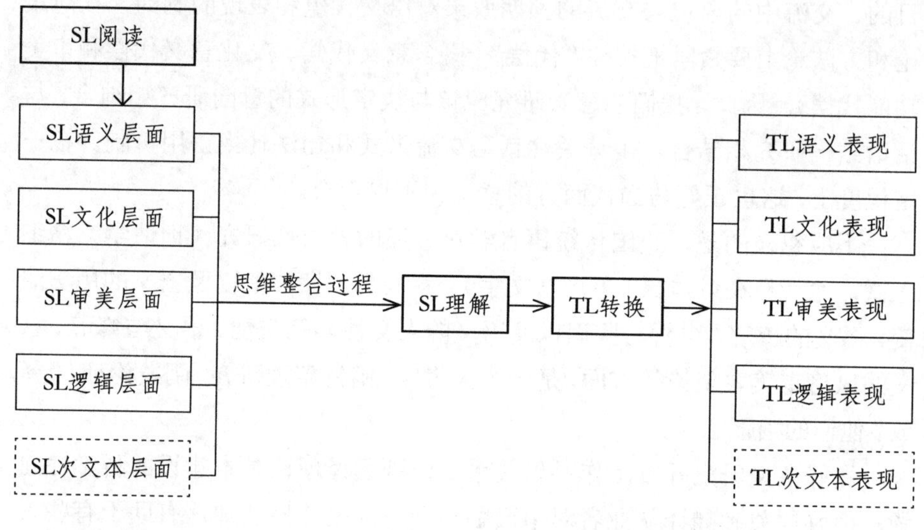

图 3-5

翻译理论中的阅读—理解理论以文本语言理解为研究对象和目标，应密切注意认知科学的指引。首先应该科学地界定翻译学中“理解”的内涵。具体而言，所谓“理解”是以句子的转换加工（sentence processing）为主要任务的认知活动（Waters and Caplan, MIT, 1999, pp. 749–750），其中包括从词语、句子到语段以及文本的**语义信息把握**、**句法解析和组合**及其**审美构成**等等，因此维根斯坦说“理解”是指向使用（use）的状态，“理解”通过对意义的“使用”分析，参与语言游戏（*Philosophical Investigations*, Prt I, §146, 58e; Prt II, §6, 182e）。他的基本观点是：理解指把握了词语在句中的用法所给出的意义，即指通过用法把握了意义，这是一层意思。维根斯坦说：

> But can't the meaning of a word that I understand fit the sense of a sentence that I understand? Or the meaning of one word fit the meaning of another?—Of course, if the meaning is the use we make of the word, it

makes no sense to speak of such "fitting". But we understand the meaning of a word when we hear or say it; we grasp it in a flash, and what we grasp in this way is surely something different from the "use" which is extended in time! (*PI*, Prt I, §138, 53e)

（但是，我所把握的某个词的意义究竟是否适合于我所理解的它在某个句中的意义呢？或者说，一个词的意义究竟是否适合于另一个词的意义呢？——当然，如果这时的意义是依据我们对这个词的用法获得的，那么说它"适合"是没有什么问题的。而当我们听到或说出一个词时，我们是在瞬息之间理解并把握了它的意义，这样，我们通过这种方式在当下所把握的意义，就有可能不同于往后通过别的"用法"所获得的意义！）

因此，阅读—理解是一个交流中的动态概念。维根斯坦指出"理解本身是一种状态，这种状态是正确使用之源"（"The understanding itself is a state which is the source of correct use." *PI*, Prt I, §146, 58e），即是说，理解源自对正确的使用的把握，这是维根斯坦的另一层意思。总之，他的基本观点是将意义与使用挂钩；同时又将阅读—理解与使用挂钩：能正确地使用一个词，也就是理解了这个词；理解了一个词必定能学会正确地使用这个词。可见**使用**始终是**关键**。翻译也是语言使用，因此维根斯坦这个基本观点适应于翻译。

就有汉语参与的翻译阅读—理解理论而言，我们在创建从句子到话语篇章的系统性阅读—理解理论中还不应忽视以下问题。

一、意念主轴与话语理解

任何语言中都既有形合（hypotaxis）、又有意合（parataxis），汉语也不例外。但汉语比较重意合（W. Humboldt, 1827），汉语不具备屈折形态（inflexional）的发生学机制，它舍弃了高度规律化的动词谓语句法范式，倚重隐含或意念的直接对接作为句法手段，只需用为数有限的虚词（结构助词）和语序来建立句法关系。上文论述过汉语的意念主轴，意合不过是意念主轴的表现形式之一。概而言之，汉语是以意念的直接延展作主轴、以有限的词语形式连接为辅佐，来建立并完成从句子到话语篇章的句法—语段关系。汉语的这种特殊形态给理解提供了什么条件？造成了什么障碍？应决定什么对策？都是非常值得我们研究的课题。

二、主体思维（模式）与话语理解

中国哲学与美学都重主体思维，儒道诸家都要求“反求诸己”，倡导自我反思型内省思维，强调“由我及物”的“万物皆备于我”（孟子），因而必须“思其在我者”（朱熹）。汉语是这种思维模式的“语言折射”。汉语中有许多没有主语的句子，“无主句”不说明不重视主语，恰恰相反，正好说明说话者（也包括听者）关注主体的思维审美经验：“我”在不言之中，中国人有意无意在强调“经验自我”，胡塞尔（E. Husserl, 1895–1938）称之为“先验的自我”（transcendental ego, 1901）。[20]“经验自我”也好，“先验自我”也好，都可能成为准确的阅读—理解的严重障碍，即“先入为主”——当然，也可能恰恰相反，成为翻译原创的不可忽视的“认知能力资源”。

因此中国翻译的理解理论必须有针对性地深入研究以下课题：

(a)“主体思维”风格和方式对翻译原创的积极意义与消极意义

(b) 汉外互译中如何**防范**“先入为主”“先‘思’夺人”式的理解？

(c) 翻译语言游戏中关于“理解”的“游戏规则”的**主客互动内涵**

(d) 翻译的“**原汁原味**”是个“理解”问题，还是个“表现”问题？如何把握？

(e) 科技翻译中的“理解必须摒除主体思维”论分析：合理性 VS 局限性

(f) 学术翻译中的理解应不应该“参以己见”（严复）？“参以己见”是“典型的主观主义”翻译态度吗？

对诸如此类的主体性、客体性探讨将大大丰富我们的话语理解理论和翻译理论。

三、“次文本”与翻译中的话语理解

是不是所有的 SL-text 都有一个或几个“次文本”（co-texts / sub-texts）?

有些人认为不尽然。提倡此说的后现代文论家 Pierre Macherey 和 Fredric Jameson 等人认为次文本指含有 Silences（缄默）和 Gaps（跳脱）或各式各样的“the Unconscious”（“潜意识”）及“the Unspoken / the Unsaid / the Unspeakable”（“不言之隐”；“不可言说者”）的文本都有次文本，它们是比文本更重要的文本。据此，译者不妨设定所有 SL-text 都有个次文本的析出、理解问题。这样做对译者审慎地、深入地理解原文有利无害。

如何表现次文本是一个很有价值的表现论课题。这个问题犹如谈话中 implicature（谈话中的隐含意义，Grice, 1957）的翻译原则：翻译还是不翻译？翻出来、不翻出来或翻不出来并没有一刀切的规范，我们只能说一切依交流情境、交流效果与交流目的而定，有些话“挑明”为上，有些话则不妨“话到嘴边留半句”，“看官且自暗思量”，此之谓“功在权变”。

除了诸如此类的具体课题以外，我们的系统性理解理论还亟须进行一项基本建设：汉外翻译中对理解的认知论证。不言而喻，在一切学科的理论中，基本理论可以说是可以“以一当百、一解百解”的关键，而基本理论的确立常常需要缜密的认知论证。

3.5.4 汉外互译审美理论

翻译审美是中国翻译理论的重要诉求。我们曾经简要谈到了翻译的音美表现问题，中国翻译理论需要建设一个翻译审美的基本理论体系，首先是要订出一个理论纲要。

第一部分 语言审美是翻译的基本功

（1）语言中的审美信息层级结构

（2）语言交流的审美原则“择善从优”（*Choose the fittest, choose the best*）

第二部分 汉语审美素质探讨

（1）汉语的感性素质问题：汉语音、形、义结合的语言生成机制和表现主义审美素质

（2）审美在汉语言语交流中的重要性：“话不投机半句多”

（3）中西语言比较的审美视角：汉语美 VS 英语美

（4）汉语审美与语言教学：事半功倍 VS 事倍功半

第三部分　中国传统美学与翻译学的历史渊源

（1）中国传统美学命题（象与意、意与言、意与思、文与质、形与神、隐与显、雅与俗、繁与简、正与反〈奇〉，以及通变、意境、意象、神思、神悟、观览、玄览等等）与翻译理解与表现的关系

（2）中国传统哲学与美学对中国翻译思想的深刻影响

（3）从翻译发展史看中国与西方的翻译与美学的关系——西方翻译为什么不向美学“靠拢”？

第四部分　西方现代美学与翻译

西方现代美学学派林立，各师各法，因此我们首先需要研究针对性和相关性，作为外位参照的原则。下列美学流派及理论似应作为重点：

（1）表现主义艺术观（克罗齐等人的美学观）与翻译

（2）移情论与翻译审美

（3）实用主义美学评论：翻译经验与艺术表现

（4）符号学美学（Symbolish Aesthetics）观与翻译（代表人物 S. Peirce, E. Cassirer 与 S. Langer 等）

（5）结构主义美学观与翻译（代表人物 Levi-Strauss, R. Jakobson 与 R. Barthes 等）

（6）维根斯坦的分析美学语言观（aesthetic approach to language）与翻译

（7）现象学美学观与翻译（代表人物 E. Husserl, R. Ingarden 与 M. Dufrenne 等）

（8）海德格尔（M. Heidegg, 1889–1976）的艺术论与翻译

（9）释义学美学观与翻译（代表人物 F. Schleiermacher, H. Gadamer 与 E. Hirsch 等）

（10）接受美学与翻译

第五部分　语言审美与翻译

（1）翻译与审美态度问题：翻译审美的目的和要求

（2）汉语审美的美学论证与认知论证：汉语审美的理论指引

（3）翻译审美意识系统探讨

（a）情（情感）

（b）直觉与审美

（c）翻译审美移情论

（d）意象、意境、意蕴与翻译风格论

（4）翻译与审美经验探讨

第六部分　翻译审美程序论和审美表现论

（1）翻译表现法的审美视角

（2）翻译审美程序论

（3）翻译的形式审美理论（模仿及原汁原味等等问题）

（4）文体（variety, functional stylistics）与审美：文体有时是指体裁、类别、样式；有时也指风格、文风，但不指“题材”（subject-matter, theme），不要混为一谈。文体的实质是形式的审美运筹：

（a）形式与意义的关系：形式的意义审美问题

（b）形式美的可译性及可译性限度

（c）形式美的综合平衡观：没有“归化与异化”那么简单！

（d）形式的文化翻译：SL 形式的可接受性（“迁移”）及 TL 形式的“变通性容限”与文化价值观

（e）形式美（形式观）的演变是否有规律可循？中国与西方的翻译发展史与形式观的演变有何关系？文化价值观是发展的，不是凝滞的

第七部分　翻译审美的价值观论

（1）翻译审美与文化心理

（2）翻译审美的若干价值论原则指引

（3）中国翻译审美范式与翻译学学科架构及学科建设问题

第八部分　翻译审美的读者接受理论

3.5.5　汉外互译的对策理论

对策论是当代西方翻译研究的“主战场”，从这里也可以看到西方翻译理论的局限性和特色。对策研究当然也是很重要的，它实际上是介乎认识论与方法论之间的一个描写研究领域：它着眼于对对象（有待解决

的问题）从理论描述到实际操作的分析，目的在于找到某种“普遍方法”（generalized method）。我们可以用下图来表示“认识论—对策论—方法论”三者的层次关系。

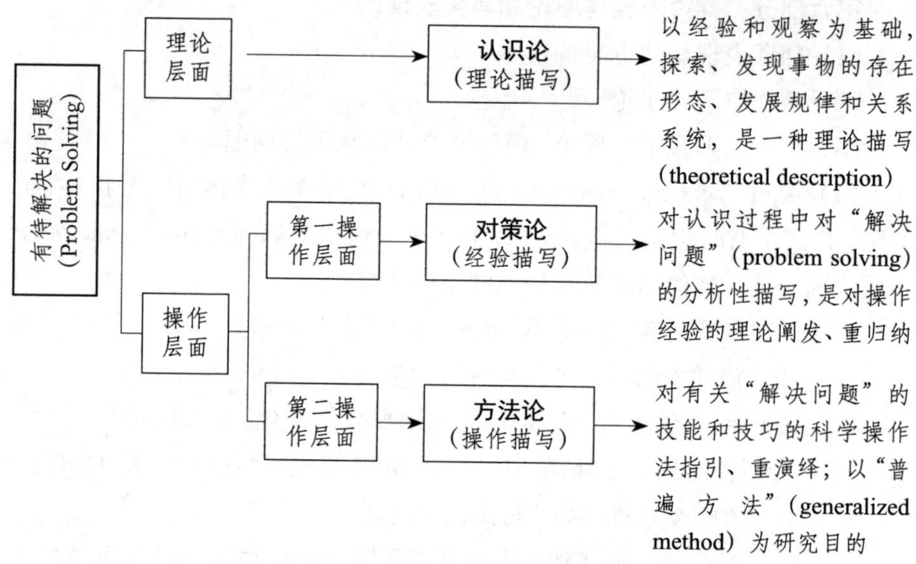

图3-6

对策论集归纳演绎于一体，它是理论与实务之间重要的中介，它是使理论的指导意义落到实处的准备阶段，有时也是连接实务的发展与不可或缺的理论指导之间必经的桥梁：正是在这时，经验显示了它无能为力的缺陷。可见对策论具有解决问题的对象性和针对性，它侧重于对矛盾的理论分析和归纳性理据搜索，同时又鲜明地指向实务，并引导学习者“运用什么理论解决什么难题”。我们可以用一个变式三角（图 3–7）来表示经验、理论、对策论和方法论等四者的关系。

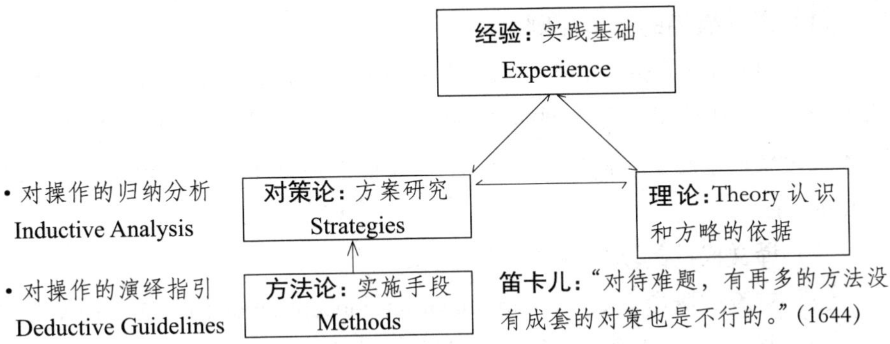

图3-7　经验、理论、对策论和方法论的关系

对策论研究高于一般操作描写（方法论），是十分重要的中介层级。由于汉语与外语差异很大，对中国翻译而言，对策论似可集中于"可译性研究"：

（1）中国译论对策论核心思想："代偿"高于"对应"，为什么？

（2）汉译外的句式论：汉语话题句的句式转换应该是对策论核心问题；

（3）汉译外的 TL 时态、TL 语态、TL 语气的判断及表现法对策研究；

（4）汉语语言美（包括意象、意境、意蕴）的转换对策研究；

（5）汉外交流中的"implicature"（谈话含义、文本或话语意蕴）与翻译对策研究；

（6）对 SL"次文本"（co-text/sub-text）的理解、解读及表现的对策研究；

（7）中国思维方式、思维风格研究与翻译问题；

（8）隐喻及其他修辞手段的汉外互译对策论；

（9）文化翻译对策论。

3.5.6　译文操控理论

如何操控译文是翻译表现论的核心课题。可以说，译者在翻译过程中的一切惨淡经营最终必然落实在译文操控上。因此，我们必须建设和发展汉外互译的译文操控理论，以免在翻译终端功亏一篑。

汉外互译译文操控的理论课题有：

（1）译文操控的基本原则

“译者自由度”和“文本制约性”之间的平衡论：后者的第一性，前者的第二性，这中间的“文本制约性”指它的“原来面目”，包括内容实质、基本体式、情感倾向。“译者的自由度”只能在上述基本特征的范围内加以充分发挥。

（2）译文操控的基本模式

（a）**交流式概念模式**（communication-conception oriented）：译文之操控明显向目的语倾斜，也就是我国译论家所倡导的“发挥译文优势”，即用预期的交流效果来调节行文，多用于文艺文体的文本语际转换；

（b）**模仿式概念模式**（imitation-conception oriented）：行文操控向原文倾斜，也就是传统译论家所谓的“按本”（SL之本），多用于典籍及法律公文文本的语际转换；

（c）**混合式概念模式**（admixture-conception oriented）：译文之操控随机而定，大体相当于“依实出华”，以“圆满调和”为文本语际转换的最高准则；

（d）**破格式概念模式**（license-conception oriented）：译文之操控完全摆脱原文文本的形式约束，与改写、重写同义，破格而为多出于对目的语效果的基本考量，大都立意于对SL形式框囿的超越，只有突破形式框囿才能释放SL的意义。

以上四种模式的操控原则都有积极的一面，也可能有消极的一面，译者要善加选择和定夺。我们的基本原则是**择善从优**。

（3）文风时尚与翻译行文的效果考量

（4）当代的翻译思想对译文操控的正面及负面影响

（5）翻译者的个人理念和翻译经验对译文操控的正面及负面影响

（6）译者的能力和语文素养对译文操控的正面及负面影响

（7）每次翻译的主体行为目的性对译文操控的正面及负面影响

（8）每一个具体的原文文本的文体特征、风格特征及可译性的整体评估对译文操控的正面及负面影响

显然，对以上八个方面应该有一个综合考量，使之产生“综合效应”：

择善从优。译者不应只守住其中任何一个单项，不顾其他。同样，在理论上强调任何其中一个单项而忽视其他也都不妥当，这样难免在实务层面产生偏差。翻译史上不乏这方面的反面事例。英国17世纪知名的翻译家考利（A. Cowley, 1618–1667）认为译文操控取决于他个人的理念，其他一切都不必考虑，结果考利译的Pindar（古希腊作家）的作品至今被认为不是为世人留下Pindar的声音，而是考利为自己留下的一桩“败绩”，而且有损于世人对翻译的信任，也损及他个人苦心经营的翻译业绩。

中国人历来重视辞章之学，我们要继承这个传统并使之现代化、多维化、语际化。中国译论中的表现法论及译文操控论应有以下有关功能代偿的理论课题：

（1）对词汇表意与形态表意进行操作掌控上的条理化描写；

（2）对动态表现与静态表现进行操作掌控上的条理化描写；

（3）对形合与意合进行操作掌控上的条理化描写；

（4）汉语流水句与组接句的外译问题；

（5）对模仿与“原汁原味”（“原汁原味”的理据与质疑）进行操作掌控上的条理化描写；

（6）论译语取向（TL orientation）与原语取向（SL orientation）对上述四种概念模式的辩证关系进行得失和操作掌控上的条理化描写；

（7）对种种翻译变体问题进行操作掌控上的条理化描写。

以上若干项目也属于对策研究，表现法论其实就是表现策略研究，自不待言。

3.5.7 审美效果理论（接受理论）

首先是提高认识的问题。中国译者大都知道“文章千古事，得失寸心知”，但常常不自觉地将译作只看作“寸心知”，很少提到“千古事”的高度来看效果。其实翻译既然是社会行为，就应该既达到译者本人的预期效果（哪怕只是“寸心知”！），也应该看到并达到尽可能大的社会效果（八方共济的“千古事”！）。

效果研究有两大领域：第一个领域是充分地**了解——引导读者**；第二

个领域是充分地**调整——改进自我**。

中国翻译理论界亟须研究的效果理论课题有：

（1）对象研究即对翻译的“四大群体”（译者、作者、读者、出版者）**的研究**

这是对对象的基础研究，包括：

（a）历史描写

（b）当下描写：

对四大翻译群体的规模、结构、特点、需求等方面的概括描写。

（2）话语效果研究即对译文的接受研究

话语研究的目的是要提升翻译语言的传播效果，即顺应接受者的接受习惯、接受心理和“接受价值”（reception values）。由于东西方的文化历史、人文环境和意识形态的差异，同样一个陈述在中国人看来是正面的（positive），在西方人看来恰恰可能是消极的甚至是负面的。话语效果研究中要分清“绝对冗余”与“效果冗余”，因为汉语中这两种冗余常被混淆，影响翻译效果。有些话在中国人听来是“效果冗余”，在西方人听来是“绝对冗余”，等于“废话”。

（3）审美情境研究

严格地说，大多数交流情景是审美情景，要求审美判断和审美定夺。语言在特定审美情境中的有选择的“用”决定意义，这是维根斯坦审美意义观的核心思想。因此，我们想要传达什么意义，就一定要研究寄寓、限定及含蕴意义的审美情境。否则，被传播的信息就不会达到预期的效果——这时的效果正是审美效果。

效果论的情境研究也与中国人或西方人在思维方式、思维风格等方面的差异很有关系。因此，在我看来，效果、情境、话语、对象和思维方式与风格都是紧密连接的美学问题，而不仅仅是个语言结构式的问题。我们的翻译理论要在不同层面进行这种整体性思维和多维研究，才能真正体现中国翻译理论的价值诉求。

（4）方法研究

预期效果来自科学方法。当今世界，未闻方法不对头而效果奇佳者。

回顾20世纪，我认为我们最大的缺失是一个准确的**自我定位**，从而对自我认识、自我评估时而偏高、时而偏低，与翻译学广泛的综合性、交叉性形成极大反差。我们很多人还没有认识到：**翻译学属于美学**，不是任何其他学科的附庸。这个缺失也包括西方翻译界在内。西方翻译界经常在呼唤翻译学的"自主性"（"autonomy", Venuti,1995: 2000），却同时自闭在语言学、后现代文论等学科"固着在因袭的小版图"（"Cohered to the small atlas of convention"）内兜兜转转，自叹孤军作战（Steiner, 1975），又听不到左、右友军（如认知科学、传播学、当代社会学、实验心理学、统计学等等）前进的步伐声。多少世代以来我们只守着并不完整的传统的概念论证手段，很少诉诸当代应用社会学方法，如问卷法、抽样法、个案法、实验方法等等。翻译是一种语言游戏，源于"生活的形式"（Wittgenstein, 1953），我们不仅要研究语言，**更要研究美学**，更要研究生活，尤其是现代、当代社会生活，而不仅仅是抱住语言学不放，又自闭于那种同行小书斋、自囿于"庭院深深深几许"的研究院的孤芳自赏中。

中国翻译理论之建设离不开多维的、综合的"**比较法**"，包括语言比较、文化历史比较、思维方式与风格比较，这些比较都涉及深入的社会历史比较、文化传统比较、审美价值观比较等等；综合比较还包括历时比较和共时比较，只有在比较中才能找出差异，在比较中显出我们的理论价值诉求。我可以肯定，否认或反对"中国价值"的人都是疏于比较或拒绝比较，而且大概都只是浮光掠影地了解了西方，就疏于或拒绝了解深刻多面的中国，只看到西方有"瑰宝"，不承认祖国有"家珍"。这就更有作深入系统的比较研究的必要了。比较研究还有一个"副产品"：经过比较，找到差异就会激发探究心理、激励探索精神，就会产生与比较对象进行深入对话的兴趣，要求中西方实现"对话"，通过理论和思想的"对话"（包括批评和自我批评），求得中西方理论的整合——这中间，既有我学你，也有你学我，在对话互学中共创译学大业，圆翻译学千年之梦！

〔注释〕

①参见汤一介著《国学举要》（佛卷），武汉：湖北教育出版社 2002 年版，第

93 页。

②参见樊树志著《国史概要》，香港：三联书店 2003 年版，第 382 页。

③见①汤一介上著，第 176—177 页。

④参见葛兆光著《中国思想史》，第一卷，上海：复旦大学出版社 2001 年版，第 129 页。

⑤《易传》："子曰：'书不尽言，言不尽意，然则圣人之意，其不视乎？'子曰：'圣人立象以尽意，设卦以尽情伪，系辞以尽其言'"，见《周易·系辞上》。

⑥见①汤一介上著，第 407—408 页。

⑦根据路透社 2002 年 7 月 18 日的科技资讯报道。

⑧见①汤一介上著，第 394 页。

⑨见④葛兆光上著，第 427 页。

⑩见①汤一介上著，第 404 页。

⑪见④葛兆光上著，第 372 页。

⑫见②樊树志上著，第 405 页。

⑬以下论述供参考：

万历新政是从政治改革入手的，政治改革取得一定成效后，转入经济改革，要面对长期积累下来的国匮民穷的老大难问题，非大动干戈不可。由于困难由来已久，嘉靖、隆庆年间国库年年亏空。为了摆脱困境，张居正理财思想的宗旨在于开源节流双管齐下，他从桑弘羊"民不益赋而天下用饶"的原则出发，提出"不加赋而上用足"的方针，具体化为"惩贪污以足民"，"理逋负以足国"，即整治贪污与欠税两大漏洞来增加财政收入。与此同时，经济改革又从以下三个方面展开。

第一，抑制国家财政和宫廷财政的支出，包括削减宫廷织造项目，节约宫廷节庆与宴会开支，抑制大规模工程，削减南京官编制等。

第二，强化对于边镇的钱粮与屯田的管理，以减轻边镇军饷日趋增大的财政压力。

第三，强化户部的财政事务管理能力，对征收赋税的簿册进行大规模整理，进行边饷的实态调查，制定边饷政策，加强地方政府对户部的财政状况报告，使户部能在把握全国财政状况基础上运营财政。

经济方面最重大的改革是清丈田粮，推广一条鞭法。

引自②樊树志上著，第 412 页。

⑭引自罗新璋编《翻译论集》，北京：商务印书馆 1984 年版，第 45 页。

⑮引自罗著，第 26 页。

⑯转引自刘宓庆著《翻译与语言哲学》，北京：中国对外翻译出版公司 2001 年版，第 165—166 页。

⑰参见 R. H. Robins 著 *A Short History of Linguistics* (4th Edition), New York, Longman, 1997, p.122。

⑱引自④葛兆光上著，第 46 页。

⑲引自 Ron Scollon 等著 *Intercultural Communication* (2nd Edition), Blackwell, UK, 2000, p.106。

⑳转引自洪汉鼎著《诠释学——它的历史和当代发展》，北京：人民出版社，第 178 页。

第四章　翻译学呼唤新的传统观：翻译学与墨家思想

4.1　中国传统文化远不止于孔孟儒家

有一种误解似乎得到了默认，就是将中华文化或传统文化笼统地称为儒家文化，有些学者则是用儒家学说及其传承力来标举“中华文化传统”。这样做不完全符合中国的历史事实和现实状况，就是说，不完全符合中国人的历时价值观，也不完全符合中国人的共时价值观。

在我看来，宋明以降迄至于今，中国人（尤其是“士”，亦即知识分子阶层）在人格论和人生哲学上更加力行恪守的是道家的思想，也就是“清虚自守”（班固在《汉书·莫文志诸子略》中根据刘歆《七略》所做的概括）。另一方面，如果按汉代人的看法将申（不害）、韩（韩非，公元前280—前244）也归作道家，则“士”中间的机变权谋倾向也正与申、韩合拍。总之，用道家中的以上两个类型、两种理念来类分中国古代的“士”甚至现代的知识分子也许是比较符合实际的写照。

从历时观来看，在董仲舒向汉武帝提出“罢黜百家，独尊儒术”（《对策》，见《汉书·董仲舒传》）以前，思想、学术争鸣之风在当时的中国是相当喜人的。司马迁在《史记·太史公自序》中说：

> 夫阴阳、儒、墨、名、法、道德，此务为治者也。……道家使人精

> 神专一，动合无形，赡足万物。其为术也，因阴阳之大顺，采儒墨之善，撮名法之要，与时迁移，应物变化，立俗施事，无所不宜。指约而易操，事少而功多。……至于大道之要，去健羡，拙聪明，释此而任术。夫神大用则竭，形大劳则敝，形神骚动，欲与天地长久，非所闻也。

由于“独尊儒术”是董仲舒正式向皇帝提出的国策，“罢黜百家”于是理所当然地成了王室权杖支撑下的“政府行为”，“儒家的文化代表性”就难免沦为“钦定圣旨”的代词了。我们可以从除儒家以外各家及元典从汉代到唐代的佚落中看到学术思想钳制的淫威造成的恶果：“法家从汉代的10家217篇降到了唐初的6部22卷，名家从汉代的7家36篇降到了唐初的4部7卷，墨家从汉代的6家86篇降到了唐初的3部17卷，纵横家从汉代的12家107篇降到了唐初的2部6卷，书籍的湮没和思想的退潮显然是同步的……”（葛兆光著《中国思想史》，第一卷，第453页）。诚然，儒家的人格论、以“仁爱”为主的治世观以及人本主义的治政观对中华民族心性的净化、对民族伦理道德价值系统的构建和对治政者的道德约束力的长期维系等等方面所起的历史作用是不容否定的，但将一家之见两极化、国策化、政治战略化就必然会成为一种排他势力，破坏学术必须在竞争中发展的生态，也几乎不可避免地摧折被冷落的学术派别的生机——特别是，当这些学术派别代表了中华民族发展所需的知性思维和科学思维的初始之芽，而被奉为“至尊独大”的儒家又恰恰缺乏这种思维的时候。

4.2 墨家学说不容忽视

以墨家为例。即便以现存的墨家元典和后代学者“衰绝探微、素隐辨诘”的考据、考证来评估，墨家成就和思想也应成为我们发展现代学术的宝贵遗产。诚如宋志明、李新会在《墨子》（中华书局，2001）中所云：

> 中国社会近百年来的变化，使墨学在传统文化中的地位有很大的变化。许多学者从研究之中，发现墨学作为异端文化的内涵，正是以

> 儒家为代表的正统文化所欠缺的。……胡适就试图把墨学作为移植西方近代文明的土壤。因为从总体上看，以儒家为代表的正统文化不能面对世界现代化的趋势时，这种适应稳定的自给自足的小农经济社会的文化，随即显示出它那种不适应的困境，暴露出它那根本的缺陷。而墨子比较注意实际的政治和社会，更重要的在于他那注重实践的态度，使他能冲破前人的局限，首次将认识领域扩大到自然界，而后期墨家沿着墨子开辟的，对自然事物认识的方向在科学技术和逻辑学上取得了成就。这种取向无疑契合着现代化的要求。

具体而言，我们应该继承和发扬墨家思想中对翻译学建设意义重大的理论和学术思想或原则，在我看来有以下几个方面。

4.2.1 墨家重用、重经验、重身体力行

墨家学说历来被认为是致用之学、求实效之学。墨子说：“用而不可，虽我亦将非之。且焉有善而不可用者？”可见墨子认为“善”与“用”息息相关：“好”要“好”在实处：可用。“可用”是墨家的基本价值观，他的用意是反对儒家对周代道德本原过时的空洞憧憬。倡导学术必须敏感地把握现实的需要，必须化理想的虚拟为生存现实的打造，其目的是使国家、民族、社会“富之、众之、治之”(《墨子闲话》卷六)。这个观点，儒家反对，荀子在《解蔽篇》中说“墨子蔽于用而不知文。……故由用谓之道，尽利矣”，责怪墨子强调“用”，看不到文饰的作用，一切以“利”为出处点（根据唐代《墨学源流》）。儒家责难墨子的历史原因是墨子反对孔子张扬周代（公元前1100—前256）政制之繁饰，而墨子本人则崇尚夏代（公元前2200—前1700）政制之质朴，即《淮南子·要略》指出的墨子“背周道而用夏政”。史家所谓墨家重质，就是根据墨子这个“重质义民”的政治理念。这中间，“义民”又是根本的一条，墨子认为“义”就是“利”：一切以“万民之利为利”就是“义”(《兼爱下》)。、

后期墨子在重“用”的基础上提出“知”(源于“经验”）的正确论断。《经上》说：“知：闻、说、亲、名、实、合、为。”《经说上》对此作了解释：“传

受之，闻也。方不彰，说也。身观焉，亲也。所以谓，名也。所谓，实也。名实耦，合也。志行，为也。”可见墨家已认识到人的认知基础是直接经验，知识是人对客观世界的反映。而儒家则是从根本上求助于唯心主义的先验论，例如，孔子认为“生而知之”，孟子更扬言可以“不学而能”“不学而知”（《孟子·尽心上》）。说到底，这是墨家在认识论上高于儒家的根本起点。

4.2.2 墨家重知性思维、逻辑思维

墨家首开先秦学派间的辨诘之风，是我国思想界区分知性思维与感性思维、逻辑思维与非逻辑思维的先驱。墨子是第一个有自觉的认知方法论的实践家和思想家。

一、“三表法”

这是墨子所阐述的关于言语表达的逻辑方法。墨子在《非命上》中说：

> “有本之者，有原之者，有用之者。于何本之？上本之于古者圣王之事。于何原之？下原察百姓耳目之实。于可用之？发以为刑政，观其中国家百姓之利。此所谓言有三表也。”

上面所说的“本之者”指寻求立论的根据，主要指史实、史例，可以说是简单的枚举归纳（sort out and induce），是历时的归纳（diachronic induction）；“原之者”指普遍的感觉经验，以此助证，可以说是共时的归纳（synchronic induction）；“用之者”指付诸实施，这是墨子三表的目的，也是他的核心思想。从这里也可以看到墨子重归纳、重实用，但不注意演绎，因此墨子倡导的实际上是狭隘的经验，有人也批评墨子的经验论是所谓“工具理性论”。但无论如何，墨子提倡大体上合理的逻辑方法、提倡以知性思维来论证现象的真伪和合理性的科学态度，有其历史意义。

二、有序思维

墨家探讨了形成逻辑的基本规律，首先是**矛盾律**。《经说上》中说，“或谓之牛（或）谓之非牛，是争彼也，是不俱当。不俱当，必或不当”。墨子的意思是说，“这是牛”和“这是非牛”两个互相矛盾的命题，不能同时成立，其中必有一个是真、一个是假，这就是现代逻辑学中的矛盾律（两个不相容的命题不能同时为真）。

其次是**排中律**。《经上》中说，“攸不可，两不可也”，《经下》说：“牛马之非牛与可之同。说在兼。”《经下》还有一段发挥：

> 或不非牛或非牛而“非牛也”可，则或非牛或牛而“牛也”可。故曰:“牛马非牛也”未可，“牛马牛也”未可。则或可或不可，而曰“‘牛马牛也’未可”亦不可。且牛不二，马不二，而牛马二。则牛不非牛，马不非马，而牛马非牛非马，无难。

这说明后期墨家已有了现代逻辑学中的排中律形式逻辑思想。

再次是**同一律**。《经下》中说：“彼彼此此，与彼此同，说在异。”《经说下》解释说：

> 正名者，彼彼此此可：彼彼此于彼，此此止于此。彼此不可彼且此也。彼此亦可：彼此止于彼此。若是而彼此也，则彼亦且此此也。

这就是所谓“无非之律”，意思是“真理在是，无足以非”，很近似亚里士多德的解释。后期墨家还提出同一律的应用原则。亚里士多德生年是公元前384年，墨子生年大约是公元前490年（周敬王30年），后者先于前者106年。可谓“人类智慧，东西同曜”。

最后是**充足理由律**。《大取》中说，“夫辞以故生。立辞而不明于其所生，妄也”，意思是说论断要有足以成立的理由，否则就是虚妄之词，后期墨家以此作为思维的基本规律之一。《经说下》还举了一个例子：“子在军，不必（言）其死生。闻战，亦不必（言）其死生。前也不惧，今也惧”，意思是说儿子在军中服役，不能断定他死了或没死，却害怕起来，这种“恐惧”，没有充足理由，因为它缺乏“必然性”论证，这是精微的逻辑思维。当然墨家是公元前三四百年前的人，完全没有科学观察和实验手段，必不可免带有简朴的特色。而且，值得注意的是，墨家的很多论断，大抵立意于与儒家“唱对台戏”，从本质上看，这也是很有意义的学术竞争。上面提到的宋、李著《墨子》（第 103 页）中云：

> 墨家的逻辑思维是一种唯实思维，它往往由外在刺激所引起，在酝酿、阐明、验证的思维过程中，它特别注意逻辑所推陈出的新理和证明，针对儒家那种忽视概念内涵的严密，只强调节器终极理想而漠视论证过程中间的弊端，墨家提出了论证的原则和方法，并力求从多方面把一个问题讲得清楚而透彻，无疑是一种行之有效的对客观世界进行认识的求真思维。

4.2.3 墨家重语言哲学探讨

儒墨之争是春秋战国时代百家争鸣的焦点，“两家关注的问题大体相同，即都在寻求如何通过伦理的改造以达到变革社会的目的，但两家提供的解决方案却截然相反：儒家主张在宗法制的基础上逐渐恢复旧有的伦常规则；墨家则主张彻底打破血缘宗法制的束缚，从而重建社会伦理”（张永义，《墨子与中国文化》，2001）。正因为解决方案截然不同，因此两家的研究取向也就各有千秋。儒家关注的始终是理想主义的人格论和伦理观。可以举个典型的例子：孔子提出过“正名”的命题，但孔子只从伦理学方面去论证它，跳不出儒家人伦观的圈子，即所谓“君君臣臣父父子子”，这样就引领中国传统文化走进日益偏狭的人伦情义的境地，与科学根本无缘。而墨子就不同，他从逻辑方面去论证“名与实”的关系，因而具有科学的理性意涵。实际上，随着名与实这一类问题的展开，墨家顺着逻辑的思路，探讨了一系列语言哲学的问题。

一、以名举实

墨子在《小取》篇中说，“焉（乃）摹略万物之然，论求群言之比。以名举实，以辞抒意，以说出故”。这里“万物之然”指客观事物的存在形态和发展规律，“论求群言之比”指辩论。下面三句则是墨子对人类话语所概括的三个逐步展开、相辅递进的步骤。

孔子首先提出的“正名”的真正含义是“个人应该以什么名分存在”？孔子这个命题有浓厚的封建宗法意旨。孔子说“名不正则言不顺”，意思是尊卑长幼说话时先要弄明白自己的名分、身份。此外，《论语》中曾提到“实”，例如《论语・泰伯》中说，“实若虚”，可见“实”也不是“名”的二元对立项，因为，这时“实”的意思是“充实”“不虚”，只是一个语义命题。而墨子的“名与实”则是一个逻辑命题。《非攻下》中说：“今天下之诸侯，将犹多皆免攻伐并兼，则是有誉义之名，而不察其实也。此譬犹盲者之与人，同命白黑之名，而不能分其物也。”很明显，在墨子心目中，“名”与“实”是对立的二元项。

墨子的基本观点是“实”为主，是第一位的，“名”为次，是第二位的。上面的引语中说的就是他的例证：盲人可以按指点分别指出哪样是白、哪样是黑，但如果将白、黑的东西放在一起再让他分别指出黑白，他就“不能分其物”了，这不正好说明“实”的第一位吗？这也是墨子主张“质”先于“文”的理由。他在《贵义》中说的就是这个道理：

> 今瞽者曰：“皑者白也，黔者黑也。”虽明目者无以易之，兼白黑使瞽取焉，不能知也。故我曰：瞽不知白黑者，非以其名也，以其取也。今天下之君子之名仁也，虽禹汤无以易之。兼仁与不仁，而使天下之君子取焉，不能知也。故我曰：天下之君子不知仁者，非以其名也，亦以其取也。

引文中所谓“取”意指将概念的认识（名知）与实际的认识（实知）相结合（合知），进而转化为人的自觉行动（为知），这个基本认识是符合科学的认识论的。与此同时，墨子也并没有停留在“实”的第一位上，他明确地指出了名的能动性——“举”（标举），“以名举实”说明了名与实之间的关系；名取决于实，实由名来标举，二者的关系是辩证的。

应该看到后期墨家对词的概念（意义）的审视已相当精微，这在当时（包括古代西方）可以说“无人能出其右”。《经上》和《经说上》指出了一词多义，《经说上》和《经下》指出了二词一义，比如“且”词就有三种含义：“且出门非出门”，“且”的意思是“将要”；“病且不起”，“且”的意思是“而且”；“且战且走”，“且”的意思表示同时发生。

二、以辞抒意

这表明墨家已认识到话语的基本功能。《经上》中还说，“闻，耳之聪也。循所闻而得其意，心之察也”，“言，口之利也。执所言而意得见，心之辨也”。这是说感官的言语功能，将语言用语言符号表达出来就是“辞”，用辞来交流的目的是“得其意”“意得见”，意思是目的在把握意义、思想。《经上》《经说上》还阐述了“信”的命题，“信，言合于意”，“信，不以其言之当也，使人视城得金”。“言”就是语句，话语符合判断就是“信”，也就是翻译中所谓“忠实”。墨家指出了四种情况：其一，言合于意，意合于实，也就是我们所谓的“忠于原文”；其二，言合于意，意不合于实，那是“言虽信而不当”；其三，言不合于意，意亦不合于实，这时言既不信又不当；最后，言不合于意，意却合于实，这时言虽当却不信。这四种情况中其一到其三是常见的，关于最后一种情况，墨子举了一个例子：有人故意骗人（言不合于意）说“城门内有金子”，受骗的跑到城门内果然找到了金子（碰巧言合于实）。这种情况在翻译中也是有的，我们显然不能将它描写成“规范”（“norms,” G. Toury, 1995）。

三、以说出故

在墨家元典的意涵中，“以说出故”主要讲的是辩术中的逻辑推理。“说”的意思是“说明”（《经上》，“说，所以明也”）。《经说下》中说：

> 闻：在外者，所知也；在室者，所不知也。或曰：“在室者之色若是其色。”是所不知若所知也。犹白若黑也，谁当？是若其色也，若白者必白。今也知其色若白也，故知其白也。夫名以所明正所不知，以所

不知拟所明。若以尺度所不知长。外，亲知也；室中，说知也。（据陈孟麟校订）

这说的就是论证推理。“说”旨在将前提中所蕴含的结论明白地推导出来，即由已知推导出未知。引文中举了一个例子。我们不知道室内是什么颜色，但见到室外的颜色是白色（前提一），同时又听说室内与室外同色（前提二），这时我们就可以推导出判断来：“室内是白色”（以说出故）。按知识经验说，“室外是白色”属于“亲知”，“室内外同色”是闻知，“室内也是白色”则是“说知”。墨家在这里讲的是如何从亲知、闻知中取得说知。这显然是很精微的知性思维分析。在《经下》中还有很多这类很有启发意义的逻辑思维例证，这里焕发的墨子思想光辉可以说是悠悠越千古的。实际上，“正是墨子首先自觉地对概念、判断、推理等认识活动进行了初步的探索，而为后期墨家发展为比较系统的逻辑学说，这在中国哲学史上是具有独特意义的成就的”（北大哲学系，《中国哲学史》，2001）。

四、提出了范畴理论——“类”

上面提到的“三表法”在墨子的方法论中标志着经验主义的一面，而“类”“察类”（《非攻下》，“子未察吾言之类”）则标志着墨子方法论中理性主义的一面。在《论语》中“类”的概念只出现过一次，即“有教无类”中的“类”。“类”在儒家思想中只有语义功能，即表示“族”或“族群”，没有方法论意义。而墨家的“类”则是高层次的方法论逻辑思维。《大取》中说：

夫辞以故生，以理长，以类行者也。立辞而不明于其故所生，妄也。今人非道无所行，虽有强股肱而不明于道，其困也，可立而待也。夫辞以类行者也。立辞而不明于其类，则必困。

上面提到的“察类”源自一个故事，也说明墨子的思维富于理性：①

据《非攻下》记载，“好攻伐之君”为了为自己的侵略行径辩护，

> 说："昔者禹征有苗，汤伐桀，武王伐纣，皆立为圣王，是何故也？"墨子反驳说："子未察吾言之类。""若以此三圣王者观之，则非所谓攻也，也谓诛也。"在墨子看来，否定以无义代有义之"攻"并不意味着否定以有义伐无义之"诛"。"攻"与"诛"并非同类，表面上看，二者都是战争，但性质却是不同的，一为非正义之战，一为正义之战。所以墨子提出"察类"，是反对把表面相似而性质不同的事物混为一谈。

就逻辑学而言，在中国传统哲学中"类"这个命题的提出是墨家最重要的贡献，因为"类"是逻辑学中最基本、最普遍，也是最核心的范畴。从现代认知科学、认知语言学来看，范畴（类）指事物在认知中的归类、范畴化（categorization）这个过程。范畴化是人对客观世界万事万物进行类分（grouping），使之属于林林总总的范畴的高级认知活动。在墨子的心目中，"攻"是一类，"诛"是另一类。前者是非正义的，后者是正义的，"未察类"就是混为一谈。当然，"攻"与"诛"都是"战争"，这是他们的上位范畴（superordinate category）。"攻"与"诛"之间有"家族相似"，但特指性殊异。

上段引文出自墨子《大取》。《大取》之典散佚极多，相比之下，《小取》文字上连贯得多，散佚想必少得多。上引文中说"（辞）以类行"的意思，荀子《小道》篇解释为"言以类使"，用今天认知语言学的话说就是人类按范畴来使用语言。"以类行"前面"以故生"也符合当代认知科学关于推理（inference）的理论。"故"字在儒家元典《论语》中出现十多次，它只是简单的语义符号，意思是"所以""因此"等等。而在前期墨家元典中"故"用了300多次，频度极高，[②] 因为墨家的"故"是一个逻辑命题——推理，"明故"与"察类"一样，都是逻辑问题。在认知科学中，推理属于logical reasoning systems（逻辑论理系统，David McAllester, MIT, 1999: 491–492）。认知科学最基本的推理原理是：推理是信息接受的手段。受话者凭借这种手段（具体表现为话语的信息意向，information intention，简称II）获得发话者的交流意向（communication intention，简称CI），可以激活推理"II → CI"过程的语境，就叫作认知语境。墨子所提出的"察类""明故"讲的也就是这个认知语境。墨子认为明辨、分析问题，首先要根据信息意向II，按范畴分析其内在、外在关系（察类），然后进行推断，搞清楚交流意向CI（明故）。墨子在“故”“类”之后还提出“法”（《法仪》，法仪就是法则和规范），所谓“百工以事，皆有法所度”，相当于维根斯坦的“游戏规则”。墨子说“天下从事者，不可以无法仪；无法仪而其事能成者，无有也”（《法仪》）。上面我们谈到过“三表法”，“明故”也与“三表法”中之“有原之者”（从经验中探求立论根据）有密切关系。

从基本特征上看，儒家重道德说教，目的在伦常教化，教人好好做人，不谈做事；墨家重逻辑说理，目的在知性启蒙，教人好好做事，也谈做人。翻译学如其他学术开发和建设一样，最需要的是后者。新时代中国的翻译传统应该体现、发扬中国的这个理性思维特色，不要忽略中华民族最可珍惜的精神源泉。

4.2.4 墨家重兼蓄包容

墨子谈兼爱，反战非攻，旗帜非常鲜明。他的理想是“一天下之和，总四海之内”（《非攻下》），手段也很磊落：德服人和。这既是墨子的德道观，也是他的治政观。

我们可以从很多论述中看到墨子重兼蓄包容的道德—政治准则。《尚同上》中说：

> 选天下之贤者，立为天子。天子立，以其力为未足，又选择天下之贤可者，置立之以为三公，……又选择国之贤可者，置立之以为正长。

从这里可以看出，墨子认为，只要是贤者，都应该兼蓄包容，以利天下四海。所以说他的兼爱的实质是兼用兼利（《尸子·质泽》：“墨子贵兼”）。后期的墨家还界定了兼利的含义。《大取》中说“利中之取大，容中之取小”，非常符合辩证法。不过前期墨家提出“交相利”原则上也并没有错。通商贸也好，搞学术也好，都要以互利为原则。交流互利，才有利于大家的发展；再加上兼蓄包容，树立整体发展观。我们的译学应该采取墨家的原则，打破形形色色儒家所维护的“血缘宗法伦理观”支撑下的利害观，厚今薄古、厚西薄中，都不利于译学的发展。

4.2.5 墨家力扬艰苦自持、独立无畏的志气

墨子出身于劳苦平民（木工），他一生的政治、社会、学术观点都贯穿了平民思想，不畏权势、权威、天命，摒弃一切偏见和陋见。

墨子提出了天志观，反对儒家的天命观。在中国古代思想中，“天”的含义很复杂。史学家认为“天”在古代大约有如下含义：一曰物质的天（与地相对之天）；二曰主宰之天（所谓皇天上帝）；三曰人格的天；四曰命运之天（冯友兰，《中国哲学史》，1984）。墨家思想中之天，基本上是人格的天，而且是自我化的天，反映出墨家认为自己应该是自己的思想、主张、命运的主宰，自己甚至可以是人格神的体现者。我们可以从墨子借天意之名，述他本人之志（思想、主张）的论述中看得很明白：

> 顺天意者，兼相爱、交相利，必得赏。反天意者，别相恶，交相贼，必得罚。(《天志上》)
>
> 天之意，不欲大国之攻小国也。大家之乱小家，强之暴寡，诈之谋愚，贵之傲贱，此天之所不欲也。不止此而已，欲人之有力相营，有道相教，有财相分也。又欲上之强听治也，下之强从事也。上强听治，则国家治矣；下强从事，则财用足矣。(《天志中》)
>
> 天亦不辨贫富、贵贱、远近、亲疏，贤者举而尚之，不肖者抑而废之。(《尚贤中》)

墨子之所以这样做，显然有他本人的功利考量，因为在墨子那里，志功是合一的、义利也是合一的，墨子深信自己的正义性。这里也可以看到墨家不畏传统天命论、重自主个性，即天性表现的精神特点。同时也说明墨子试图为自己的社会政治主张寻求传统的价值保障。或者更准确地说，墨子实际上是要求对西周以来为贵族、王公所专有、专利的“天意”“天命”获取一份分享权。他在《尚同中》（第十二）中就倡导“一同天下之义”：

> 凡闻见善者必以告其上；闻见不善者亦必以告其上。上之所是，必亦是之；上之所非，必亦非之。已有善傍荐之；上有过规谏之。尚同义其上，而毋有下比之心。

那么“上”又是谁呢？墨子提出了《尚贤中》论（第九），“上”就是贤者，他认为必须打破血缘宗法的世袭制，选贤举能：“故古圣王……不辨贫富、贵贱、远近、亲疏，贤者举而尚之，不肖者抑而废之。”墨子认为做事一定要找能干的人（“必索良工”，《尚贤下》第十），而且无论做官、做工，都应该有“选”有“举”，大家都没有“终身制”特权。他说：“古者圣王之为政，列德而尚贤。虽在农与工肆之人，有能则举之。……故官无常贵而民无终贱。有能则举之，无能则下之。”这是非常可贵的平民思想。墨子用朴素的平民思想对儒家天命观（“执有命者”）的批判也很中肯：

> 执有命者之言曰：命富则富，命贫则贫，命众则众，命寡则寡，命治则治，命乱则乱，命寿则寿，命夭则夭，命虽强劲，何益哉？以上说王公大人，下以驵百姓之从事，故执有命者不仁。
>
> ……
>
> 今用执有命者之言，则上不听治，下不从事。上不听治则刑政乱，下不从事则财用不足。上无以供粢盛酒醴，祭祀上帝鬼神，下无以降绥天下贤可之士；外无以应待诸侯之宾客；内无以食饥衣寒，将养老弱。故命，上不利于天，中不利于鬼，下不利于人。

因此，他的结论是“执‘有命’者不仁”（《非命上》第三十五）。“仁”是儒家思想的中心，而孔子是承认天命的，也为执有命者辩护。墨子这种“学儒非儒”，敢“为真理而辩”的态度表现在多方面，而且经常与儒门学子展开激烈争辩，尤其与同时代儒家的代表人物孟子、公孟子（生在孟子之前）针锋相对。但墨子并没有对孔子一笔抹杀，认为孔子“亦有当而不可易者”（正确而且不可替代之处）。③ 我们需要学习的是墨家不为因袭之见、门户之见所囿，敢于直陈己见的独立无畏的志气。

以上五点，就是我们译学界需要学习的墨家思想和精神。翻译学在目前是一门亟须总结又亟须开拓、提升的学科，如何摆脱因袭之见与如何引进科学思想同样重要。总地看来，儒家学说属于理想之义的人文思想，墨家学说则将思考的基础放在现世的合理性构建上。因此，我认为我们更需要的是墨家重实用的思想和重包容兼蓄的精神。我们尤其需要站在思维的基点上学习墨家力排儒家众议，在思辨中、论证中、争鸣中坚持知性思维、逻辑思维、辩证思维的态度。梁启超在论证中国哲学史（《饮冰室合集》，专集，第10册，第55—65页）中墨家此一突出优长时说：

> 此学（指逻辑学）在中国之发达，固甚幼稚也。然秦汉以后，惟先秦诸子而已。诸子中持论理学最坚而用之最密者莫如墨子。墨子一书，盛水不漏者也，纲领条目相一贯，而无抵牾者也。何以故？有论理为之城堡故。故今欲论墨子全体之学说，不可不先识其根据之论理学。（着重点为笔者所加）

4.3 墨家思想的局限性

翻译学应审慎地看到墨家思想体系的局限性。例如，我们论述过墨家“重用”的功能主义主张，应该看到墨子倡导的是一种经验主义的功能主义，它的特征是：其一，强调经验验证而非科学观察和论证。这方面的例子在墨家著述中极多，例如《经上》说，“生，形与知处也”；《经说上》说，“生，盈之常；不可必也。”这里对生命的解释就是经验主义的：人不是有了形骸又有知觉才能有生命，而是先有了生命才有形骸与知觉，因为生命始于蛋白质胚胎；下一句也一样，所谓“知觉充满了人体，人就有了生命”是不对的，科学的说法应该是“人有了生命，知觉才可以充满身体”。这个问题结症之所在就是所谓“科学问题的思辨化”：科学需要实验论证，不需要思辨论证。科学也需要讲道理，但科学中之“讲道理”完全基于实验观察的验证、论证、预见、推断，可以说，没有严密的科学实验和观察就没有科学。汉代的哲学家王充在《论衡·薄葬》就此批评了墨子，说墨子考虑问题“不留精澄意，苟以外效立是非，信闻见于外，不诠订于内，是用耳目论，不以心意议也”，这是相当中肯的；王充又说“墨议不以心而原物，苟信闻见，则虽效验彰明，犹为失实，失实之议难以教，虽得愚民之欲，不合知者之心”。[④]正如王充指出的耳目论证对真理的揭示毕竟有限，而且常常陷入思辨的迷宫，是相当不可靠的，难免“失实”。

其二，墨子的志功合一论也是一种机械主义的功能观。经验主义与机械主义常常是“合流的”。墨子这里说的“志”相当于“意向”或“动机”，“功”是“效果”“功效”。“合一”（merge into one）犹言“统一”（unite）。“志功合一”必须要有一定的条件，包括主观条件和客观条件，没有条件管束来谈动机与效果的同一、统一、合一是没有意义的。中国历史上很多“维新”“改革”“改良”都具有良好的动机，但都没有成功，就说明“条件”的重要性。墨子学说的“志”和“功”没有做到“合一”，也是历史条件和主观上的短缺拖了后腿。因此**功能主义随时伴随条件因素，条件既可能是功能发挥的“成因”，也可能是功能不能发挥的“败因”**。

另外，单纯强调效果（“功”）而缺乏对理念、意向、原理、原则（总之是“志”）的提升或深化也极易使行为陷入实用化（俗称“恐龙化”，犹云“头小身躯大”）。中国古代数学相当发达，出现过刘微、祖冲之、秦九韶等一批杰出的数学家，做出了圆周率、几何体、高次方程等方面的成绩。但数学一直被古人视为“术”，只用来解决历法、丈量、谷仓容积等实用问题，使中国古代数学的地位难以提高。这里的根本原因就是不关注深层数学的逻辑化理论研究，满足于以实用之志解决实用之功，而不着力于公理化的演绎系统探索并将其科学化为学科，终于到16—17世纪让西方“抢了风光”。

其三，从基本上看，功能主义的“用”是一个积极的概念，期待积极的效果。“固本节用”作为一种原则，本身并没有什么问题，尤其是固本，即强化本国的经济基础也就是生产能力，这个措施很积极。但“节用”却很容易出偏差。很多历史事实说明墨家在倡导“节用”时矫枉过正，又缺乏调节机制，特别是调节“节用”与“分配”的关系以及体现这种关系的阶级关系，正如史家所云：[⑤]

墨家的理想过分高远，和现实社会的不合理现象，尤其是社会的

> 等级森严现象不相符。但历史的发展却是：自原始社会结束以后，等级的差别越来越明显，并没有消除的迹象，而是渗透到社会生活的各个方面。墨子以绝对的勇气来抗争，在他自己的时代犹觉吃力，何况在墨子已骨枯神朽的时代呢？墨子出身贱人，而其学说亦以贱人的利益为依归，所以他主张的生活方式，如工作、享用、娱乐等一切以当时贱人的生活为标准。这种学说与生活在贱人阶层来发展，自然有适宜的土壤，不会有太大的阻力，然而墨子却想把它们推及到社会的各个等级层次，于是那些贵族就会不以为然，认为其道难行，甚至斥之为"役夫之道"。

这样一来，"用""节用"就成了"掣肘"，成为一种消极因素，进入到了愈"用"则"功"愈低下，即释义学（hermeneutics）所批判的恶性循环中。

其四，墨家强调"质"的决定作用、第一位作用，却完全否定了"文"与"质"之间实际上存在着互动关系的深层规律：好的内容还需要有好的形式，二者相得益彰，才会有好的功能发挥。韩非子就深明这个道理。他在《韩非子 · 外说储上》中说过一个楚人卖珠，郑人买椟的故事：[⑥]

> 一天，楚王对田俅子说："墨子这个人是个著名的学者，他对事情能够身体力行，这是他的可贵之处，但他的言论很多，却不中听，这是为什么呢？"
>
> 田俅子回答说："从前，秦国的国君把他的女儿嫁给晋国公子，叫晋国为她准备好嫁妆，跟过去陪嫁的妾有70人。到了晋国，晋国人都喜欢陪嫁的妾，却看不起秦国的公主。"
>
> 田俅子接着又说："有一个楚国人到郑国去卖珍珠，他用木兰做了一个匣子，用肉桂、花椒熏香，并在匣子上镶了珠宝美玉，还用红色的玉石装饰，用翡翠点缀。后来，郑国人买了他的匣子，却把珍珠退还给了他，这可以叫作善于卖匣子而不善于卖宝珠。现在发表言论的人，大都只是说些漂亮、动听的话，君主听到华美的文辞就忘记了它是否有用。墨子的学说是用来传授先王之道、论说圣人的言语的，如果要修饰他的文辞，那恐怕人们只会喜爱他的文辞而忘掉它的实际价值。

这与楚人卖珠、秦伯嫁女是同样的道理，所以墨子言论虽多，但却不动听。”

可见，墨子尚用不尚文，不讲辞藻的华美，认为只要文辞能说明问题就行了。

“先质后文”常常会由于先入为主的定势落得二者皆失，就像“楚人卖珠”，事与愿违。这是与功能主义形式观的基本价值观论相悖的。我们译学一定要吸取墨家“偏于一端则不昌”的历史教训。

前面提到墨家在先秦时期曾与儒家并列为“显学”。后遭两大劫难，一是秦始皇的“焚书坑儒”，⑦ 二是汉武帝的“独尊儒术”。加以墨家本身也有弱点，终而招致“显也甚，绝也急”的结局，在“绝也急”的1700年后，墨家在明清之际“千载遇知音”。从明清之际到今天，墨家经历过几次复兴。第一次在清乾隆、嘉庆年间（1736—1820），以毕沅和汪中等为首的学者对墨学元典进行了大规模勘校梳理工作。第二次在同治、光绪年间（1862—1875），墨学成了御侮自强，回应西学的有力武器。第三次是民国时期的“墨学热”，其中以梁启超与胡适对墨学的拥戴最富热忱也最有影响，梁、胡对墨子的社会政治思想和逻辑科学论述在“墨学热”中得到了较广泛的传播。但是由于墨学热的反传统色彩过浓，以及在接应西学中牵强附会的中西比照常常流于夸饰，这样就难免有损于“深研墨学、反思传统”思潮的严肃性，有损于国民对“墨学热”的理性认同，反而不利于科学地、历史地评价墨子的思想和学说。

4.4 译学界倡导学习墨学的目的

第一，从文化转型和文化传统重建必须采取尽可能发掘和重估中华民族文化思想资源的立场出发，肯定墨学的现代价值，有利于**多元文化价值观建设**，在建设中构筑新的文化传统，包括中国译学传统。我们译学界要建立或增进对墨学精粹的**理性认同**，这是中华文化中最迫切需要强化的素质。

第二，墨学中有值得译学继承和发扬的墨子思想和精神，如重理性思维、重论证、重功用；艰苦自持，独立无畏；励志笃行，维护自己的奉献理念，等等。我们都应悉心研习以丰富我们的**翻译思想**，加深我们对翻译的体悟。

第三，墨学理性地、历史地看待儒家的贡献，同时又不忽视儒家以外的前贤先哲，如墨家、道家、法家和名家的贡献。中国传统很多文论、美学命题，例如神思、通变、大美、观览、玄览、名与实、意与象、意与境、文与质、文与情、形与神、由我及物、由物及我、意在言外、约定俗成等基本命题对中国翻译思想的构建和继承具有深远影响，使儒墨（乃至多家）的**多元价值**得以**兼蓄包容**、**相济相融**、**相得益彰**于新的中华文化传统和翻译传统中。

英国知名的历史哲学家汤因比在他的巨著《历史研究》（*A Study of History,* 1997）中说：[⑧]

> 我们需要注意，这两个幸存的标本之一是中国，自公元前 221 年起到 1839—1842 年的鸦片战争，中国在大部分时间里能够把不断扩张的领土和不断增长的人口控制在一个大一统国家里，从而成为半个世界的文化和政治中心。中国人传统的“世界观”已经经受了中国三千多年的经验的考验，其中一个主要观念是“阴”“阳”的辩证交替。无论“阴”还是“阳”，只要发展到极端，就会变成另一端，从而自动地恢复自然的平衡，因为另一端发展到自然所能容忍的最大限度，就会最终回到这种交替模式。

汤因比用这种“阴阳交替论”广泛解释了世界政治史和文明史中的盛衰更替现象。人类的学术思想史上也有很多这类的例证，当一种学术思想发展到“极限”和“顶峰”时，它的局限性就会日益显现，即中国古代哲学中的所谓“败兆”（《后汉李》：“王莽败亡之兆”）。我认为，汤因比其实只说对了一半：“阴阳交替论”不能包容现象世界的一切。儒家学说发展到了极限（董仲舒“罢黜百家，独尊儒术”以后），而且露出了败兆、败象，但儒家学说并未也不可能在中国消亡，这是因为作为一种博大精深的学说体系，儒学本身有一种吐故纳新的代谢机能。另一个很重要的原因是儒学赖以生存的中华文明自身就是多元的，多元文明的“内张力”可以促使居于主导地位的思想体系涤旧更新，从而使主导的思想体系具有很高的可塑性、多维性和选择性。我提倡“师墨”的立意即在于此。过去中国学术思想界提出的“师墨”常常伴随“批儒”，因而没有什么成果。这是历史教训。自觉的学习可以使文化多元性得以更充分地彰显，中国译学也可以在自觉的学习中获得更多的理论活力，而且更富中国特色。

〔注释〕

①引自李亚彬著《中国墨家》，北京：宗教文化出版社 1996 年版，第 255 页。

②引自张永义著《墨子》，贵州人民出版社 2001 年版，第 155—156 页。

③墨子与儒家展开激辩，但墨子并没有从根本上否定孔子、否定儒家。以下论述供参考：

> ……
>
> 第七，关于（对）孔子的评价。
>
> 公孟子谓子墨子曰：“昔者圣王之列也，上圣立为天子，其次立为卿大夫。今孔子博于诗书，察于礼乐，详于万物，若使孔子当圣王，则岂不以孔子为天子哉。”子墨子曰：“夫知者，必尊天事鬼，爱人节用，合焉为知矣。今子曰孔子博于诗书，察于礼乐，详于万物，而曰可以为天子，是数人之齿而以为富也。”(《公孟》)
>
> 在与程繁的辩论中，墨子曾经称孔子“亦有当而不可易者”，本条又一次讨论到对孔子的评价问题。公孟子认为，孔子博于诗书、察于礼乐、详于万物，所以根据上圣的标准，孔子有足够的资格成为天子。但墨子认为，仅凭博于诗书、察于礼乐、详于万物这几点就想当然地说孔子可以为天子，这简直和数人之齿而以为富一样不切实际。真正的智者必须做到尊天事鬼，爱人节用，孔子连这点都无法做到，他又如何能够成为天子呢？把本条与前面和程繁的讨论联系起来看，可以看出，墨子尽管承认孔子也有正确之处，但从总体上对孔子的评价甚低。这一点对后来的影响极大，正如我们在《非儒》篇中看到的，

到了墨家后学那里，不但对儒家的主张进行了猛烈的批评，而且进一步发展到了攻击孔子之人格。

引自张永义著《墨子》，贵州：人民出版社 2001 年版，第 267 页。

④葛兆光在《中国思想史》（第一卷）论述王充对墨子的批评时评论说：

……这里说的就是墨子一系太过分执着于耳目可验、口鼻可得的经验而放弃了精神和心灵的体验，寻找到了“物”而放弃了“心”，适合了“愚民之欲”，却不合“知者之心”。其实，外在形式和谐华美的追求，象征世界在生活中的存在，一方面是一种超越功利的行为，不超越实用性和工具性，人们没有心情去追寻外在形式的“文”，一方面是一种人类感情的表现，外在的“文”其实正是内在的“化”，人类需要一些寄寓情感的文化形式来表达自己对神圣的敬畏和追求，也需要一些可以宣泄情感的文化象征来传递自己的欢喜和忧愁，如果只是寻求实用和功利，很可能使内心情感及寄寓这些内心情感的礼仪和象征都丧失，而丧失了这些的人类，也丧失其人之为人的依据而沦落为生物。因此《庄子 • 天下》中也批评这种“不合人情”是：

其生也勤，其死也薄，其道大觳，使人忧，使人悲，其行难为也，恐其不可以为圣人之道。反天下之心，天下不堪。墨子虽独能任，奈天下何？离于天下，其去王也远矣。（《庄子集释》，卷十，中华书局，1961）

⑤引自宋志明、李新会著《墨子》，香港：中华书局 2001 年版，第 114 页。

⑥转引自李亚彬著《中国墨家》，北京：宗教文化出版社 1996 年版，第 232—233 页。

⑦以下论述供参考：

按照《史记》的记载，焚书发生在秦始皇三十四年。当时，秦始皇接纳了李斯的建议，搜去《诗》《书》、百家之语尽焚之，仅留下秦纪、医药、卜筮和种树之书。李斯的理由是：

古者天下散乱，莫能相一，是以诸侯并作，语皆道古以害今，饰虚言以乱实。人善其所私学，以非上所建立。今陛下并有天下，别白黑而定于一尊，而私学乃相与非法制之教。闻令下，即各以其私学论之，入则心非，出则巷议。非主以为名，异趣以为高；率群下以造谤。如此不禁，则主势降乎上，党与成乎下。禁之便。（《史记 • 李斯列传》）

从这段话可以看出，李斯所举理由中的关键一点是，恐怕私学盛行会造成“主势降乎上，党与成乎下”的局面。也就是说，恐怕君主的权势会受到威胁以及下层群众会结成不同的党派。就此而言，墨家尤令统治者担心。在先秦诸子中，墨家是唯一有严密纪律的半军事化学派组织，它有自己的首领，有自己的行动纲领，有内部奉行的法，有时还会为了自己的信念与国家政权相对抗。显然，这些都是一个绝对君主专制的政权所无法接受的。所以，秦始皇不焚书则已，若焚的话，首当其冲的肯定是墨家。同样，不禁止私学则已，若禁的话，首先被禁的恐怕也就是墨家。

引自张永义著《墨子》，贵州：人民出版社 2001 年版，第 305 页。

⑧引自汤因比著 *A Study of History*，1977；中译本，刘北成、郭小凌译《历史研究》，上海人民出版社 2002 年版，第 287 页。

第五章　翻译学呼唤新的传统观：反思·超越·重构

有一种相当普遍的误解，即以为“传统”只蕴藏着“传承”“延续”“因袭”等所谓“反颠覆的内聚力”。其实不然。黑格尔说事物本身包含着自我否定的因素，这符合中国古代阴阳交替的辩证思想。传统也一样，它固然具有“反颠覆的内聚力”，人们力图维护它；又包含足以打破平衡、打乱固有秩序的自我否定的因素，形成颠覆性张力。一切视乎这种张力是否受到足够的外部冲击，而最常见的又是最大的外部冲击就是“现代价值”（modern values）。世界文化史中传统“被颠覆”的大部分例证都是由价值观改变酿成的：有的是渐变，有的是突变。为减少突变带来的震荡或破坏，人们常常采取自觉行动实现传统超越。1983 年，英国史学家 E. Hobsbawn（1917–2012）汇编了一本出色的书，名为《传统的发明》（*Invention of Tradition*, Cambridge）。作者在书中说，传统不是历史陈迹，而是当代人活生生的发明创造。其实，人类处在不得不“发明”传统的状态中，因为人类在不断“发明”自己的“价值”并用新价值观替代旧价值观，这种“价值更替”必然产生一股除旧更新的推动力，这股动力足以驱动传统实现因势利导的超越。

5.1 历史感不是对历史的“空洞的回忆”

谈论传统当然不能不使人马上想到历史、想到所谓“历史感”。应该说，历史感是实实在在的，因为历史就是实实在在的存在：今日之果，正是昨日之因，今日之因又将是明日之果。因此我们不能用简单的否定来实现历史超越。德国史学及社会政治学家韦伯（M. Weber, 1864–1920）说，**简单地否定历史是人的一种弱智表现。我们不仅要善于正确地解释历史，而且能够用解释来推动历史**。

作为中国的翻译理论研究者，我们有责任尊重实实在在的历史，有责任拂去掩盖历史光辉的尘土，也就是韦伯说的要“善于正确地解释历史”。我这里讲的“责任”，也包括认真的反思，不要患上韦伯说的“弱智病”（如果不是先天性“弱智病”的话）——以痛快地否定中国译坛的历史人物为乐，以鞭挞自己以来取悦外人为乐。①

现在就让我们努力学习正确地认识历史、解释历史。意义理论是翻译基本理论中的首要问题，也是西方和中国某些理论研究者力图将它边缘化的问题之一。另外，我们说过中国的译论传统是“重意义”，因此，对传统观念的审视也就必然首先落在意义上。

其实，“意义取决于使用”（Wittgenstein, 1953）的基本思想在中国古典哲学的意义理论和古典文论中均已触及。在中国，有语境制约的意义在古人的概念中大抵对应于“笔”，也就是所谓“意定于笔”“意在笔先”（清·刘熙载《艺概·文概》），集中于“因文立训”“依文立解”“随文释（解）义”（朱熹）的古代语境论。在古代，意指“尚未进入交流状态的意念、思想”，“笔”指“已进入一定的语境、期待交流的意念、思想”。不过，“笔”说的是书面语。韩愈在《原道》中说，“不惟举之于其口，而又笔之于其书”，说的就是口语 speech 和笔语 writing，即语言使用中的意义问题。先于韩愈的汉代大哲学家王充在《论衡·自纪》中说“口辩者其言深，笔敏者其文沉”，也是口、笔相对，这时的 speech 也好，writing 也好，就已经寓“意”（意义）于“用”（使用）了。我认为，中国古典哲学和文论中意义的理论思想非常精辟，已经达到了相当高的水平，但古代中国知性思维论述通常具有以下特点或弱点：第一，命题缺乏联系，属于箴言隽语式，大都是“零珠碎玉”；第二，命题没有展开充分的论证，有如冰山之一角，或没有做到论证的系统化、深化，因而缺乏必需的结构形式（structuring），也就是没有形成范式；第三，中国哲学和文论话语的隐喻性很突出，理论精确性不够，即所谓模糊性太强；第四，学科范畴交错、重叠，容易造成顾此失彼。这些特点或弱点相当广泛地表现在中国古代的意义观中。这就要求我们潜心学习，悉心挖掘与整理，做好系统化和深化工作，即所谓“古为今用”。应该看到我们在这方面是非常薄弱的，必须“补课”，而且刻不容缓。翻译实务中的问题通常反映出理论上的缺环。下面我们先读一段译文（请注意本段加着重点处）：

> 在接下来的篇幅中，我们将批评性地概括卡米克的研究，讨论选择学术先驱这个问题在社会学中的重要性，并总结卡米克对帕森斯思想的早期发展的历史重构。然后，我们将深入分析卡米克本人提出的帕森斯为什么会那样选择其学术前辈的原因。我们怀疑——主要是以奥卡姆剃刀的方式——卡米克对帕森斯生平和著作所做的历史解释，但是我们也揭示了在这种经验研究之下经常暗藏着的理论假定。我们希望通过这样的分析，到最后说明对经典论著的读解互有争论，通常并不是——我们这个个案肯定不是——因为历史真相的不同，而是因为研究社会理论各自所用的方法不同。（取自《新功能主义及其后》，2003年10月译林出版社版，第146页）

这就是所谓“以意（义）害辞（“辞”指“言辞”）”。从译文看，译者恐怕饱受奈达的那句流传很广的名言“Translation is translating meaning”之苦，他可能知道中国的翻译传统是“重意义”，于是一五一十照搬原意，而不顾交流。这里，问题不仅出在译者对“重意义”的理解上出了偏差，也出在我们的翻译理论和翻译教学中对“重意义”的描写和阐释出了偏差：我们对意义的描写趋于静态化，侧重语义学的解释，例如奈达的断言就流于笼统。“意义”是非常复杂性的命题，说“翻译即译义”可能出现两个偏差，其一是将“意义”僵化，其二是将“意义”泛化。二者都不严谨、不科学，核心问题是有失于本乎交流的动态调节，忽视了维根斯坦的观点——“意义取决于使用”（*Philosophical Investigations*, Prt I, §138, 53e），即强调应该在言语交流中定夺、把握意义，**应该突出交流机制（交流目的、交流对象、交流方式、交流的预期效果）对语义的动态调节**。总之，对翻译来说，词语的意义应指交流中的动态意义。

本章就是对这个问题的反思，推而广之，也是对我们对待传统的态度的反思。偶然性常常反映必然性。如果在理论层面的理解或阐释出了偏差，那么在实践层面，这个偏差就必然会以这样、那样的形式表现出来。

我认为，我们在对传统意义理论命题（尤其是如何正确运用到翻译中）的理解和阐释中都存在比较突出的问题。

我国战国时代名辩之学蔚然成风，哲人们为追求真理（主要有三个范畴的话题：宇宙时空、社会秩序、个人生存）展开激辩，促进了知性思维的发展，也直接、间接地触及对语言的基本认知。从战国时代（前476—前221）起到西汉董仲舒提出“罢黜百家，独尊儒术”这一段时期是中国语言学**同质语言观宏观研究**的黄金时代，许多同质语言观的重要课题就是在这个时期提出来的，影响极其深远。概括起来有如下重要的同质语言观意义理论命题。

5.1.1 墨家提出的“以名举实”论

墨家思想的基本特征是重实用、重实效，墨家看世界常常不是依据既定的秩序和规范，以及夏商周以降形成的传统定式，而是倚重现有的经验考古论今，就是墨子所谓的“三表法”（本之者、原之者、用之者）。“三表法”基本上是经验主义的认识论。墨子在《小取·第四十五》中提出了中国语言学史中最具历史意义和现实意义的论述：[②]

> 摹略万物之然，论求群言之比。
> 以名举实，以辞抒意，以说出故。
> 以类取，以类予。
> 有诸己不非诸人，无诸己不求诸人。

或也者，不尽也。

假者，今不然也。

效者，为之法也。所效者，所以为之法也。故中效，则是也。不中效，则非也。此效也。

墨家在这里提出了“以名举实”论、范畴（“类”）论和模仿论（“效”，墨子的“效”在这里也指一般言语中的仿效），还提到“法”，指语言规范。这里只说“以名举实”论。“举”是这段论述中的关键。《经上》和《经说上》中说：

《经上》：举，拟实也。……言，出举也。闻，耳之聪也。循所闻而得其意，心之察也。言，口之利也。执所言而意得见，心之辩也。

《经说上》：举，告以文名，举彼实也。故言也者，诸口能之，出名者也。名若画虎也。……所以谓，名也；所谓，实也；名实耦，合也；志行，为也。

可见“举”的意思是“言”“说出来”，“举彼实也”就是“说出‘实’来”；“谓”的意思是“指称”“意指”。“举”与“谓”的英语都是 signify。墨家正是把“名”“实”“举”“谓”放在**交流的框架**（in the context of communication）中厘清、限定它们的意义，讲的都是“所闻”“所言”“所谓”等语言交流实际，正是语言符号与意义在人际交流行为中的关系，我们过去忽视了这一点。③

5.1.2 儒家提出的“制名指实”及“约定俗成”论

“制名指实”和“约定俗成”是荀子提出来的。他在《正名》中说：

故王者之制名，名定而实辨，道行而志通，则慎率民而一焉。……

今圣王没，名守慢，奇辞起，名实乱，是非之形不明，则虽守法之吏，诵数之儒，亦皆乱也。若有王者起，必将有循于旧名，有作于新名。

然则所为有名，与所缘以同异，与制名之枢要，不可不察也。

异形离心交喻，异物名实玄纽，贵贱不明，同异不别。如是，则志必有不喻之患，而事必有困废之祸。故知者为之分别，制名以指实，上以明贵贱，下以辨同异。……

然则何缘而以同异？曰：缘天官。凡同类同情者，其天官之意物也同；故比方之疑（拟）似而通，是所以共其约名以相期也。……心有征知。征知，则缘耳而知声可也，缘目而知形可也，然而征知必将待天官之当薄其类，然后可也。五官薄之而不知，心征之而无说，则人莫不然谓之不知，此所缘而以同异也。

然后随而命之：同则同之，异则异之；单足以喻则单，单不足以喻则兼；单与兼无所相避则共，虽共不为害矣。……名无固宜，约之以命，约定俗成谓之宜，异于约则谓之不宜。名无固实，约之以命实，约定俗成谓之实名。名有固善，径易而不拂，谓之善名。（着重点为本书作者所加）

可见荀子提出“制名指实”是为了“定名辨实”，它的社会目的是“率民而一”以拨乱反正、治国安邦（引文第一段头几句）云云，都是紧扣社会交流来谈意义。

就语言而言，“约定俗成”论（引文最后一段）是我国最重要的语用传统之一。在翻译界，大家都知道这一条，但确实是知之不多，理解尤浅。荀子“约定俗成”论的理论思想包括以下我们过去认识不够的要点。

一、“共不为害”的多元价值观

荀子明确提出“共不为害”论，提倡讲“同一异”“单一兼”的辩证法，反对“约定”的绝对化，将儒墨精神融汇，说明了儒墨博达的一面，证明王充说的“博达疏通，儒生之力也”（《论衡·效力》）。④

二、“宜”与“实”的相对性

荀子指出“宜”与“实”都有一个相对条件性，没有“固宜”“固实”（“固”意思是固定、僵化、不变），不存在超验的、超时空的宜与实。同时，荀子在文中谈到“善”与“径易”，还指出“善”有一个标准，那就是“径易”，意思是“简单易懂”，“不拂”，意思是不悖于逻辑事理、不自相矛盾。

三、"缘天官"的直觉感应论

"天官"就是人的感觉器官（在古代也包括形，即身体和心），"缘"的意思是"根据""依照"(《吕氏春秋 · 察传》)："缘物之情及人之情以为所闻，则得之矣。"荀子在这里说的是语言经验。他认为**直觉的语言经验是言语交流中判断的起点**。人属于一个大的"人类家族"，具有文化的、认知的、伦理的、逻辑的"家族相似"，这种种相似可以达致人的共识，约定事物的命名以便于语言交流。可见人际交流中概念的"约定"以人的直觉感应为最初始的基础、为最初始的依据，叫作"约名相期"。这个道理非常符合现代认识科学的原理，也符合维根斯坦关于语言的依据是"生活的形式"的论断。

5.1.3 王弼提出的"得意忘言"论

王弼（226—249）是魏晋时代杰出的儒学青年学者，被誉为中国古典释义学（hermeneutics）先驱之一。王弼之前的言、意、象之辨源于先秦《周易》的"言不尽意"与"立象尽意"：

> 子曰："书不尽言，言不尽意。"然则圣人之意，其不可见乎？子曰："圣人立象以尽意，设卦以尽情伪，系辞焉以尽其言，变而通之以尽利，鼓之舞之以尽神。"(《易传 · 系辞上》)
>
> 夫乾确然示人易矣，夫坤然示人简矣。爻也者，效此者也。象也者，像此者也。爻象动乎内，吉凶见乎外，功业见乎变，圣人之情见乎辞。(《易传 · 系辞下》)

老子、庄子也论及"言"与"意"的关系问题。老子说"道可道，非常道。名可名，非常名"(《道德经》第一章）就含蕴"言不尽意"的意思。庄子在《秋水》篇中说"可以言语者，物之粗也；可以改意者，物之精也；言之所不能论，意之所不能察致者，不期精粗焉"。庄子的基本观点是"言不尽意""得意忘言"(人之所言不可能完全表达他的所意，得到了意念就不应该执着于语言）。王弼同意庄子"得意忘言"的论断，他在《周易略例 ·

明象》中说：⑤

> 夫象者，出意者也；言者，明象者也。尽意莫若象，尽象莫若言。言生于象，故可寻言以观象；象生于意，故可寻象以观意。意以象尽，象以言著。故言者所以明象，得象而忘言；象者所以存意，得意而忘象。犹蹄者所以在兔，得兔而忘蹄；筌者所以在鱼，得鱼而忘筌也。然则，言者象之蹄也，象者意之筌也。是故存言者，非得象者也；存象者，非得意者也。象生于意而存象焉，则所存者乃非其象也；言生于象而存言焉，则所存者乃非其言也。然则，忘象者，乃得意者也；忘言者，乃得象者也。得意在忘象，得象在忘言。(《周易略例·明象》)

这里的“言”指语言符号；“象”是意象符号（即《易经》中的卦）；“意”是意念、意义，也指思想感情；“忘”犹言“超越”，“忘言”指心领神会，无须言语。按照中国释义学者的研究，王弼的“‘得意忘言’主要意思有三层：（1）言以明象，象以出意，言与象的结合是可以完全表达意的二重符号，因而对文化经典的解释不能不首先从寻言寻象入手；（2）言以存象，象以存意，而言与象则只是表意存意的工具，因此解释者既要重视言与象，又不能执着言与象；（3）象在言外，意在象外，解释者只有在一定阶段里淡忘言与象，超越言与象，从文本的言内之意走向言外之意，以意象启发想象，才能真正与著作家的心灵直接接触、交流乃至融洽，从而在融洽中产生新的意义。”(《中国古典解释学导论》，周光庆，2002 年版，第 222 页）

可见，“得意忘言”对翻译学理解理论和文本解读理论有指导意义。现在，我们以翻译海明威（Ernest Hemingway, 1899–1961）的小说 *The Sun Also Rises*（《太阳照样升起》）为例，来解析王弼的论述（见本页图）：

应当看到，王弼是个深受老庄之学影响的学者，他的言意之辨包含两方面的意思：一是对有形的世界，可以用“言”和“象”来“尽意”；另一方面是对无形的世界，王弼认为不可以用“言”“象”来“尽意”，只能用“微言”悟意而“得道”。王弼始终没有完全否认《易传》的“言不尽意”之说。但语言的表意能力及文本的“载意”能力都是有限的，把握住这一点，对翻译学意义理论很重要。

1st step　**明象、出意**⇨言以明象，象以出意

①读海明威之言：SL Text, *The Sun Also Rises*

②给小说主人公 Jack Barns 之“象”：残酷战争摧残下的人性变态

③目的是“寻象观意”：探索海明威的创作意图

2nd step　**存象、存意**⇨言以存象，象以存意

①解析 Jack 之“象”：劫后余生（“存象”待用）

②解构 SL Text 之“言”：“言”外之“意”（“存意”待用）

③目的是重绘已存之象、已存之意：悲怆感掩盖下的人性余晖

3rd step　**忘象、忘言**⇨象在言外，意在象外

①概括“存象”，绘出“象”外之“象”（Jack 的新形象），实现超越

②根据“存意”，析出“言”外之“意”，实现超越

③目的是得“象”外之“言”，“言”外之“意”：海明威的创作意向“压力之下的优雅”及其社会意义（通过人性余晖来表现人生优雅）

4th step　SL Text ⇨ SL Text **表现为译文**

根据上述海明威的深层意旨操控 TL 全局。

5.1.4 “文质之辨”与“文情之辨”

文质之辨属于意义的表现论：“质”相当于语义内容，“文”相当于文辞修饰，也大体对应于“所指”与“能指”。由于“文”与“质”是一个二元对立项，于是衍生出种种不同的倾向。

孔子提出的要求是“文质彬彬”（《论语 · 雍也》）。孔子自己对此有过解释。《左传 · 襄公二十五年》里说，孔子说过，“志有之，言以足志”，也就是说文辞要**充分达意**（“足志”），似乎比较强调“文”。但据《论语 · 卫灵公》记载，孔子又说“辞达而已矣”，似乎又意味着“文”旨只在“达”（通顺达意）就行了。对此，宋人司马光解释说“明其足以通志斯止矣，无事华藻宏辩也”（《答孔文仲司户书》），意思是孔子无意于“过分的修饰”（“华藻宏辩”）。清人魏禧曾解释说“辞之不文，则不足以达意也”（《甘健斋轴园稿序》）。清人洪亮吉的解释是“达即繁简适中，事辞相称”（《晓读书斋

初录》)。其实孔子之说表面上并没有什么矛盾,他讲了一个高标准“足志”,又讲了一个基本要求“达”,总之“文”不能不要,最好是两相融洽。他还说了“偏”于一的坏处:“质胜文则野,文胜质则史”,等等。但从孔子所作的各种言谈表述比较起来,他强调“文”比强调“质”更多、更明白。最明白无误的表述是:“言之无文,行之不远”(《左传·襄公二十五年》),“情欲信,辞欲巧”(《礼记·表记》)。唐人孔颖达解释说,孔子的意思是“君子情貌欲得信实,言辞欲得和顺美巧”。虽然如此,历代大儒生还是竭尽全力维护“文质彬彬”论。例如“群儒之首”的董仲舒说“质文两备,然后其礼成;文质偏行,不得有我尔之名”(《春秋繁露·玉杯第二》)。扬雄的提法则是“实无华则野,华无实则贾,华实副则礼”,主张“华”(文)“实”(质)相副(《法言·修身》)。王充的见解比较有创意,他说,“实诚在胸臆,文墨著竹帛,外内表里,自称副称,意奋而笔凝,故文见而实露也”(《论衡·超奇》)。

其实儒家之附庸于孔子也不是铁板一块。董仲舒是一大儒生,但他除了“两备”论以外,还有“质”为主、“文”为次的主张:

> 志为质,物为文,文著于质。质不居文,文安施质。质文两备,然后其礼成;文质偏行,不得有我尔之名。俱不能备而偏行之,宁有质而无文。虽弗予能礼,尚少善之。“介葛庐来”是也。有文不质,非直不予,乃少恶之,“谓州公实来”是也。然则《春秋》之序道也,先质而后文,右志而左物。

董仲舒明确提到“宁有质而无文”以及“先质而后文”,这其实是墨子的主张。扬雄除了提出“华实两副”以外,更辩解说“质”是内在的、“文”是外在的,质在首才有价值,所谓“无质先文,失贞(真)也”(扬雄《太玄经》卷五)。这也是墨子的观点。

墨子是坚定的“先质后文”派,他在《墨子·修身》中说,“言无务为多而务为智,无务为文而务为察”,意思是言语不在多而在乎有知有智,也不必要求有什么文采,但务必有见解,这就是所谓“尚质”。清人孔诏让在《墨子佚文》(载《墨子闲诂》)中说:“墨子曰:食必常饱,然后求美;衣必常暖，然后求丽；居必常安，然后求乐。为可长，行可文，先质而后文，此圣人之务。”墨子的“先质后文”论述使韩非子挺身而出为之辩。《韩非子·外说储上》中说墨子的弟子田鸠为捍卫老师先质后文的观点讲了一个很精彩的故事：[⑥]

> 楚王谓田鸠曰：“墨子者，显学也；其身体则可，其言多而不辩，何也？”“昔秦伯嫁其女于晋公子，令晋为之饰装，从衣文之媵七十人，至晋，晋人爱其妾而贱公女，此可谓善嫁妾而未可谓善嫁女也。楚人有卖其珠于郑者，为木兰之椟，熏以桂椒，缀以珠玉，饰以玫瑰，辑以翡翠。郑人买其椟而还其珠，此可谓善卖椟矣，未可谓善鬻珠也。今世之谈也，皆道辩说文辞之言，人主览其文而忘有用。墨子之说，传先生之道，论圣人之言以宣告人，若辩其辞，则恐怀其文忘其直，以文害用也。此与楚人鬻珠，秦伯嫁女同类，故其言多不辩。”

韩非子说，墨家认为可以多加辩解但不要巧言令色（“言多而不巧辞为辩”），因为巧言令色会使人们只记得辞令、辞藻而忘了内容（“恐人怀其文忘其直”），这就等于损害了“用”（“以文害用”）。所以说墨家是“先质后文而尚用”。

道家的观点不同于儒墨，他们的主张是“至言不文”（有道理就行，不必考虑行文）。西汉初年淮南王刘向主编的《淮南子·说林训》为之解释说，道家之意是“白玉不琢，美珠不文，质有余也”（质地好的玉珠不必修琢）。道家认为“质”是“文而不渝”的，“文”不应胜过质（“文不胜质”），也无须以“文”去胜“质”。《淮南子·诠言训》辩曰：

> 饰其外者伤其内，扶其情者害其神，见其文者蔽其质。无须臾忘为质者，必困于性；百步之中，不忘其容者，必累其形，故羽翼美者伤骨骸，枝叶美者害根茎；能两美者，天下无之也。

《诠言训》认为“美”伤骨、害根；“文”伤内、害神。这样一来，“质”就不存在了，因为“文”与“质”势不两立（“两美者，天下无之也”）。道家这种“文质对立论”与“美信对立论”(“美言不信”“信言不美”)旨意是相符的,《淮南子》并不赞成,《修务训》中不厌其详地叙述了毛嫱、西施之“饰”与“不饰”的效果,论证了“辞不可不修”的儒家观点(刘向:“辞不可不修,说不可不善”)。⑦

与“文质之辨”有关的是“文情之辨”,做翻译也应有所了解。淮南王刘向是这样解释文与情的对立统一的:

> 文者所以接物也,情系于中,而欲发外者也。以文灭情,则失情;以情灭文,则失文。文情理通,则凤麟极矣。

刘向认为“文”与“情”的关系犹“辞”与“情”的关系,“辞”用以抒发“情”,所以说“情系于中”而“文”将“情”发乎外,因此“失情”“失文”皆不可取,只有“文情理通”才是perfect(“凤麟极矣”)。刘向这番道理引起了差不多同时代的董仲舒的附和。董仲舒在《春秋繁露·天地阴阳第八十一》中说:“文辞不隐情,明情不遗文,人心之从而不逆,古今通贯(道)而不乱名之义也。”董仲舒的主张“文”(辞)与“情”应互为融通,是针对“至言不文”而发。后来的司马迁也赞同这种“辞因情而发,辞为情设”的观点,不过始终没有看到情因辞而显、情亦可因辞而隐的“情辞”辩证观。

古人的“文质之辨”与“文情之辨”内容丰富,各家畅述已见,常常可以互为补充,对我们翻译学的意义表现策略和译文操控策略都是很有益的历史指引。这也说明我国古代文人的知性思维是活跃的、深刻的,是不容歪曲的。

5.1.5 儒家提出的“以意逆志”论

“以意逆志”是一种传统的文本解读策略,是针对“断章取义”“以辞害志”“主观臆断”的文本解读。这里的“志”泛指原作者的理念、意向、主旨、意旨,它是支配、掌控文本的某种观念。“逆”的意思是“追溯”“推断”“推论”,也是超越之意。“以意逆志”的观点是孟子提出来的。孟子在《孟子·万章上》中说:

> 咸丘蒙曰："舜之不臣尧，则吾既得闻命矣。《诗》云：'普天之下，莫非王土。率土之滨，莫非王臣。'而舜既为天子矣，敢问瞽瞍之非臣如何？"曰："是诗也，非是之谓也。劳于王事，而不得养父母也。曰：'此莫非王事，我独贤劳也。'故说《诗》者不以文害辞，不以辞害志。以意逆志，是为得之。如以辞而已矣，《云汉》之诗曰：'周余黎民，靡有孑遗。'信斯言也……"

孟子认为观念形态像"志"这样的东西是行文势气的主导者（"夫志，气之帅也，"《公孙丑上》)，因此把握"志"这个主导来解读文本，就一定能抓住要领、贯通文意。不解其"志"(作品的意图、意向、理念）而读其"文"(文本)，难免会产生误会，以为作者在东拉西扯。这个道理显然适用于我们翻译中的理解原文、解读文本。古人说文章总是"载志而游"，中外皆然。

"以意逆志"的实质是一种文本的心理解读法，王逸在《楚辞章句》中解释为"以心揆心"(以本人之心观照他人之心，"揆"的意思是"考察""度量"）可谓一语中的。"以意逆志"倡导"以'不以文害辞，不以辞害志'的语言解释方法为前导，激励解释者怀着自己先在的认识图式、期待视野等等'意'，以'以心揆心'的方式，以追溯推求的姿态，超越'距离'，设身处地，去探求和体验创作者隐寓在诗歌文本中的思想情感，尤其是他对社会生活、政教风俗的见解，在融合同化的过程中生发出新的意义。"(周光庆，《中国古典解释学导论》，2002:360）

儒家"以意逆志"之说对翻译的理解理论是有启发意义的。儒家认为"知言"必须"知志"，"知志"必须"知人"，这就是我们今天所谓的"人文互证"。关于互证，《周易・系解下》还做过具体描写："将叛者其辞惭，中心疑者其辞枝，吉人之辞寡，躁人之辞多，诬善之人其辞游，失其守者其辞屈。"我们不能不说《系辞》中这种人文互证的心理分析是相当精到的。

以上我们按现代价值诉求从中国哲学、美学、文论论典中引述了与意义有关的五个命题的论述，这些论述大概只能说是提纲挈领，但即便如此，也可以看到中国前贤先哲在一两千年前的知性思维的历史光辉——尽管由于极其复杂的历史原因，中国古代知性思维的智慧没有得到阐扬开发，以致给后人留下看似“空洞的回忆”。今天，传统中国的现代命运面临一个令人担忧的认同危机：学术界（翻译界当然不例外）有人很想干脆早一点埋葬传统创造出来的整个价值系统，好让他们顺顺利利地供上他们膜拜的西方学术的图腾。大多数人则是对传统的价值底蕴不甚了然，他们也非常珍惜有历史价值的国故，但他们的“历史感”却常常成了连自己也觉得歉然的“空洞的回忆”。对此，笔者在这里只想提出一个问题：如果我们真的希望我们民族悠悠千年的知性光辉不在我们这一代或下一代断了“香火”，我们应当怎么办？

5.2 对待传统：不是“颠覆”而是超越

概括地说，对待传统有两种态度最值得注意：一是中国“五四”运动中激进政治的躁动态度，那就是“打倒”（例如“打倒孔家店”）；另一种是欧洲文艺复兴时期对待传统的态度，那就是“超越”。以躁动式激进政治手段来对付儒学，在民国肇建之时、帝政复辟与封建保守势力盘根错节之日，诚然是可以理解的。其时“共和政制”由于先天不足后天失调，备受帝政复辟势力的冲击，而帝政复辟势力又与通过假儒家之名行事的封建保守势力声气相通；加以儒家礼教被“原罪化”，扭曲人伦世风，早已背上了“恶名”。但是即便如此，以“打倒”儒家文化作为反制手段则实在是一种幼稚病。儒学的核心价值，属于义理价值系统，其精髓在于本乎仁心以成己爱人，敬天惜物，这一部分与现代价值其实并不相悖。韦伯对儒家文化中有悖于现代价值的部分有过评论，可供我们参考：⑧

> 韦伯的伦理比较理论虽然在理论构架、中心论点乃至资料的分析运用上多有可加批判之处，但他毕竟提出了一个核心的问题，这就是生长于农业—宗法社会之中并适应这一社会运行机制的儒家文化在整体上是维护农业社会的自然经济和小农生产方式以及前现代社会的结构和等级制度的，因此，它与现代化进程必然从本质上发生多方面的深刻尖锐冲突，这些冲突在基本面上主要表现为：尊卑贵贱等级原则

与现代平等原则的冲突；人治传统与法治社会的冲突；宗法忠孝观念与民主意识的冲突；共性至上的群体原则与个性全面发展的冲突；保守心理与创造需求的冲突；封闭意识与开放观念的冲突；中庸信条与竞争意识的冲突；物质利益原则与伦理中心原则的矛盾冲突。从这一意义上说，儒家文化体系无论对于现代化进程的发生还是发展来说，都是一种极大的障碍。在迄今为止的中国现代化的过程中，这一障碍性意义已经一再得到充分的表现。

儒家文化中的消极成分流弊积久而著，固然有待于洗刷，但这个问题涉及当时整个社会文化和政治、经济的现实情势，不是“打倒孔家店”就可以解决问题的。有见于此，胡适等人提出了“整理国故，再造文明”的方略来抗衡“打倒”，结果只是引领了一批人钻进了“史学史”和“古史辨”的故纸堆，而且再也没有出来。

在我看来，对待传统最积极的态度是**深化认知，获得新知（真知），实现超越**。

先以文艺复兴时代的大师为例。文艺复兴前夕，欧洲人被中世纪的神权传统所苦，神权论支持经院哲学，神学家利用亚里士多德的“演绎法”，压制新知。“演绎法”云：“凡人皆有死，苏格拉底是人，所以苏格拉底亦有死。”这种演绎推论，没有推出任何新知。培根（Francis Bacon, 1561–1626）于是出来论证如何破除根深蒂固的偏见以获得真知（real knowledge）。执着于“演绎法”正是偏见的一种。培根认为要避免谬误，不仅要有演绎法，还要有归纳法，做到广泛搜集现象、进行分类观察、加以比较研究，在这个基础上综合观察研究所得，推出科学结论，这个结论就是真知。培根认为“知识就是力量”，人必须依靠“知识的富集”来获得真知、“再造旧知”，实现对传统的超越。

笛卡儿（René Descartes）重理性，主张“怀疑一切”或“彻底的怀疑论”（utter skepticism），认为“最明确的知识源自怀疑”。对“我”的最明确的认识是“我思”：“我思故我在”。据此，笛卡儿认为人的“意识状态”（state of consciousness）的范围就是他的“确定的知识”的范围；所谓“怀疑一切”就是在“没有得到确定的知识”以前的一切，也就是人的“意识状态范围”以外的一切。笛卡儿与培根一样反对中世纪以降被“the Divine”，“the Divine Intelligence”和“the Divine Right of Kings”（神、神明、君权神授论）无所不在地控制着一切的传统势力，但他们的手段则是提倡脚踏实地地经过理性（reason）验证而获得经验（experience）：[⑨]

> In fact neither Bacon nor Descartes had any confidence in opinions founded upon the uncriticized experience of the senses. For correcting the errors consequent upon a naïve trust in the testimony of such experience both place their reliance upon the adoption of a right method of conducting scientific inquiry. And both thus seek an intimate alliance of experience and reason. Thus Bacon says:
>
> . . . the true labour of philosophy . . . neither relies entirely or principally on the powers of the mind, nor yet lays up in the memory the matter afforded by the experiments of natural history and mechanics in its raw state, but changes and works it in the understanding.
>
> We have good reason, therefore, to derive hope from a closer and purer alliance of these faculties (the experimental and the rational) than has yet been attempted.
>
> And thus we hope to establish forever a true and legitimate union between the experimental and the rational faculty, whose fallen and inauspicious divorces and repudiations have disturbed everything in the family of mankind.

这就是说，他们提倡的是科学和科学方法论，这个新的传统精神沿自文艺复兴的先驱达・芬奇（Leonardo da Vinci, 1452–1519）。达・芬奇倡导发展科学方法论，主张一切基于科学法则，即**观察、假设、试验、描写与比较**：[⑩]

> Leonardo da Vinci, like Galileo and Kepler, did not develop a theory of method, but his constant effort after truth leads him in practice to

so clear a conception of methods of procedure and proof that his work deserves an important place in the development of scientific methodology. Presupposed and often not expressed, followed and often not openly stated, the rules of observation, of hypothesis, of experiment, of description and comparison come out clearly in his investigations as a whole. His work, moreover, leaves continuous and evident traces of the road the investigator has followed in his effort after truth—a road sometimes tortuous, but always interesting from the methodological point of view.

我想，这个**科学态度的真谛**，就是对传统的**跨越**。实际上文艺复兴**以超越为特征**的对待传统的态度，在欧洲“香火”相传，20 世纪中期在欧洲出现的后现代主义之反传统，也就是集中主力超越近代哲学和文学中的主体性理论、人的中心论、意义的确定性、事物的本质论等等。后现代主义者大抵倾向于以人超越神、以主体性超越神性，又用客体的存在超越主体性。他们中有些人甚至鼓吹要使人成为无中心、无本质、无目标，只会享受当下性的人生价值的体现者。诚然，后现代主义者的许多具体主张容或有大可商榷之处，但就“对传统实现超越”的基本精神来说，他们中的佼佼者的态度是大体可取的。在我看来，积极意义上的“超越”，包含以下几层意思。

一、坚持理性，把握“价值底蕴”

对历史人物和历史文化事件要进行理性的、切合实际的分析，以把握其“价值底蕴”（也就是培根所说的去获取 real knowledge），不要不分青红皂白地“否定”“反对”“批判”。

二、消解与现代价值相悖的内容

就是我们所说的“去粗取精，去伪存真，由此及彼，由表及里”。所谓要解构、消解的东西正是“去粗”“去伪”，也就是哲学上审慎的“扬弃”（sublation），扬弃的依据则是现代价值。

三、吐故纳新，实现重构

所谓“故”也就是被扬弃的“粗”与“伪”，“新”就是符合现代价值的内容，也就是培根所说的“新知”。这中间，很多属于对偏向的纠正、对不足的增补，对浅陋的深化或对隐曲的阐明，等等。例如，今天我们高度评价墨子提出的“类”的命题，认为它符合当代认知科学中的范畴概念。但从当时墨子的具体论述看，他具体指的是“词类”，即 part of speech。后期墨家进一步分析了“类名”，实际上他们谈的还是“名”与“实”的命题，跟我们今天说的思维的范畴化（categorization）不完全相通。“言不尽意”论也是这样。“言不尽意”的命题首先见于《周易》，庄子也提到过，到魏晋时代被纳入“言意之辨”，广为论及，其中最著名的论者是荀灿（认为义理存在于现象之外，“象外之意”人是无法感应的）和欧阳建（？—300，针锋相对地提出了言尽意论，并批评了王弼）。这个问题本有它原来确定的哲学内涵。前些年有翻译界人士说古人所说的“言不尽意”论相当于哲学家 H. P. Grice 所说的 implicature（谈话含义）。这样的比照附会也似乎有点牵强，因为 implicature 讲的是话语交流意向的策略，表示有意地在交流中隐藏“言外之意”，涉及的问题比“言不尽意”小得多。

其实，上面提到的当代中国社会文化的转型，也正是一种宏观的波澜壮阔的超越。欧洲文化史上大致可与文艺复兴超越比拟的是后现代主义对文艺复兴以来传统的再超越，即所谓“重写现代性”（Modernity Rewritten）。法国当代最有影响的哲学家利奥塔（J. F. Lyotard, 1924– ）在他的重要著作《后现代状况》（1979）中说，就现在的情况而论，后现代主义已经对传统上认为“理所当然”的概念，如一元性、普遍性、确定性，实现了意义深刻、范围广泛的超越，而代之以**多元性、特殊性、差异性和变异的恒常性**。[11]中国翻译学必须认真关注这些深刻的变化，并借鉴在自己的理论思想和理论构建中。

5.3 中国翻译学意义理论的构建

“重意义”是中国翻译和翻译理论的优良传统，这个传统要不要扬弃，西方当代翻译理论对意义的重要性各持一说，有人倡导“交流就是一切，意义是没有的”，无异于将意义边缘化，这种论调和主张我们要不要“跟风”？

我想，我们的态度应该是一个明确的“不”！“重意义”正是中国翻译和翻译理论的基本特色之一，我们不仅必须保持这个传统，而且应该强化和发扬这个传统。

跟我们对待传统的基本态度一样，对意义问题，我们也应该作**冷静的反思、理性的超越和认真的重构**。根据这个基本态度，下面提出一个中国译学意义理论比较系统的构想，供研究讨论。

中国译学意义理论框架刍议：

一、总原则

（一）摆脱束缚翻译思维的学院式静态意义观，将意义放到语言游戏即语言交流中加以考察，突出“用”：**以用取义，以用定义**。

（二）摆脱因袭的、片面的语言研究策略，即既要用同质语言观来观察意义，注意意义的共性，又要用异质语言观来研究意义，注意意义的“个性”；不要忽视汉语意义研究的传统和特色，以及外语意义研究的传统和特色。

（三）对古今中外的意义理论进行**“现代价值”的理论评析，即“科学地甄别，批判地吸收”**。

（四）摆脱意义研究中以“流”代“源”的研究路向，译学意义研究应当既抓住“源”又不忽视“流”，既抓住当代人对意义的探讨、论述、阐发，又不忽视他们理论思想和主张的源头；我们既要重视共时之“此”，又要重视历时之“彼”，不能顾此失彼。

二、对意义的历时研究和共时研究

（一）“古为今用”：中国传统哲学、美学、文论中意义研究的重大命题与翻译的关系

1. 墨家的“以名举实论”评析
2. 儒家提出的“制名指实”与“约定俗成”（荀子）论评析
3. 《周易》的“言、象、意”论评析
4. 王弼的“得意忘言”论评析
5. “文质之辨”与“文情之辨”评析

6. 儒家的"以意逆志"(孟子)论评析

7. 断代意义研究(如清代段玉裁:"音生于义,义著于形"论)评析

8. 中国传统意义命题的特征与"现代价值"评析[12]

(二)"外为中用":西方意义理论与翻译的关系

1. 指称论意义观评析

2. 观念论意义观评析

3. 语用论(use theory)意义观评析

4. 指号论(符号学)意义观评析

5. 释义学(hermeneutic theory)意义观评析

6. 认知语言学的意义观评析

三、意义对翻译学的意义

(一)一般论述(意义结构与功能:意义与交流)

(二)中国翻译学视角中的意义

1. 从传统上看:中国译论"重意义"的传统

2. 从汉语语言特征看:辨义与审美的"嵌合"

3. 从汉语思维风格来看

(1)意义的主体化倾向

(2)意念主轴的句法结构机制——汉语有序性思维方式的句法化

(3)意义在汉语"类比思维""联系思维"和"具象思维"风格中的关键作用

(三)翻译学对意义研究的实用性和开放性

四、翻译学意义理论的特征

(一)特别关注意义对交流中的语境的高度敏感性

1. 语境是"语言使用"的现实化:"意义取决于使用"(Wittgenstein)

2. 意义与意向的整合:"意向永远体现在句法表现中"(Wittgenstein)

3.(检验)"语言使用"的标尺:"生活的形式"(Wittgenstein)

(二)特别关注意义与文化的关系(一):意义的"时间性"(temporality)——西方各家(如海德格尔)之说的现代价值

1. 历史流变的文化底蕴：意义的文化历史内涵

2. 文化意义的表现

（三）特别关注意义与文化的关系（二）：意义的“空间性”（spaciality）

1. 汉英词义一般比较

2. “语言版图”与意义流变：意义的地域性

（四）特别关注意义的动态观：双语意义转换的“游戏化”

1. 双语转换中语境的高度的多变性

2. 为应交流之需译者操控语言的原创功力的发挥

3. 论对应：“对应是一个范畴”

五、意义获得及辨析

（一）中国传统语言学的词义辨析法评析

1. 以形释（说）义（许慎《说文解字》）评析

2. 声训辨义（东汉末 · 刘熙、清 · 段玉裁）评析

3. 义训释义（唐 · 孔颖达、清 · 王念孙）评析

4. 对应释义（转陈对应法）评析

5. 推求释义（“上下推求”法，宋 · 朱熹）评析

6. 假设求证（清 · 戴震）评析

7. 归纳演绎求证（清 · 王念孙及王引之、段玉裁）评析

（二）西方释义学的意义获得及辨析理论

1. 德国：阿斯特（G. A. Ast, 1776–1841）的有关论述评析

2. 德国：施马赫（F. D. E. Schleiermacher, 1768–1834）的有关论述评析

3. 德国：狄尔泰（W. Dilthey, 1833–1911）的有关论述评析

4. 德国：胡塞尔（E. Husserl）的有关论述评析

5. 德国：海德格尔（M. Heidegger）的有关论述评析

6. 德国：伽达默尔（H. Gadamer, 1900– ）的有关论述评析

7. 意大利：贝蒂（E. Betti, 1890–1968）的有关论述评析

8. 德国：哈贝马斯（J. Habermas, 1929– ）的有关论述评析

9. 法国：利科（P. Ricoeur,1913– ）的有关论述评析

（三）西方语言学的意义获得及辨析理论

1. 弗雷格（G. Frege, 1848–1925）："意义不同于指称"论评析

2. 维根斯坦："意义取决于使用"（"意义即使用"）论评析

3. 奎因（W. V. Quine, 1908– ）："意义存在于整体中"论评析

4. 斯特劳森（P. F. Strawson, 1919– ）："意义寓于功能、功能体现意向，意向参与意义"论评析

5. 皮尔士（C. S. Peirce）："符号蕴含的意义是不确定的"（三重指称论）、"还符号以生命"，皮尔士的动态意义观评析

（四）西方语言学的意义获得及辨析理论

1. 奥格登（C. K. Ogden）与瑞恰兹（I. A. Richards）的意义范式："语义三角"的静态意义观评析

2. 利奇（G. Leech）："概念意义是由含义和指称组成的，二者类似内涵和外延"论评析

3. 卡兹（J. Katz）与弗德（J. A. Fodor）的"意义投射"理论（1971）评析

4. 莱昂斯（J. Lyons）："命题也就是句子的意义"论评析

（五）当代语用学的意义获得及辨析理论

1. 奥斯丁（J. L. Austin）论语义（meaning）与语势（force）

2. 格赖斯（H. P. Grice）论谈话含义（conversational implicature）

六、意义的表现论及价值论

（一）意义表现必须以理解为基础与前提

（二）意义表现的基本原则：必须与交流目的、交流对象及预期效果挂钩

（三）对应是一个范畴意义，表现在以（一）、（二）为前提下享有最大的自由度

（四）意义表现必须不悖于"生活的形式"（Wittgenstein）

（五）译语操控模式评析

1. 交流概念模式：向 TL 倾斜

2. 模仿概念模式：向 SL 倾斜

3. 混合概念模式：TL 与 SL 兼顾

4. 改写概念模式：按交流目的与预期效果改写

（六）以（一）、（二）、（三）、（四）、（五）为前提，译者有权发挥自己的原创性

5.4 结语：新传统的应运而生是历史的必然

中国传统译论“重意义”很早就见于诸译经大师的译论。正式以言辞表示这个主张的是鸠摩罗什的得力助手僧睿（？—约438）。他在《毗摩罗诘提经义疏序》中说，“质而不丽者，重其意也”。道宣在一篇短文《大恩寺释玄奘传论》中七次提到“义”（或“意”）。但对意义的态度可以有两种：一种态度是静态的，即执着于原义；另一种态度是动态的，即着眼于交流。传统意义观基本上是静态的，即将意义看作一种凝滞的、僵化的概念，一种似乎必须“以不变应万变”的概念，总之是让交流来适应意义，或曰“以意害辞”（speech），而不是按运动中、使用中的动态的话语要求，让意义来适应交流。意义诚然是十分重要的，但是我们不能将它神圣化、凝滞化、僵化，而必须动态化、游戏化——也就是“生活形式化”。事实上，意义的本性就是游移的、不确定的、可变的，必须随“使用”（应用、运用）之变而变化。正因为这样，词典中积累的意义才越积越多。据此，本章提出要超越“重意义”的旧观念，建立“重交流中的意义”的新观念。

正如本章伊始中提到的，Hobsbawn 说，“被发明的传统”（tradition invented）将成为推动历史的传统，这是一种历史的必然。Hobsbawn 说：[13]

> 在史学家所关注的任何时代和地方，都可能看到这种意义上的传统的“发明”。当然，可以说，在以下情形下，传统的发明会出现得更为频繁：即当社会的迅速转型削弱甚或摧毁了那些与“旧”传统相适宜的社会模式，并产生了旧传统已不再能适应的新社会模式时；当这些旧传统和它们的载体与传播者不再具有充分的适应性和灵活性，甚或被清除出局时；总之，当需求或供应的一方或双方发生了相当大且迅速的变化时，“被发明”的传统就会频频出现。在过去二百年里，这类变化尤为明显。因此，有理由认为那些新传统的令人眼花缭乱的仪

式化活动在过去二百年里得到了集中表现。(着重点为本书作者所加)

其实，说明白一点，正是社会文化转型期的现代价值驱动我们去反思旧观念、超越旧观念、建立新观念。这就是中国的《易经》中所体现的一个光辉思想：一切都在变化、蜕化、转化，自古已然。

〔注释〕

①近年来中国大陆译学界“抑中扬西”的文章并不少见，谬见多多。谬误的起点大都是对传统的认识有问题。因此笔者曾经呼吁译学界学习辩证唯物主义和历史唯物主义，对中国传统和西学新论都要有一个科学的认识。

②参见周光庆著《中国古典解释学导论》，北京：中华书局 2002 年版，第 206 页。

③参见周光庆上著，第 208 页。

④参见北京大学哲学系编《中国哲学史》，北京大学出版社 2000 年版，第 186 页。

⑤参见北京大学哲学系编上著，第 201 页。

⑥引自李亚彬著《中国墨家》，北京：宗教文化出版社 1996 年版。

⑦《淮南子·修务训》云：

> 今夫毛嫱西施，天下之美人。若使之衔腐鼠，蒙猬皮，衣豹裘，带死蛇，则布衣韦带之人过者，莫不左右睥睨而掩鼻。尝试使之施芳泽，正蛾眉，设笄珥，衣阿锡，曳齐纨，纷白黛黑，佩玉环揄步，杂芝若，笼蒙目视，冶由笑，目流眺，口曾挠，奇牙出，面摇，则虽王公大人有严志颉颃之行者，无不惮痒心而悦其色矣。

⑧转引自周积明的论文《中国现代化的历史起点》，载《转型时期的中国文化发展》，第 56 页。

⑨、⑩引自 R. M. Blake 等人编 *Theories of Scientific Method*, Washington UP, Seattle and London, 1966, p. 53 及 p.11。

⑪参见刘放桐编《新编现代西方哲学》，北京：人民出版社 2000 年版，第 622 页。

⑫参见黄俊杰编《传统中华文化与现代价值的激荡》，北京：社会科学文献出版社 2003 年版，第 19 页。

⑬引自 E. J. Hobsbawn 等著 *The Invention of Tradition*, Cambridge UP, London, 1983, p. 5。

第六章 论形式的功能观："还形式以生命"

形式（form）究竟有没有**意义**（这里指的是meaning，不是significance，因为大家对后者似乎已经没有异议了）？长期以来哲学家、美学家和语言学家都在探讨这个问题，现在翻译理论家也加入到了这个行列。对翻译而言，这个命题比较实际：按奈达的说法，翻译即译义，那么形式如果没有意义，我们就不必搜索枯肠，将它表现在译语中。同样，形式如果有意义——那么，在语言形式迥异的双语转换中又怎样发掘形式的意义，怎样表现形式的意义呢？这就是一个很值得译学关注的问题了。形式问题对中国翻译理论而言尤其重要，原因是中国语言文字重表现性艺术美，这个问题关乎中国翻译理论的价值诉求，下面我们还要作专门的对策探讨，可见实际上，这是一个与翻译本体论有关的问题，涉及方方面面，我们可以统称之为翻译学的形式观。

考虑到形式问题比较复杂，涉及的问题以及"历史悬疑"都比较多，我们拟分四个分题加以论述：第一分题，翻译实践史反映了形式观的演进史（6.1）；第二分题，翻译学视角中形式的特征和形式的功能（6.2）；第三分题，形式与内容之间的关系不存在绝对规定性（6.3）；第四分题，翻译的形式表现法对中国翻译理论的特殊意义（6.4）。我们历来比较重视对内容（意义）的研究，这无疑是正确的，但形式问题也不能忽视，以免顾此失彼，因为二者实在是息息相关，互为依存的条件。

6.1 翻译实践史反映了形式观的演进史

当代文艺研究强调"形式机制"与哲学研究注重功能与实用大体同步。西方文艺理论与符号学理论都在研究"representation"（"再现"，有时译为"表征""表现"）问题。艺术的人文性质要求形式符合当代人对"新"（novelty）和"变"（alterity）的不断需求。这种与时俱进的需求不仅冲击着比较具有恒常性的主题内容，而且必然更强力地冲击具有较少恒常性的形式。可以说人类的艺术文学史就全局来看正是一部探索"新"和"变"的形式的历史。正是在这个意义上，我们说形式具有"时间生命"。

形式（德语也是 Form）与内容（Inhalt）互为表里。一般说来，有什么样的内容就有与之相应的外在的形式。对中国人的思维和价值观影响最深刻的哲学家老子（前 604—前？）在《道德经》（第五十一章）中说："物形之"，意思是说客观世界的万事万物都以"形"来体现，"物成生理，谓之形"，以"形"来体现"物"，这就是"理"（规律、法则）。但内容与形式的关系不是静态的。黑格尔（1770—1831）在《小逻辑》中说，内容与形式是**互相转化**的：内容非他，即形式之转化为内容；形式非他，即内容之转化为形式。黑格尔提出来的内容—形式的**互相依存（也是依衬）**、**互相转化**的思想与我国南北朝时期杰出的哲学家范缜（约 450—510）在《神灭论》中阐述的观点是大体一致的。范缜说：

> 形者神之质，神者形之用，是则形称其质，神言其用，形之与神，不得相异也。……神之于质，犹利之于刃；形之于用，犹刃之于利。利之名非刃也。然而舍利无刃，舍刃无利。未闻刃没而利存，岂容形亡而神在？

范缜的基本观点是：形式（形）、内容（质）、功能（用）与效果（神、用）四者"不得相异"，必然相互依存：刀不见了、神不在了，还能谈得上内容、谈得上功效吗？可以说，内容与形式以及"内容—形式—功能—效果"的这种统一观、互动观就是今天我们要倡导的形式功能观的基本思想。

这个基本思想是符合中外翻译实践和翻译思想发展的历史实际的。

中国译论始于支谦（东汉人，译经88部，凡30余年，时间大约在223—253）。支谦认为翻译行为的目标（也就是他做翻译的落脚点，即“行为终端”）可以概括为四个字：“（译胡为汉）**审得其体**”（《法句经序》）。在秦汉时代的古汉语中，“体”的基本概念有三：一是“体式”“规格”“格式”（《管子·枢言》：“先王取天下，远者以礼，近者以体”；曾巩《相国寺维摩院听琴序》“书非能肆笔而已，又当辨其体而皆通其意”。“辨体”是形式甄别，“通意”是内容领悟），“体式”是个形式问题；二是“体裁”“风格”（《文心雕龙·通变》：“夫设文之体有常，变文之数无方”），“体裁”（genre），犹言“样式”，书写文字（written form）的样式必有一定的风格（style，指行文特征），体裁、风格必然表现在形式上；三是“表现”“体现”（《后汉书·班固传》：“体弘懿之姿，据高明之势”，前句意思是“表现、体现出宏大美好的姿态”），表之于外，必有其形。总之三者都可以归之于“形式”。可见支谦认为翻译实在离不开形式，他举出几位高僧，说他们通过矜慎的努力打造出了适合的佛经汉译的行文体式。文章后面所说的“质”“雅”“饰”“美信”“信言”“文饰”更是很明白的**形式命题**，支谦是主张“质实”的。实际上，文也好，质也好，都是**着眼于内容**（也就是支谦所说的“本旨”和“厥义”），**着手于形式**（也就是支谦所说的“美言”与“文饰”），**着力于功效**（也就是支谦所说的“当今易晓”“实宜径达”）。这也就是今天我们所倡导的形式功能观的具体含义。

支谦后译论家的主张，不论是释道安的“五失本、三不易”、鸠摩罗什的“不失藻蔚”“不隔文体”（罗什，《为僧睿论西方辞体》），抑或是玄奘的“五不翻”及“直译、意译圆满调和”，都是在“文”与“质”（表现为偏重TLT的可读性抑或偏重对原文文本SLT的忠实性），也就是在“形式”与“内容”之间寻找一个适应或顺应“时序”（特定时代发展的社会文化需求），也就是历史语境的平衡点。而且有趣的是，每当时序偏于“文”时必有人出而提倡“质”，时序偏于“质”时必有人出而提倡“文”，似乎呈现出一种“钟摆效应”，总之没有离开形式考量。这中间，探索的共同点或曰“中心”“焦点”都是**着眼于意义的转换**，**着手于形式的调整**，**着力于功效的保持和运**

筹，也就是说，**用形式调整的手段，达致意义转换的目的；以意义转换的效果，评估形式调整的得失**。于是翻译思想就在这种对形式与内容的互相依存、互相转化的辩证关系仍处在朦胧状态的认知中，此起彼伏地向前发展，而翻译实践则是在翻译思想发展的推动下，一波又一波地向前推进。值得重视的历史事实是：**每次对形式框囿的突破都带来翻译实践的大发展，每次对形式认知的深化都促进了翻译质量的大提高**。清末马建忠的"善译"论及严复"信达雅"的主张所起的历史作用即在于此。严氏的见解在译界已广为人知，我们可以再读一读马建忠的"善译"论（《拟设翻译书院议》，1894）：

> 夫译之为事难矣，译之将奈何？其平日**冥心钩考**，必先将所译者与所以译者两国之文字，深嗜笃好，字栉句比，以考彼此文字孳生之源，同异之故，所有相当之实义，**委曲推究**，务审其音势之高下，相其字句之繁简，尽其文体之变态，及其**义理精深奥析**之所由然。（着眼于意义的转换、着手于形式的解析）夫如是，则一书到手，经营反复，确知其意旨之所在，而又摹写其神情，仿佛其语气，然后**心悟神解**，振笔而书，译成之文，适如其所译而止，而曾无毫发出入于其间，夫而后能使阅者所得之益，**与观原文无异**，是则为善译也已。（着力于功效的运筹）（重点及解释为本书作者所加）

即使用今天的眼光看，马氏之议也实在可以说是一篇很到家的译文操控论，贯彻了**着眼于内容、着手于形式、着力于功效**的功能主义形式观。马建忠强调了：（1）TLT 与 SLT 在语言各层级的 systemic differences（体制性差异，M. A. K. Halliday, 1991）；（2）目的语表现法诉求；（3）目的语审美价值诉求；（4）效果诉求。这一切都不是光靠着眼于 SLT 意义置形式于不顾就能办到的。就译文操控而言，可以说译者越精于 SLT 形式机理（结构和功能）解析，越明于如何营运于译文，也就是马氏所说的"心悟神解，振笔而书"，就越能使效果达到预期的程度和标高。

实际上，傅雷在 20 世纪五六十年代初提出的"重神似不重形似"（《论文学翻译书》，1963）以及钱锺书提出的"化境"论（《林纾的翻译》，

1979）是形式的功能观在新的时序推进下，即新的历史语境中的更新。从正面看，傅、钱二氏关注的似乎只是效果（尤其是艺术效果），特别是傅氏更明确地提到“不重形似”。实际上，效果论也是形式功能观的重要组成部分，可以用范缜的**“内容—形式—功能—效果”**模式来佐证。所谓“神似”“化境”本身是美学命题，实质上必然论及形式，此其一。其二是，傅、钱二论实际上强调了形式的认识论意义，要出“神”入“化”必须经SLT形式之引导，傅雷说“求将‘SLT’化为我有，方能谈到迻译”（1963），钱锺书将“化”比作西人所谓the transmigration of souls（投胎转世）：“‘躯壳’（形）换了一个，而精神姿致（神）依然故我”（1979），这是将形式的功能发挥到极致的效果。其三，关于TLT形式本身，傅雷提出用“纯粹的”目的语（1963），钱锺书批评林纾使用“斑驳陆离”的古词语，提倡“晓畅明白”，他的形式楷模是用效果来度量的，“译本对原作应该忠实得以至于读起来不像译本”（1979），这也就是寓效果于形式，符合范缜“舍利无刃，舍刃无利”的形式功能观。

除汉代的“文”与“质”外，在中国翻译史中直接提出外在形式（“outer form”，林语堂，1934）命题因而深刻地影响了翻译思想发展的是严复的“译事三难信达雅”论（1896）。严氏的形式命题也是与内容一并提出的，但从他自己的翻译实践来看，严氏更关注的是形式运筹。首先，他的形式命题已经不是泛泛而论。他在标举内容的“信”的同时，提出了双语形式转换四个方面的基本任务：一是词语及语序方面，他提出“词句之间时有所颠倒附益（“附益”的意思是增补），不斤斤于字比句次，而意义则不倍本文”；二是表达方面，他提出在汉英难以“共喻”时应“前后引衬，以显其意”，而至关紧要的是“全文神理，融会于心，则下笔抒词，自善互备”；三是语域文体方面，他提出“用汉以前的字法句法”的本意是针对他的预期读者，以发挥“达”及“达旨”的社会功能；四是审美方面，他提出“雅”（尔雅）作为表现法的总目标，也是严复的形式命题的最显著的特色。他在1902年给梁启超的信中进一步为“雅”辩护说：“文辞者，载理想之羽翼，而以达情感之声音也。是故理之精者不能载以粗犷之词，而情之正者不可达以鄙倍之气。”实际上，严复上述种种主张不仅表述了他的形式功能主张，而且第一次提出了英汉翻译形式转换的操作指引，对后世影响极深。中国译界至今仍有从业者将"信达雅"视为座右铭，绝非偶然。哲学家、翻译家贺麟（1902—1992）在《严复的翻译》（1925）一文中综述了严氏对中国近世社会思想、学术思想和翻译事业的贡献。应该说，严复对中国近代翻译思想发展的贡献亦可谓无人能出其右。严复的翻译思想以及充分体现在其所译的几部学术著作中的严复式形式功能观，在中国翻译史及中国翻译思想史中，都是一座不朽的里程碑。

综上所述，可见形式问题在翻译发展史中起着独一无二的**推波助导**的作用，其所以说"助导"，因为在一般情况下形式并没有取代也不可能取代内容这个**主导**。就翻译思想发展史而言，我们看到的重要事实是：

（一） 翻译思想涉及很多属于关系系统中的问题：翻译与社会、翻译与文化、翻译与人生等等。就翻译内部系统而言，翻译思想通常聚焦于"内容"（语义内容）与"形式"（语言形式）这个首当其冲的**辩证关系**命题。

（二） 形式首先作用于感官，先"感"（感应）而后"思"（思考、思想）。正如黑格尔所论证的，"内容"与"形式"之间存在着互相依存、互相转化的关系。在翻译思想的方法论中，这种依存、转化的辩证关系表现为着眼于内容，着手于形式，着力于功效的整体关系：要翻译 SLT 语义内容，译者就不能不着手于对 SLT 形式的精微解析与剖析、着手于对 TLT 形式的审慎权衡与操控，以期获得预期效果。舍此三者，意义无以寓形与赋形，也就谈不上翻译了。

（三） 翻译思想的发展也是多方面的，其走向通常亦聚集于形式与内容的关系：一定的社会形态要求一定的文风，翻译与社会的关系必定会反映在**翻译的形式观**中。玄奘的翻译思想与唐代盛世密切相关；同样，严复的翻译活动（包括他的翻译观以及形式观）也都与清末的社会政治形势密切相关。据此我们可以预见，在多元文化共荣的时代，翻译的形式一定会愈趋多样化。

（四）"形式"与"内容"的矛盾此起彼伏，不可能一劳永逸地解决，正是这种矛盾使翻译思想处在永不停息的发展中，从而推动翻译实践的发展。看来，"着眼于内容、着手于形式、着力于功效"——由内容决定对形式的调节，再由形式的调节完成对内容的表现，以达至**预期的功效**——应是翻译最基本的游戏规则。这中间，形式扮演的角色既是功能的体现者，又是功能的完成者。正因如此，形式就成了发展的助推者，更是运动发展历程的独一无二的记录者——后世正是根据形式的蜕变来探求翻译思想的演变，中外翻译发展史都印证了这一点。

纵观千余年翻译实践的发展历程，译坛英才辈出，译论纷纭，其实焦点只有一个：如何将外国语中的“内容”转换为本国语的“形式”。问题的关键就在于，“内容”不是凌空的。一切“内容”都以这样或那样的方式寓于“形式”（文本），如果译者真正想将“内容”转换成功（效果），他（她）就必然要遵循这样一条思路：**着眼于内容，着手于形式，着力于功效**。这是迄今为止种种翻译思想关于形式问题的一条主动脉。正因如此，我们可以从迄今为止中外译者和论者的纷纭议论中听到这条主动脉的搏动声，也可以说，大家都围绕“如何发挥形式的功能以传达意义”在说话。

于是就得出了一个重要的推论：翻译实践的发展史反映了形式观的演进史。当内容已被符号化为形式的时候，不抓住形式肯定会放走了内容；同时，由于内容都是以这样（said）或那样（unsaid）的方式寓于形式，因此形式的玄机关乎内容之把握。这大概正是形式的张力（tension）和魅力之所在。我们将在下文中论及。

6.2 翻译学视角中的形式特征与审美功能：关键在认知性（Cognitiveness）

对翻译学而言，形式本身不是目的，但它却具有充分的目的性：认知和审美——这是翻译完成语言转换目的的关键。

欧洲的表现主义美学将“形式”看作一种从思维到表现的“归宿”（destination）是有一定的道理的。形式的本质是它的认知性，人的知、情、志纵使有“千种风情”，如果不将它们赋形于外，那么“千种风情”也只得与人的躯壳一起被埋入一“抔”黄土中。现在我们暂且不探究所谓“归宿”论是否完全有道理，先来考察一下形式具有这样的“神功”的由来，以便我们研究在翻译实务层面制定怎样的形式表现法对策以及在理论研究层面如何做出符合科学的理论描写。从翻译学视角把握形式的特征和功能是第一步。看来，翻译学既应完全摆脱形形色色的机械论者对形式的诠释；也要反对某些后现代主义者将形式“考古学化”的主张。形式既不是什么与意义脱臼的“空洞框架”，又不是什么“历史化石”。可以说，在翻译学看来，形式的特征都是“有机的”(organic)、能动的，形式是人有效的认知媒介，而认知的目标正是意义。黑格尔说现象世界（Die Welt der Erscheinung）的形式特征不存在统一的规定性，整体世界的特点是形式纷呈。

为了很好地掌控形式，我们有必要研究一下翻译视角中形式的特征。可以说，正是这些特征决定了**形式的种种能动的功能**，这些功能都集中于“认知性”。

一、形式具有直观性，从而具有感性美

形式具有明显的直观性（intuitive, 也称为直感性、直觉性），这是它的基本特征，也是形式经常被用为表达手段的原因。中国古典格律诗就是利用形式直观性的最佳例证。直观的视觉形式产生的审美效果也常常被当代英美诗人所利用（A. L. Thomason, 2008: 82）。例如下面这首诗就是对形式的“夸张运用”：

There Once Was a Puffin

by Florence Page Jaques

Oh, there once was a puffin
Just the shape of a muffin,
And he lived on an Island
In the
    bright
        blue
            sea!

He ate little fishes,
That were most delicious,
And he had them for supper
And he
　had
　　them
　　　for tea!

But this poor little Puffin,
He couldn't play nothin',
For he hadn't anybody
To
　play
　　with
　　　at all.

So he sat on his island,
And he cried for a while, and
He felt very lonely,
And he
　felt
　　very
　　　small.

Then along came the fishes,
And they said, "if you wishes,
You can have us for playmates,
Instead
　of
　　for

tea!"

So they now play together
In all sort of weather,
And the puffin eats pancakes,
Like you
  and
    like
      me.

视觉形式美感在中国传统美学中称之为"**趣**"之一种（南宋严羽："诗有别趣，非关理也"，《沧浪诗话·诗辩》），当然诸如此类对形式的夸张运用并不是人人都认为可取，但形式可以直接作用于感官而获得某种效果，而后再经过思维的推断、推理获得意义的**补偿性**或**辅助性完形**则是毫无疑义的。上面这首诗正是利用形式手段延缓每一个诗节（stanza）最后一行的速度并使其中的字与字之间产生停顿——或者叫作"顿"（pause），以加强全诗的节奏感及变奏感。形式可以将诗人的审美意向直观化。可以说一切"形式的运用"都有将意蕴直观化的目的。因此，有人说"直观化的意义"就是"形式的意义"，而所谓直观化的意义也就是经由感觉经验获得的意义。可以说**非**凭借形式**不足以表达的意义**都是形式意义。我国《诗经》的《采葛》云：

彼采葛兮，一日不见，如三月兮。
彼采葛兮，一日不见，如三秋兮。
彼采艾兮，一日不见，如三岁兮。

这就是利用视觉形式美感来描写和呈现心理时间的张力动感：从日到月，从月到季，从季到年，苦苦相思何时休？据此也可以证明，形式具有对感官生命的召唤力、感应力（appeal），而具有召唤力、感应力的形式的客体（比如上面说的诗），与不具有召唤力、感应力的形式的客体（例如一堆凌乱的字符）是不一样的，这就是**形式魅力**之所在。古往今来的人都可能有过对生与死的迟疑抉择，但唯独莎士比亚的“to be or not to be”简简单单六个字最为感人。很清楚，如果形式不具有某种魅力，那么形式也就不值得艺术家倾毕生精力去惨淡经营，严复也就不会为“一名之立，旬月踟蹰”了！

由于一切形式都诉诸人的感官，而人的感知是人各有异的，人的感受（感官接受信息以后的感应度）绝对不可能人人咸出一辙。上段中我们谈到对上首引述的诗的感受，其实只是“一孔之见”，每个人都有自己不同于他人的“一孔之见”。正因为这样，中国诗歌史上才有这么多咏梅、咏雪、咏春的诗歌，此其一。其二是人的“感”与人的“知”是有区别的，“感”比“知”更加具有动态性、弥漫性和可变性，因此“感”常常比“知”更富有“切身差异”（difference in person）和深度，这就是孟德斯鸠（Baron de Montesquieu, 1688–1755）为什么说“A really intelligent man feels what other man only know”（真正聪明的人是能“感觉”到在旁人只能“知道”的东西的人）。可见形式的魅力来自它的特征之一：直观性。直观性给人展开一个空旷无比而又绝对不可能与人雷同的“感觉空间”（the space of feeling）。既奇妙又可贵的是：这个感觉空间并没有见之于形式：你可以说它在“形而上”，也可以说它在“形而下”，总之不是“形而内”而是“形而外”——正是这个超乎声音、色彩、长短、线条、形体、音韵、格律、比例、节奏以及搭配、组合、铺排、方位、次序等等的“形而外”境界，弥漫着召唤人的直觉感官去捕捉和感应的**“形式价值”**（value in form, A. Isenberg: 1973），或曰形式的本体论（审美）意义，从而吸引了古往今来艺术家毕生的惨淡经营。

二、形式具有“结构性”，从而具有结构美

一切结构都是可以被感知的（perceptible）形式，即使是人在冥冥之中的感知。凡是可以被感知的形式都具有认识论意义，它一旦与某种审美意识所投射，就会产生结构美。一根稻草的认识论意义就是“它是一根稻草”，但它一旦被赋予某种审美含义（或暗含义，如比喻）就会立即产生**结构美**，成为意象美的物质基础。例如在“压死骆驼的最后**一根稻草**”（The last *straw* that crashes the camel）中，一根枯黄纤弱的稻草的意象的伟力（结构美）就会立即浮现在你眼前！同时，形式又无不具有可以解析的结构，不论是一维、二维或三维，有结构就可以解构。此外，既然形式是可解构的，那么它也是可以预测的——例如一个等边三角形，知道了两边的长度也就一定知道第三边的长度；知道格律诗第一、第二节的结构（音步、韵律等等），也就能知道第n节的结构带来可操作性：正如你看到一个宝石耳环，就一定会知道另一个宝石耳环的熠灿。一般说来，结构的变化一定会表现在形式上，而形式的变化又是内容变化的表征，所谓"一叶知秋"就是这个道理。季节结构之变（二十四节气）无不有征候可感，而征候都是"可观察到的"（observable）感性美，例如"春意""秋思""晚晴"等等都是时间形式被人的感性投射所形成的**多维结构美**。这也说明有关形与神、灵与肉等等审美命题都是可解构的，没有必要用神秘主义的心性论来回避。了解这一点对我们掌握形式的分析式深度表现法很有帮助。这也是我们强调"着眼于内容、着手于形式、着力于效果"的用意。

形式的结构性无疑具有极大的认识论意义：它是一种认知手段。实际上，我们无时无刻不是通过形式来认识事物，试图解析事物来把握它的意义。翻译则是通过解构句子的结构来了解句子的意义，以及预测句子的关系或关联，譬如见到"not only"就可以预测到"but（also）"；见到"我坚信"就可以预测到说话者的某种信念，等等。

推而广之，翻译常常需要借助于推理对SLT加以剖析以获得正确的理解，而推理则是借助于**形式结构的预测性**。例如理解了"前提"就大抵可以预测到"结论"（三段式）；理解了"因"就比较易于理解"果"；理解了"条件"就比较容易把握"结论"，等等。形式的结构性为我们提供了推理的依据，而推理则使我们获得了意义——**形式的功能意义**。

三、形式具有可转换性，从而具有灵动美（Dynamics）

一切形式都不存在、不具有"铁板一块"的永恒形态："铁板"其实无时无刻不在氧化生锈。小至氧化铁的细胞、大至银河中的星体无时无刻不在变化、不在转换为别的物质形态或非物质形态。语言也一样，语言中不存在不可以转换的句子，更何况词了。下面一个句子只有7个词，如将措辞稍作变动（标出＊的句子），变式就有 10 个，但基本句式和基本句义基本未变：

① Asia's population is more than 3.5 billion.
② The population of Asia is more than 3.5 billion.
③ The population in Asia is more than 3.5 billion.
④ In Asia, the population is more than 3.5 billion.
⑤＊ The population of Asia amounts to 3.5 billion or even more.
⑥＊ The population of Asia comes to 3.5 billion or even more.
⑦＊ In Asia, the population amounts to 3.5 billion or even more.
⑧＊ In Asia, the population comes to 3.5 billion or even more.
⑨＊ The population in Asia amounts to 3.5 billion or even more.
⑩＊ The population in Asia comes to 3.5 billion or even more.
etc.

如果充分替换同义、近义词或变换语态时态，上述基本句可以变换出 40—50 个甚至更多的句子。语内形式转换（同义异形）的可变性成因有三：一是语势（force）有变化，即说话人的意向有变；二是文体有变化；三是语义逻辑重点有变化，句子结构形式可以伴随意义变来变去，从而具备**形式的灵动美**。双语之间也一样。以上 10 个英语句子可以毫无困难地译成汉语。可以说，称职的翻译做得到“你怎么变，我就怎么译”，而他的基本依据则是意义，其中包括**形态**（inflexion）引起的意义变化，在以下例句中用黑体汉字标出：

① It is better a has-been than a never-was.
曾经拥有总比**从未**拥有好吧。
② I could never bear to be buried with people to whom I had not been introduced.
我**根本不能忍受**与生前从未介绍给我的人一起下葬。
③ There were more pleasant things than there are because there were more

pleasant people than there are.

过去令人愉快的事比**现在**的多，因为**过去**令人愉快的人比**现在**的多。

④ If civilization had been left in female hands we would still be living in grass huts（Camille Paglia, US author and critic，生前曾遭到女权论者痛骂而不得不逃到南美洲）.

如果文明**真的**掌握在女的手中，那么现在我们**也许仍得**住草棚。

⑤ A judge is not supposed to know anything about the facts of life until they have been presented in evidence and explained to him at least three times.

法官**其实**不像人们想象的那样对生活中的事实了无所知。他们是在人们一而再、再而三地向他们提供证据并加以解释以后**才算**了解真相。

这里可以说明汉语的词汇代偿功能（以词汇代形态）是无比灵活的，完全称得上"兵来将挡"。由此可见，翻译家探究的是意义，但却并未须臾离开形式（形、象以及因形态变化而呈现的不同表征）这个有效的认知手段，因为形式具有与意义互为表里、互相映衬的相关机制（有人认为是"关系概念"），下面谈语言的隐喻性时还要谈到。这个道理就是我国魏晋时代杰出的少年学者王弼所说的"意以象（相当于指称）尽，象以言著。故言者所以明象，得象而忘言；象者所以存意，得意而忘象"（《周易略例》）。这一段引述表明，王弼已经比老子的"物形之"进了一大步。王弼认为言（语言符号）、象（相当于指称）、意（意义）三者有一致的一面（也就是王弼所说的"尽"，意思是"完完全全地表达了"），但也有差异的一面，如果执着于"言"与"象"的一致性，就很可能有失于理解和把握"意"，也就是王弼所说的"言不尽意"，这就涉及形式的下面一个特征了。

四、形式具有容载的可变性，从而具有功效性

如上所述，"形式"可以比作一个空框，空框可以容载得很多，也可以容载得很少。而且，空框与容载物之间不存在必然的联系。空框可以用以装花草，也可以用以装书籍，悉听主体（主人）尊便。形式也一样，格律诗

的格律一旦定下来（当然不是一朝一夕），谁都可以用它来“装”自己的知、情、志。这就是符号学的基本原理之一，涉及的问题很多，见以下一个分题的论述。

由于形式具有以上四个构建美的特征，因此它确实具备某种“既可载舟，亦可覆舟”的神功。如果主体能按形式的审美特征行事，则情意内容充实融和，审美效果相得益彰；如果主体逆形式特征行事，则内容不啻虚无，形式美效果适得其反。翻译亦然。对翻译而言，形式的基本功能有四：

（一）语言形式的功能之一：承载意义和意向

这里的“意义”和“意向”既指 SLT 中的又指 TLT 中的意义和意向或“认知的指向”。就理解而言，译者必须充分认识到形式的认识论意义，不应放过大至篇章小至标点符号——可以说一切原语中诉诸形式手段的“设定意涵”（acceptation intended）。一般说来，作者笔下没有无缘无故的形式“设定”，任何形式“设定”都有意义上的玄机，就是说作者赋予它的某种意涵。这也可以说是严肃写作的“游戏规律”之一。翻译不能对这个玄机视而不见或掉以轻心。英国现代作家普里斯特莱（J. P. Priestley, 1894–1984）在小说 *George Meredith* 中写过下面一句话，现在常有人引用：

Comedy, we may say, is society protecting itself—with a smile.

这句话可以译成：

不妨说，喜剧是社会用来保护自己的手段——不过这个手段是笑声。

西方语言很多都是屈折型，因此“形式”还必须扩展到“形态”范畴（inflection 或 inflexion），有时形态之别意义相差极大：

clipping（s）from administration —— 从（英美）政府预算中削减下来的计划款项、多余的机构等等

clipped from administration ——"上面"派下来监视工人、犯人（在美国监狱中简称"ad man"）等等；裁员时被裁下来的（人）；下岗的（人）（但在汉语中没有贬义）

在符号学看来，语言符号本身就有本体论的意义：语言将人与其他动物截然分开，将人类带进文明，可以说语言是人类最基本的属性，更是人性独一无二的表征。语言记录了人发之于外的部分思维，因此语言实际上是一种高级的认知符号。[①]我们不妨说，凡是只能凭借形式手段才能表述的意义（包括审美意义）都是形式的本体论意义。翻译学重视形式的认识论意义，也同样要重视形式的本体论意义；而且，实际上，后者比前者更为premitive（初始；原始），世界上很多语言都始于形意完全结合的形象文字，我们今天的语言是人类思维能力发展，特别是概念化、范畴化能力发展的结果。

（二）语言形式的功能之二：实现认知中的"概念把握"（concept acquisition）

所谓"认知"就是knowing（理解）。维根斯坦说"理解"是一种心智状态，这种状态指向概念的应用（或运用、使用），达至意义（Wittgenstein, Prt II, §10, 6e）。这中间概念把握是最紧要的，因此认知科学将"概念"（concept）视为研究的中心课题（MIT, 1999: 176–177）。人们把握了明确的、明晰的概念，才好将它范畴化（categorize, MIT, 1999: 104）并发之于外进行交流。[②]

很难想象，如果没有各种语言形式手段（包括音位组织形式、句型、语段发展模式等基本语法手段以及修辞学和风格学中的种种形式手段），上述认知过程能够完成；同时，也很难想象，如果没有种种语言形式，驳杂纷繁的概念将会混成一团，人的话语能力能够形成。下图取自美国认知科学家艾利斯和扬（A.W.Ellis; A.W.Young）关于以听觉形式获得语义的认知过程，表中的附加解释可以清楚地表明形式在其中所担负的职能：可以说完成认知的每一步都离不开形式机制，没有任何形式的语言（包括inner speech，内部语言）是不可想象的。

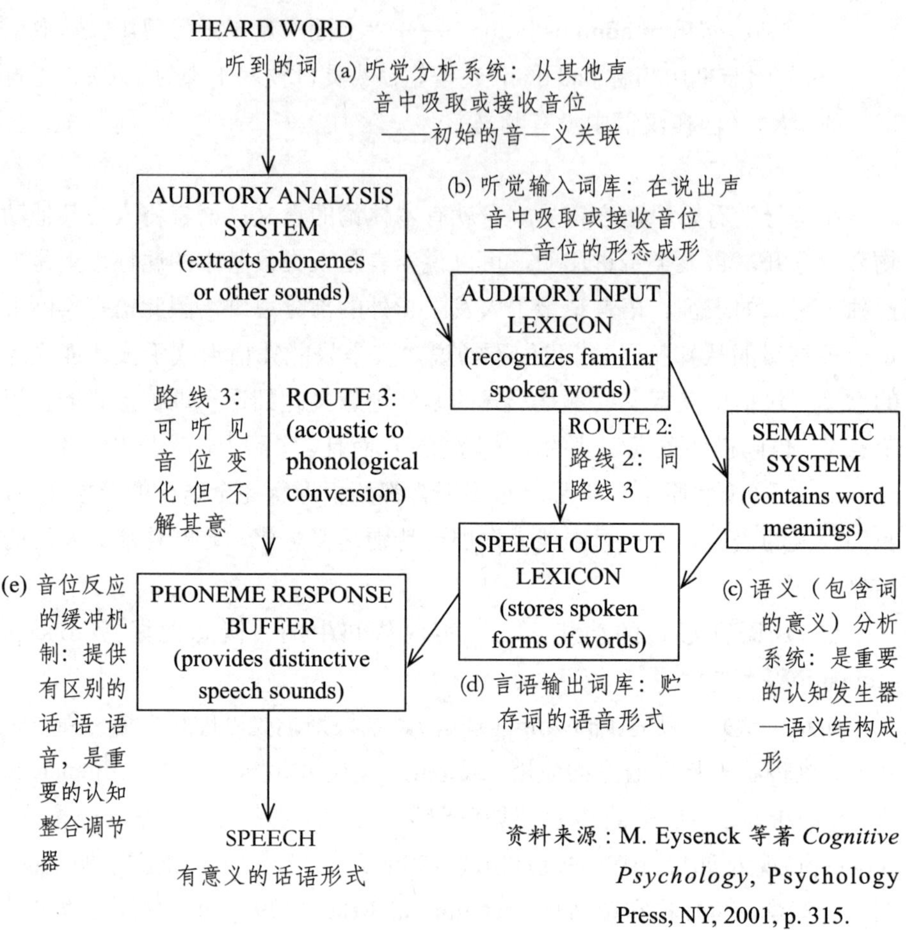

* **注释**：图中所谓“Route 1-3”指不同“听觉认知”过程，其中 Route 1 是正常人的，2-3 则是失常人的。

图6–1

如图 6–1 所示，人从接收语音信息（heard word）到发出语音信息（speech），必须依赖形式轨迹来运行，依形式手段而结束，“内容”与“形式”表里相衬，浑然天成。这就是“言”和“意”之间的辩证法。

（三）语言形式的功能之三：形式是语境的构建者

“语境”（context）中的“微观语境”（micro-context, context in microform）指语词搭配（非固定词组，如"清风""深夜"）、词组（固定词组，如"七上八下"；非固定词组，如"仲夏夜之梦"）、句（主句、分句；单句、复句）、语段（句以上的组合）及至篇章是由形式构建的。所谓语言形式（话语 speech）也就是有意义的词语句法配列式，如果取消了形式，则一切将荡然无存，恰如串珠落地，迹数难寻。

由于意义对语境具有高度的敏感性，因此语境就成了获得意义的形式依据：语境可以将游移不定的意义锁定在最大容限之内的最佳点，以满足交流的需要。这就是维根斯坦说"一个词的意义就是它在语言中的用法"（"For a large class of cases—though not for all—in which we employ the word 'meaning' it can be defined, thus: the meaning of a word is its use in the language", Prt I, §43, 20e）的依据。因此也可以说，维根斯坦意在强调语境的语义功能。这也提醒我们形式机制的多维性。

"宏观语境"（macro-context, context in macro-form）指大于篇章的语境，简单地说就是文本所处的"现实世界"和"历史世界"。如果我们从符号学的视角看，"现实世界"和"历史世界"都是足以影响文本意义因而影响文本形式的重要因素。梁启超认为中国翻译思想从汉末至盛唐（即从支谦、安世高到玄奘）的演变集中表现为文体（体式也就是形式）之议。他在《翻译文学与佛典》一文中说：

> 翻译文体之问题，则直译意译之得失，实为焦点。其在启蒙时代，语义两未娴洽，依文转写而已。若此者，吾名之为未熟的直译。稍进，则顺俗晓畅，以期弘通；而于原文是否吻合，不甚厝意。若此者，吾名之为未熟的意译。然初期译本尚希，饥不择食；凡有出品，咸受欢迎。文体得失，未成为学界问题也。及兹业寖盛，新本日出，玉石混淆。于是求真之念骤炽，而尊尚直译之论起。然而矫枉太过，诘鞠为病；复生反动，则意译论转昌。卒乃两者调和，而中外醇化之新文体出焉。（着重点为原作者所加）

梁氏在文后从译事实务的角度总结说，诸译贤的主张是"**既精教理**（文本的意义），**复擅文辞**（文本的形式）"，才能"**相得益彰，庶无大过**（效果）"。

这实际上切中了本文要旨之一：撇开形式来谈内容是没有什么意义的，正如撇开内容来谈形式一样毫无意义；翻译实践史和翻译思想史的发展表明，核心问题是内容与形式的辩证关系。因此，强调形式的重要性应与强调内容的重要性相提并论，而不应顾此失彼，才能如梁启超所云“相得益彰，庶无大过”。

（四）语言形式的功能之四：在保证内容的前提下，效果取决于形式

效果与形式有极大的关系，基本的形态是成正比，即形式越接近接受者的需求，则效果越佳。现以颜色为例。下文取自 M. 艾森克所编的著作 *Psychology: An Integrated Approach*（1998，中文版，2000）：③

> 颜色知觉的主要功能是促进对物体的觉察。正如西库勒和布莱克(1994)指出的那样，厂商之所以生产黄色的网球是因为它们比白色的网球更易于被看见；生产橙色的高尔夫球是因为当你把球打入球场草坪时，橙色的球更容易被发现。伪装更证明了颜色知觉的重要性：一些物种的颜色（如螳螂）与它们所处的自然环境极其相似，这使得它们的天敌难于发现它们。
>
> 颜色的差异表现在三种不同的属性上。首先是色调，它与我们对红、黄、绿等的感受经验有关，基本由光的波长决定。其次是明(亮)度，由光照的强度决定。最后是饱和度，它是区别颜色鲜艳程度的属性。因此，要想对某一物体的颜色作一个完整的描述，必须说明它的色调、明度和饱和度。

心理学家对颜色效果的研究可以给我们很大的启发。上述引文中第二段提到的三个因素，也同样存在在写作—翻译中：“色调”(tone)，相当于文本的体式、体裁、样式、品类、风格、情致乃至语气；其次是“明（亮）度”，相当于文本文理的透明度（transparency）和意义的清晰度（clarity），它的反面是可读性中一系列关系到意义的问题，如语义晦涩、模棱两可、概念混乱、词不适境以及文句组织松散、条理错乱等等；最后是“饱和度”，相当于文本内容充实适足（反面是“单薄”），叙事说理“到位”（反面是“牵强附会”）、明白可读。

当然，我们还应该将形式的效果放在更广阔的视野中加以考察。首先是效果的 dimensions（维度）。概括而言，形式的效果包括：

（1）信息效果一般指形式所涵盖的语义内容所产生的效果。这是公文、条法、规约、科技资讯、新闻报道、学术论著等等文本体裁或体式所要求的效果。目标是传播语义信息，以达至接受者的理解和领悟（apprehension）。

（2）审美效果一般指形式涵盖的审美内容所产生的效果。这是各种文学品类（type）和样式（genre）以及文艺和造型艺术作品（如雕刻、绘画、音乐、舞蹈及影视等等）所要求的效果。目标是传播审美信息，以达至接受者的理解和鉴赏（appreciation）。

（3）传感效果一般指宗教经文或布道、政治宣传品、广告及标语口号涵盖的内容所产生的效果。目标是传播理念或意旨（gist），以达至接受者的理解和感动（有所感而可能采取某种行动，agitation）。

以上三种形式的效果（apprehension, appreciation and agitation），大体上就是中国传统审美态度和价值观论所谓的"晓之以理、动之以情、悦之以色、乐之以音"，要达至这些目标，产生效果的确是舍"理、情、色、音"无以致之，而"理、情、色、音"都是人类意义世界的文化符号。

由于形式范畴极为广泛，变数很多，要分析归纳效果颇不容易，我们只能以很概括的方式，将形式的效果综述如上，待进一步研究。

（五）形式的功能之五：文化的传承和传播

形式具有翻译切切不可忽视的文化信息。一切文化的形式都是为了传承与传播，因此一切为人类所创造和利用的形式都是文化的（F. M. Keesing, 1958），其中最重要的就是语言。语言形式的文化传承和传播也是翻译学关注的重大课题之一。

以隐喻为例。西方有一派文化人类学家认为，归根结底，"文化寓于隐喻"（"culture resides in metaphors", D. T. Linger, 1994）。当代认知科学家非常重视隐喻中含蕴文化信息在理解机制中所起的巨大的文化认同作用，他们认为含有文化意涵的隐喻语言（metaphorical language, ML），比一般语言（plain language）即概念语言（conceptualized language）在交流中所产生的文化认同率高出很多，理解的便捷程度也高得多。试将隐喻语言与概念化语言作一对比：

隐喻语言（ML）——描写	概念化语言（CL）——陈述
• 一刀切	• 无视个体的特殊性，将一切不同情况的事物不加区分地加以处理
• 太岁头上动土	• 对了不得或自以为了不得的人提出批评或采取措施，没有考虑可能引起的严重后果
• 寸草不留	• 把事情干得很彻底、很绝对，以至于没有留下任何东西
• have to pay jury tax	• have to face a longer sentence if an accused does not accept a plea bargain
• night eyes	• irregular growths on the inside of a horse's legs, used to identify a horse much as fingerprints are used to identify humans
• mixed pickles	• a group of people with different tastes or beliefs or skin colors; a state of mind with mixed feelings

从认知特点上分析，使用这类具有强烈文化色彩的隐喻，通常取决于使用者的选择意向（"intentional selection", N. Quinn, 1999），这时说话者的意向正是力图借助于"文化理解"（cultural understandings）。形式也就这样非常便捷地成了文化传承和传播的手段。但与此同时，隐喻也可能造成"文化局外人"（cultural outsiders）理解的障碍。Quinn 解释说：④

> Metaphors are commonly employed in ordinary speech to clarify to their audiences points that speakers are frying to convey. This communication task depends on knowledge that the audience can be counted on to share intersubjectively（心照不宣地）with the speaker. Cultural knowledge is reliably so shared. A common misconception has been that metaphoric target domains（指上例中的概念化陈述的意义范围）are less will understood, perhaps because they are abstract or intangible or unseen or unfamiliar, and that metaphoric source domains are better understood（e.g., Lakoff and

> Turner, 1989), perhaps because they are physical in nature (具有物质性) or otherwise concretely experienced. Rather, metaphors intended for clarification are typically selected from among cultural exemplars (文化上的典型性) of that feature of the target domain under discussion (Glucksberg, 1991; Quinn, 1997). Indeed, that is how metaphors do their work of clarifying, by introducing an outstanding and unambiguous instance of the point being made.

Quinn 的分析是正确的，那就是隐喻的使用主要在立意于**文化着色**，而这正是形式的文化功能。就翻译而言，由于**隐喻的功能特征是描写，概念化语言的功能特征是陈述**，因此前者可能产生对应式翻译上的障碍，而不得不回归到后者，以化解对应转换上的困难。这也就是 Quinn 所谓的使用上的"意向性选择"。不过，对翻译而言，舍隐喻而求平白的概念只是因为原语隐喻的描写已经超越了目的语惯用法的语用容限，而引致超越的缘由正是"文化差异"(cultural gap)，例如，只有中式菜刀（或铡刀）才便于将一大把七七八八的东西"一刀切"，西式厨刀呈匕首型，是不便于"一刀切"的；同样"jury tax"(为陪审团的选用及出庭所应缴付的税款）在中国（至少到目前为止）是没有的。

形式的直观性和结构性是它的一切功能之源，而这两种属性都与 perception（感知，以 P 表示）有密切关系。认知科学对人的 perception 所下的定义是："The term perception (P) refers to the means by which information (I) acquired via the sense organs is transformed into experiences (E) of objects, events, sounds, tastes, etc." (I. Roth, 1985)。意思是感知（P）是人类加工通过感官获得信息（I）的手段，这种加工表现为将关于对象、事件、声、味等等的信息转化为经验（E），我们可以将上述机制简约地表示为 P = I⇨E（"⇨" 表示转化）。感知是人类最奇妙的能力。认知心理学家艾森克（M. Eysenck, 2001: 25）说没有任何电脑可以与人的感知（即使一小部分）媲美。

可见一切形式诉诸感知，而感知则是人类最奇妙的能力。客体的形式正是与人类的感知相遇而"擦出火花"。形式之功亦在于此。

感知奇妙的能力不仅在于"感"，还在于"知"。在英语中 "perception" 的词义涵盖一个由表及里的过程：它的初始意义是"感觉"("result of perceiving"），继而产生“意象”（“mental image"），然后衍生出“概念”（“a concept"），概念被深化为“理解”或“解释”（“mental interpretation"）。总之这个过程可以简约地表述为“直觉分辨”⇨“了悟”（或领悟“insight"）⇨“理解”及“阐释”（understanding and interpretation）。我们从这里也可以认识到形式与意义深刻的关系，并为形式的本体论提出认知科学的论证。

可以说，形式的一切功能都源于它的直观性和结构性，而感知则是使形式的直观性和结构性产生互动的关键。没有敏锐的感知，一切形式都没有生命，形同虚设。这一点，对翻译应当如何认识形式是至关紧要的，容后论述。

6.3 形式与内容之间的关系不存在绝对规定性

我们先从基本的哲学认识论上来分析。在哲学和符号学看来，形式与内容之间的关系不存在绝对的、恒常的规定性，就是说，可以“名副其实”，也可以名不副其实，而且变化多端，如果处处名副其实，那么这个世界就很简单、很“省事”，也很单调了。哲学家和符号学家（包括中国古代的哲学家和符号学家）这个见解对翻译学是极为重要的。我们先谈哲学家的看法。

哲学家其实是从大量日常语言的实例中开始他们的观察的。比如“state”，它可以指“国家”，也可以指“州”（美国）以及指“状况”“形势”“气派”“仪式”“身份”“地位”“资格”“（社会）阶层”等等。因为“state”只是一个符号，符号是用来记录人的认知经验的，人有各式各样的经验，你可以用它来记录“国家”，我可以用它来记录“身份”，久而久之事情就越来越复杂了。荀子看到了这个现象，他首先肯定了事物的实在性（内容），名称的约定性（形式），所以他说“名闻而实喻，名之用也”（《正名》）；“名无固宜，约之以命。约定俗成谓之宜，异于约则谓之不宜。名无固实，约之以命实，约定俗成谓之实名”（《正名》）。哲学家克里普克（S. Kripke）也是这个意思。他在 *Name and Necessity*（1970）中用非常通俗的语言和常理解释说：⑤

Someone, let's say, a baby, is born; his parents call him by a certain name. They talk about him to their friends. Other people meet him. Through various sorts of talk the name is spread from link to link as if by a chain. A speaker who is on the far end of this chain, who has heard about, say Richard Feynman, in the market place or elsewhere, may be referring to Richard Feynman even though he can't remember from whom he first heard of Feynman or from whom he ever heard of Feynman. He knows that Feynman is a famous physicist. A certain passage of communication reaching ultimately to the man himself does reach the speaker. He then is referring to Feynman even though he can't identify him uniquely. He doesn't know what a Feynman diagram is he doesn't know what the Feynman theory of pair production and annihilation is. Not only that: he'd have trouble distinguishing between Gell-Mann and Feynman. So he doesn't have to know these things, but, instead, a chain of communication going back to Feynman himself has been established, by virtue of his membership in a community which passed the name on from link to link, not by a ceremony that he makes in private in his study: "By 'Feynman' I shall mean the man who did such and such and such and such."

这就是所谓的"历史因果论"。"历史因果论"可以说是对名与实、形式与内容的一种比较基本也比较表面的解释，并没有解决根据什么来约定以及如何约定以俗成的问题。

关键的问题是人的认知过程，也就是意指过程（signify, signification），也叫作指称过程。意指过程的核心活动是理解，根据理解而赋予它意义，因此维根斯坦说理解就是对意义加以解释（Wittgenstein, *PI*, Prt I, §535, 144e）。

意指过程的终端是将意义—内容外化为符号—形式，所以说形式是内容的外化。可见历史因果论的缺陷忽视了一个关键问题——理解。"约定俗成"是根据人们对事物的约定理解而达致的：也就是人们对见到的那个孩子的"实在"——Richard Feynman 的"知晓"（knowing，认知、知道、理解）而达致的。因此"约定俗成"（也叫作社会化指称过程）的模式应该是：

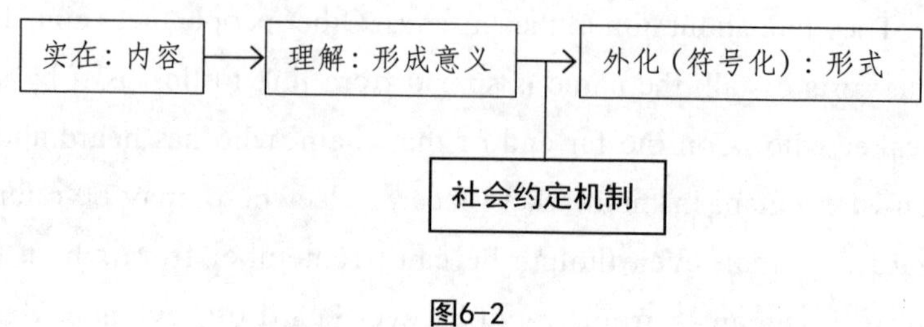

图6–2

到此为止，我们说的也就是内容与形式之间的规定性。

实际上，这个指称过程比上面说的复杂得多，而复杂性的根源就在于人的理解中既有社会约定性，又有个人选择性。人们对事物的理解绝对不可能都是一模一样、等量齐观的，这个差异永远是非规定的。这正是内容与形式之间非规定性的根源。这一点，对翻译学非常重要。

内容与形式之间的关系不存在绝对的、恒常的规定性问题，还应该作进一步的深入分析。

（一）内容（概念、意义、指称）的**不确定性**（indeterminancy）是一个恒常现象。客观世界的事物是不以人们的主观意志为转移的。例如黄山的云海、钱塘江的潮汐，永远不可能有一个“确定数”“确定量”或“确定质”。非物质的指称也一样。谁能说出黑格尔在他的著作中包含多少确定的思想、观点、概念、意义呢？谁又能准确无误、纹丝不漏地说出“黑格尔主义”的内容来呢？现今一切学科中的所有“定义”都只是相对定义，不是绝对定义。

美国当代哲学家奎因（W. Quine）将这种不确定性称为“**指称的不可测知性**”（“inscrutability of reference”, 1975）。奎因认为所有的主观主义者都是在这一点上犯了错误，他们总是以为他们认定的指称（内容、概念、意义，也可以指作品的主题）是千真万确的，是没有发展、变化的。误译也常常是由于忽略了指称的不可测知性，以僵化的形式（词语）来判断内容（意义）的“实在”。

（二）主体的干预、参与及赋予千差万别。在哲学家看来，主体性总是具有不同程度的自主性，因而难免是“自我认定”（self-assumed）的、武断的，因为世界上的主体千差万别，因此主体的各种条件不可能相同或一致，主体对内容或形式的理解、解释和思维外化不可能人人咸出一辙。这就叫作**主体的选择性**。主体选择可以各有千秋，结果就会出现不同的理解，如下图中，对中心圆 A 的理解可以从 A_1，A_2，A_3，A_4 一直到 A_n。

图中虚线的四个圆代表对 A（实线圆圈）的四种理解：它们永远不能形成同心圆：

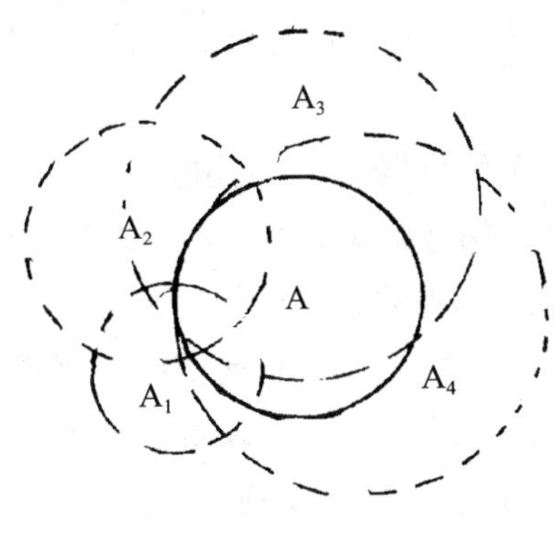

图6-3

在哲学家看来，即便是 A 上加上一个直径完全相同的同心圆，A_1，也不可能是绝对相同的同心圆，即 $A \neq A_1$，因为 A_1 与 A 之间有时间差，正如一个人不可能两次同时涉入同一条河一样。因此哲学的结论是：不同的人对同一形式的内容判断不可能相同；同样，不同的人对同一内容的形式表述也不可能相同。其实，这也是物理学的结论。

（三） 哲学和物理学认为自然界千变万化，自然形成的可变性是永恒的，不可知性也是永恒的。这里包含两层意思：（1）同一内容可能具有无穷的不同形式；（2）同一形式可能具有无穷的不同内容。因此，翻译学必然的推论是：世界上不存在永恒的、一劳永逸的翻译，原作的不断再生是常态，是一种符合自然之理的积极现象；同样，基于译者对内容的不同解读、不同感悟、不同联想和不同态度，译式的多样化也是常态，是符合自然之理的。

（四） 基于以上三点，作为主体参与对内容演绎（理解）的一种形式的合理追求，艺术模仿是天经地义的，不应当受到谴责和非难：以上 A

与 A_1，…，A_4，…，A_n 的关系不也是模仿的关系吗？对形式的模仿应当被看成“符合自然”。翻译中的形式模仿，取决于是否破坏与内容之间和谐的、和协的统一，并最终取决于（接受者）读者的认同。因此符合以上条件的翻译中的模仿也应被视为原创。

符号学家对形式的内容的研究也很有启发性。[⑥] 索绪尔认为形式（能指或音象“sound image”）与内容（所指或概念）的关系是垂直式的，这个观点反映在他的几段著名的论述中，我们应该熟悉，见注⑦。

索绪尔说符号是一个整体概念，包括能指与所指二者而不是常常被误解的那样只指能指，与所指（即概念）无涉。问题是索绪尔的全部研究并不重视概念、意义、内容，以及它们与能指的关系。

索绪尔结构主义符号学提出的最重要的问题是从结构上揭示了句法结构两个相对的关系：组合关系（syntagmatic relations）和聚合关系（paradigmatic relations），前者指句法序列中词组（或单位）的联立关系，指出这些词组（或单位）是以什么相互关系依次出列的。后者指在结构的某一特殊位置上可以被替换的联想成分。前者是水平向度，后者是垂直向度，如图所示。

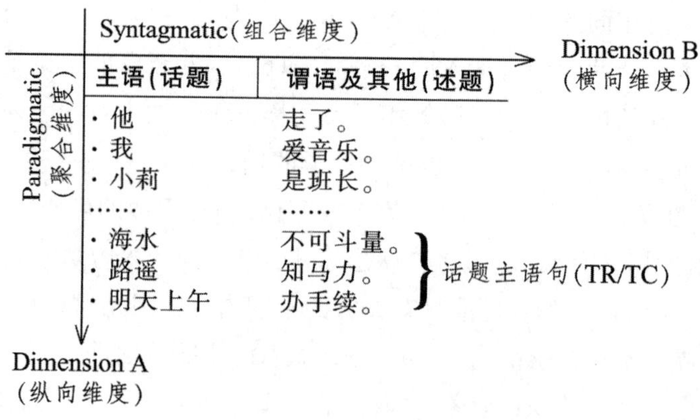

图6-4　句子结构的两个形式维度

索绪尔结构主义的这一历史功绩对现代翻译学的意义是不言而喻的。

主要有：

第一，它从结构上揭示了句子的**可知性**（knowability）从而摒除了单凭语感和经验来理解句子的唯心主义认识论；

第二，它提供了一个从形式（结构）来分析内容（意义）的途径（切分、定位手段），加强了语义转换的**准确性**；

第三，它展示了一个句法层级上的形式复制粗略框架，为文学作品（特别是诗歌）的翻译提供了**结构上的线索**。

索绪尔结构主义的重大缺陷是对语义的描写相当薄弱。索绪尔仅仅倾力关注**共时的、结构的、能指的、外部的、语言的**等五个同质语言观维度，而相对忽视了**历史的、意义的、所指的、内部的、言语的**等等异质语言观维度，而后五项者对翻译学的意义则是更不容忽视的。结构主义非常关注形式结构，对内容不太感兴趣。但世界上的事物都是辩证的，忽视内容的形式描写很难避免不描写出一个生命力不足的"瘸腿结构"（a crippled structure）。

针对索绪尔结构主义的弱点，美国的实用主义哲学家皮尔士（C. S. Peirce，按英语发音应译为"柏尔士"，但"皮尔士"已被广泛接受）提出了一种全新的符号学观。首先皮尔士非常重视**意义**。D. Chandler（2002: 17）在评论皮尔士这一基本特点时说：[⑧]

> We seem as a species to be driven by a desire to make meanings: above all, we are surely *homo significans*—meaning-makers. Distinctively, we make meanings through our creation and interpretation of "signs". Indeed, according to Perice,"we think only in signs" (Peirce 1931-58, 2. 302). Signs take the form of words, images, sounds, odours, flavours, acts or objects, but such things have no intrinsic meaning and become signs only when we invest them with meaning. "Nothing is a sign unless it is interpreted as a sign," declares Peirce (ibid., 2.172). Anything can be a sign as long as someone interprets it as "signifying" something—referring to or

standing for something other than itself. We interpret things as signs largely unconsciously by relating them to familiar systems of conventions. It is this meaningful use of signs which is at the heart of the concerns of semiotics.

正是如此，皮尔士符号观的核心就是把握住符号的认知性，并以意义为依归。针对索绪尔剖析符号的二分法“Sr-Sd 上下式”（$\frac{\text{Signifier}}{\text{Signified}}$），皮尔士提出符号三分法“Triad”：“Firstness”，“Secondness”和“Thirdness”。他解释说，以上三分法的依据正是由于人的观念本来就是如此色彩缤纷：[⑨]

The ideas of Firstness, Secondness, and Thirdness are simple enough. Giving to being the broadest possible sense, to include ideas as well as things, and ideas that we fancy we have just as much as ideas we do have, I should define Firstness, Secondness, and Thirdness thus:

Firstness is the mode of being of that which is such as it is, positively and without reference to anything else.

Secondness is the mode of being of that which is such as it is, with respect to a second but regardless of any third.

Thirdness is the mode of being of that which is such as it is, in bringing a second and third into relation to each other.

对所谓 Firstness, Secondness 和 Thirdness 他还做过如下界说（转引自 Chandler, 2002: 32-33）：

1. *The representamen*: the form which the sign takes (not necessarily material).（a sign，符号本身，以 S 作代号）

2. *An interpretant*: not an interpreter but rather the sense made of the sign.（解释者，以 I 代号）

3. *An object*: to which the sign refers.（符号意指的“对象”，以 O 作代号）

Thus：

A sign . . . [in the form of a *representamen*（表征）] is something which stands to somebody for something in some respect or capacity. It addresses somebody, that is, creates in the mind of that person an equivalent sign, or perhaps a more developed sign. That sign which it creates I call the *interpretant* of the first sign. The sign stands for something, its object. It stands for that object, not in all respects, but in reference to a sort of idea, which I have sometimes called the *ground* of the representamen. (Peirce 1931-58, 2. 228)

显然"**SOI 符号三分法**"（即"皮尔士符号学原理"）是翻译学重要的方法论依据。翻译学虽然不提倡思维可以分隔（分切），但翻译思维的运作程式从基本上说是遵循皮尔士的"三性"（这里所谓"性"是指人的认知发展的关系平台以及范畴的大体区隔）进行的：第一性（Firstness）指独立的符号"存在形态"（mode of being）；第二性（Secondness）指通过与第一性符号的相互关系而获得意义的存在形态；第三性（Thirdness）指通过将第一性及第二性"引入"（"brings into"）相互关系的存在形态。它是一种认知的高级形态，翻译正是由 SL 语符将"解释项"引入认知（意义转换）这个高级平台的"符号行为"。

的确，皮氏十分关注符号的认知功能（认知性）：意义传播。在符号原理研究中，皮尔士的思路完全不同于"就符号论符号"的结构主义。皮氏从不忽视符号的认知功能——意义传播的关联性。

根据 SOI 三分法原理，皮尔士提出了皮氏逻辑推理模式（Mode of Reasoning），与第一、第二、第三性对应的是"Abduction"（"不确定推理"，具有**推测性**），"Induction"（"归纳推理"，具有**指认性**），"Deduction"（"演绎推理"，具有**认知性**）。这三性也恰恰对应于"**符号—对象—解释项**"三分法，可见皮氏推理模式与翻译思维中的意义获得程式是相通的。在其中皮尔士强调的是第三性（推行、推演）的认知能动功能，他说：

A Third is something which brings a First into relation to a Second（将第一性与第二性联系了起来）. A sign is a sort of Third. How shall we characterize it? Shall we say that a Sign brings a Second, its Object, into *cognitive* relation to a Third? That a Sign brings a Second into the same relation to a First in which it stands itself to that First（第一性仍然是本色未改的第一性）? If we insist on consciousness, we must say what we mean by consciousness of an object. What is the essential difference between a sign that is communicated to a mind, and one that is not so communicated（人们用来交流的符号与未用来交流的符号）? If the question were simply what we *do* mean by a sign, it might soon be resolved. But that is not the point. It appears to me that the essential function of a sign is to render inefficient relations efficient（符号的基本功能是使没有功效的关系变得有效），—not to set them into action, but to establish a habit or general rule whereby they will act on occasion. All other relations. of which we know so many, are inefficient Knowledge in some way renders them efficient; and a sign is *something by knowing which we know something more*（所谓"符号"就是使我们从不知到有所知的工具）. With the exception of knowledge, in the present instant, of the contents of consciousness in that instant (the existence of which knowledge is open to doubt) all our thought and knowledge is by signs. *A sign therefore is an object which is in relation to its object on the one hand and to an interpretant on the other,in such a way as to bring the interpretant into a relation to the object, corresponding to its own relation to the object.*（原文斜体）

（引文最后斜体部分大意：第三性以对第二性即对对象的认知为基本功能：其目标是使人增进知识。因此，符号本身〈即第一性〉所具有的认知功能是传播意义，以增进知识之不足为目标；它的职能是一方面与对象建立关系，另一方面与解释项建立关系，从而使解释项与对象建立关系，这种关系恰如符号本身与对象的关系，就是说，我们所有的思想和知识都是由符号提供、传播的。）

对翻译学而言，我们获得的教益是，在符号的三性中，应该特别强调第三性（解释项）具有的能动的推行、推演或推导（inference）功能，如果离开了解释项，就根本谈不上意义的把握。这正是符号的生命之源，是皮尔士提出"还符号以生命"的主旨，也正是结构主义"到此止步"之处。更确切地说，三性中起决定作用的是作为解释者的人，人是把握超语言语旨的关键，因为正是人在执行解释、推导的任务，而离开了人的推导，不仅不存在什么解释项，连一切符号都是没有意义的，语内、语际莫不如此。列文森（Stephen Levinson, 1990）就语际交际中的意义"推导"作用论证说，语际交际之所以离不开推导，是由于：（1）Language is ambiguous by nature（语言从本质上说就是模糊的）；（2）We must draw inferences about meaning（人们必须借助推导以获得意义）；（3）Our inferences tend to be fixed, not tentative（推导一旦完成，意义即趋于固定）；（4）Our inferences are drawn very quickly（语义推导是迅速的，因而有效）（Scollon, 2000: 6）。下面试以隐喻的翻译为例，来阐释皮尔士的"三性模式"。

表6–1 隐喻的翻译：按皮尔士模式操作

意指过程（semiosis）	(1) 符号 +（2）对象（sign+object）	关系性质（3）解释项（quality+interpretant）	
	语形（vehicle）	语旨（tenor）	
	SL 表达式	TL 转换式（1）：解释项未发挥功能	TL 转换式（2）：解释项发挥了功能
	swan song	天鹅之歌（×）	辞世之作（√）
	be around the corner	（就）在（墙）角附近（×）	即将来临（√）
	Cimmerian darkness	西米里的黑暗（×）	漆黑一团（√）
	识相一点	know one's expressions (×)	be more sensible (√)
	星离雨散	scatter like stars and raindrops (×)	fall apart (√)

（×）表示不可取；（√）表示可取。

从上表看，可取的隐喻（S）翻译几乎都是解释项（I）功能得到充分发挥的结果。翻译中许多难点都有赖于解释项（I）突破语符（S）的掣肘，释放语符下真正的语旨，从而使形式与内容的矛盾得以解决。按皮尔士的原理，我们可以认为翻译语言游戏是一种符号解释过程。由于文本在诞生及使用中已获得了或现或隐的意义，因此在语际转换中译者必须从符号形式中释放处于或现或隐中的语义内涵（包括意向），并以直觉经验和认知经验为依据，进入意义定夺的符号推导解释过程。正是在这时，译者也就成了翻译游戏（也是翻译原创过程）的参与者。他必须遵循游戏规则，同时又可以在游戏中建立未被发现的新规律、新规则：一切以凭借"合理推导"获得意义为目标（第三性），而所谓"合理推导"则是指不脱离第一性与第二性所提供的直觉经验与认知经验。皮尔士的"解释项"能动观为我们提供了从符号中释放意义的一种形式转换对策研究视角，可以增强我们驾驭翻译游戏规则的本领。

实际上，中国古代很早就有人注意到语言中形式与内容的不统一。《吕氏春秋》的《离骚》篇说，"言者以谕意也。言意相离，凶也"（谕、喻相通。"凶"犹言"不是个好兆头"）。根据符号学的研究（K. Burke, 1969: 503-11; H. While, 1973; J. Culler, 1981: 65; Jameson and Greimas, 1987: xix; D. Chandler, 2002: 137, etc），语言中有"四种喻体"（four "master tropes," Sameson and Greimas; 1987），即 metaphor（隐喻），metonymy（换喻），synecdoche（提喻）和 irony（反语），见下表。

表6–2　The four "master tropes"（四种基本喻式）

Trope（喻式）	*Basis*（基本特征）	*Linguistic Example*（举例）	*Intended Meaning*（意涵）
Metaphor（隐喻）	Similarity despite difference（explicit in the case of simile）（异而相似）	I work at the coalface（我在矿坑干活呢）	I do the hard work here（我干的是苦差事）
Metonymy（换喻）	Relatedness through direct association（异而相联：通过直接联想并提）	I'm one of the suits（我也不过是其中之一吧）	I'm one of the managers（我是其中的一位经理）

Trope （喻式）	*Basis* （基本特征）	*Linguistic Example* （举例）	*Intended Meaning* （意涵）
Synecdoche （提喻）	Relatedness through categorical hierarchy（异而相属：范畴同而层级异）	I deal with the general public（我跟公众打交道）	I deal with customers（我跟顾客打交道）
Irony （反语）	Inexplicit direct opposite (more explicit in sarcasm)（异而相反：反唇相讥）	I love working here（这份工作我爱死了！）	I hate working here（这份工作我恨死了！）

资料来源：D. Chandler 著 *Semiotics: The Basics*, Routledge, 2002: 138.

根据比喻的分类及解释，H. White（1973. 1978）将以上四种基本喻式作了更多的发挥，见下表。

表6-3 Tropes, genres, worldviews and ideologies（喻式、体式、观点与思想）

Trope （喻式）	*Genre (mode of emplotment)* （文学体式）	*Worldview (mode of argument)* （观点）	*Ideology (mode of ideological implication)* 思想或旨趣
Metaphor （隐喻）	romance （小说）	formism （形式论）	anarchism （无政府主义）：隐而不露
Metonymy （换喻）	comedy （喜剧）	organicism （机体论）	conservatism （保守主义）：引而不发
Synecdoche （提喻）	tragedy （悲剧）	mechanism （机械论）	radicalism （激进主义）：攻其一点不及其余
Irony （反语）	satire （讽刺剧）	contextualism （语境论）	liberalism （自由主义）：笑骂自如

资料来源：D. Chandler（Ibid: 13s），根据 White（1973 及 1978）制作。

White 的这种发挥，见仁见智，而且似有穿凿附会之嫌，但可以给我们启发：形式与内容的不统一（disunion），也就是《吕氏春秋》中说的"言意相离”“言意相隔”，可以有以下四种情形（形态）。

一、形式（名）与内容（实）异而相似（与隐喻式对应）

这种情况下的相离相隔，特点是“似”，也就是Chandler所说的“resemblance”(2002: 127)。例如以“狂飙”来比喻社会发生剧变，以“黑洞”来比喻令人恐怖的灾祸之源：这时“形（名）”比较感性，也有较强的描写性，因而将“实”隐了下去，形成言意相离相隔。

二、形式（名）与内容（实）异而相联（与换喻式对应）

这种情况下的相离相隔，特点是“近”，也就是故所谓“即”，如若即若离，按Chandler说法是“contiguity”（2002: 132），具体指part与whole或whole与part之间的“近”。这时产生比喻的认知机制是联想，所以Chandler说换喻的contiguity与association密切相关，如从“crown”联想到“king”、从“sword”联想到“war”、从“柴米油盐”联想到“日常生活所需”、从“白马王子”联想到“如意郎君”，等等。

三、形式（名）与内容（实）异而相属（与提喻式对应）

这种情况下的相离相隔，特点是“映衬”；范畴、类属相同，但层级、大小相异。按Chandler说法也是contiguity，不过contiguity与part-whole密切相关（2002: 133），如用“roof”来指“house”、用“江山”来指“国土”、用“春秋”来指“一年”，等等。

四、形式（名）与内容（实）异而相反（与反语式对应）

这种情况下的相离相隔，特点是“反”，按Chandler的说法是“opposition”（2002: 134），表示dissimilarity（相异）或disjunction（相离）。例如，以“宝贝”来指“傻瓜”（在“活宝”中）、以“坏蛋”来表示亲昵、以“天真”来表示“愚蠢”等。

概括起来，我们可以借用Jameson与Greimas（1987）关于四个喻式的**符号学关系图**，来表示形式（名）与内容（实、意义、概念）不统一（Disunion between Form and Content）的四种关系形态（见下页图6–5），可供参考。

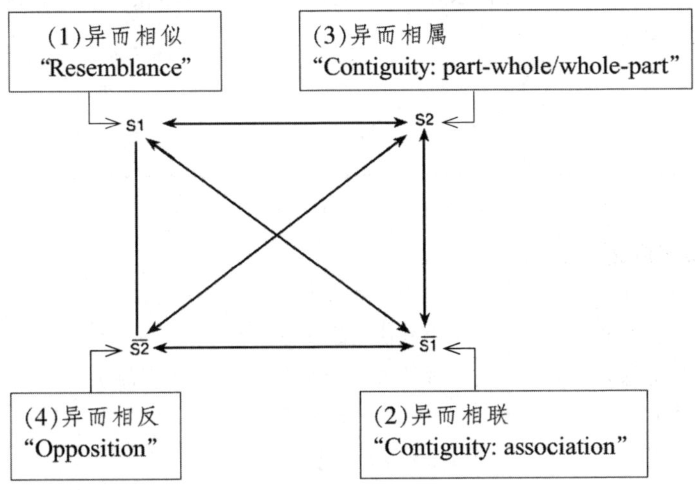

对上图的说明：

(i) 有箭头表示大体相通，无箭头表示不相通；S1 代表"隐喻"，$\overline{S1}$ 代表"换喻"；S2 表示"提喻"，$\overline{S2}$ 表示"反语"。

(ii) 根据 Jameson and Greimas（1987）"四个喻式"（four master tropes）改制。

图6–5

对翻译学的理论而言，形式与内容统一也好、不统一也好，都不是无关紧要的问题，尤其是对汉语而言，因为**汉语重表现性**而不仅仅是关注**再现性艺术语**。这些问题下面再谈。

6.4 汉外互译的形式对策论：紧紧把握汉语的形式表现力

可以说，人类所有的语言都关注艺术**再现的能力**（representational capacity），否则就不成其为可以代达意传情的语言了。汉语除了富于再现能力以外，还具有突出的**感性表现力**（expressiveness），因此说汉语的美是一种表现美，翻译中进行双语转换时对汉语**表现美的形式考量**是不能忽视的。

就语言而言，"再现力"指再现（represent）意义的能力，这时的意义是多维的，涵盖 1974 年 G. Leech（1936–2014）在 *Semantics* (p.23) 中提出的七种意义，见下表：

表6–4

1. 概念意义	逻辑的，认知的，或者外延的内容
联想意义	
2. 内涵意义	通过所指所传达的意义
3. 社会意义	关于语言使用的社会环境的意义
4. 感情意义	关于说话人或作者感情、态度方面的意义
5. 反射意义	通过联想所传达的意义
6. 搭配意义	通过搭配所传达的意义
7. 主题意义	通过由顺序和重音组织信息的方式所传达的意义

资料来源：胡壮麟等编译《语言学教程》，北京大学出版社 2002 年版，第 126 页。

在语言符号学看来，语言的“再现”是一个符号学方法论概念，指符号对现实的再现（Chandler, 2002: 15），也就是皮尔士所说符号对现实的“意指”（“Semiosis”，Peirce, 1931-58: 5, 484），例如用“horse”之再现“马”的意义，但“horse”是表现不出“马”的任何外在和内在特性的。狭义的“意义再现”和“艺术再现”指语言的表达能力和描写能力，本文不拟加以讨论。

汉语的特色之一是它自身的**表现力很强**，而不仅仅是具有符号使用中的再现力——这是每一种语言都具备的。“表现力”是一个审美概念，“表现性艺术”也是个审美概念，源自表现主义美学（Croce, 1958）。在本章中我们所指的汉语表现性特征具体表现如下。

一、重直觉感性：着眼于使人有所“感”

汉字脱胎于“象”，这是汉语表现力之源。汉语重视直觉感性，指汉语重“象”（物象和声象），以“象”作为认知之初始，也是汉语先民的艺术智慧之芽。所谓“象”就是形象。中国人从远古时代开始，观察事物获得了经验，就用“象”作记录，这时“象”就与“形”并提，《周易・系辞上》说：“**在天成象，在地成形。**”也是在这时，“形象”就与“象征”相通（《史记·孝文本纪》："黄帝作宝鼎三，象征天地人也"），形成了汉语的隐喻性（metaphoricalness）。可见汉语源远流长的隐喻性基于古代中国人对世界的经验观察，在经验观察中取象喻义、取形寓义，打造出了一种融具象与抽象于一体的中国语言文字系统，我们可以从最古老的中国文字（"前图形文字" pre-pictography）殷周青铜器铭文中略见端倪：

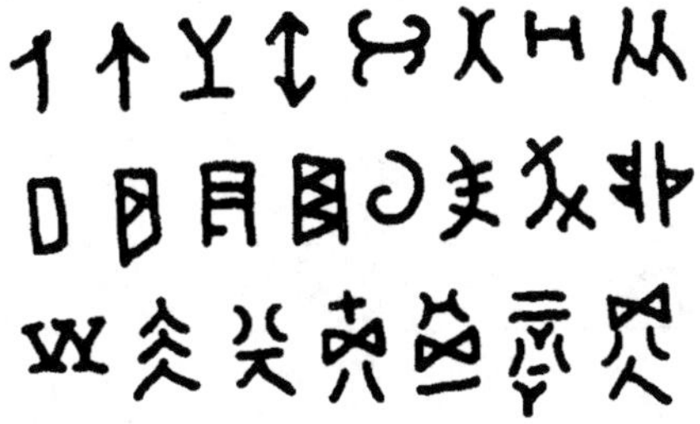

资料来源：铭文取自张凡著《美学语言学》，北京师范大学出版社 1998 年版。

殷周（公元前 17 世纪初至前 256 年）青铜器铭文中之族徽与一般所谓"图形文字"有别。这种"**义著于形**"（清·段玉裁）的"前图形文字"大约是最早的汉语文字或其孑遗。

今天我们所谓的直觉感性源于古代中国人对世界的感性直观，体现在两方面，即清代段玉裁所说的"**音生于义，义著于形**"。

（一）音乐性表现力

汉语的音乐性（音美）是个很复杂的课题，它的"成因"其实我们并不完全了解，有天籁的成分，或者是"物造天成"的和谐产物。现在我们也只能就表现来加以阐述推论：一、**模拟感**：汉语的音美很多都是对天籁的大体模拟，与自然的"象似度"很高，例如"风""涛""扑""吹""滴"等等，不胜枚举，都是对自然声和人声的模拟；二、**扬抑感**：汉语讲求抑扬顿挫，自身优越条件就是声调美加上"元音优势"。汉语声调起伏有致，平仄相间；元音柔润饱满，和协充盈，对"情"（情感、情绪、情致）的承载力比较强；三、**节奏感**：汉语韵律、韵式非常多变，但节奏鲜明、悦耳，与词、字的集约形态及平仄分布的基本规律有关；四、**自由度**：汉语音节结构长短有致，完全不拘一格（如宋词中的长短句），而且在字与词的扩展，伸缩以及位置替换中收放、对接自如（如行人—人行、理论—论理、光荣—荣光、千古垂名—名垂千古）；五、独特性：汉语的四声更是“天下无双”，集哀远、高扬于一字（词），端赖一“声”之变，使20世纪初西方诗歌一杰的E. Pound等人叹曰：“不可思议！”（1923）

（二）结构性表现力

汉语的直觉感性也突出地表现在它的“结构性”上。具体来说是：

（1）平衡对称。根据中国学者的研究，平衡对称是汉语最重要的表现美之一，如下表所示。

表6–5

五	行	金	木	水	火	土
五	味	酸	辛	甘	苦	咸
五	色	青	赤	黄	白	黑
五	音	宫	商	角	徵	羽
五	常	仁	义	礼	智	信
五	侯	公	侯	伯	子	男
五	谷	稻	稷	麦	豆	麻

资料来源：潘知常著《中西比较美学论稿》，2000年版，第47页。本书作者另按古制有改动，见《老子》第十二章。

高度对称感是汉语结构表现力（结构美）的基本要素，它决定了汉语诗歌的节奏、格律、韵律以及一般行文的平衡对称和前呼后应（应称）的和合布局。这样的表现主义审美要素为汉语所独有。下面是一段唐代陈子昂的行文：

> 先王立礼，所以进人也；明罚，所以齐政也。夫枕干仇敌，人子之义；诛罪禁乱，王政之纲。然则无义不可以训人，乱纲不可以明法。故圣人修礼理内，饰法防外，使乎守法者不以礼废刑，居理者不以法伤义；……（《复仇议状》）

这种行文的表现式非常有力，**内在思维逻辑**与**外在语言节奏**恰恰应和衬托，实在很难找出任何"出位"的破绽。试想，作者即使有一肚子的道理，没有与之相应衬的行文锵锵有力地将它表现出来，道理又有何用?!

（2）简约均衡。主要指句结构的表现主义美，汉语句法中不存在形态语言的形式张力，无须任何形态手段（inflexional device）将主、谓、宾"捆住"，句法成分之间关系"以神相聚"：流散纾缓，法度隐含，完全没有语法规管的痕迹。这是由于汉语主谓句中主语周遍性强，谓语动词与主语之间没有规定性形式管束，几乎可以随意衔接。

（3）自然流洒。汉语句子结构，不拘一格，对接自如。汉语以话题句占优势，而话题句以话题作主语，这样就可以使主语几乎可以包罗万象，从词（字）、词组到句子，统统可以充当主语，而这个主语（话题 Topic / Theme）与谓语（述题 Comment / Rheme）之间只存在微妙而多样的"思维—话语—逻辑"关系而无须任何词语形态关联，实现了洪堡（W. Humboldt, 1765–1859; 1876）所说的语言对"高度规律约束"的解放，但又不像洪堡所说的"汉语排斥所有的语法形式"（1876: 311），完全依靠"内在的精神努力"即所谓"神悟"，其实就是"约定俗成"的语感（312）。汉语的法度是隐含的，它的"语法形态"是"超形式"的。洪堡说"似乎应该将汉语视为最远离语言发展的自然要求、最不完善的语言"（311）云云，都只不过是西方学究对汉语一知半解的印象甚至是浅陋之见。

二、重主体感悟：着眼于使人有所"悟"

以上说的主要是从客体来分析，下面我们是从主体来分析汉语的表现主义审美品质，因为任何客体的品质必须处在与主体的互动中才有意义。汉语的特点是，常常表现出对主体感悟的隐含化，通过语言客体的形、音、象、景、境来"**以客托主**"。

（一）情感化（感性化）表现手段

一般说来，语言只是一种手段，**它本身**并没有产生情感的机制。但是汉语是个相当明显的例外。它的偏旁（Radicals）、构架（Framing）等等很明显是一种语言文字系统固有的（intrinsic）情感化表现手段，话语者只是利用这些手段来表示主体感悟，以加强语言的审美效果。

（1）书写文字的情感构件

汉语文字体系中带有“女”字旁的字和“竖心”旁的字就常具有明显的情感、态度色彩，例如：

（a）**褒义**（Positive）——好、妙、姣、嫒、媛、婉、妍、妁、姿
　　贬义（Negative）——奸、奴、妖、妄、妓、嫉、嫖、娼、嫌
（b）**褒义**（Positive）——恒、悦、愉、快、惬、恬、忠、恩、恰
　　贬义（Negative）——悔、怕、慌、惶、惰、恐、恨、悍、懊

汉语文字结构体系中竟然具有**情感构件**，这在世界语言中可谓一枝独秀。

（2）四声平仄的情感含蕴

汉语声调之变当然是着眼于意义的变化，但也有如何表现“情”的考量，并不是随意的。清人周济说过一段汉语声调情感表现力的话，相当精彩：

> 东真韵宽平，支先韵细腻，渔歌韵缠绵，萧尤韵感慨，各具声响，莫草草乱用。阳声字多则沉顿，阴声字多则激昂，重阳间一阴，则柔而不靡，重阴间一阳，则高而不危。（《宋四家词选目录序论》，《词话丛编》）

吃透汉语声调的这些情感表现力提示，对我们翻译措辞，很有裨益。

（3）句法体式的情感提示

汉语句子的体式（form, structure, pattern, style）表现力已在前述陈子昂的《复仇议状》说过了。一般说来，汉语句子独特的表现美在于其长短相间，单复交替。这个基本体式给出的情感提示就是一种平和与舒净的交流期盼。1931 年徐志摩游日本的时候写过一段描写富士山的文字：

> 有富士永远地站着，为它们站着；它们再也不胆寒。太阳光，地土的生张力，太平洋的波澜，山溪间倒映在水里的杜鹃——全是他们

的，他们欣欣的努力的做事，有富士看着他们，像一个有威严而又慈爱的老祖父。(《富士·东游记之一》)

句子长长短短，其中蕴含的情感溢于言表，句子体式上亦可见一斑。

（二）意象化

可以概而言之，汉语的意义源于意象。《说文》中解释"人"字云"天大地大人也大，故大象人形"(参见《老子》第三十五章)，本于《老子》(但老子在第二十五章中说的是"故道大、天大、地大、王亦大、域中有四大，而王居其一焉")。例如，"人"的意义是意象化的结果：

《金文诂林》引张日升之说云："人之形态，别于禽兽，其显著者，即在于不必以手足并用爬行，故字作测立形。"……先民笔下的人，是以人之站立、垂手、屈背、即将负重之姿态来表示：人之特点，在于能劳动。汉代经师多训"人者，任也"……《说文》："天大地大人也大，故大象人形。"(这里的"天大地大人亦大"本自《老子》，其本义是：人是伟大的，大有作为的，故用以表示"大"。)

这就是清代学者段玉裁所说的"音生于义，义著于形"。从这一点来看，汉语文字都不是随意的、武断的符号，Pound称之为"对现实的速写"(1955)。从整体来看，汉字大抵是意象化符号，这一点从魏晋时代的王弼开始就有认识。王弼在《周易略例·明象》中说：

夫象者，生意者也。言者，明象者也。尽意莫若象，尽象莫若言。言生于象，故可寻言以观象；象生于意，故可寻象以观意。故言者所以明象，得象而忘意，象者所以存意，得意而忘象。犹蹄者所以在兔，得兔而忘蹄，筌者所以在鱼，得鱼而忘筌也(王弼:《周易略例·明象》)。

王弼在这里说的就是符号（形式即语言文字）—意象（再现）—意义（表现）这一汉语语言的认知过程：它的初始的、感知的手段是语言符号；它的关键的环节是意象含蕴；它的交流目的是意义、意向加上美感。正是这种独特的意象品质，使汉语成了一种极富感性、描写性和简约性的语言。汉语的意象化还表现为形声化。在甲骨文时代，汉字中的形声字只占约20%，至西周以后汉字构形即以“形声”为主。《说文解字》中形声字超过86%，至宋代已达到94%，可以说汉字的整个文字系统已形声化。汉字形声化以后，意象性减弱，但对“象”的提示性并未发生变化，表意功能集中于揭示“类”概念，指出事物的“自然本质”“自然属性”，它的表现性艺术美仍然存在，却不是通过具体的、逼真的描摹达至人对现实的认知，而是间接地、含蓄地、提示地表达主体的感知，使人在品味中、联想中、领悟中提升感知达致认知，实际上，这是更高层次的意象功能，叫作“意象升华”。

（三）意境化

意境化也是诉诸主体感悟的一种具有创造性、艺术性的构思、构想，英语难译，可以说 original or artistic conception or prospect，等等。在汉语中“意境”很接近“意匠”，但“意匠”早在唐代就已出现，而“意境”到清代才有人用，在“意境”出现以前，文人多用“意匠”或“意致”(《聊斋》，“意致清越”)。“意境化”是汉语独特的表现主义审美品质，其主要特征是**表意中概念与审美的嵌合**，主要手段是意境优美的隐喻化。“江河日下”“空穴来风”“一锤定音”“一枝红杏出墙来”所给出的形象意义远比概念本身有声有色、有势有力。意境化还可以表达平白语言难以表达的意念。宋代谢翱写了一首诗《西台哭所思》吊文天祥：“残年哭知己，百日下荒台（指西台）。泪落吴江水，随潮到海回。”后两句说自己恸哭不已，泪落吴江，随潮水流到海里，从海里又复转回来，永无休止。为什么能转流回来呢？没有说，也说不清，一切只能意会了。这是非常高洁的“情越意致”。E. Pound（1885–1972）读到中国译诗，常常感动不已，并大大加强了他的意象运筹而成一派。1913 年 10 月，Pound 开始读孔孟著作，10 月开始研究 H. Gile 的中国古体译诗。1918 年，Pound 赞同已故的美国东方学家 Ernest Fenollosa（1853–1908）在《作为诗歌媒介的汉字》中提出的观点：（1）汉字具有高度隐喻性，但其组成成分又是具体事物或生动具象；（2）汉语句子富于高度动感，它实际上是人的“行动观念的语言记录”，是一种自然过程的再现，因而充满了表现主义美，例如动词可以做主语，也可以做宾语，一切处在动态中；（3）因此，基于意象形式和意境形式的翻译是可行的。按这一思路，Fenollosa 提出了一种"汉字字源翻译法"（ideogrammic-etymological method）。出于对中国语言文字特别是文学的珍爱，Pound 采取了 Fenollosa 的这个对策：⑨

> This etymological method（字源翻译法）can be seen at work in Pound's translations of Confucian texts and of the *Classic of Poetry*. In all he translated three of the "Four Books" of canonical Confucianism（孔学箴言集《四书》）. His Ta Hio（大学 1928）, a translation of *The Great Learning*, was in its first version mainly a close transposition of a nineteenth-century French version by Guillaume Pauthier. In the later revised version, Pound conducted a kind of semasiology of what he thought to be the key notions of Confucianism, such as "sincerity," "will," "virtue," which, by using Feonllosa's ideogrammic-etymological method, he analyzed into their individual components and then constructed a new composite meaning in the light of the overall significance of the text he was translating. He gave these key concepts his own often highly idiosyncratic interpretations. But some of these amplifications and explanations are at best far-fetched and merely fanciful and have no direct basis in Chinese etymology. For example, Pound translated the opening of *Ta Hio as*
>
> The great learning [. . .] takes root in clarifying the way therein the intelligence increases through the process of looking straight into one's own heart and acting on the results; it is rooted in watching with affection the way people grow; it is rooted in coming to rest, being at ease in perfect equity.
>
> （大学之道，在明明德，在亲民，在止于至善。知止而后有定，定而后能静，静而后能安，安而后能虑，虑而后能得。物有本末，事有终始，知所先后，则近道矣。）
>
> Here, the crucial phrase *ming ming tê*（明明德 "understanding the inborn luminous virtue"）becomes "the intelligence increases through the process of looking straight into one's own heart and acting on the results,"

because the character tê（“德” virtue）has “eye”（“目” 横置）and “heart”（“心”） as components in it. The phrase *ch'in min*（“亲民” “renewing the people”）is rendered as “watching with affection the way people grow,” because the character ch'in also has an “eye（‘目’ seeing）” component. Pound was fascinated by the “eye” component in both these ideograms perhaps because he was reading back into Confucius a metaphysics of celestial light and intelligence . . . .

平心而论，作为执着于意象的诗人，Pound 力图把握汉语文字和句法结构所提供的意象形式和意境形式的努力是用心良苦的，作为对形式转换的一种试验性探索，后人也不应多所指责。Pound 以一代诗人的风流积极地影响了许多诗人甚至一般西方读者，使他们了解甚至爱上了中国诗文。此外，他的探索也是有成功之处的。例如，他看到了中国律诗的意象并列模式（“国破” + “山河在”，“城春” + “草木深”），并努力加以借鉴。这一点对他的创作以及对意象派诗歌的发展都起到了积极作用。我们可以从 Eliot 对他的评价中看得很清楚。1919 年，Eliot 在评 Pound 本人的诗歌创作艺术发展时写到：

> . . . in retrospect we ought to be able to see that “Cathay”（《神州集》）is less merely the Chinese than “Canzone” were merely the medieval. The style owes nothing to the Chinese inspiration; it is a development—in fact, the development—of Mr. Pound's style, which proved a good vehicle for transporting the content of the Chinese poem; the Cathay cathartic may have helped to purge Mr. Pound; but its importance is found in its place in his work, and not in its being Chinese.
>
> (from Eliot, “The Method of Mr. Pound, Athenaeum” 93, 1919: 1065)

对 Eliot 的述评，Pound 回想说：

> I am most decidedly indebted, if not to the Chinese, at any rate to

> Ernest Fenollosa's profound insight into the Chinese written character as a poetic medium. This debt is so great that I could not have it lightly forgotten. (1132)

1928 年 Eliot 在给《庞德诗选》写的导言中再一次提出了对 Pound 的诗歌成就的评论：

> [Pound's] translations seem to be—and that is the test of excellence—translucencies: we *think* we are closer to the Chinese than when we read, for instance, Legge. I doubt this: I predict that in three hundred years Pound's Cathay will be a "Windsor Translation" as Chapman and North are now "Tudor Translations": it will be called (and justly) a "magnificent specimen of 20th Century poetry" rather than a "translation." Each generation must translate for itself.
>
> This is as much as to say that Chinese poetry, as we know it to-day, is something invented by Ezra Pound. It is not to say that there is a Chinese poetry-in-itself, waiting for some ideal translator who shall be only translator; but that Pound has enriched modern English poetry as Fitzgerald enriched it.

我们在这里谈到这些，不是表示对 Pound 和 Fenollosa 的具体主张的认同，而只是试图说明他们对形式美的敏感性和"还形式以生命"的执着追求。他们站在文化演进急流的前沿，完全摆脱了西方学究对中国文化的偏见，也摆脱了学院式译论研究的羁绊，勇敢地进行"还形式以生命"的脚踏实地的实验。应该说，从他们身上，我们看到了自己的弱点，特别是对那些不珍惜中华文化的人来说，在 Pound 面前应该感到赧颜。

6.5 结语：形式生命的再现

西方美学对**形式问题**的研究，由来已久，可以说经历了三次高潮：肇始期是古希腊罗马时代，形式概念与理论在这时萌生和发源；第二次是 18 世纪末至 19 世纪初德国古典哲学和美学发展时期，西方哲学、美学界对几乎所有的形式观念进行了探究、总结和提升，而后来的各种形式观念又都以此作为自身的渊源，可以说是形式美学承上启下、继往开来的时期；第三次高潮便是 20 世纪，这个时期的形式研究已趋于多元而达到繁盛，成为西方美学的重要组成部分（郁远、倪进，2001: 259）。因此，可以说 Pound 和 Fenollosa 对形式的追求有强烈的历史感作背景，同时又受到"诗歌必须复兴"的现实冲动的催动。我们今天遇到的挑战与之有近似之处。我感到以下两点特别重要。

（一）形式生命源于主体的知与情。客体的形式美与主体的形式感之间存在着格式塔完形机制。人的感知不是种种感觉相加的总和，而是产生于对客体整体的情感、态度。知觉对形形色色的刺激具有简化的作用，并以此完成客体的整体性和结构构建。处于不同方位的刺激组成的矩阵可以使客体产生一种动态感、一种方向性张力，推动与主体的互动感应。我们应该具备这种认知，才可以启动一个期待中的形式完形机制。

（二）对形式生命的热忱和慧眼慧心。我希望我们的翻译家和译论家能像 Fenollosa 和 Pound 这样对形式美有一份热忱，有一份眷恋，有一份执着——总之用慧眼慧心去透察我们眼前的文本：[10]

> Fenollosa's speculation about the verbal vitality and transitivity embodied in the strong verb and dynamic syntactical structure forms an integral part of his theory of the Chinese character. Partly the claims of Fenollosa and to a certain extent of Pound about Chinese syntax and verbal transformation are based on their perception and interpretation of certain basic features inherent in the Chinese language and poetic structure. Fenollosa, for instance, had asserted in his essay: "... the likeness of form

between Chinese and English sentences renders translation from one to the other exceptionally easy. The genius of the two is much the same. Frequently it is possible by omitting English particles to make a literal word-for-word translation which will be not only intelligible in English, but even the strongest and most poetical English. Here, however, one must follow closely what is said, not merely what is abstractly meant."

独具慧眼、奉献慧心又勇于试验，**形式生命**大概就会在你笔下**呼之欲出**并**应运而生**，这就是我的期许，也是这一章的结语。

〔注释〕

①参见台湾吴展良著《寻找核心价值：儒学与现代社会的价值困境》，载《传统中华文化与现代价值的激荡》，黄俊杰主编，北京：社会科学文献出版社 2003 年版。文中说：

> 艺术的本质要求内容的不断创新和突破以及风格上不断地分化及变异。因为只有用新的符号、色彩与表现方式，创作与欣赏者才会觉得其视觉、嗅觉、听觉或触觉的感受上获得新的激发，心灵上也才能产生新的感动。所以人类的艺术文学史，整体而言就是一部探索新风格、新技法与新内容以激起新感动的历史。

另请参见 Terry Eagleton, *Literary Theory*（Oxford, Blackwell, 1983）, pp. 1-17, 95-97, 134-141 以及 M. H. Abrams, *Glossary of Literary Terms*（Fort Worth, Harcourt Brace College Publishers, 1993）, pp. 120-121, 246-248, 273-275, 284-286。

②参见 R. Witson 及 F. Keil 主编 *The MIT Encyclopedia of Cognitive Sciences*, MIT Press, London, 1999, pp. 176-177; p. 104。

③引自该书中文版《心理学——一条整合的途径》，阎巩固译，华东师范大学出版社 2000 年版，第 228 页。

④见② Ibid, pp. 537-538。

⑤转引自 R. Harnish 主编 *Basic Topics in the Philosophy of Language*, Harvester, New York, 1997, pp. 209-210。

⑥引自 D. Chandler 著 *Semiotics*: *The Basics*, Routledge, 2002, USA and Canada, p. 17。

⑦索绪尔的有关论述如下：

The linguistic sign unites, not a thing and a name, but a concept and a sound-image. The latter is not the material sound, a purely physical thing, but the psychological imprint of the sound, the impression that it makes on our senses. The sound-image is sensory, and if I happen to call it "material," it is only in that sense, and by way of opposing it to the other term of the association, the concept, which is generally more abstract.

The psychological character of our sound-images becomes apparent when we observe our own speech. Without moving our lips or tongue, we can talk to ourselves or recite mentally a selection of verse. Because we regard the words of our language as sound-images, we must avoid speaking of the "phonemes" that make up the words. This term, which suggests vocal activity, is applicable to the spoken word only, to the realization of the inner image in discourse. We can avoid that misunderstanding by speaking of the sounds and syllables of a word provided we remember that the names refer to the sound-image.

The linguistic sign is then a two-sided psychological entity that can be represented by the drawing:

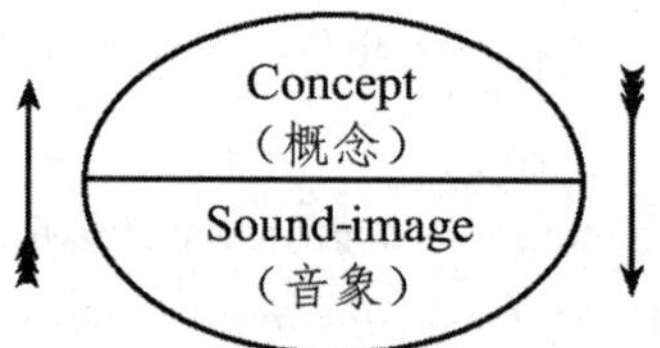

The two elements are intimately united, and each recalls the other . . .

The linguistic sign, as defined, has two primordial characteristics. In enunciating them I am also positing the basic principles of any study of this type...

Principle I: *The Arbitrary Nature of the Sign*（符号的武断性）

The bond between the signifier and the signified is arbitrary. Since I mean by sign the whole that results from the associating of the signifier with the signified, I can simply say: the linguistic sign is arbitrary . . .

Principle II: *The Linear Nature of the Signifier*（能指的线性）

The signifier, being auditory, is unfolded solely in time from which it gets the following characteristics: (a) it represents a span, and (b) the span is measurable in a single dimension; it is a line.

⑧引自皮尔士著 "On Signs and the Categories", 载 T. M. Olshewsky 编 *Problems in the Philosophy of Language*, Holt, Rinehart and Winston INC, New York, 1969, p. 22。

⑨引自 Ming Xie 著 *Ezra Pound and the Appropriation of Chinese Poetry*, Garland Publishing, INC, New York, 1999, p. 237。

⑩ Ibid, p. 135.

第七章　西方当代译论的三个源头

任何理论（或理论思想、理念、原则主张）都可以放在一个坐标上加以剖析，以加深对它的宏观认识。这是一个参照系坐标，坐标的横轴表示共时，是类型（学）参照系，坐标的纵轴表示历时，是谱系（学）参照系。如下图所示：（见第 219 页图 7–1）

如图所示，我们如果将对中华经典的解释理论看作一门“学科”，即古典解释学，那么在历时的纵向轴上就可以捋出一个一脉相承的发展线索：古代原创性经学—汉代经学—魏晋玄学—宋代理学—清代朴学，这个发展线索，表示纵向传承关系的谱系（学）序列。我们还可以锁定某一个断代捋出一个“家族相似”的类型（学）序列。仍以中国古典解释学为例，如果我们锁定在清代朴学，在横向的类型上还有一些所谓“共生”学派，最著名的是顾炎武的“日知派”（取自《日知系》），然后是以黄宗羲为代表的“求是派”（黄氏所倡之求是精神）以及清代盛世的“乾嘉学派”。在乾嘉学派中又有一个“小家族”，梁启超在论小家族的“家族相似”时，提到三家（惠栋、戴震、焦循）中之二家云：[①]

> 惠派之治经也，如不通欧语之人读欧书，视译人为神圣，汉儒则其译人也，故信凭之不敢有所出入。戴派不然，对于译人不轻信焉，必求原文之正确然后即安。惠派所得，则断章零句，援古正后而已。戴派每发明一义例，则通诸群书而皆得其读。是故惠派可名之曰汉学，

戴派则确为清学而非汉学。

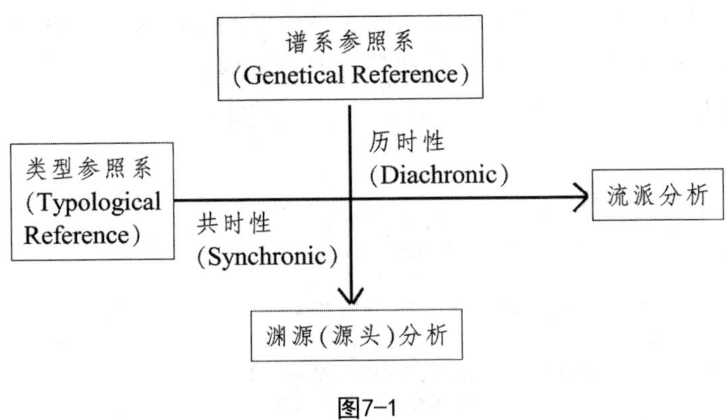

图7–1

这样的横向比较，再加上纵向的沿革探究，我们的看法就可以比较接近实际了。当然，这里还牵涉到我们的观点是不是符合历史唯物主义和辩证唯物主义的问题。国内有人将钱锺书的“化境论”与西方语言学中的“语境论”混为一谈，就是一个笑柄：这位先生以为都是“境论”，“还不是一码事”？！中国改革开放以后，一些知识分子以为历史唯物主义、辩证唯物主义过时了，只要崇拜西方就等于买了“保险”，没想到这个“保险”并不灵！如果坚持下去，今后恐怕还有更多笑柄出笼。

西方人文思想的发展，有几个突出的时期。对西方当代翻译理论而言，这中间有三个时期最重要，这三个时期的人文思想和思潮，就成了它们的主要源头。第一个时期是古典主义（Classicism, F. V. Schlegel, 1798）。“古典主义”泛指古希腊文化的蔚兴期。西方翻译理论的古典主义时期则始于罗马翻译家及译论家西塞罗，终于 19 世纪中叶。第二个时期是现代主义（Modernism 或 Modernity）。西方现代主义研究界认定以马克思致卢格的信（1843）作为现代主义之始，直到 20 世纪的三四十年代（V. Kolocotroni, J. Goldman and O. Taxidou, 1998），为期整整一百年。这是西方政治经济发展上最重要的一百年，也是西方人文思想和学术事业发展上最重要的一百年，对西方翻译和翻译思想、翻译理论的发展关键的一百年。第三个时期是后现代主义（Postmodernism 大体上与“后结构主义”Poststructuralism

并行)。西方后现代主义研究界认定以20世纪五六十年代起于法国的反传统思潮为肇始(J. A. Cuddon, 1999),以福柯(M. Foucault)、德里达(J. Derrida)、利奥塔(J. F. Lyotard)和博德里拉德(J. Baudrillard)为代表。后现代主义至今不过五十年,但却是西方意识形态学术思想发展最快、最多样化的五十年,西方翻译学亦复如此。现以图示。

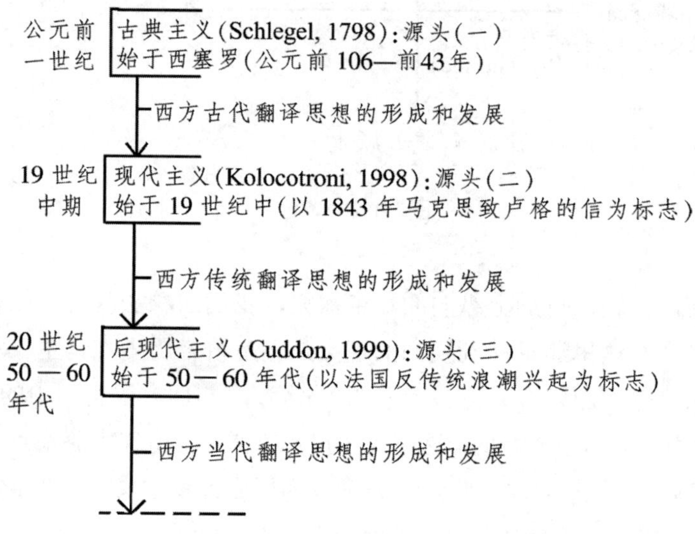

图7-2 西方翻译思想发展大体历程及源头

下面我们将分述这三个源头。这里只是提出一些初步的想法,希望有人作深入的跟进研究,将我们对西方当代翻译理论的了解建立在历史唯物主义和辩证唯物主义的基石之上,减少盲目性:既避免盲目排斥,又避免盲目崇拜。从本质上看,它只是我们的一个参照系。

7.1 古典主义(Classicism 或 Classicalism)

"古典主义"这个词是18世纪末德国哲学家、文论家、莎士比亚翻译家费德里希·斯莱格尔(Friedrich von Schlegel, 1772–1829)在1798年提出来的（见 Das Athenaeum），用以与浪漫主义（Romanticism）相比照。欧洲古典主义译论中的古典主义一般指对古希腊、罗马文史哲艺经典的景仰、服膺与效仿，尤指以下两部经典：一是亚里士多德的《诗学》（*Poetics*），二是霍拉斯（Q. H. Horace, 65–8BC）的《诗艺》（*Ars Poetica*）。这两部经典在15及16世纪对欧洲人文思想产生了深刻影响。值得译学注意的是，《诗艺》于1561年由意大利人J. Scaliger（1484–1558）译成了英文，风靡了数百年。霍拉斯的许多主张如"decorum"（文辞得体），"the appropriateness of language and style"（语言与风格的适宜），"the appropriateness of action to character"（戏剧表演中的适当）以及"excellence in craftsmanship"（写作必须精于技巧）以确保高雅品位等等文艺美学理念，从16、17世纪直到18世纪斯莱格尔时代，这些理念均被奉为古典主义的精粹。遵循古典主义章法和理念的历代文学巨子，也常常是纵论译事的大师，在英国有Ben Jonson, Dryden, Pope, Swift, Addison和Samuel Johnson；在法国有Corneille, Racine, Molière, Voltaire, Boileau和La Fontaine；在德国则有Winckelmann, Lessing, Goethe, Schiller及Höderlin。在英国，大约从1660年至1780年这段时期也被称为"新古典主义时期"（Neoclassicism），新古典主义者（上述代表人物）崇尚古希腊罗马传统，倡导"德见于业，业精于艺"的古代人格论和艺术论，并身体力行，追求"Superbness"，"correctness"和"fluency"（或"transparency"），影响至今未减。

"古典主义"还有另一个含义，即指20世纪以前的西方译论，包括古罗马安德鲁尼库斯（L. Andronicus, c284–204BC）、诗人恩尼乌斯（公元前239—前169）、西塞罗（M. T. Cicero）、霍拉斯（Q. H. Horace）、昆体良（M. F. Quintilian）等人的古代译论，文艺复兴时期的译论，包括德国的马丁·路德（M. Luther, 1483–1546）、法国的多内（E. Dolet, 1509–1546）、英国的荷兰德（P. Holland, 1552–1637）及查普曼（G. Chapman, 1559–1634）等人的评论和18、19世纪的近代译论，包括德国的施莱马赫、歌德、洪堡；英国的德莱登、泰特勒（A. F. Tytler, 1747–1814）和阿诺德（M. Arnold, 1822–1888）等人的译论。古典主义译论传统的要义有以下几点。

7.1.1 重对应，尤其是 SL–TL 意义对应

这个传统，始自西塞罗、霍拉斯和昆体良。但这三位古典大师对意义对应的原则各有特色。西塞罗的意义对应指“语义深层含义”（genus omne vimque），因而倾向于意译；霍拉斯是诗人，他主张的对应将审美感性融入了意义抉择，着眼于修辞；昆体良提倡积极意义上双语语义对应，即意义对应不排斥译文的原创性，不应囿于原意，以词害义。因此，翻译的考量是强化 TLT。

7.1.2 重文体考量，倾向于今日所谓的译语取向

这个传统，始自哲罗姆（St. Jerome, c347–420）和奥古斯丁（St. Augustine, 354–430）。哲、奥二氏都是语言大师，主要从事宗教翻译，因此反对将文学翻译与宗教翻译相提并论。哲罗姆是著名的“（翻译是对原文的）征服论”者，对当代译论有深远影响。奥古斯丁是古典符号学的先驱之一，是符号学“能指”“所指”“审事”（符号意义的判断者）三分法的首创者，词本位翻译的提倡者。

7.1.3 重翻译的艺术性，倾向于今日所谓的原语取向

这个传统的代表人物是德莱登。德莱登力倡透彻把握原作以重现原作，甚至提出“翻译受役于原作”的主张，在艺术技巧上译作与原作必须深探亲缘关系，提倡所谓“因应论”：译文之一切权宜手段应因应原文转换之需，反对模拟（*Essays of John Dryden* Vol. I, p. 239）。

7.1.4 德国古典主义译论对西方现、当代译论的影响

德国古典主义译论对西方现代、当代译论影响极深，尤其是歌德、施莱马赫与洪堡（W. V. Humboldt, 1767–1835）的主张。歌德认为翻译应提供 SL 文化与 TL 文化的融合共生：使 SL 文化融入 TL 文化。施莱马赫认

为翻译的基础是正确的理解，译者必须功于理解、涤除误解；德国译者必须清楚了解德国的历史文化诉求，只有这样才能准确地介绍外国文化；准确理解了的外语必须要用准确的本国语言去加以表达。洪堡提出了“语言决定（思维和文化）论”“语言特殊性决定翻译中的不可译性”以及“翻译过程是解释过程论”，译者只能用解释的办法解决不可译性等等。施莱马赫与洪堡都是欧洲释义派理论的先驱。

7.2 现代主义（Modernism 或 Modernity）

“现代主义”（或“现代性”）是一个有争议的词。有人认为“现代”泛指以 17 世纪产业革命为标志的西方现代化（modernization）历史时期，在中国人的概念中应该是“近代”，例如史学上“modern history”的中文翻译是“近代史”。中国人的“现代”概念似乎比“当代”略早、略长，而“当代”在英语中则是“contemporary”。有不少人认为，西方所谓“现代主义”是一个时间界限模糊的“periodizational concept”（断代概念），时间大体指从笛卡尔理性主义起到 19 世纪末这段启蒙运动时期，这段时期是对中世纪和封建主义有力的 repercussion（反击、反响）。即令如此，现代主义在西方各国的断代时间也不尽相同。在法国指从 19 世纪 90 年代至 20 世纪 40 年代，在德国指从 19 世纪 90 年代至 20 世纪 20 年代，在英国指从 20 世纪初期到 20 世纪 20 年代或 30 年代，在美国则是指从第一次世界大战前夕至第二次世界大战结束。

现代主义最显著的特征是反 20 世纪以前的西方传统。具体地说是：（1）从理性主义的基本立场出发，彰显人的历史作用和社会功能；以人格化来反击神格化，相信科学、艺术和人性纯良是创造福祉的力量。总之是用理性来批判一切非理性；（2）反对一切形式的不可知论，提倡以怀疑为出发点，理性地探求事物本质；（3）建立体现理性原则的平等的社会秩序（Toulmin, 1990），批判种种形式的封建主义和“资本集权主义”；（4）探求反传统的新形式和新风格，并特别关注语言和语言使用（J. Cuddon,1999）。有些批评家认为现代主义的精髓就是对语言使用形式的创新试验和理论探索（V. Kolocotroni, 1998）；（5）美学中的“现代性”表现为新前卫运动（L’Avantgarde, 1845–1878）和波希米亚文化（Bothemian Culture），以追求个性化、世俗化自我表现（D. Kellner, 1991）为特征；（6）上述种种倾向孕育并催动了结构主义的诞生，但迟至20世纪60年代结构主义才站稳了脚跟，却又被一种新的运动“扒了头”。因此，德国哲学家哈贝马斯（J. Habermas）说现代主义是一项“未竟的事业”（“unfinished project of modernity”）。英国的现代主义研究者B. Southgate说现代主义者有一种“pomophobia”（后现代惊恐症，“po-”表示“post”，“mo-”表示“modernism”，“phobia”意思是“病”“症”），在欧洲，在很多情况下，现代主义和后现代主义其实是交错并存的。法国知名的哲学家利奥塔（J. F. Lyotard, 1924–，其主要观点见［研究资料III］）说，在实在的生活形式中，人们要么用过去时，要么用将来时，用现在时的情况很少，因为“现在不可能抓住”，“后现代总是隐含在现代里，因为现代性、现代的暂时性自身包含着一种超越自身，进入一种不同于自身的状态的冲动。……现代性在本质上是不断地充实着它的后现代性。”[②] 因此利奥塔提出要“重写现代性”（“rewrite modernity”），在重写中摆脱偏见，让事物“按其本来面目发生”。利奥塔的见解及其名著 *The Postmodern Condition*（《后现代状况》，1984）对欧洲翻译思想影响很深。

事实上，在我看来，哈贝马斯和利奥塔都有道理。从表面上看，现代主义确实是一项“未竟的事业”，但“后现代总是隐含在现代之中”，后现代成了现代的替生，现代孕育了后现代这个新生代。不论怎么说，现代主义的理性批判精神和开创求新的理念对欧洲和美国现代人文思想的构建和发展是功不可没的，中国译学应该像我们的欧美同行一样，克服偏见，重新审视它，悉心研究它的精髓。

根据20世纪末欧美对现代主义的深入研究，[③] 现代主义发轫期始于19世纪40年代，以马克思《致卢格（Ruge）的信（1843）》为标志，这个时期涌现出许多优秀学者，其中包括许多19世纪下半期杰出的学者（姓氏及代表他们观点的著作见注释④），如恩格斯、孔德（Auguste Comte）、韦伯（Max Weber）、华格纳（Richard Wagner）、达尔文、尼采、莫里斯（William Morris）、弗洛伊德、伯格森（Henri Bergson）等人，他们是理论阐发者。这个发轫期还有23位杰出的现代主义身体力行者（姓氏及代表他们观点的作品见注释⑤），包括爱伦坡、惠特曼、福楼拜、阿诺德（Matthew Arnold）、王尔德、维勒瑞（Paul Valery）、叶芝（W. B. Yeats）、亨利・詹姆士、萧伯纳、贝尔（Clive Bell）、卢卡斯（G. Lukács）等人。研究者认为，欧美现代主义**形成传统**（“the making of Modernist traditions,” Kolocotroni, 1998）是在20世纪第二个十年和第三个十年（1910s—1920s），该时期共有34位代表作家（姓氏及代表他们观点的作品见注释⑥），包括陀斯・柏索斯（John Dos Passos）、叶芝、福斯特（E. M. Foster）、曼斯菲尔德（Katherine Mansfield）、艾略特（T. S. Eliot）、庞德、沃尔芙、乔伊斯、劳伦斯（D. H. Lawrence）、弗兹杰拉德（Scott Fitzgerald）等人。但历史是发展的，由于20世纪30年代欧洲政治、经济、社会发生了剧变（法西斯主义崛起并横行全欧、美国经济大萧条造成失业剧增），社会文化思潮因而得以深化、激化，现代主义运动进行了**重新集结和组合**，[⑦]特别是在哲学层面，欧美出现了一批很有影响的思想家，包括以克罗齐（B. Croce）为代表的表现主义（Expressionism），以贝尔（Clive Bell）为代表的形式主义（Formalism，以及后来的俄国形式主义），以瑞查兹（I. A. Richards）为代表的新实证主义（Neo-Positivism），以维根斯坦为代表的分析哲学（Analytical Philosophy），以索绪尔、列维–斯特劳斯和雅各布森为代表的结构主义，以海德格尔与伽德默（Hans-Georg Gadamer）为代表的现代释义学（Hermeneutics）以及以皮尔士（Charles Peirce）、杰姆斯烈夫（Lowis Hjelmslev）为代表的现代符号学。这是20世纪五六十年代后现代出现以前欧美现代社会科学蔚兴的史无前例的景观。西方当代翻译理论的思想资源大抵源出其中。这是**理解当代西方译论绝对不可忽视的一个深层结构**。

7.3 后现代主义（Post-Modernism）

“后现代”并不是“现代主义”称职的“追随者”和“超越者”。一般来说，“后现代”想要企及“现代主义”的思想高度和深度或艺术高度几乎是不可能的。其所以这样说，是由于“后现代”本身就存在着不可克服的矛盾及缺点，如盲目性、情绪化和不求甚解的浅薄。下面我们将借助 S. Best 和 D. Kellner（1991）的分析来加以阐述：[⑧]

> 后现代话语指的是抛弃了现代话语和实践的新艺术观点、新文化观点或新理论观点。所有的“后”(post) 字都是一种序列符号，表明那些事物是处在现代之后并接现代之踵而来。因此，后现代话语涉及一些描述历史、社会、文化和思想中的一组关键性变化的断代术语。后现代话语中的混乱情况起源于它在不同学术领域和学科中的不同用法，事实上绝大多数理论家和后现代话语的评论者对后现代一词提供的定义和理解经常互相冲突，并且他们通常并没有对这个词作充分的理论阐述。不仅如此，有些理论家和评论家描述性地使用后现代这个词，用它来描述新现象，而另一些人却规范性地使用这个词，以此力主去接纳新的理论、文化和政治话语与实践。
>
> 事实上，各种后现代话语所操弄的“后”这个词本身就有着一种内在的模棱两可性。一方面，“后”描述一种“不是”现代的东西，它可以被解读为一种试图超越现代时期及其理论与文化实践的积极的否定。正因为如此，后现代话语和实践常常被视为反现代的介入。这种反现代介入同那种被许多后现代主义者视为压迫性的或枯竭衰朽的现代意识形态、现代风格以及现代实践实行了公开的决裂。在这种规范性意义上，前缀词“后”表示同此前东西的一种积极的决裂。正如我们已经注意到的，这种决裂既可以从正面将其看成从旧的束缚与压迫状况下的解放（参见 Vattimo, 1985），是对新事物的肯定，向新领域的迈进和对新话语、新观念的培育（Foucault, 1973b; Deleuze and Guttari, 1987; Lyotard, 1984a）；或者，也可以从反面将它看成一种可悲的倒退，是传统价值、确定性和稳定性的丧失（Toynbee, 1963a and 1963b; Bell, 1976），或是对现代性的这些仍有价值的因素的抛弃（Habermas, 1981 and 1987a）。
>
> 另一方面，后现代一词中的“后”字也表明了对此前之物的一种依赖和连续关系，这种依赖和连续关系使得某些批评者认为后现代只是一种进一步强化了的现代性，是一种超现代性（hypermodernity）

> (Merquior, 1986; During, 1987),“现代性的一种新面貌”(Calinescu, 1987),或是一种现代性之内的“后现代”发展(Welsch, 1988)。不过,许多后现代理论家还是用后现代这个词——如同汤因比当初引进的那样——作为西方历史已发生戏剧性断裂的表征。因此可以说,后现代话语包含了某种事物已经终结,而某种新的东西正在来临的意思,并且包含了这样一种要求,即我们必须提出新的范畴、理论和方法,以便探索和理解这位即将来临的新贵,探索和理解新的社会状况和文化状况。因此,对新事物有一种内在的同情,正是后现代话语的特点所在,而它的颂扬者们总愿意把自己标榜为理论和政治上的前卫分子,如先前时期的“现代”理论家所做的那样。
>
> 因此,我们将用“后现代主义者”(postmodernist)一词来称谓哲学、文化、理论和社会理论领域中的后现代倡导者。后现代主义者描述且通常拥护发生于知识、文化和社会中的断裂,频繁地攻击现代性,同时认同被他们吹嘘为新的、“激进的”后现代话语与实践,号召用新的范畴、新的思维和写作模式、新的价值和政治去克服现代话语的实践的不足。一些后现代理论家,如利奥塔和福柯,把精力集中在提出新的替代性的知识与话语模式,而另一些人,如博德里拉、杰姆逊和哈维则强调新的经济、社会、文化及经验形式。在社会理论领域,后现代主义者声称社会和历史发生了根本性的变化,要求用新的理论和概念去描述,而现代理论却无力担当此任。……

当代西方史学家在广泛分析“后现代”历史观后总结说,“后现代”共有“五反”:反本质主义(“anti-essentialist”)、反目的论(“anti-teleological”)、反基础主义(“anti-foundationist”)、反反映论(“anti-representationist”)及反现实主义意义论(“anti-realist-implications”),对于这“五反”,后现代主义理论家和史学家自己也认同。[⑨] 为更深入地认识和评估西方当代的翻译理论,我们关注的则是后现代的以下特点,以便我们透察二者之间种种形式的、千丝万缕的联系。

7.3.1 将意义边缘化（marginalized）、“边际化”（peripheralized）或漫画化（caricaturized）

在后现代的“五反”基本思想支配下，意义不被边缘化是不可能的。例如，后现代反基础主义论认为，语言只不过是“一种经验的基础”，语言“凭借能指与所指来反映现实”只是一种“错觉”“幻觉”（illusion, Derrida, 1967），因为，在他们看来，首先，“现实”（reality）这个概念本身就是“虚妄的”，原因是：⑩

> This means there can be no (single) truth about the world, but that our knowledge of “reality” is always a construct, mediated by the multifarious contexts we inhabit (race, gender, economy, culture, and so on). “Truth”—e.g., about justice, beauty, morality, progress, events—is therefore radically relative, *there being no “essential” meaning to things which the subject can, godlike, apprehend as “object” of his knowledge. Rather, the very notion of “the subject” as the detached understander of “the object” has no meaning, just as the notion of “the subject” as an autonomous agent in a world of known and manipulable objects has no meaning*. Instead, both in our knowing and in our doing we are differing manifestations of an immense complex of ultimately groundless “positions” occupied and lived out by diverse millions of individuals and groupings. There is no ultimate or fixed “reality”, there are no transcendental truths; there is no authoritative projection into the future, or an “objective” history from which to derive it. Whereas modern philosophy and science, from the seventeenth century onwards, spawned the Enlightenment belief in the rational instrumentality of mankind to increasingly understand and master its world so as to fulfil “the nature of man”, the game is up—the myth is exposed. Man’s own reflective insight into his consciousness (itself an Enlightenment project) has revealed the fallacy of a world which can be

"represented" in objective, universalist terms.

既然人对现实的知识都是"虚妄"的，世界本身就是一大谬误（fallacy），那么关于现实世界的知识还有什么意义可言呢？

其次，后现代认为"能指"与"所指"的关系根本不足以产生确定性、真实性。原因是，没有任何一个能指有任何固定的、确切的含义，能指只是用来区别与别的能指所代表的所指，作为结构主义者的索绪尔将这种关系称为差异（difference，或符号的差异性）。索绪尔认为，在语言符号系统中，差异普遍存在，构成了差异系统，差异系统使语言成为可能，而语义则被 disseminated（播撒）在能指系统中。因此，索绪尔说，"在语言中，只有差异，**没有绝对的**（positive）**意义**"（Saussure, 1966: 120）。索绪尔虽然没有强调意义，却仍然承认"言语"（speech）可以呈现世界，能指与所指之间存在相对的稳定关系（Coward and Ellis, 1977; Harland, 1987）。但后现代主义者（后结构主义者）就激进得多，对待意义"无情"得多了。他们接受了索绪尔的符号任意性、差异性，更加上了符号的所谓"无所指性"（non-referential 或"空指性"）（Best and Kellner, 1991: 25）。后现代主义者博德里拉（Jean Baudillard, 1984: 38–39）讲得更痛快，他说"凡生于意义者必将死于意义"。Best 和 Kellner 就此评论说：[11]

> 后现代世界里不存在意义；它是一个虚无的世界，在这个世界中，理论飘浮于虚空之中，没有任何可供停泊的安全港湾。意义需要深度，一个隐藏的维度，一个看不见的底层，一个稳固的基础；然而在后现代社会中，一切都是"赤裸裸的"、可见的、外显的、透明的，并且总是处于变动之中。从这一点上讲，后现代场景展现的是意义已死的符号和冻结了的形式，它们不断地变化出一些新的组合形式。在这种符号与形式的加速增值过程中，内爆与惯性不停地加剧加大，表现为增长超出了极限，最终使自身也在惯性中走向崩溃。

更多的后现代主义者都倾向于德里达的观点：不是"彻底否定意义"，而是热衷于"消解旧的意义、寻求新的意义"：[12]

德里达用解构方法来取代传统和近现代哲学方法。他的解构实际上是对概念（语言符号）的意义进行批判性解释。它通过解读文本来发现其自身的矛盾，对其存在的等级秩序加以颠倒，进而改变和重新解释原有概念关系。换言之，它从揭露文本本身的矛盾出发来摧毁（消解、颠覆）文本原有结构，发掘被其中心意义所排除、隐蔽或遗忘的意义，特别是那些普遍和确定的意义之外的意义。它强调意义的多向性和不确定性、含混性，颠倒结构的中心和边缘的关系，消除结构中一切确定和固定的东西。这意味着解构方法是对原有文本做出多义的、不确定的、含混的解释方法。也正因为如此，他不仅接受了维根斯坦的语言游戏说，而且使之更具主观随意性。因为他实际上否定了游戏需要遵循一定规则，认为这些规则并不制约游戏。“游戏的规则已被游戏本身替代。”（德里达，《结构、符号与人文科学中的游戏》1991: 150）

评论家 J. A. Cuddon 说，德里达的这种颠覆性手段实际上等于让意义“自毁”（“self-defeat”）。下面是 Cuddon（*Literary Terms of Literary Theories*, p. 210）的评论：

Derrida shows that a text (any text—be it a polemic, a philosophical treatise, a poem, or, for that matter, an exercise in deconstructive criticism) can be read as saying something quite different from what it appears to be saying, and that it may read as carrying a plurality of significance or as saying many different things which are fundamentally at variance with, contradictory to and subversive of what may be (or may have been) seen by criticism as a single, stable “meaning.” Thus, a text may “betray” itself. A deconstructive criticism of a text reveals that there *is nothing except the text*. In *Of Grammatology* Derrida makes the now well-known axial proposition that this is so . . . That is, one cannot evaluate, criticize or construe a meaning for a text by reference to anything external to it.

> Derrida carries his logic still further to suggest that the language of any discourse is at variance with itself and, by so being, is capable of being read as yet another language. Thus, hypothetically, one may envisage an endless regression of dialectical interpretations and readings without any stable, essential meaning. In short, a text may possess so many different meanings that *it cannot have A MEANING. There is no guaranteed essential meaning*. An immediate deconstructive practice would be to question the foregoing sentence by asking what is meant by "guaranteed", "essential" and "meaning" in that context.
>
> The implications are that any form of traditional literary criticism which employs the practical tools of comparison and analysis patiently and attentively to elucidate meaning is a self-*defeating practice* since the rhetoric of both the literary text under analysis and literary criticism is inherently unstable.

不少知名的后现代代表人物则常常以一种似是而非的观点将意义边缘化或漫画化。例如利奥塔（1971, 31, 74; 1975）试图"解救"意象、形式和图像，免受理性主义的批判。利奥塔认为意象优于有意义的（meaningful）言辞，"非意识"（non-sense）优于意识，"非意义"（non-meaning）优于意义，图像优于概念，感觉优于意义。利奥塔坚信人的敏感性（sensibility）都是图像性的、随意的。这种论断就很武断。人的很多敏感反应生成于生理机制或认知机制，与图像没有什么关系，例如危机感、自卑感等等，都是非图像性心理状态。人对"强""弱"的感觉不一定与"钢铁"或"棉花"构成或内化为图像。利奥塔论述说，他这样做是想倡导一种"富于想象力的、一词多义"的后现代话语写作模式（当然也包括翻译），来挑战意义的明确性，拒斥"共识"，提倡"歧见"，因为"歧见可以孕育发明创造"（Lyotard, 1984）。这是一种似是而非的主张。试问在翻译中违背原作意义的歧见算不算有创意呢？是不是"富于想象力"呢？

7.3.2 将“政治”微观化、“文化”泛政治化

“政治”在后现代话语体系中有既偏激又模糊的矛盾色彩和意涵。Best 和 Kellner 表明，在对后现代理论家进行的每一项研究考察中，都可以发现他们既批判现代主义又吸纳现代主义，既扬言要提出“替代性理论”又自叹未能提出这种理论，既下决心要创立“后现代体系”又未能创立这种体系（Best and Kellner, 1991: 40）。如果按后现代话语来诠释，“政治”的意涵是流移不定的。Best 和 Kellner 曾经引用哈桑（I. Hassan）的话说，“后现代政治”可以用一个词来描写——“消解”，让一切有意义的东西都不复存在：[13]

> ……后现代理论批判了诸如再现、真理、理性、体系、基础、确定性、一致性以及主体、意义和因果关系等现代理论的核心概念。正如哈桑所指出的，后现代理论是一种“消解”（unmaking）文化中的一部分，这种消解文化的原则包括：非创造（decreation）、解体（disintegration）、解构（deconstruction）、非中心化（decentrement）、置换（displacement）、差异（difference）、非连续性（discontinuity）、离散（disjunction）、消散（disappearance）、分解（decomposition）、非定义（de-definition）、去神秘化（demystification）、非总体化（detotalization）、去合法化（delegitimation）（1987:92）。

上述种种策略的偏激化运用，导致了一个后果，就是所谓“将政治微观化”，将整体、系统、全局、本体、基础等等“统统打碎”——也就是“消解”成了不成体统的碎片、微粒，然后进行微观分析，去寻找“漂浮不定的所指”。后现代“将政治微观化”的目的就是要消解整体性、总体性、基础性、本质性、系统性、全局性等等，使之成为没有意义的东西。这就是为什么后现代主义总是“拒斥宏观理论”，而沉迷于“精微”“精到”“精致”的“微观描写”（Best and Kellner, 1991: 31, 92）。可以看出来，后现代这种认识论和方法论对当代西方译论影响是多么严重。

"政治微观化"与"文化泛政治化"是并行不悖的两种倾向。福柯（M. Foucault）就是一个典型的例子。福柯很少花力气去分析资本主义国家或资本等宏观权力架构的重要作用，却倾全力于研究疯狂、监狱、同性恋、性史、惩戒、自残和自杀问题等等。[14]这也反映出后现代反传统态度之偏颇、偏激、片面和非理性。"政治微观化"使理论家满足于一孔之见的精微，而完全失去关注全局的敏感和整体感，这正是当代某些西方译论的特点。可以说自从 V. Nida (1964), G. Steiner (1975) 和为数不多的几位理论家以后，西方译论界就没有人再系统地、认真地探讨过翻译学的宏观理论问题和事关大局的翻译思想问题，几乎人人都满足于一得之见的"think, think, rethink"，满足于汇编一本又一本的论文集，充斥其中的则都是一些"精言微论"！至于翻译学架构宏观研究，西方当代译论者似乎统统不感兴趣，Holmes 提出了一个很不成熟的蓝图，图瑞（G. Toury, 1978）大加赞扬了一番，大概就大功告成了。[15]

7.3.3 消解了"概念"，也就消解了"价值"

后现代主义在构建自己的思维模式以达至反传统的目的时，必然要构建起自己的话语体系，这套话语体系必然要消解具有相对确定性、稳定性的"概念"，而这些"概念"则是"价值系统符号"。例如译学中的"意义""对应""可译性""主体性""文本"等等。就此，文努蒂（L. Venuti, 2000: 218）进行了中肯的批评：[16]

> Theorists like Derrida and Paul de Man are careful not to elevate translation into another original or the translator into another author. Instead they question the concepts of semantic unity, authorial originality, and copyright that continues to subordinate the translated to the foreign text. Both texts, they argue, are derivative and heterogeneous, consisting of diverse linguistic and cultural materials which destabilize the work of signification, making meaning plural and divided, exceeding and possibly conflicting with the intentions of the foreign writer and the translator.

Translation is doomed to inadequacy because of irreducible differences, not just between languages and cultures, but also within them.

The skepticism in poststructuralist thinking revives the theme of untranslatability in translation theory, although in a more corrosive version than Quine's. Here the problem is not so much the incommensurability of cultures, the distinction between conceptual schemes that complicates communication and reference, as the inherent indeterminacy of language, the unavoidable instability of the signifying process. Consequently, poststructuralism inspires literary experiments as theoretically inclined translators aim to release the play of the signifier in the translating language. At the same time, however, theorists give renewed attention to concepts of equivalence, now reformulated in linguistic terms that are at once cultural and historical, ethical and political.

有些重要的概念——如"主体性"(subjectivity),在翻译学中不是一个可以简单化为"yes or no"("对不对""要不要"或"好不好")的问题。西方当代不少译论者十分欣赏尼采式的唯美主义主体性,有人则将福柯所鼓吹的"自我看管""自我控制""自我构建""自我知识"等等完全移花接木于本身,却没有注意到尼采也好,福柯也罢,都从来没有实现过他们鼓吹的价值标准——"唯美化"。在后现代思想影响下,西方当代译论中出现了非主体化、去主体化、改造主体、非中心化、去中心化等等观点,显然受到所谓"主体唯美化"的影响。Best 与 Kellner 批评说:⑰

某些版本的后现代理论与政治具有极度的唯美主义和主体主义倾向。许多后现代理论提倡一种决裂于传统理性主义政治的唯美政治。

后现代将主体唯美化,这只不过是以另一种方式否认了主体是一种多向度的能动形式和实践形式,将主体还原为一种非中心化的欲望存在。事实上,后现代唯美化的主体主义表现出了一种推崇没有主体的主体政治的悖谬,它使我们注意到了必须去寻找一种能够更加全面地说明主体性的社会理论。后现代对主体主义采取一种完全拒斥而不是重建其核心价值的态度，这种做法剥夺了主体的道德责任和道德自律。

翻译学的学科领域和性质要求我们与思维、意义、思维模式、意识形态打交道，因为语言本身就是表达、交流思想的工具（Wittgenstein, *PI*, Prt I, §329），因此我们必须学习哲学，通晓思维科学，使我们有能力辨别极端主义（extremism）、激进主义（radicalism）、取消主义（nihilism）、颠覆主义（subversionism）以及为叛逆而叛逆的所谓“波希米亚式自由主义”（Bohemian Liberalism）等等。因为，在翻译学中，这些“主义”是行不通的。很明显，翻译学需要的是科学精神和辩证法。热衷叛逆或轻言对传统的叛逆，未必是学科的归宿。

更重要的是，中国人应该有自己的“文化自我”，有自己“外为中用”的基本立场。从历史唯物主义和辩证唯物主义来看，“后现代”是“西方的后现代”——即欧美后工业化时代，中国工业化的历史发展与西方并不合拍，我们不能将西方后现代的认识论、方法论、价值论乃至随感泛论生搬硬套于中国。这是我们研究西方当代译论源头的目的性。我国清代的文论家叶燮说，做学问要“**先辨其源流本末，而徐以察其异轨殊途，固不可执一而论**”（《与友人论文书》，《已畦集》卷十一），这是我们必须牢记的。今天中国译论论坛上“执一而论”现象相当普遍，有些人只要西方有人“执一”，他（她）马上“而论”。这种心态、做法害人害己，尤其影响年轻一代，实在要不得。

〔注释〕

①梁启超：《清代学术概论》，上海古籍出版社1998年版，第30页。

②刘放桐：《新编现代西方哲学》，人民出版社2000年版，第624页。

③参见Vassiliki Kolocotronic, Jane Goldman及Olga Taxidou合著*Modernism: An Anthology of Sources and Documents*, the University of Chicago Press, 1998。

④根据Kolocotronic等人的研究（Ibid, 1998），现代主义的先声始自19世纪

中期，其先驱及代表作如下，仅供参考：

(1) Karl Marx: Letter to Ruge, September 1843.

(2) Richard Wilhelm Wagner: "Art and Revolution", 1849.

(3) Charles Darwin: *The Origin of Species by Means of Natural Selection*, 1859.

(4) Johann Jakob Bachofen: *Mother Right*, 1861.

(5) Friedrich Nietzsche: Preface to *Human*, *All Too Human*, 1878.

(6) Max Nordau: *Degeneration*, 1883.

(7) William Morris: "Useful Work versus Useless Toil", 1884.

(8) H. P. B.: The Secret Doctrine, 1888.

(9) J. G. Frazer: *The Golden Bough*, 1890–1915.

(10) Gustave Le Bon: *The Crowd*: *A Study of the Popular Mind*, 1895.

(11) Thorstein Veblen: *The Theory of the Leisure Class*, 1899.

(12) Henry Adams: *The Education of Henry Adams*, 1907.

(13) Sigmund Freud: *The Interpretation of Dreams*, 1900.

(14) Georg Simmel: *The Metropolis and Mental Life*, 1903.

(15) August Bebel: *Woman under Socialism*, 1904.

(16) W. E. B. Du Bois: *The Souls of Black Folk*, 1903.

(17) Henri Bergson: *Creative Evolution*, 1907.

(18) Wilhelm Worringer: *Abstraction and Empathy*, 1908.

(19) Adolf Loos: "Ornament and Crime", 1908.

(20) Karl Kraus: "The Good Conduct Medal", 1909.

(21) Millicent Garrett Fawcett: "Women's Suffrage", 1911.

(22) Lou Andreas-Salomé：*The Frend Journal of Lou Andreas-Salomé*, 1912.

(23) Oswald Spengler: *The Decline of the West*, 1918–1922.

⑤ Ibid；现代主义文艺方面的先驱及代表作如下，仅供参考：

(1) Edgar Allan Poe: Review of Nathaniel Hawthorne's *Twice-Told Tales*, 1842.

(2) Walt Whitman: Preface to *Leaves of Grass*, 1855.

(3) Gustave Flaubert: Letter to Mlle Leroyer de Chantepie, 18 March, 1857.

(4) Matthew Arnold: "On the Modern Element in Literature", 1857.

(5) Charles Baudelaire: "The Painter of Modern Life", 1859–1860.

(6) Arthur Rimbaud: Letter to Paul Demeny, 15 May, 1871.

(7) John Ruskin: *Lectures on Art*, 1870; *Arartra Pentelici*, 1872.

(8) Walter Pater: Conclusion to *The Renaissance*, [1873] 1893.

(9) August Strindberg: Preface to *Miss Julie*, 1888.

(10) Oscar Wilde: Preface to *The Picture of Dorian Gray*, 1890.

(11) Thomas Hardy: "The Science of Fiction", 1891.

(12) Stéphane Mallarmé: "Crisis in Poetry", 1886–1895.

(13) Paul Valéry: "Introduction to the Method of Leonardo da Vinci", 1895.

(14) Alfred Jarry: "Preliminary Address at the First Performance of *Ubu Roi*, 10 December, 1896".

(15) Joseph Conrad: Preface to *The Nigger of the "Narcissus"*, 1897.

(16) Arthur Symons: *The Symbolist Movement in Literature*, 1899.

(17) W. B. Yeats: "The Symbolism of Poetry", 1900.

(18) Marcel Proust: "Days of Reading: I'1905".

(19) William Archer: "Henrik Ibsen:Philosopher or Poet", 1905.

(20) Henry James: "The Art of Fiction", 1894.

(21) Edward Gordon Craig: "The Actor and the Übermarionette", 1907.

(22) Isadora Duncan: *My Life*, 1927.

(23) George Bernard Shaw: *The Sanity of Art*, 1908.

⑥根据 V. Kolocotroni 等人的研究（Ibid），以下是现代主义传统构建期（1910s—1920s）代表人物及其代表作：

(1) (Margaret) Storm Jameson: "England's Nest of Singing Birds", 1915.

(2) Ford Madox Ford: "On Impressionism", 1914.

(3) Dora Marsden: "I Am", 1915.

(4) Fernando Pessoa: "Notes on Sensationism", 1916.

(5) John Dos Passos: "Against American Literature", 1916.

(6) W. B.Yeats: "Anima Hominis", 1917.

(7) Amy Lowell: Preface to *Tendencies in Modernist Poetry*, 1917.

(8) William Carlos Williams: Prologue to *Kora in Hell*, 1918.

(9) May Sinclair: A Review of *Pilgrimage*, 1918.

(10) Edwin Muir: "What is Modern?", 1918.

(11) E. M. Forster: "The Poetry of C. P. Cavafy", 1919.

(12) Katherine Mansfield: Reviews for the *Athenaeum* 1919; Letters to John Middleton Murry, 1919.

(13) Thomas Mann: *Diaries*, 1918, 1919, 1920.

(14) T. S. Eliot: "Tradition and the Individual Talent", 1919; "Ulysses, Order, and Myth", 1923.

(15) Ezra Pound: "A Retrospect", 1918; Preface to Rémy, de Gourmont's *The Natural Philosophy of Love*, 1926.

(16) H.D.: "Notes on Thought and Vision", 1919.

(17) Alfred Döblin: "Warsaw", 1922.

(18) Herman Hesse: "Recent German Poetry", 1922.

(19) Virginia Woolf: "The Moment: Summer's Night", 1927; "Mr. Bennett and Mrs. Brown", 1924; "Modern Fiction", 1919.

(20) James Joyce: Letter to Harriet Shaw Weaver, 15 August, 1925.

(21) Richard Aldington: "The Influence of Mr. James Joyce", 1921.

(22) Carl Jung: "*Ulysses*: ein Monolog", 1932.

(23) Frank Budgen: *From James Joyce and the Making of* "*Ulysses*", 1934.

(24) D. H. Lawrence: Letter to A. W. McLeod, 2 June, 1914; Letter to Edward Garnett, 5 June, 1914; Preface to the American edition of *New Poems*, 1929.

(25) Alain Locke: From Introduction to *The New Negro*, 1925.

(26) Langston Hughes: "The Negro Artist and the Racial Mountain", 1926.

(27) Gertrude Stein: "Composition as Explanation", 1926.

(28) Hugh MacDiarmid: "English Ascendancy in British Literature", 1931.

(29) Marianne Moore: "New Poetry since 1912", 1926.

(30) Robert Graves and Laura (Riding) Jackson: *Modernist Poetry*, 1926.

(31) F.Scott Fitzgerald: "Echoes of the Jazz Age", 1931.

(32) Robert McAlmon: *Being Geniuses Together*, 1920–1930, 1938.

(33) Vladimir Dixon: "A Letter to Mr. James Joyce", 1929.

(34) Samuel Beckett: "Dante . . . Bruno. Vico . . . Joyce", 1929; Proust, 1931.

⑦ Ibid; 20 世纪 30 年代以后现代主义作家的重组（regrouping），包括以下 39 人及其代表作：

(1) Siegfried Kracauer: "The mass Ornament", 1927.

(2) Max Horkheimer: "The State of Contemporary Social Philosophy and the Tasks of an Institute for Social Research", 1931.

(3) Bertolt Brecht: "The Modern Theatre is the Epic Theatre", 1930.

(4) Antonin Artaud: "Theatre and Cruelty", 1933.

(5) Sigmund Freud: "The Dissection of the Psychical Personality", 1933.

(6) Nathanael West: "Some Notes on Violence", 1932; "Some Notes on Miss L.", 1933.

(7) Laura (Riding) Jackson: *The Word "Woman"*, 1934–1935.

(8) Dorothy M. Richardson: Foreword to *Pilgrimage*, 1938.

(9) Cecil Day Lewis: *A Hope for Poetry*, 1934.

(10) T. S. Eliot: *The Use of Poetry and the Use of Criticism*, 1933.

(11) Ezra Pound: "*Prefatio Aut Cimicium Tumulus*", 1933.

(12) F. R. Leavis: *New Bearings in English Poetry*, 1932.

(13) W. H. Auden: Review of Leavis et al.1933; Introduction to *The Poet's Tongue* 1935.

(14) W. B. Yeats: Introduction to *The Oxford Book of Modern Verse*, 1892–1935, 1936.

(15) Michael Roberts: Introduction to *The Faber Book of Modern Verse*, 1936.

(16) Wallace Stevens: "The Irrational Element in Poetry", 1936.

(17) George Dangerfield: *The Strange Death of Liberal England*, 1935.

(18) Andrei Zhdanov: Speech at the First All-Union Congress of Soviet Writers, 1934.

(19) Herbert Read: "What is Revolutionary Art?", 1935.

(20) Eric Gill: "All Art Is Propaganda", 1935.

(21) Christina Stead: "The Writers Take Sides", 1935.

(22) Lewis Grassic Gibbon: "Note", *A Scots Quair,* 1932–1934.

(23) James Barke: "Lewis Grassic Gibbon", 1935–1936.

(24) Neil M. Gunn: "Scotland a Nation", 1935–1936.

(25) William Phillips and Philip Rahv: "Recent Problems of Revolutionary Literature", 1935.

(26) John Dos Passos: "The Writer as Technician", 1935.

(27) John Cornford: "Left?", 1933–1934.

(28) Sergei Eisenstein: "A Dialectic Approach to Film Form", 1929.

(29) Storm Jameson: "Documents", 1937.

(30) Walter Benjamin: "Surrealism:The Last Snapshot of the European Intelligentsia", 1929; "The Work of Art in the Age of Mechanical Reproduction", 1936.

(31) Theodor Adorno: Letter to Walter Benjamin, 18 March, 1936; "On the Fetish Character in Music and the Regression of Listening", 1938.

(32) Georg Lukacs: "Realism in the Balance", 1938.

(33) Ernst Bloch: *The Principle of Hope*, 1938–1947.

(34) David Alfaro Siqueiros: "Letter from the Front Line in Spain", 1938.

(35) André Breton, Leon Trotsky and Diego Rivera: "*Manifesto*: Towards a free Revolutionary Art", 1938.

(36) Eugene Jolas et al.: "Inquiry into the Spirit and Language of the Night", 1938.

(37) George Orwell: "Inside the Whale", 1933.

(38) Virginia Woolf: "The Leaning Tower", 1940.

(39) Richard Wright: "How 'Bigger' was Born", 1940.

⑧转引自张志斌的汉译，Best 及 Kellner 著《后现代理论》第 36 页，中央编译出版社 1999 年版，第 36—38 页。

⑨⑩引自 M. C. Lemen 著 *Philosophy of History*: *The End of History?* Routledge, 2003, 分别见第 360 页，第 378 页。

⑪同⑧ Ibid, 第 164 页。

⑫同② Ibid, 第 639 页。

⑬同⑧ Ibid, 第 329—310 页。

⑭以下对福柯的述评供参考：

福柯的思想在全世界产生了重大的影响，声势浩大的后现代主义潮流中福柯应是首屈一指的人物。显然，福柯思想中最有价值的东西是他的政治学。在关于权力的详尽分析中，福柯表明了权力如何扩散到整个社会生活领域和个人生活领域，描述了权力在医院、监狱和学校等社会机构中的运作。在处理权力问题时，福柯发展出一套系谱学方法，通过这套方法，他揭示了许多过去从未被人注意的现象（疯狂、疾病、犯罪、性等）。福柯的权力分析把政治学中“私人”与“公共”的传统区分打破了，使多少年来沉寂在暗处的东西突然处于聚光灯的强烈照射之下，从而也就分外显眼。福柯强调“边缘”问题（疯狂、疾病、犯罪和性等），并从“边缘”向“中心”发难，以便消解“中心”。更重要的意义还在于，过去一直使人深受裨益的东西（如启蒙、主体性和人道主义等）面临着福柯的尖锐提问，在这种提问中，人们被迫去重新思考理性、启蒙、科学、真理、主体、正义、道德以及人道主义。福柯关于真理和权力交织在一起的观点粉碎了西方思想中的一个最大幻想——对真理的追求：真理变得不那么纯粹了。福柯关于人道主义价值和统治技术纠缠在一起的观点破坏了西方思想中的一个最高理想——对自由的追求：价值变得不那么崇高了。

……福柯的思想里存在着许多问题。从总体来看，福柯所从事的是对现代性的批判，对启蒙以来理性统治一切的反思，他的批判和反思必然聚集于现代文化中那些消极、否定和病态的方面。**然而，现代性和启蒙带给人类的并不仅仅是这些，自由、民主、富裕和健康等方面的巨大进步也是不争的事实，但福柯却故意视而不见。**福柯在现代性中只寻找统治和权力，而忽视了社会领域中的各种进步。例如，对待犯人由“酷刑”变为“正规监禁”，福柯看到的仅仅是权力的运行，而拒绝承认在对待罪犯方面出现的人道主义进步。

福柯的观点往往很尖锐激烈，其思想总给人出奇制胜的感觉，这里面自然包含了许多偏激和片面。例如，福柯的“考古学”重话语，轻实践；他的“系谱学”重统治，轻反抗；他的“伦理学”重个人自我，轻社会制度。福柯不算太长的学术生涯中其思想发生了多次变化，虽然他声称从20世纪60年代起其研究主题一直是主体，但是他在“考古学”中只探讨话语如何造成主体，在“系谱学”中只探讨权力如何造成主体，在“伦理学”中又只探讨自我技术如何造成主体。三者辐辏于主体，其统一性是显然的，然而福柯却始终没有提供这种统一的理论。

福柯给人印象最深的是他的权力理论，而受到批评最多的也是他的权力理论。福柯只有“权力的系谱学”，没有“反抗的系谱学”。诚然福柯也讲过这样的话：“哪里有权力，哪里就有反抗。”但是，因为福柯没有详述“反抗的系谱学”，这种说法就变成了一种空话，类似于一种物理学定律的政治引申：作用力与反作用力相等。**问题归根于福柯的权力理论。按照他的观点，作为主体的人是权力的后果，是权力机制构造出来的。如果人是权力的后果，这种为权力所构造出来的人怎么能反抗权力呢？问题还在于，福柯的权力理论主要目标是消除具有自我意识的主体。**如果这种具有自我意识的主体被消解了，那么谁来反抗权力呢？没有反抗的意识，何来反抗？晚期福柯提出“自我技术”并把它当作一种反抗的形式，但是，“自我技术”只有伦理的意义，而没有政治含义。如果我们赋予“自我技术”以政治意义，那么作为自我控制的“自我技术”与其说是对权力的反抗，不如说是权力统治的一种内在化形式，即统治由外在的、他人的强制变为内在的、自己的服从。

作为后现代主义者，**福柯一直标榜反对普遍性、总体性和连续性，强调差别，然而他自己也经常做他一贯攻击的事情。**福柯反对普遍性，但是他通过“生物政治学”和“真理政治学”又将权力普遍化了；他反对总体性，但他通过对真理、理性和现代性的全面攻击而把后现代话语总体化了；他反对连续性，但他通过对性观念从现代经中世纪到古代希腊罗马的追溯又建立了历史的连续性；他尊重差别，但他只尊重那些透过后现代眼镜所看到的东西。**最重大最根本的矛盾在于：福柯从其学术生涯的开始就一直投身于消灭主体，但在他的生命即将终结时又试图让主体死而复生。**（黑体为笔者所用）

引自邹铁军等编《现代西方哲学》，吉林大学出版社 2001 年版，第 486—489 页。

⑮参见 Venuti 编 *The Translation Studies Reader*, Routledge London & NY, pp. 172-185。

⑯同 Ibid, p. 218。

⑰同⑧ Ibid, p. 370。

第八章
西方当代翻译思想和流派述略

如果要用几句通俗的话语来概括地描摹当代西方的译论，我们可以这样说：“传统过气，新潮最酷；整体糊涂，局部精彩。”我们之所以作这样的描述，是就翻译思想而言。本文将从翻译思想谈起，兼及流派和我们的态度。

“翻译思想”指翻译者关于翻译的原则主张或理念，这种主张和理念，通常是译者基于自身经验，同时也是基于志在身体力行的翻译体悟（insight）。另一方面，翻译思想又通常是某种（哲学的、美学的、文艺的、语言的）学术思潮在翻译领域中的反映。具有相同或相近的翻译思想的人或群体所形成的理念认同或风格认同，就是所谓“翻译流派”。

根据我个人的研究，当代西方的翻译思想有几个重要的源头（sources），只有理出这些源头，捋清它们的来龙去脉（也就是叶燮说的“察其异轨殊途”），才能对西方当代的翻译思想、它们理论主张的历史文化渊源、理论的针对性、特点和弱点有所了解。古人说“知其底蕴则知其深浅，知其深浅则知其功用”。做到这一点有助于我们避免盲目性，洗刷不求甚解、盲从附和、妄自菲薄的学风。①

20 世纪 50 年代以前，西方译论基本上是在传统的固有阵地兜圈子。Flora R. Amos（1920）和 G. Steiner 对此颇有责难。西方译论在当时的落后有许多原因。客观原因是欧洲大规模战乱频起，劫后局势不宁，但翻译界的主观原因是主要的，概括起来有以下几点。

（一）本体论认识上的重大缺失。20 世纪 60 年代以前许多重要的理论家都不认为翻译（学）是一门学科或科学，只承认翻译是属于文学及语文学之间的某种“语文技艺”，甚至只是“谋生之道”（“craft”, Steiner, 1975: Venuti, 2000）或文人雅士的书斋闲趣。

（二）受到了对语言学的依附性的框囿（刘宓庆，1986）。绝大多数语言学派理论家的信念是语言学“走多远，我就走多远”，语言学的版图成了翻译学的自然版图，不敢越雷池一步。翻译学对“自主权”（“autonomy”, L. Venuti, 2000）的自我意识很差。

（三）翻译界（从业者，尤其是研究者）对 equivalence, translatability 之类为数有限的几个命题采取一种学院式的固执态度，忽视日常语言交流（communication）的无限生机。

（四）方法上受经验论影响，论证手段单一化、刻板化，最后难免于僵化（刘宓庆，1994）。直至八九十年代，西方译论的论证手段都几乎是千篇一律地守住一些微观课题，进行人文科学推理，远远落后于其他新兴学科，如现代心理学、传播学。

（五）翻译研究视野窄、姿态低，缺乏宏观审视，热衷微观琐谈，大家都满足于业余水平的“即兴之作”，像 W. 本杰明写的《论翻译者的任务》那样能发聋振聩的文章，十分罕见。

当然，我们也不应忽视客观原因，也就是历史局限性。20 世纪 50 年代以前，科学技术水平较低，经济发展规模有限，翻译业也没有与社会生产挂钩，活力当然也就不充沛；不像六七十年代以后，信息论、系统论、控制论登台，经济和科技蓬勃发展，翻译与大生产相结合，因而生机无限。

从 20 世纪六七十年代起，西方译论有明显的进步。概括起来，人文方面的推动力有以下几个方面。

（一）西方哲学 20 世纪初之向语言学转折，特别是维根斯坦哲学之转向日常语言，提出“语言游戏”论以及“意义即使用”“家族相似”“生活形式”等观点，无不与译学息息相关；奎因提出了“本体论的承诺”“意义的不确定性”；奥斯丁、塞尔等人对言语行为的研究以及皮尔士对符号的语言哲学阐释等等，对西方翻译界涤新翻译思想起了影响至为深远的作用。这是西方译论功能主义学派的理论之源。

除语言哲学以外，对西方当代译论有影响的还有以下几个哲学流派：（1）以海德格尔、伽德默、赫斯、利科为代表的哲学释义学；（2）以胡塞尔为代表的现象学；（3）以列维–斯特劳斯为代表的结构主义以及以罗兰・巴特、德里达和福柯为代表的后结构主义；（4）以皮尔士、詹姆士和罗蒂为代表的美国实用主义哲学。

（二）现代主义和后现代主义思潮的强烈冲击，其中包括1900年到1930年现代主义形成期及30年代以后的现代主义“再组合期”（“regrouping”, V. Kolocotroni et al, 1998）、60年代以后的后现代主义约30位分属于文学批评、文艺创作、心理学、释义学、现象学、现代符号学、现代美学的“大师级”人物对西方思潮的巨大影响。就翻译而言，其中有（按以上二时期编年序）庞德（Ezra Pound）、伍尔夫（Virginia Woolf）、乔伊斯（James Joyce）、劳伦斯（D. H. Lawrence）、布莱希特（Bertoet Brecht）、弗洛伊德（Sigmund Freud）、瑞恰兹（I. A. Richards）、艾略特（T. S. Eliot）、叶芝（W. B. Yeats）、本杰明（Walter Benjamin）、卢卡斯（Georg Lukácus）和德里达（Jacques Derrida）等。可以说，后现代主义思潮对当代西方译论的影响远远超过除语言哲学以外的其他学术思想。

（三）现代语言学的发展。西方译论历来将语言学的版图当作自己的版图，至今未改。20世纪50年代以来，西方语言学发展的两大流派——以乔姆斯基为代表的转换生成语法（transformational generative grammar）学派及大体以韩礼德（Halliday）为代表的现代功能主义（functionalism）学派对当代西方译论都有很大的影响。此外，60年代以来，语言学新兴学科中的语段语言学（text-linguistics）和现代语用学等，也是当代西方译论语言学派的依据。

以上三股“水脉”汇集成了当代西方译论的泉源，它们是各种西方译论流派的源头——也就是说它们是当代西方译论的思想发源地。我们研究西方译论，**千万不要忽略这个源与流的辩证关系**：把握了“源”，也就可以更好地解析“流”；解析了“流”就可以更深地理解“源”。我国宋代的文论家张戒告诫后人说：“徒见其流之沛沛然，而不知其源之深乎无底，渺乎无穷，则难免于浅识耳（《岁寒堂诗话》）。”这是很深刻的道理。

20世纪最后25—30年，西方译论有了显著的发展。它虽然没有完全突破固有的理论阵地，但确实从五个大的维度——结构与意义、意义与交流、意义与文化、意义与认知、翻译与社会政治——“热热闹闹”地拓展了翻译思想，深化了理论认知。具体来说，就是在对待意义、结构、形式、功能等四个基本层面的问题上有了更符合翻译实际和时代诉求的翻译基本原则和基本理论主张。西方当代的翻译理论按其基本的理论思想可以概括为以下主要流派和一些值得注意的发展或动向。

8.1 语言学派 (Linguistics-based approach)

西方语言学派的前身叫作“修辞—语法学派”（“rhetoric-grammar approach”, D. Robinson, 1997），它的基本主张是 Sense-for-Sense（意义对意义），反对 Word-for-Word（词对词），这个古老的主张传承自西塞罗和昆体良，经过文艺复兴，直到 20 世纪初索绪尔的语言学说问世和布拉格学派在 20 世纪上半期的开拓性研究。其时的翻译思想则集中于直译以及如何保持古风（archaism）问题，译论完全是学究式的论述（R. Copeland, 1991）。

西方语言学派翻译理论的思想随近百年来语言学的发展演进而发展变化。19 世纪下半期以前的欧洲语言学即历史比较语言学（historical comparative linguistics）主要关注罗曼语与拉丁语之间的语音变化，尤其是西班牙语、法语与意大利语之间的语音发展渊源。20 世纪初，索绪尔的结构语言学问世（1916），随后的布拉格学派、伦敦学派、韩礼德（M. A. K. Halliday, 1925–　）的功能语法学说、美国结构主义和乔姆斯基的生成语法都是西方翻译理论语言学派重要的理论思想源头，尤其是索绪尔的结构主义符号学说。

我们可以从下述分析中了解语言学派的基本翻译观和翻译的基本对策，首先看他们如何看待意义。翻译语言学派的先驱 J. C. Catford 说双语中的意义转换是“替代”（substitution）和“植入”（implantation）：

> In *translation*, there is substitution of TL meanings for SL meanings: not transference of TL meanings into the SL. In transference there is an

implantation of SL meanings into the TL text. These two processes must be clearly differentiated in any theory of translation. (*A Linguistic Theory of Translation*, 1965)

很明显，静态的意义“替代”和“植入”都是结构主义的概念。下面一段引证是解析他们如何认识和对待“对应”（equivalence）问题的：②

. . . Any difference between SL and TL that became obvious in a translation was attributed to the differences in the two linguistic systems. In this way, translation problems were identified and explained from a linguistic perspective. Key concepts of linguistic approaches are reproduction of the SL-text, invariance of the message, faithfulness, and equivalence. The following definition is a clear example of this view:

Translation is the operation which consists in transferring from one language to another all the meaning elements of a text, and nothing but these elements, making sure that in the TL they preserve both their relative importance and also their tonality, and taking account of the differences between the cultures of the source and TLs. (Darbelnet, 1977, cited in Newmark, 1989: 133)

The relationship between the SL-text and the TL-text was defined as *equivalence*, and this term was equally applied to smaller units of the text, which were treated as the units of translation (the smallest possible segments of the SL-text for which equivalent segments could be substituted in the TL-text, e.g. morphemes, words, phrases, or even sentences). Types of (potential) equivalence relations were established at the lexical level. Kade (1968) lists total equivalence, diversification (i.e.one: many correspondence), neutralisation (i. e. many: one correspondence), approximative equivalence, and zero equivalence as, for example, in the case of culture-specific terms, so-called *realia*). Total equivalence and zero equivalence form the endpoints of the equivalence scale. Total correspondence, i. e. where one SL unit exactly corresponds to one TL unit, and these units being interchangeable in any context, is extremely rare (applicable to numbers: "five-fünf", proper names: "Switzerland—la Suisse—die Schweiz", or terminology).

可见语言学派的认识论和对策论基本上是结构主义的：他们是从"结构"切入来研究双语转换过程，最后又落脚到"结构"来体现表现效果。语言学派对语言在交流中的意义变数缺乏足够的认识，他们倾全力于求得SL–TL结构—意义表面对应，结果很难避免所谓原语效应（SL effect）的泛滥，使TL不得不在结构上向SL倾斜，因而影响交流目的和效果。此外"文化翻译"也被认为是语言学派的一大盲点：语言结构研究常常疏于把握对语言整体的文化、社会观照，而正是后者对意义变化产生深刻的影响。

进入20世纪八九十年代以后，语言学派翻译理论衍生出了语段语言学派（text-linguistic approaches）。语段语言学派关注的中心是"text"，他们的基本对策是re-textualizing（语段重组），就是说，他们对结构的关注焦点已从"词"推进到了"macro unit"即"语段"，将语言陈述单位由"句子"推进到了"超句子"（"beyond sentence"）即由"sentence-bound"推进到了"text-bound"。语段语言学翻译学派的基本主张是：（1）语义系统取决于语用机制，而不是词义的总和（其实意义很难说"总和"。句的意义是词的意义的整合。"总和"是结构主义的，整合是功能主义的）；（2）语言转换也是由语用机制驱动的（motivated by pragmatical mechanism）；（3）在语用机制驱动下，目的语语篇的重新布局（reconfiguration）取自上而下的过程，始于语段而终于词语式。以上三点，统称为"语义—语用的整体性"：

> With the global meaning of the original as the determining factor, the translation is reconstructed as *a new semantic and pragmatic totality* in the TL community. The surface structure of the reconstruction is not a sentence by sentence rendering of the original. It is a *top-down recreation* of the text through the purposeful selection of TL resources. (Neubert & Shreve, 1992: 23)

语段语言学也关注语言（尤其是文学样式）的“culture-specific”（文化特性），包括历时的和共时的变异；双语的“culture-specific”是“语段重组”不能忽视的。

传统语言学派译论的代表是 Catford (1965)，Nida (1964)，Koller (1979)，Newmark (1989) 等人。语段语言学译论的代表有 Neubert (1983, 1992, 1993)，Hatim 与 Mason (1990, 1997)，Göpferich (1995)，Stolze (1999) 等人。

8.2 功能学派 (Function-based approach)

功能学派关注的核心问题是语言交流（或传播 communication）和使用（use，运用、应用），而交流与使用的目的和效果息息相关。语言学中的功能观则集中于语用学（pragmatics），焦点有三：目的、效果与使用（简称 PEU）。因此，功能学派的哲学理据和源头，始自后期的维根斯坦哲学以及哲学上的实用主义（pragmatism）以及皮尔士的 pragmaticism。[③]今天我们来看德国的“功能主义翻译理论”，就应该看到它们是“流”不是“源”。“功能主义翻译理论”是哲学上和语言学中的功能主义思想在翻译中的应用。中国内地和香港有些论者认为德国功能主义派似乎是“横空出世”，这是不对的。语言功能之说是布拉格学派最早提出来的，20 世纪初期已有论述。

维根斯坦是奥地利人，母语是德语，对德国译论家影响尤深，这是自然的。根据美国哲学家罗蒂（R. M. Rorty, 1931– ）和普特南（H. Putnan, 1926– ）等人的阐释，维根斯坦的功能观（源自德国古典哲学）包括以下四论：（1）**实用论**，维根斯坦非常强调语言使用；（2）**游戏论**（源自康德），维根斯坦将语言比作游戏，立意于强调交流、主客体的互动、意指的动态性以及参与的规则性与非规则性的结合；（3）**目的论**，也就是意向论。人们交流都有一定的意向，正常的人际交流不会为交流而交流，有意向必然外化为表达行为、赋形于表达式，而且不能用“私人语言”；（4）**生活形式论**，所谓“生活形式”也就是“生活的实在”和人的普遍经验，而这种普遍经验也都是社会约定的。以上观点对当代功能主义翻译理论之构建起了关键性指引作用。

语言学中功能主义的影响也不可忽视，也是功能主义翻译理论之“源”。20 世纪 20 年代兴起的布拉格学派语言观有三个基点：其一，语言共时研究应与历时研究相结合，批判索绪尔只关注共时的片面性；其二，语言的系统性是它的本质属性，语言研究不应忽视共存成分之间的关系；其三就是功能观，认定语言是一种由某一语言群体使用的、用以完成一系列基本职责和任务的工具。布拉格学派的雅可布逊（R. Jakobson, 1896–1982）提出语言有六种功能（1960）：

Jakobson's Six Functions of Language

Type	*Oriented Towards*	*Function*	*Example*
1. **referential**（所指功能）	context	imparting information	It's raining.（下雨了。）
2. **expressive**（表情功能）	addresser	expressing feelings or attitudes	It's bloody pissing down again!（讨厌，又下雨了！）
3. **conative**（意向功能）	addressee	influencing behaviour	Wait here till it stops raining!（等雨停了再说吧！）
4. **phatic**（交感功能）	contact	establishing or maintaining social relationships	Nasty weather again, isn't it?（见鬼的天气又卷土重来了，你没感觉到吗？）
5. **metalingual**（符码功能）	code	referring to the nature of the interaction (e.g. genre)	This is the weather forecast.（这是气象预报。）
6. **poetic**（审美功能）	message	foregrounding textual features	It droppeth as the gentle rain from heaven.（犹如细细的雨丝降自苍穹。）

资料来源：Danial Chardler 著，*Semiotics*: *the Basics*, Routledge, 2002, p.178。

对语言功能观的建设有贡献的还有法国语言学家马丁内（J. Martinet）及澳大利亚语言学家韩礼德（M.A.K. Halliday）。马丁内认为语言形式、语言结构都是由功能决定的，而不是相反，没有功能的形式结构毫无意义。韩礼德提出语言有以下七种功能，即工具功能（instrumental）、控制功能（regulatory）、表达功能（representational）、交互功能（interactional）、自指功能（personal）、教导功能（heuristic）和想象功能（imaginative）。韩礼德借用了奥斯丁（J. L. Austin）和塞尔（J. R. Searle）的功能主义观点，经过莱昂斯（Lyons）和克利斯托（D. Crystal）、奈达（U. Nida）等人的阐发，使功能主义的语言观得以发展，当代翻译理论深受其益。“无源则无流”，“不可以不辨源流”，我国清代的经学家讲过这个道理。

翻译上的当代功能学派始自20世纪80年代中期的欧洲（主要是德国与芬兰），其基本主张是语言交流功能使之具有充分的“行为动势”（movability）和转换潜势（potentiality），而交流中的语境化则是实现转换中的可译性的关键。这个学派的主要理论主张是：（1）语言脱离了它的交流功能即丧失了活力，因此交流目的和效果是语言的中心问题；（2）意义受制于交流目的和效果，因此离开了交流目的和效果去追求意义是没有意义的；（3）文本不具有固有的、稳定的意义，因此功能学派反对奈达提出的将翻译简单地理解为“meaning transfer”（意义转换）的观点。实际上，翻译中的意义转换——表现为“文本转换”——是被翻译目的（specific purpose）限定或预定了的一种翻译行为，TL文本是有预期目的的语言交流的产物；（4）翻译不仅仅是语言活动，而且首先或更重要的是一种“有目的的语言交流活动”（purposeful activity），因此不存在所谓“the ST which can be turned into the TT”（将某一特定的原语文本译为该原语文本的特定的译语文本），即不存在所谓“先天性对应”即“理所当然的对应”，一切必须用目的性或意向性交流来调节，而文本则正是交流目的的体现者。A. Neubert在*Translation as Text*（1992）一书中总结他们的观点时说：

Our arguments also have implications for the old translation concept of translatability. This notion is at the heart of all practical problems of translation. In our view, translatability is determined exclusively

> by textual considerations. *Translatability relies on the potential for textualization and, more broadly, on the potential for communication*. The assumption underlying the present investigations is that it is within the text that structured interactions and interactional structures coincide. The discussion has corroborated the claim made by experienced translators and translation scholars that *translatability is possible only on textual grounds*. Textualization is the global strategy that makes translation possible. Translatability, like communicative equivalence, is a relation between L_1 and L_2 texts. It is only possible within the bounds of their prototypical textuality. (p.146)

功能派翻译观经常受到的批评是:(1)片面强调词语用法(而完全否认词本身的指称意义,即语言学派的主张)从而难免陷入“工具论”,即将词语与工具(如锤子、铲子)等同,而人制造锤子、铲子与人“制造”一个词语在本质上是不同的,词语是有意义的工具,而说“工具是有意义的工具”则是一个悖论,是将意义与价值混同;(2)功能派的译语取向论(如Skopos theory,即目的论,Vermeer, 1978–1986; Reiss and Vermeer, 1984; Gardt, 1989; Nord, 1991)忽视了SLT意义的丰富内涵和SLT的多功能性,有损于翻译的本体性意义(“autonomy”, Venuti, 2000),总之,用TL目的来框囿SL的意涵是削足适履;(3)功能学派将翻译与翻译的变体或“摘译”(translation brief, Schaffner Christina, 2001)之间的界线模糊化了,这无异于取消了翻译。提倡“功能”的人往往容易走极端,一味强调“目的”或“效果”,一味顾及目的语及目的语读者,一味强调“化入”而不顾“原汁原味”(因为文学翻译确有一个顾及“原汁原味”的问题)。翻译具有多目标(目的)性(multi-purposefulness),有人似乎以为一个Skopos可以“解翻译千年之渴”,而完全忽视了它很大的局限性。翻译学如果这么简单就不必费力去进行整体性多维研究了。

西方功能学派的代表人物是Vermeer (1978, 1989, 1996), Reiss (1984, 1991), Nord (1991, 1993, 1997, 1988), Neubert (1992, 1993), Hönig and Kussmaul (1982, 1995, 1997), Holz-Mänttäri (1984, 1993), Rhodes (2000),

Munday (2001) 等人，其中有些学者也被称为“翻译行为学派”（translatorial actionist）。

8.3 释义学派 (Hermeneutic approach)

Hermeneutics 在欧洲历史悠久。当代西方翻译理论中的 Hermeneutic Approach 通常以施莱马赫（F. Schleiermacher, 1768–1834）与狄尔泰（W. Dilthey）的主张为源头，以胡塞尔（E. Husserl, 1859–1938）、海德格尔及伽德默（H. Gadamer, 1900– ）“三巨头”的阐释为理论基础。英美译论中常提到的 hermeneutic views（如 G. Steiner 的翻译观）受到哲学家帕默（R. E. Palmer）的著作 *Hermeneutics*（1969）及哲学家赫斯（E. D. Hirsch）的著作 *Validity in Interpetation*（1967）很深的影响，一般认为正是此二人将德国释义学介绍到现代英美社会（特别是思想界）。

释义学（此译词比“诠释学”“解释学”“阐释学”妥当并切合原意，即“对意义的解释”）关注的核心问题是如何摒除误解、对意义进行解释并达致理解，其基本的理论思想是：（1）理解是释义的中心任务，也是翻译的核心问题，正是在这个意义上，释义学派认为“翻译就是理解”；（2）理解必须依仗语言，而语言是一个统一的整体，因此理解不应与任何一个组成语言整体的部分脱节，“释义思考”的“整体性是理解的保证”；（3）除语言的整体性外，理解的整体性还包括：主体与客体的统一、认识与应用的统一、理解（解释）的当下性与历史性的统一等等；（4）在整体性的前提下，释义学派提出的翻译“基本策略”（“motion”, Steiner, 1975），可以表述为“信任”（“trust”）、“侵占”（“aggression”）、“吸纳”（“import” 或 “incorporation”, 1975）和“补偿”（“compensation”）；（5）释义学派认同译作对原作的超越（Schleiermacher, 1913），因此译者应该是一个进取的、积极的、被赋予了应对能力的个体。

释义学派的翻译观受到的批评有以下几点：（1）释义学派对理解的解析有很明显的主观性，这种主观性来自于释义学所谓的“前理解”，前理解制约着理解，使之摆脱不了主观性（Habermas, 1982）；（2）释义学中所谓整体性理解包括传统与现实的统一，这样统一的结果往往使传统“固着”了、“凝固化”了，译者对传统的理解不应意味着解释者对传统的全盘接受；（3）释义学的历史观有排斥文化形态变化的倾向，尤其是所谓“侵占”（Steiner, 1975），很难不损及 SL 文化历史的客观性；（4）这样，施莱马赫所提倡的“翻译的超越”就很难避免沦为“僭越”，这就从根本上否定了对 SLT 的“信任”（“trust”）。

释义学派的代表人物是 H. Meschonnic（1973），Steiner（1975），Berman（1984），Sperb 和 Wilson（1988）等人。

8.4 文化翻译学派 (Culture-based approach)

目前西方并没有形成着眼于全方位文化的、有系统的文化翻译理论，例如社科学术如东方哲学翻译中的“文化转换”问题就不容忽视，但未见著述。这显然不是说明目的语读者（西方学术界及一般读者）已经很满意长期以来西方译者遵循的路子了。实际上东方学术著作的外译如何解决文化问题还是一块丰腴的亟待开发的处女地，通俗文化或文学中的文化翻译对策用在这块处女地上，大概会感到犁轻耙钝，解决不了难题。一个“文化文本”含义的理解（指读懂）及意涵的解读（指领悟）问题就不是目前西方所有的文化翻译对策能对付得了的，且不说表达了。从这里也可以看出西方当代翻译理论整个说来还比较“浅”，不足以解决深层的问题。这一点，西方不少学养深的人如 E. 庞德、M. 韦伯、费正清是深有感触的。庞德曾经殷切地期盼有人帮西方有识的读者解这份“千年之渴”，当然他还只是限于“惊喜地看到中国诗词之美”。由于语言问题，目前属于所谓“元典”的中国古代学术著作（包括经、史、子、集、杂）还有 90% 以上外国人“不得其门而入”，只得望“典”兴叹！

这就是说，实际上所谓“文化翻译学派”目前并未形成，眼下译论关注的大都集中于文学翻译中的文化意义诠释问题，因此只能说是文化翻译的文学“剖面”或“维度”。文化（文学）翻译学派中较有影响的“文学多元系统论”（Literary Polysystem, I. Even-Zohar, 1978, 1990）的基本主张是：翻译文学在 TL“文学多元系统”内占有中心位置，是一股革新力量，具有原创性，拥有新的读者群体，因此，它是多元文化中的一个系统。在初始或某一个时期，它虽然可能只占有一个“边缘位置”（peripheral position），但随着时势的推进，它的地位也会发生不同的变化，TL 中心文化可能因耽于“雄踞江山”而逐渐弱化，翻译文化中的某些部分（次系统）可能从边缘位置向中心移动，进而与 TL 文学分庭抗礼，甚至取而代之。这实际上是所谓**文化政治学**，更重要的应该是**文化释义学**，已如前述。

另一种情况是翻译文学在 TL 文化中为求生存而发生了蜕变，以介绍 SL 文化为己任的文化翻译，不得不放弃自我并“向 TL 中心文化靠拢而沦为保守力量”。这时，翻译原则也难免不蜕化为求生的“次等模式”（secondary model），译作呈现 SL 文化自我“短缺”（inadequacy）的症候群，并蜕化为以 TL 为中心的文学样式的仿制品，以迎合西方读者的胃口。这很难说不是西方“文化霸权”状态下的文化翻译现象。

当代西方关于文化翻译的理论中还有一派人（Neubert 称之为 “Socialcultural Theorists”, 1992）否认双语转换有对应（“equivalence”, 1992）的可能，认为对应是一种一厢情愿的幻想（“illusion”, 1992），译文文本永远是目的语中的“他乡过客”（“sojoun into alien territory”, 1992）。这就很难说不是受到**后现代反本质主义、反基础主义、反反映论**的影响。社会文化学派的基本理念是：（1）SLT 永远是“不可重复的”（“not repeatable”, 1992），也就是说“不可译的”；（2）因此对应是不存在的，所谓对应都只是差强人意（“oblique”, 1992）的“替身”（“Ersetzung”, 1992）。据此，社会文化学派的对策是：（1）对 SLT 的模仿与复制；（2）大量的移植性替代，使 TL 成为 SL 文化的载体，以此表示对 SL 文化的敬重，其结果很难说 TLT 不是一种“混血儿”。下面是 Neubert 述评：④

> The sociocultural target text is composed of familiar words and phrases, interspersed with untranslatable borrowings from the original. A translation's effect on the target culture is always hard to predict. The basic tenet of the sociocultural model is that this effect must be different from the effect of the original on its native audience. Translations and their readers

have to live with this state of affairs. By compensating for the unavoidable divergence of source and target culture, and by meddling with their linguistic consequences in the target text, sociocultural theorists argue that translators prevent readers from appreciating the source culture. In their view, mediated translations do away with the original author and place too much responsibility for the target text in the hands of the translator. A variation of this approach (Venuti's resistive translation) calls, ironically, for more translator influence. Venuti urges translators to discard their "invisibility" (Venuti, 1986). These arguments are a clear break from the more pragmatic line of the textually oriented translation scholar. Clearly, one's model of translation shapes one's ideas of what a translation should be and what must be done to produce one.

A choice of the sociocultural model over the text-linguistic model is not a choice between two global models. The sociocultural approach is clearly only applicable to certain kinds of texts. It is useful in situations where the violation of textual conventions in the target language is warranted by an overriding concern with the value of source language linguistic form as a carrier of cultural value. The text created in the target language is, however, still a text. It is an artificial ideotext or "opaque" text created by the translator as a specific vehicle for cultural values. Such texts would rarely be used for more mundane and practical kinds of translations. These opaque texts, unless they are completely idiosyncratic, display their own textual profile. This profile might be a hybrid of the conjoined textual systems of the two cultures. It could be an adaptation of the source language textual system to the target culture. The text is still the central issue in this model, just as it is in the critical, practical, and text-linguistic models.

当代西方文化翻译派较普遍的主张是：(1) 文化（文学）翻译是一种跨文化交流，因此原语文本（the translated text）只具有“相对自主性”

（“relative autonomy”）（Bassnett, 1980）;（2）翻译过程是因应语言文化差异而可以对意指（signification）进行自我调节的过程，而无须执着于与SL是否对应。“文化解码”有自主权，可以自行建立标准及“结构构想”（“structural presupposition”, Frawley, 1984）以及可以自行决定是否要拟定“推论性对策”（“discursive strategies”, Blum-Kulka, 1986）;（3）翻译是一种“改写”（rewriting），一种对SLT的“折射”（refraction），因为译者身不由己，他的翻译决定取决于三者：patronage（赞助者、出版商）、poetics（文艺思想）、ideology（意识形态）。由此可见，“作者原创”（authorial originality）的浪漫主义观念已被边缘化（Lefevere, 1982）。这些观点是很值得商榷的。

西方当代文化（文学）翻译思想的基本特征是翻译运作向译语文化“极度倾斜”、向“市井趣味”及商业价值极度倾斜。由此而造成“翻译行为”及品类的“本体性分化”，“折射”难免变形，一部文学作品的“折射性改写”将难以被视为翻译。很显然，这样的文化翻译思想不适用于具有明显SL文化特征的学术著作（如《易经》《儒家思想与中国人的思维方式》等等）或文学经典（如《诗经》《离骚》）。这种文化翻译策略的适用性（applicability）极富争议性，在西方都有人大呼不敢苟同。文化（文学）翻译派大都是一些比较文学研究者，他们的代表人物有Bassnett（1980），Lefevere（1982），Fawley（1984），Blum-Kulka（1986），Hoz-Mänttäri（1984），Vermeer（1989），Lewis（1985）等人。

对文化翻译问题，西方当代功能主义译论有些主张可供参考。功能学派的理念是：社会文化学派将SL与TL语言文化放在对立、冲突的关系模式中只会使文化翻译处处碰壁。功能派根据本杰明的主张立论使SLT与TLT处在一种互补关系中，用解释来化解SLT微观层级的“不可译”，以重构来解构SLT与TLT的在宏观层级上的差异，融SLT文化于TLT中，避免生硬地移植、复制，即采取中国译论思想中的圆满调和论原则。Schäffner对此有一段论述，也是这个意思：⑤

> I would like to argue that *functionalist approaches* to translation work very well in describing and explaining translation processes and products. They are not based on an opposition between linguistic and

cultural aspects. On the contrary, they allow an account of the systematic relationship between linguistic structures at the textual micro-level and social, cultural, historical conditions of text production and reception (both in the source and target cultures). They also accommodate Toury's differentiation between the act of translation and the translation event (e. g. Toury, 1995: 249ff.), i. e. the differentiation between the cognitive aspects of translation as a decision-making process and the social, historical, cultural, ideological, etc.context of situation in which the act is embedded. Functionalist approaches are, thus, also well suited to the systematic training of translators. However, whereas for Toury, the TT is the starting point for his aim of identifying regularities in translators.

"文化不可译"只是说出了文化独特性的一面，文化还有很重要的另一面：人的文化经验的普遍性、广泛的同一性和"可描述性"以及语言极强的功能补偿性、读者接受的可塑性，等等——因此，必然还有可译的一面。本杰明的这个基本观点也不能不看到。

8.5 后现代主义（此处主要指文论）与翻译理论

"后现代主义"是一种思潮，具有明显的反思、反叛、反逆（reversion）倾向，针对的是 20 世纪特别是五六十年代以来的西方社会文化以及西方传统。既然是"反思"，就必然具有批判性甚至叛逆性，也必然会有是有非、有正有误。这些是非正误必然影响到当代译论，因此，对我们来说应冷静、客观地对之加以审视。我们不能一概认同，但也不要一概否定。

"后现代文论"指 20 世纪四五十年代以来西方的文学理论及批评理论，一般具有强烈的叛逆特征。当代西方译论界中，具有这一倾向者不乏其人，但主要有两派：一是解构派；二是所谓"翻译与政治"派。也有人将它们合称为"新功能主义"（"a renewed functionism"）。

"解构论"（Deconstructionism）的观点十分芜杂，其代表人物正是思想芜杂的 J. 德里达（Jacques Derrida）。德氏经常有意地言不由衷、前后矛盾、故弄玄虚、叨絮晦涩，以“tease out”（揶揄、逗弄，Barbara Johnson, 1981）西方常理。Johnson 在其著作 *The Critical Difference*（1981）中对“解构”作了一个公认为比较“经典”的解释：

> Deconstruction is not synonymous with “destruction”, however. It is in fact much closer to the original meaning of the word “analysis” itself, which etymologically means “to undo”—a virtual synonym for “to de-construct”. The deconstruction of a text does not proceed by random doubt or arbitrary subversion, but by the careful teasing out of *warring forces of signification within the text itself* [my italics]. If anything is destroyed in a deconstructive reading, it is not the text, but the claim to unequivocal domination of one mode of signifying over another. A deconstructive reading is a reading which analyses the specificity of a text’s critical difference from itself.

当代西方译论中对“解构论”颇为倾服者也大有人在，尤其是由下述的前三点所引起的对语言以及对翻译的怀疑论，助长了西方不少译者片面强调“译文中心论”的势头，使翻译成了“自由创作”的同义词，其主要观点有：（1）语言的达意能力很有限，是“不可信任”的；语言结构的“整体难以把握”，因此只有将它“解构”，才能翻译；（2）文本中充满矛盾，到处都有 warring forces of signification（“意指中互相抵触的成分”，B. Johnson），因此译者必须对之作“解构性阅读”（deconstructive reading），抓住文本中意指上的矛盾；（3）语言中的准确性局限（accuracy limitation）也到处存在，“翻译是一种理应完成又无法完成的任务”，“无法完成也就是一种必需”（Derrida, 1985）；（4）因此，翻译是一个不断解构、不断构建的权宜过程，统统只能在有限的时空中实现 SL–TL “碰撞”（“有冲突的交流”），以求得“暂时的生存”，可见双语间根本谈不上有什么“忠信”的交流。总之，译作只是“一件将 SL 解构以后仍需解构的东西”，翻译的唯一出路就是“解构”，而且是“无限解构”。

问题的关键是，在翻译中，这个“构”怎么“解”？西方当代的译论家当然是各出其谋。其中主要的对策论要点是：（1）将 SL 与 TL 作认真的语言、文化、语用等多层次的**对比分析**（P. Lewis, 1985）；（2）析出各种差异或“dissimilarity”（非相似性），判定哪些是可以克服的、哪些是无法克服的；（3）**进行解释**（interpret）以做出**补偿**；（4）无法解释时可以否定 SL，自立 TL。Lewis 写到：[⑥]

> Thanks to the opportunity to translate freely and expansively, a translator who is also the author of the original can undertake to do precisely what is not possible for the translator who works on the text of another author: in the present case, the author-translator can both interpret according to English and according to French, can shift at will between conventional translation that has to violate the original and commentary that attempts to compensate for the inadequacy of the translation. Such, it would seem, is the ready option of a translator determined not to allow the incidence of the translating language to assume a subtle priority, to do in the intricacies of the translated language. Even this option, we shall see, has insurmountable drawbacks. But by opening it up, perhaps we can appreciate better the lot of the translator who cannot have recourse to it, who is obliged, for example, simply to reproduce, for better or for worse, an English version of Derrida’s ultra-refined French. The question for the translator deprived of the commentarial option is whether, and to what extent, anything can be done in translation to preserve the tenor or texture or tangents of the French that English would override.

“翻译与政治”（翻译的政治视角）流派的基本翻译思想是：翻译必不可免地与社会群体的政治倾向与诉求挂钩，原语与译语之间的关系从来就不是超政治的，“译出”与“译入”从来就是“权力（霸权）”与“反权力（霸权）”（或者相反）的表现形式。E. Cheyfitz（1991）认为大量的英语译出反映出翻译中的“种族中心论”，从中可以听到英国殖民主义与美国扩张主义的声音。T. Niranjana（1992）认为翻译充当了为英国在印度强化殖民制度并使之合理化的角色，使英国殖民主义教育在印度生根从而损及了印度文化。L. Venuti（1990s）认为翻译理论标榜英语译文的“流畅和透明”（“fluency and transparency”），掩盖着英语的霸权及帝国主义地位，是对译出语（一般为弱势民族的语言）的“边缘化和剥削”（1998，2000），因此，应该停止制造所谓“透明”的“幻觉”。E. Said 早在 1978 年就提出所谓“东方主义”，反对文化殖民主义和文化帝国主义。T. Asad（1986）认为所谓“文化翻译”反映全球政治经济中的一个层级结构：强者永远高居于弱者之上。G. Spivak（1992）提出了翻译的女权主义观，认为语言交流中的权力结构颠覆了语义结构，这种暴力行为与社会暴力无异。Spivak 指出了一个被忽视的社会和政治现实，权力和地位可以改变翻译的功能，“在英语的空间里似乎是阻力，而在原语的空间里也许就是反阻力。”

翻译家和翻译理论家面对 20 世纪最后 20 年各种力量空前活跃的社会政治现实，正在以各种社会政治观剖析翻译和翻译理论。“翻译政治学（或政治视角中的翻译学）”异彩纷呈，也许将在 21 世纪上半期应运而生。

这种现象令人感兴趣：翻译的政治景观将与翻译的文化景观、翻译的技术景观一起，精彩地呈现在世人面前！翻译能获得这种活力，说明人类文化民主精神和文化人文力量在短短的二三十年内迅速积蓄、演进和弘扬。应该说，翻译与人类进步、政治、多元政治的觉醒和联姻结缘，一定会给翻译带来新的异彩，它不仅仅是西方翻译思想的一种新发展，而且也是与东方翻译思想的一种共鸣性呼应——中国翻译很早就将翻译事业视为文化战略的一部分，将翻译打造成某种进步理念的斗争工具。因此，在中国翻译界看来，人的政治觉醒为翻译注入活力是历史的必然。

8.6 心理—认知心理学派 (Translation and cognitive sciences)

西方当代译论认知心理学派是 20 世纪 80 年代西方认知科学发展的产物，是一个方兴未艾的学派。它的基本理论思想是：（1）翻译过程

（translation process, Neubert, 1991）是一个认知心理过程。其实 20 世纪 80 年代末期即有理论家提出翻译家的心理运作课题（Krings, 1986），90 年代一批理论家提出了所谓“think-aloud protocols”（TAP, 边想边说边解析的翻译教学模式）以记录翻译过程（Lorscher, 1991, 1996; Fraser, 1996）的观点；（2）对传统心理学论者波因克尔（Poincare）于 1913 年提出的波式论四段式进行甄别性论证，波氏四段式是 preparation（准备），incubation（孵化），illumination（领悟），evaluation（评估）（Ulmann, 1968; Landau, 1969; Taylor, 1975; Preiser, 1976）；（3）翻译不仅是创造性（creative）行为，而且是再创造（recreative）行为（Wilss, 1988）；（4）引进心理学家吉尔福德（Guilford, 1975）的趋异生成（divergent production）论，来论证文本分析（TA, text analysis）的多样性和创造性翻译（creative translation）的心理机制（Kussmaul, 1995），目的在于说明这一流派的主要观点之一：译语文本（TT）样式的产生与其说取决于原语文本（ST），毋宁说取决于 TA——译者（T）认知心理分析机制（A）的运作，因为 ST 只不过是一个符号集，关键在译者如何分析、解析这个符号集，而这一心理机制的运作，人各有异，TT（译文文本）因而多种多样。

20 世纪 90 年代，欧洲还有人提出了认知心理与语言加工过程相关联的所谓“关联理论”（“Relevance Theory”, Ernst-August Gutt, 1991）。“关联论”者认为话语都有一个“心理语境”（psychological context），也就是某种“认知环境”（“cognitive environment”），以贮存人的知识、价值、信念等等，翻译加工过程就是受话者（翻译者）将原文话语或文本投入本人的“认知环境”，使之产生“足够的心理上下文效应”（“adequate contextual effects”, Sperber and Wilson, 1986）。所谓“关联”既指译语表达手段与读者的有效关联，又指译者认知心理过程中语言（意义）、逻辑判断、文化传播最有效的多层次关联。由于 TL 的生成与认识环境密切相关联，翻译实质上是一个“问题解决”的演绎过程。

这一流派的代表人物见上段文中括号内注明的姓氏及著述年份。

8.7 新直译论 (Neoliteralism)

“新直译论”（或“再生直译论”，“rebirth of literalism”, M. G. Rose, 1993; Venuti, 1997）是美国当代译论家罗斯（M. G. Rose）于 1993 年提出来的一种对欧美翻译发展趋势的评估。罗斯认为 70 年前本杰明在《译者的任务》中所倡导的直译论正在趋向于形成一种新直译论，即在直译原则下关注品味或公认的修辞准则。罗斯认为，新直译论认同文努蒂（L. Venuti）提出的“看得见译者”的翻译（“visible”, 1986），它的对立面则是“看不见译者”，即“foreignizing” translation（异化的翻译）。新直译论得到了欧美学院派的支持，支持者不再像传统直译论那样执着于“word-for-word”（字对字 / 词对词），而是努力打造一种“语际目的语”（interliminal TL. Rose, 1993），这种目的语使读者既可以体验到原语气质，又可以体察到译者的语言功力。美国译论家罗宾逊（D. Robinson, 1997）表示基本上同意罗斯的看法，新直译论已深深地影响了欧美学院派的观点，但罗宾逊认为新直译论的主张（扬弃僵化的字对字 / 词对词的做法）并不是今天才有，本杰明在 1923 年提出后，拉波可夫（V. Nabokov）、文努蒂甚至海德格尔都持这种观点。⑦罗宾逊认为“新直译论”与后现代主义者福柯（Foucault）的观点遥相呼应，新直译论者提出应发挥“translator-function”（“译者功能”，简称 TF）与福柯提出的“author-function”（“作者功能论”）的基本观点并无二致。智利后现代译论家 Diaz-Diocavetz 在给所谓“TF”做出界定时说：⑧

> Much more important than the consideration of the translator as an individual, whether male or female, is an understanding of a meaning-generating network called translator-function defined as including:(1) the individual and the corresponding concrete circumstances (2) a given socio-cultural context (3) a particular interpretive operation (4) a specific reading role (5) the translator’s relation to source and receptor-text (6) a specific writing role (7) the textual features through which the activities as *omniscient reader and acting writer* become evident or traceable and by

means of which the receptive disposition of the readers of the translation is designed. The modes of integration of all these properties is [*sic*] what constitutes the translator-function. (p.151)

对此，罗宾逊评论说，Diocavetz 宣扬的其实是后结构主义的主体观——将主体性“非人称化”，以及后现代主义的女权观。[9]罗氏提出的论点是，以发挥 TF 来实施自己的理念，“新直译主义很可能会碰到令人很为难的掣肘：在原作者与译者的意识形态相左时，“谁说了算”就成了问题，TF 又怎么发挥作用？罗宾逊问道：[10]

. . . Do you “foreignize” your translations (as the theorists in part three will name the process) propagandistically, remaining insistently faithful to an oppositional source-language author—or, more problematically still, to an oppositional ideology that the source-language author would have despised—and in the process alienating large portions of your potential target-language audience? Or do you surrender to hegemonic power, to the normative translator-function that keeps telling you to toe the line, and produce easily assimilated target-language texts that undermine your integrity as a target-language writer-indeed, as a human being?

因此，罗氏认为新直译论仍然很难避免重蹈老直译论落入“TF 陷阱”的覆辙：译者倒是“看得见”了，但原作者却完全“看不见”了；或者，译语倒是够“流畅”了，但原语的意义却“流”不见了（Venuti, 1995）。

“后现代”有时能够提出很有新意的见解，但应该看到它也常常陷入片面、偏激的困境。这是一些当代西方翻译理论家，也包括一些对西方译论持异议的亚、非、南美洲译论家（或流派）的通病。

新直译论一直是当代西方翻译的一种倾向或思潮，并没有形成什么稳定的有群体意识的“流派”，但他们讨论的“外域化 VS 本土化”“异化 VS 归化”以及所谓“流利论”（“fluency”）等等问题却常常触及西方译论的“核心价值”，因而往往壁垒分明。

8.8 结语

综上所述，我们可以将当代西方翻译思想归纳为以下要点。

（一）从20世纪中期开始（大体上与后现代主义早期同步，参见本书第七章《西方当代翻译理论的三个源头》），西方译论思想出现以下五种倾向，从而表现出与西方传统译论的疏离：

（1）在语义内容与表达形式这一对矛盾中，**明显向表达形式倾斜；**

（2）在交流内容与交流目的这一对矛盾中，**明显向交流目的倾斜；**

（3）在交流意向与交流效果这一对矛盾中，**明显向交流效果倾斜；**

（4）在异化与归化这一对矛盾中，**明显向归化倾斜**；

（5）在作者功能（AF）与译者功能（TF）这一对矛盾中，**明显向译者倾斜**；

（6）在原文取向（SO）与译文取向（TO）这一对矛盾中，**明显向译文即流利倾斜**。

概言之，当代西方的翻译思想主流是：侧重交流目的、交流形式、交流效果；侧重译者的功能发挥，抑制原作的意蕴；侧重译文倾向并抑制原作反映的外域文化，要让外域文化和价值观适应本国文化。

（二）以上六种近乎偏执、偏激的倾向都出自西方翻译理论的一个核心价值观：翻译是为目的语文化服务，而且只为目的语文化（通常则是英美文化）（Anglo-American culture, Venuti, 1995）服务，可以说，西方当代译论的几个主要流派，充分反映了西方的功利观，不少英美理论（或论断、主张）更显示了英美文化的话语霸权。总之，**当代西方翻译思想的基本出发点是西方（尤其是英美文化）的功利考量**，即：自我宣扬以扩大或普及西方价值观，并竭力鼓吹必须融外域文化入西方熔炉、变外域价值观为西方可接受的价值观（目的语“流利论”“英语流利论”，就是典型的例子），有的论者的西方文化霸权观点更折射出他们的“白人优越”论心态。总之是以西方功利为终极追求。与西方当代译论的偏颇倾向不一样，中国翻译思想的基本特色是**调协、调和**，这与中国传统哲学思想中的辩证法以及中国人的文化心理重和谐（《国语·郑语》：“和实生物”；“声一无听”“物一无文”）是相依相衬的，这里的“和”不是“相加”“均和”而是辩证的统一，**“和”也是中国传统美学的重要命题。**

（三）西方译论对待传统的态度可以给我们带来正、反两方面的启示：（1）不应该墨守传统，应该让传统“reshape”；（2）出自叛逆的传统改造未必是一种科学的归宿。此外，西方当代翻译思想这种偏执、偏激的基本态度与中国翻译思想重调和、调协也是根本不能相提并论的。基于深刻的文化历史原因，中国人对待学术思想也倾向于对调和论的认同，就是宋代沈约说的重“异轨同奔，递相师祖”（《宋书·谢灵运传论》），贬斥“党同伐异”。中国的学术流派往往是个断代概念、历时概念，共时之“士”（知识分子）“耻于伐异而贵于同奔”，士大夫之间注重“凭情以会通”（《文心雕龙·事类》），很忌讳“以门阀相包庇”，不喜欢“分争流派”，“发明”“专利”之念也很淡薄，这与中国人的学术文化心理定式很有关系。应该说，我国春秋战国时代是流派纷呈的。汉代以后出了几个“大儒”，竭力维护政治上的“大一统”，竭力避免“道术为天下裂”，提倡“百川异源而归于海，百家殊业而务于治”，追求“道术相通”；政治上的“大一统”延伸到了学术思想上的“大一统”，这也是消极的、阻碍发展的。毫无疑问，我们应该鼓励与“百家争鸣”相呼应的“流派纷呈”。

从上面的分析介绍中我们可以看到翻译思想实际上是翻译流派对某种理论理念的基本共识，而所谓“理论理念”则无不源于翻译家和翻译理论家对翻译长期的、执着的体验、体认和体悟，源于他们对自身和同业者的经验观察和审视，因此这里的经验既包括直接经验也包括间接经验。翻译思想是无数同业者对实践的体验、体认和体悟的结晶；而流派则是同业者在特定的时空条件下，以对某一翻译思想的认同为纽带而形成某种“神聚形散”的专业阵线或一个“同声相应，同气相求”的松散的群体。有翻译思想不一定能形成流派（上面我们已简略地分析了中国不重流派的现象），有流派的存在则必然有某种该流派赖以维系其“神聚”的翻译思想。另外，我们也可以从上面的分析介绍中看到，世纪之交（19 世纪与 20 世纪、20 世纪与 21 世纪）总是新论踵出、思潮涌现。今天，由于与翻译有关的种种学科的发展，翻译思想已愈趋复杂，不可能像过去那样可以“浓缩”为一两句箴言。当代各流派翻译思想往往涵盖认识论、方法论和价值论等方面，而且同一流派中成员的翻译思想也不尽统一。因此，我们在研究中切忌简单化，一定要掌握针对具体问题作具体分析的辩证法，学会尽可能全面、深刻地看问题。

〔注释〕

①中国有论者简单粗暴地否定了严复、傅雷、钱锺书，扬言西方早已有他们的同时代人远远超过了他们。香港地区有论者扬言中国译论至今尚在刀耕火种的原始时代，不知学问为何物（均见张柏然、许钧编《面向21世纪的译学研究》，北京商务印书馆2002年5月版。文章前后均无编者按语）。这种文章对国内、国外读者都是不负责任、不顾后果的误导。我认为，问题显然不在于一些具体的提法、一些贬抑之词，而在于从中反映出文章作者的心态（媚外抑中）。其实，现在已经不是陈西滢的时代："要骂倒国人，才知道西洋人长得多美。"中国学术史上媚外抑中者都没有好的结局。

②引自 Christina Schäffner 著 *Annotated Texts for Translation: English-German: Functionalist Approaches*, Multi-lingual Matter Ltd, 2001, p. 7。

③"Pragmaticism"是皮尔士的创新，Antony Flew 对此词的解释是："a particular variety of pragmatism, after the latter term had been appropriated and its scope widened by other philosophers. "（Gramercy, 1999）；也有人将此词译为"实效主义"，以区别于 pragmatism（实用主义）。实效主义的要旨如下：（1）预期的效果产生于有效的行为规则或习惯；（2）能够产生预期效果的行为规则或习惯构成一个人的信念；（3）真正的信念就是人借以行动的原则。因此，**预期效果**就成了鉴别信念的标准，实际上也就是检验真与伪的标准。皮尔士的观点是**功能派强调效果**的哲学依据。详见本书专论皮尔士的章节。

"Pragmatism"（实用主义）也是皮尔士于1878年首先使用的，常被视为与 instrumentalism（工具论）同义。Flew 对工具论的解释是：

> A Theory of the nature of thought, logic, and acquisition of knowledge, advanced by Dewey, developing the pragmatism of William James. Ideas, concepts, and judgments are instruments functioning in experienced situations and determining future consequences.Propositions are to be regarded as means in the

process of enquiry; as such, they cannot be true or false but are characterizable only as effective or ineffective. Judgments may have truth-values relative to whether or not their assertion is warranted. Ideas and practice work together as instruments: ideas relate experiences, making prediction possible, and are in turn tested by experience.

（大意：工具论将观念、概念和判断看作工具，以此体验人所处的环境以及决定未来的后果。工具论者认为命题是探究事物过程中的手段，因而无所谓真假，但具有“有效”与“无效”的特征。）（Gramercy, 1999）

④引自 Albert Neubert 等著 *Translation as Text*, Kent SUP, Kent, London, 1992, p. 26。

⑤见注释② Schäffner 著作，第 13 页。

⑥转引自 Lawrence Venuti 编 *The Translation Studies Reader*, Routledge, London and NY, 2000, p. 268。

⑦见③ Neubert 著作 Preface, p. vii。

⑧引自 Douglas Robinson 著 *What is Translation*, Kent, SUP, Kent, Ohio, p. 76。

⑨⑩ Ibid, pp. 76-77.

第九章 论西方当代翻译理论的局限性

作者认为，以上种种原因（尤其是前四种）导致西方译论具有比较明显的“唯技术论”倾向。西方当代理论是中国当代译论同时代的“友军”，无值得崇拜之处可言，只是有互相学习的必要。为此，作者提出了四项原则，望“洋人不要自傲、国人不要自卑”。

20 世纪 80 年代初，我在美国纽约州立阿巴尼（Albany）开始关注西方当代翻译理论。当时纽约州立大学宾汉顿（Binghanton）分校办了一个翻译研究所，因此资讯比较多。不久我渐渐感觉到美国学术“话语霸权”的势头，到处显出自己不可一世。[①]我估计，或迟或早，这个多元化的世界会出现一种对英美文化话语霸权的反制。这不是某个人的“高明预见”，而是基于历史唯物主义和辩证唯物主义的科学分析。果然，未出几年，到 80 年代中晚期，翻译理论界对英美话语霸权的反制文章和著作陆续问世。1985 年，译论家 A. Berman 在 *Translation and the Trials of the Foreign*（《翻译及对外域的考验》）中对翻译中英美话语霸权的破坏性提出了批判。[②]1986 年，译论家阿萨德（T. Asaad）指出，所谓“文化翻译”只不过是西方的一种全球性政治经济手段，语言中存在一种主宰与被主宰的“压力”（pressure）。1992 年，巴西译论家的名著 *The Poetics of Imperialism*（《帝国主义诗学》）出版，与此前（1986）Venuti 发表的文章 *The Translator's Invisibility*（《译者的隐身术》）相呼应，后者尖锐地抨击了英美文化（Anglo-American culture）借“流利”（美国当代翻译思想中的一项主旨性主张）来拒斥外域文化价值观的实质。20世纪90年代初，一系列译论家如Gloria Watkins（即“bell hooks”），T. Niranjana与G. C. Spivak所发出的呼声都很有挑战性。始自20世纪80年代中末期的一种对英美文化霸权话语的批判，被视为“后殖民主义”思潮（Postcolonialism）。③

我这篇文章没有任何政治批判的意向，更不是什么对“后殖民主义”的“檄文”。我是从宏观视角审视西方当代翻译的种种局限性，从而给中国的译学研究者提供一个翻译思想研究的多维参照——当然还有一个更具体的目的，即想提醒一下国人中那些西方“不谬论”（Infallibility）者：原来他们所无限崇拜和敬畏的西方译论如果不是漏洞百出，也至少是“弱不禁风”。因此，他们如果真的是珍爱它，就要帮助它作自我审视、自我调整和与时俱进的自我构建，以免不断自我膨胀，并从人们对它的“诊断”中获得一点“东方的启示”，这就叫作“对话”，东方和西方相互砥砺的对话。

9.1 当代西方译论缺乏足以支撑整个学科向前发展的导向理论、理念或理想

尽管不乏大声疾呼者，西方翻译学（当然也包括译论）始终没有登上学术殿堂，到20世纪70年代还在争论名分问题（“translatology”? “Translation Studies”? “the third name”?）。这一点颇令局内外人士尴尬，但还不仅于此。

翻译学一直苦于缺乏自主性（autonomy, Venuti, 2000），同时又苦于找不到支撑自己发展壮大到足以自主的导向理论。在索绪尔语言学（始于20世纪头20年）以前，“翻译学”寄于古典语文学和历史比较语言学篱下。索绪尔的《普通语言学教程》发表以及布拉格学派（以1926年该派第一次会议宣布成立为标志）兴起以后，西方翻译学就欣然自得于以语言学的版图作为自己的学术理论版图。但即使如此，西方翻译理论界由于长期轻视宏观的、整体性学科矩阵研究，始终没有出现并出版过以现代语言学（且

不论其他学科）全面阐释翻译性质及种种规律的学派和理论著作。同时，由于索绪尔学说的结构主义性质不重视语义系统，布拉格学派则以音位学为关注中心，功能语言观并没有得到长足的发展，加以六七十年代以后，乔姆斯基的转换生成学派被证明与翻译的相关性很有限，因此西方翻译理论界对语言学兴趣迭减。适逢其时，西方后现代主义在文化学术领域及政治社会学领域左右逢源，西方翻译理论中一部分深感理论干旱的人于是一头栽进了后现代的甘霖。

直到现在，我们还看不到西方当代译论界找到了足以使之自立发展为有根、有干、有叶的常青大树的导向理论。我们看到的只是他们在苦思、在探索、在努力从事自己认为很有道理的“translation studies”，可惜这些studies都很微观、很局部，虽然它们听起来或读起来都很精彩、很独到，而且有些还“理论腔”十足。

在我看来，翻译具有一种综合应用性，它是多维的、复杂的，但它本身并没有什么高深的理论，全靠哲学、认知科学等深层科学作“导向支持”，也需要语言学家族作论证支持。论证支持中的旁证支持还需要借助更多的“友军”，如传播学、符号学、释义学、文化学、比较文学和美学。这些“友军”学科也都可以在某一特定维度的专项研究中上升为导向理论。例如，美学可以上升为研究翻译审美（或文学翻译）的导向理论；文化学可以上升为研究文化翻译的导向理论。

在我看来，导向理论诚然是很重要的，但在研究所谓“导向理论”以前，必须有几条共识或者可以叫作“当代的人文精神”考量。

（一）必须认识到翻译学是具有充分的人文性的经验科学，这就是说，翻译界单凭自身的经验而缺乏人文精神、理念、理想是不可能找到发展方向的。当代西方译论如果抛弃了古典主义对人文的信念、又抛弃了现代主义对人文精神的新的追求，它本身又能创造出什么精神来呢？恐怕难免不陷入今天的唯技术论。

（二）必须认识到翻译（学）具有极广泛的综合性，因此期望找到一门科学作全面的导向理论是不可能的。“大树底下好遮阴”固然成理，但现在还找不到一棵大树让全部翻译学都“遮”到“阴”。

（三）翻译学的基本属性是经验科学，不存在超经验的、纯粹思辨的“纯理论”；当然同时也要防止经验主义和唯技术论。

（四）翻译学与认知科学有最密切的关系，涉及思维、感知、意义、判断、推理、表现（表达）等范畴。

（五）后现代只是一种思潮，不是一种科学，因此后现代只能提供某种“启示”，而且常常是反面的启示，它根本不是积极的人文学说，没有人文理想，不能提供“导向”，后现代本身就是“断代性”（periodical）的，它打出的旗号是反叛、叛逆、消解。这种“理念”与翻译本身固有的进取的、积极的“存在意向和目的”、强烈的建设欲望格格不入。

因此，在当代，翻译学的**导向理论是综合性的**：这种综合性源自翻译学学科矩阵的跨学科格局——其中共有五类学科分据五方：（1）哲学、语言哲学及美学；（2）语言学家族；（3）符号学家族；（4）传播学；（5）认知科学。可以说翻译学如果脱离了这“五大家族”和本民族文化母体的支持必将一事无成——翻译史就是雄辩的见证。

因此，我们需要的是一种**整体性整合研究**：让各有关学科与翻译的相关性发挥所长，“各领风骚”，千万莫再让“一株梨花压群芳”（比如说语言学）。不过在我看来，哲学应该是群芳之首——如果不算上“当代的人文精神”的话。至于说西方“当代的人文精神”是什么，我想那就不是我们东方人该管的事了，至少不应该是各种形式的“西方价值观输出”论或“西方文化霸权”论。

9.2 当代西方译论严重缺乏整体观和全局性并常常表现出理论规定性

西方译事之肇始可以追溯到公元前3000多年，首先是公文法令翻译，其次是原始形态的商业契约翻译，再次是宗教翻译和文学翻译。公元前末期出现建筑、冶金术翻译，到达·芬奇时代西方各类文体的翻译已全面开花结果。西方译论开始得也很早，从西塞罗算起到今天已差不多有两千年的历史。这两千年中译论不可谓不丰富，但理论家、翻译家谈来谈去，谈了一千多年才由霍姆斯（J. S. Holmes）提出了一个“翻译学”的大体构想——“翻译学”还不叫“翻译学”，叫“翻译研究”（translation studies, 1972），这个命名本身又是一个问题，随后再议。霍姆斯提出刍议以后只有图瑞（G. Toury）在1995年为他制作了一个树形图，加以阐述以期引起讨论，谈出个结果来。但霍姆斯学科刍议至今已32年，岁月蹉跎，西方翻译学架构——关于翻译的一个基本的整体面貌至今仍然是一个谁也说不清的、充满未知数的虚拟世界，西方翻译学的诞生现在看来还是遥遥无期。

整体观（holism）对学科的发展是十分重要的，整体观必然会关注整合研究，这一点可以说具有关键意义。黑格尔说没有整体就没有个体：个体发展的归宿是整体，**整体发展的素质决定个体**。整体总是在个体发展中得到充实和完善，整体的充实和完善又会反过来大大促进**个体的优化**，包括每一个个体的质的优化和个体与整体的关系以及个体与个体的**关系的优化**，个中道理犹如个人与社会。总之，整体与个体的发展是一个相辅相成的过程：对任何一方的忽视都可以造成学科发展的停滞或科学发展史中的所谓“延滞”（stall）。我们可以以生物学为例。古生物学的发展到19世纪几乎陷于停顿，因为当时生物学界的整体观只局限在形态学上。随着微观研究的深化和扩展，生物学在20世纪下半期将整体观扩大到生物化学、生物物理学、胚胎学、细胞核研究及生态学，这一整体观的整合提升，也就是生物学学科架构的重新构建，使生物学各组成部分的研究日新月异，因而出现了20世纪80年代以来遗传工程中许多奇迹般的成功。

无论从历时视角和共时视角来看，西方译学至今“一盘散沙”的状况在西方学术中都可以说独一无二。许多后于翻译学产生的学科都后来居上，有明确的整体发展观，例如传播学。传播学学科架构研究从未停止过，我们可以从近十年许多中、外出版的传播学通论或专论中看得很清楚。④

根据我多年的观察，西方译论其所以一盘散沙不成大局而又始终不重视整体性整合研究、迄无改进的原因是：

（一）缺乏自主性（autonomy），20世纪五六十年代以前翻译学以语言学版图作为自己的版图，不敢越雷池一步。这一点，Steiner（1975）和Venuti（2000）是感受到了的。“翻译”是语际的转换和传播行为，因此必然涵盖转换机制问题和传播机制问题：转换机制中必然涉及意义（包括意向）转换、形式（包括结构）转换、情态转换、风格及语言审美信息转换及文化信息的转换等等。传播机制则必然涉及传播手段、传播目的、传播效果、“传播者（译者）—被传播者（原作者、原文文本）—受众”的关系等等关于信息传播的问题。这一切显然已经超过了语言学版图。

（二）缺乏自主性还表现为20世纪五六十年代以后（以80年代为高峰），西方译论界一窝蜂地投入后现代主义的怀抱。当代西方历史学家认为：⑤

> Essentially, postmodernism is a movement based on challenging the current foundations of epistemology—i.e., the manner in which we think we achieve knowledge of reality. This, in its turn, centres on the forms in which we purport to "represent" reality—e.g., film, painting—but particularly language as a "representer" of reality. Postmodernist theorists insist on the inability of language to correspond to reality, such that although some . . . accept that there is such a thing as an "objective", "true" reality "out there" but deny its accessibility via linguistic representation, others discard the notion of "reality" altogether.

这些哲学上的基本观念具体表现为后现代的许多对策思想、行事准则或价值标准。如：否认事物有什么本质属性和非本质属性，当然也就否认了意义的本质性、基础性、实体性，否认了意义对思维传递、对交流、对认识、对理解的决定性作用。由于否定了意义的决定性作用，后现代进而否定了“语言的能力”，否认语言可以使人达到目标获得真知。同时，否定了语言就否定了人可以实现主体性的能力和工具，所以尼采说，“主体只是人的一种自我欺骗”，因此必须消解主体。与主体有关的是中心论，要消解主体就要提倡非中心论（反中心论）、非决定论并与反本质主义联系在一起。后现代的反基础主义则针对一切西方传统中看作基础的东西，如真理的普遍性和客观性、主客的辩证关系、心物的依存关系、局部与整体的关系、因果之间的关系（因为它对“因”采取怀疑主义态度）、语言与人之间的关系（否认人是语言的主体，从而认定语言是人的主宰；福柯说语言的存在最终导致人的消亡，1970）等等。后现代抵制整体观，认为“人看到的只有局部的视象（vision）”，不可能看到整体（认为“地平线”只是“地球的局部”），后现代认为现代主义者赞美的“崇高”“端雅”“精彩”等等都只是局部的存在，因此，“美不追求整体性”，因为“不存在整体性”，当然也就“不存在整体的价值”，“问题在于整体本身就是一种虚妄的观念”。这些完全不符合唯物辩证法甚至常理的思想对当代的西方翻译理论影响很深。不少西方译论家常将一己之说、一孔之见、一时之得、一地之宜、一派之论夸大到全局以及对各种语言都适用的普遍规范，将相对规范（对策设计）、参照规范（对策设计）夸大到范式、将操作指引夸大到学术范式等等，这与反整体主义思想有很大的关系。

西方有些当代的理论家坚持反对“translatology”，即我们所说的“翻译学”，言之并不成理，却力倡以“translation studies”的概念来代替“翻译学”，其实也是一种后现代反本质主义、反整体性的表现（当然用不用“translatology”不关我们中国人的事，我们这里只是发表评论）。事实上，后缀“-logy”并不带有任何“必定的贬义”（除非使用者有意赋予它贬义）。我们可以从后起的“poetology”（诗学）、“ecology”（生态学）、“narratology”（叙述学）、“genealogy”（谱系学）、“economic entomology”（实用昆虫学）、“anthropology”（文化人类学）等等20世纪兴起或发展的学科命名中得到证实。例如上面引述的“poetology”（Rodolphe Gasché, 2002: 51）已正式用于学术论文，尽管有一个同义词poetics，而前者不仅并无贬义，而且包含现代意涵。为什么别人用得好好的后缀，唯独到了“译论家”那里就变成了问题呢？这显然是20世纪七八十年代后现代到处“消解”之风的流毒。现在由于否定了translatology，人们自找麻烦了，因为“translation studies”产生不了单体派生词（single derivatives），而translatology可以产生translatologic, translatological, translatologically（意思是“从翻译学来看”“以翻译学的观点来分析、观察”等等），translatologize（意思是“将……推论、阐发或表现为翻译学形式”）等派生词，而派生正是印欧语词汇的基本特征。更重要的问题是，用translation studies来称呼“翻译学”是名不副实。因为“翻译研究”并不等于“翻译学”，**前者注重实务研究，它可能是微观的、个案的；而后者重整体性学科研究，强调整合性、系统性、科学性及全局性**。西方当代译论者热衷于“translation studies”，倒也正好描绘了他们目前的状况，也正好说明他们就是不重视整合研究。不幸的是自己的发展“受制于名”，也害了“跟风者”。当然“一孔之见者”总是有理的，他（她）可以说“舍translatology，而取translation studies”叫作“alterity”（求变心态），合情又合理，举凡 novelty, alterity, naivety, pufferity（夸张、夸张术）都是后现代津津乐道的 topics！此外，后现代执着于“名”而不求实的毛病对西方当代翻译理论影响也很明显。打开一本西方当代论翻译的书或论文，读者可以看到一个个莫名其妙的新术语“闪亮登场”，如“authorship mapping”、“translational laxity”、“semantic mailing”、“rune transfer”、“textness”、“翻译距离”、“延异率”(rate of différance)、“审美霸权”、“功能翻译单位”、“句法负载功能”、“句子内部信息线性”、“语义密度”（强弱？）、“交际动力”(“交际动机”?)、“交际零张力”等等，不一而足。

科学哲学认为，学科术语的非规范化正是非中心化的表现，而非中心化正是后现代对整体化的颠覆——从学科的基本概念上进行解构、分化、阻断、疏隔来颠覆整体性。科学的学科术语必须为本专业的群体所理解和接受，没有这个整体观念，人人各行其是、各搞一套，其结果必然是整体性的反面——一盘散沙。哲学家皮尔士为此列出了七条规则。下面我试在皮尔士所用的“philosophy”或“philosophical”后用括号添入“translation”或“translational”，请细读以下使用替代词的七条规则，[⑥] 括号内是笔者加的解释。

> **First**. To take pains to avoid following any recommendation of an arbitrary nature as to the use of philosophical (*translation*) terminology.（使用术语应力戒武断、随意）
>
> **Second**. To avoid using words and phrases of vernacular origin as technical terms of philosophy (*translation*).（力戒用日常用语替代专业术语）
>
> **Third**. To use the scholastic terms in their anglicised forms for philosophical (*translational*) conceptions, so far as they are strictly applicable; and never to use them in other than their proper senses.（专词专用，不应随意改变）
>
> **Fourth**. For ancient philosophical (*translational*) conceptions overlooked by the scholastics, to imitate, as well as I can, the ancient expression.（旧术语不应随意换成新术语）
>
> **Fifth**. For precise philosophical (*translational*) conceptions

introduced into philosophy (*translation*) since the middle ages, to use the anglicised form of the original expression, if not positively unsuitable, but only in its precise original sense.（外来术语不应随意改变其原意）

Sixth. For philosophical (*translational*) conceptions which vary by a hair's breadth from those for which suitable terms exist, to invent terms with a due regard for the usages of philosophical (*translational*) terminology and those of the English language but yet with a distinctly technical appearance. Before proposing a term, notation, or other symbol, to consider maturely whether it perfectly suits the conception and will lend itself to every occasion, whether it interferes with any existing term, and whether it may not create an inconvenience by interfering with the expression of some conception that may hereafter be introduced into philosophy (*translation*). Having once introduced a symbol, to consider myself almost as much bound by it as if it had been introduced by somebody else; and after others have accepted it, to consider myself more bound to it than anybody else.（术语均有其严格的约定含义，构建新术语时必须充分注意本专业用法；拟定新术语时必须充分考虑是否完全适合本专业的概念，力避混乱或引起误解。已构成一个新术语后，应始终一贯使用该词，不要"自订自改"）

Seventh. To regard it as needful to introduce new systems of expression when new connections of importance between conceptions come to be made out, or when such systems can, in any way, positively subserve the purposes of philosophical (*translational*) study.（应在实属必要时才引进一套新术语，并应切实注意新术语与使用中的概念联系与相关性）

事实证明，对学科发展起决定作用的是宏观研究与微观观察的结合、面与点的结合、整体与局部的结合，总之称为**整合**。偏废或偏执于任何一方都会阻碍学科的构建。而且，就学科的科学构建而言，宏观研究、面上的研究与整体研究更起着规划作用（mapping）、指引作用、调协作用，因而是关键作用。在这方面，世界学术发展史中的反面例证是不少的。我国古代的词语释义理论和经书文本解读理论发源极早，《尔雅》成书于秦末汉初，已体现了相当明晰的范畴思想。西汉末年扬雄所撰的《方言》和东汉末年刘熙的《释名》都是杰出的异质语言观微观研究，在世界语言研究史上都可以说得上是里程碑式的作品。汉代以后，训诂学、文字学、音韵学研究更是精湛幽微，穷理极致，代代有加。章句之学、句读之学的思考也可以远溯至宋代。但纵便有越千年之精微繁茂却始终没有孕育衍生出现代意义上的语言学或诠释学，其理何在？原因很多，要害唯一：没有开发同质语言观的宏观语言研究，热衷于“小打小唱”是不可能登上“大舞台”的！结构主义虽然有很多缺陷，但有其不可忽视的优长也是它的历史功绩。J. Sturrock 在其专著 *Structuralism*（1993）中总结说：⑦

> Structuralism is distinctive for studying its objects explicitly as wholes and the parts which make up those wholes as parts, that is, never purely intrinsically but in terms of the contribution they make to the whole they are part of. Structuralism is thus by definition a holistic mode of thought and as such increasingly in tune with the age we live in, since demands that we should think holistically rather than in the atomistic ways of old are constantly heard. This is especially so, to take an obvious example, when it comes to the environment and how to protect it.

Sturrock 说的就是中国传统哲学认识论中的“知著（wholes）见微（parts）”和方法论中的“大处着眼，小处着手”的整体性整合方法论。我可以这样说，当代西方译论有小处之精彩纷呈，而无大处之高屋建瓴，大概正是由于深受后现代之害。后现代（后结构主义）反结构主义流于偏执、偏激，将结构主义的精华也反掉了：这就叫作“泼脏水的同时也泼掉了婴儿”！

9.3 当代西方译论实际上已将意义边缘化、空洞化

在我看来，对翻译来说，意义永远具有本体论意义，可以说取消了意义，也就取消了翻译，那可能是文字游戏，也可能是莫名其妙的乱码。

Joyce 在 *Ulysses*（法译 *Ulysses* 于 1929 年出版）中写过“乱码式的句段”，就是所谓“意识流”。美国有人指责他的作品是“没有意义”的废料（1921）。Joyce 回答说他写的那些“废料”可能什么都缺，就是意义不缺。正是由于“意义不缺”才使意识流的翻译成为可能。Joyce 曾经对他的译者说，如果想要翻译他的作品，“最好快一点动手，因为眼下至少有一个人懂得它的意义，那就是我”。⑧

从西方译论传统来看，意义始终是关注的中心，这是没有疑问的——尽管历史上各家态度不尽相同。今以表示之（见第 281 页）。按翻译家对“双语中意义转换的关键性”的认同态度，可以看到呈现一个“两头小中间大”或曰两极化（polarization）的分布式，表中 VF 指“very faithful”，其结果成了死译，意义反而不保；GF 指“generally faithful”，基本上是“sense-for-sense”，保住了意义；BF 指“basically faithful”，信中加顺，也基本上保住了意义，并有较好的可读性；LF 指“least faithful”，即 Venuti 所批评的“fluent”，只顾译文顺上加顺，而意义则不保。西方当代翻译（20 世纪五六十年代以后）出现以前，西方译坛按“对待 SL 意义的态度”而形成的两极化分布可以给我们如下启示：

（1）欧洲翻译史史册有名的翻译家中没有人认同可以完全不考虑意义，即便是笔下“天马行空”（LF）者也并没有完全弃意义于不顾；

（2）基本形态是“中间大两头小”；

（3）BF 实际上是可译性容限下的“忠实度”或“最大（最佳）忠实度”，对意义转换已是所谓“仁至义尽”了；有的则是由于翻译家出于效果或审美考量而改变了体式（如由诗剧改为散文剧），但仍关注意义。

从整体来看，当代西方翻译家及译论家对意义的态度有了很大的改变。在分析他们改变态度的原因以前，我们先来分析他们对意义的四种态度。

9.3.1 基本上秉承传统，在传承中发展

1975 年，乔治 · 斯坦纳（G. Steiner, 1929–　）发表了一部颇有分量而且具有较高水准的学术著作。作者探讨了 17、18 世纪以来西方翻译思想的发展，并针对理论建设重申了他自己的立场：⑨

A "theory" of translation, a "theory" of semantic transfer（语义转换）, must mean one of two things. It is either an intentionally sharpened, hermeneutically oriented way of designating a working model of all meaningful exchanges（一切有意义的双语转换）, of the totality of semantic communication（语义交流）(including Jakobson's intersemiotic translation or "transmutation"). Or it is a subsection of such a model with specific reference to interlingual exchanges, to the emission and reception of significant messages（有意义信息的接收）between different languages . . .

表9-1　19世纪以前西方翻译家对待意义的态度的两极化

SL Meaning: Polarization of Attitude

VF (word-for-word)	GF (sense-for-sense)	BF (more readable)	LF ("fluence", Venuti)
P. Judaeus (20BC–50AD)	Cicero (106–43BC)	ST. Jerome (c347–420)	R. Tyannius (c334–416)
M. Boethius (c480–c524)	Q. Horace (65–88BC)	ST. Augustine (354–430)	J. Trevisal (?–c1402)
Olfila (c311–383)	M. Quintilian (c35–c95)	Aelfric (c955–c1020)	Osbern Bokenam (?)
King Alfred (849–899)	G. Chaucer (c1340–1400)	Dante (1265–1321)	J.Floroo (1533–c1635)
N. Wyle (1478出版译著)	W. Caxton (c1422–1491)	H. Bebel (1570出版译著)	G.Chapman (1559–1634)
J. Reuchliu (1455–1522)	R. Rolle (c1300–1349)	S. Brent (1457–1521)	J. Ducis (1733–1634)
F. Hölderliu (1770–1843)	D. Erasmus (c1466–1536)	M. Luther (1483–1546)	J.Denham (1615–1664)
	G. Douglas (c1475–c1522)	W. Tyndall (c1494–1536)	A.Cowley (1618–1667)
	B. de Megiriac (1036–?)	J. Anyot (1513–1593)	A. Pope (1688–1744)
	D. Huet (1630–?)	N. Udall (c1505–1556)	E. Fitzgerald (1809–1883)
	F. Maucroix (1619–1708)	N. Grimald (1519–1562)	
	C. Batteux (1713–1780)	P. Halland (1552–1637)	
	J. Voss (1751–1826)	P. d'Ablancourt (?)	
	F. Schleiermacher (1768–1834)	C. Baudelaire (1821–1867)	
		G. Campbell (1719–1762)	
		A. F. Tytlev (1747–1714)	
		A. Schlegel (1767–1845)	
		J. Goethe (1749–1832)	
		J. Dryden (1631–1700)	
		C. Wieland (1733–1813)	
		F. Schiller (1759–1809)	

资料来源：G. Steiner, *After, Babel*, 1975, 及 L.Venuti, *A History of Translation*, 1995.

在以上一段引语中，Steiner 四次提到与意义转换有关的词语（首句中“theory”加引号有加重语气的意思，犹言“一种真正称得上理论的理论”），可谓步步不离意义。Steiner 批评了传统译论中“letter” vs “spirit”，“word” vs “sense” 之说的疏略性和模糊性，并论述了意义的复杂性及意义获得的正确途径：[⑩]

> The underlying image is crude and, more often than not, left vague. “Meaning” resides “inside the words” of the source text, but to the native reader it is evidently “far more than” the sum of dictionary definitions. The translator must actualize the implicit “sense”, the denotative, connotative, illative, intentional, associative range of significations which are implicit in the original, but which it leaves undeclared or only partly declared simply because the native auditor or reader has an immediate understanding of them. The native speaker’s at-homeness, largely subconscious because inherited and cultural-specific, in his native tongue, his long-conditioned immersion in the appropriate context of the spoken or written utterance, make possible the economy, the essential implicitness of customary speech and writing. In the “transference” process of translation, the inherence of meanings, the compression through context of plural, even contradictory significations “into” the original words, get lost to a greater or lesser degree.

接着 Steiner 阐述了他对所谓“翻译”的见解，即从基本上说，翻译的机制就是解释、阐明、说明，非常接近功能主义的观点：[⑪]

> Thus the mechanics of translation are primarily explicative, they explicate (or, strictly speaking, “explicitate”) and make graphic as much as they can of the semantic inherence of the original. The translator seeks to exhibit “what is already there”. Because explication is additive, because it does not merely restate the original unit but must create for it

an illustrative context, a field of actualized and perceptible ramification, translations are inflationary. There can be no reasonable presumption of co-extension between the source text and the translation. In its natural form, the translation exceeds the original or, as Quine puts it: "From the point of view of a theory of translational meaning the most notable thing about the analytical hypotheses is that they exceed anything implicit in any native's dispositions to speech behavior." (W. van Orman Quine, *Word and Object*, p.70)

Steiner 的翻译观承上启下（从眼下情况看"启下"似乎较难），充分表现在他写的下面一段结语中：[12]

List Seneca（古罗马哲学家，约公元前 3—约 65），Saint Jerome, Luther, Dryden, Hölderlin, Novalis（德国诗人 Hardenbery 的笔名，1772–1801），Schleiermacher, Nietzsche, Ezra Pound, Valéry, Mac-Kenna, Franz Rosenzweig（20 世纪初德国作家、批评家），Walter Benjamin, Quine—and you have very nearly the sum total of those who have said anything fundamental or new about translation. The range of theoretic ideas, as distinct from the wealth of pragmatic notation, remains very small（理论思想领域很小，而关于如何译的实用论述又很丰富）. Why should this be the case？

在当代美英的翻译理论家中，像 Steiner 所阐述的以意义为轴心，又充分重视语用机制的翻译观实在是难能可贵的。从这一事实来看，Steiner 经常受到将意义边缘化的理论家的批评，也就不足为奇了。[13]

9.3.2 索绪尔的阴影: 意义在哪里?

索绪尔创建了结构主义语言学模式，这是功不可没的。但索绪尔是反本质主义的，他认为"语言是一种形式（form），不是实质（substance）"

（1916），能指（signifier）与所指（signified）之间的关系是武断的（arbitrary）。后现代主义者支持这种观点。例如法国知名的后现代文论家拉康（J. Lacan, 1901–1981）就有一句名言说“When I use a word, it means just what I choose it to mean—neither more nor less”（我用一个词时让它意指什么它就意指什么，不多也不少）（参见注⑯）。后现代这种“随意意指”观点受到很多批评，D. Chandler（2002）说这样一种将能指看作漂浮或空码的观点等于将意义空洞化了：它们可以意指（signify），也可以什么也不指：⑭

> Many postmodernist theorists postulate a complete disconnection of the signifier and the signified. An "empty" or "floating signifier" is variously defined as a signifier with a vague, highly variable, unspecifiable or non-existent signified. Such signifiers mean different things to different people: they may stand for many or even any signifieds; they may mean whatever their interpreters want them to mean. In such a state of radical disconnection between signifier and signified, a sign only means that it means.
>
> Whereas Saussure saw the signifier and the signified (however arbitrary their relationship) as being as inseparable as the two sides of a piece of paper, poststructuralists have rejected the apparently stable and predictable relationship embedded in his model. The French psychoanalyst Jacques Lacan wrote of "the incessant sliding of the signified under the signifier" (Lacan, 1977, 154)—he argued that there could be no anchoring of particular signifiers to particular signifieds—although this in itself is hardly contentious in the context of psychoanalysis . . .

对于索绪尔在一些基本观念上引起的混乱，杰姆斯列夫（L. Hjelmslev, 1899–1966）和梅兹（C. Metz, 1913–1993）等人进行了反驳或澄清，如下表：⑮

表9–2　**Substance and Form**（实体和形式）

		Substance（实体）	*Form*（形式）
·能指	Signifiers: plane of **expression** 表现、表述、平面	• **Substance of expression**: physical materials of the medium (e.g. photographs, recorded voices, printed words on paper)	• **Form of expression**: language, formal syntactic structure, technique and style
·所指	Signified: plane of **content** 内容平面	• **Substance of content**: 'human content' (Metz), textual world, subject matter, genre	• **Form of content**: "semantic structure" (Baggaley and Duck), "thematic structure"(including narrative) (Metz)

资料来源：根据 A. Tudor 1974: *Image and Influence* 制作。

从整体来看，特别是从西方当代译论的某些代表人物的主张来看，由于他们深受后现代的影响，在他们的理论中，意义空洞化几乎成了共同的特点。现在，在我们举出例证以前，先来讨论一下就翻译而言，符号学意义理论必须解决的主要问题是：

（一）在正常情况下，交流中的语符（能指）必然具有语旨（所指，tenor），也就是符号的指称性（referentiality, Chandler, 2002）：意义指认（ascertaining, ascertainment）或认定

（二）在正常情况下，交流中的符号指称的不确定性（W. O. Quine, 1975）：意义的识辨和选择

（三）语旨解释者（interpreter; interpretant, Peirce, 1932）的主体性发挥：包括语义平面、文化审美平面、逻辑这三个平面的认知运作

（四）"语言使用"（use, Wittgenstein, 1953），即语境（语言语境和认知语境）对主体判断的制约

后现代排斥本质性（substantiality）、排斥基础性（fundamentalism）、排斥主体性（subjectivity）、排斥反映论（reflectionalism, 指语言反映现实，语言使用反映"生活的形式"）以及好走极端、[16]热衷于求新（novelty）、求变

（alterity）等等倾向都非常不利于翻译学意义理论探索及实践。当代西方翻译理论身处后现代发生发展乃至无孔不入的人文环境中，从业者不少人本身就是后现代比较文学研究者，深受后现代思想及行文、行事风格的影响，自是必然。

从符号学视角来分析，也必须要看到索绪尔学说明显的局限性，否则必不利于译学的发展。索绪尔符号学的基本模式是这样的：[17]

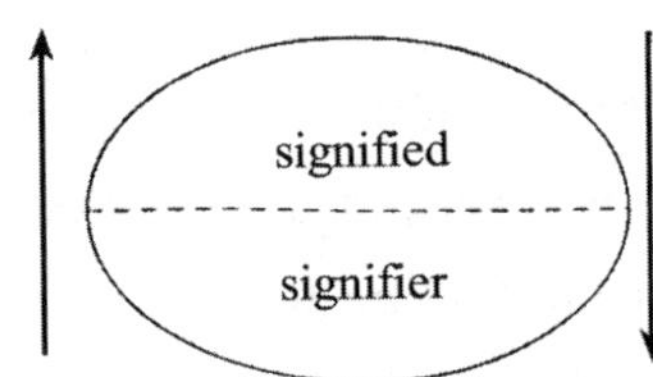

资料来源：Based on Saussure, 1974.

图9–1 Saussure's model of the sign：所谓“上、下关系”

索绪尔解释说：

> A linguistic sign is not a link between a thing and a name, but between a concept [*signified*] and a sound pattern [*signifier*]. The sound pattern is not actually a sound; for a sound is something physical. A sound pattern is the hearer's psychological impression of a sound, as given to him by the evidence of his senses. This sound pattern may be called a “material” element only in that it is the representation of our sensory impressions. The sound pattern may thus be distinguished from the other element associated with it in a linguistic sign. This other element is generally of a more abstract kind: the concept. (1983: 66)

这就是说，在索绪尔看来，能指（“the sound pattern”）与所指（概念）之间的关系或过程（即“signification”, Chandler, 2002: 19）完全是“心理的”

（ibid, 12, 14-15, 66），二者“都是形式，而非实质”，这样一来，“能指”就统统被“immaterialized”（非物质化）了，变成了完全不可感的、非感官经验可及的东西。[18]按此推论下去，人的“感官经验世界”也就成了一个与意义（概念）“了无关系”（irrelevant）的“空洞世界”了！这正是拉康和福柯等人的观念。应该说，后现代这种“另类思维”对当代西方翻译理论的影响是很普遍的：它以索绪尔为据，从根本上颠覆了翻译的本体论价值。Venuti评论说后现代使语言成了一块谁也管不了的一词多义的“杂居之地”：[19]

> It is only with the rise of poststructuralism that language becomes a site of uncontrollable polysemy, and translation is reconceived not simply as trans fomative of the foreign text, but interrogative or, as Jacques Derrida puts it, “deconstructive” (Derrida, 1979: 93). If translation inescapably reduces source meanings, it also releases target potentialities which redound upon the foreign text in unsettling ways . . .
>
> . . .
>
> Other theorists understand the autonomy of the translated text functionally, as a consequence of the social factors that direct the translator’s activity. Instead of the term “translation” Justa Holz-Mänttäri (1984) prefers the broader neologism “translatorial action” (*translatorisches Handeln* “译者行为”) to signify various forms of crosscultural communication, not just translating, paraphrasing or adapting, but editing and consulting（有译有编有写的行为）. The translator is seen as an expert who designs a “product specification” in consultation with a client and then produces a “message transmitter” to serve a particular purpose in the receiving culture. *Here translating does not seek an equivalence with the source text, but replaces it with a target text that fulfills the client’s needs.*（翻译不是去寻求与原语文本的对应，而是代之以提供迎合顾客需要的目的语文本罢了）（斜体是原有的）

意义既已被空洞化了，当然也就没有必要去“寻求对应”了！因为意义对应是一种空想、幻想（Neubert, 1992: 25），本来就不符合“翻译现实”（第 25 页）。我们翻开任何一本西方当代翻译理论著作或汇编，想找到一篇专论、一个章节专门论述系统，深入地分析意义获得、转换、表现，实在难乎其难；讲西方翻译的意义理论建设者更是“百代珍传”了！从这个意义上看，Steiner 的 *After Babel* 纵论意义转换问题，在当代西方确实是很有分量、颇有见地的。当然，中国传统重意义，我们的特色也是重意义，所以外人看我们也很可能认为我们有“偏见”——无论如何，我们中国译界应该珍视这个传统，发展这个传统。Steiner 在书中曾经 30 余次提到中国和汉语（次数仅次于英、德、法语）绝不是偶然的。

现在我们来看看当代西方译论家如何谈论翻译中的文化意义获得及表现问题。S. 巴斯奈（Susan Bassnett）在其被誉为“里程碑式”的小册子 *Translation Studies*（1980, 1988, 4th ed.）中说，为达此目的，译者必须做到以下五点（括号内是简约解释）：[20]

（1）Accept the untranslatability of the SL phrase in the TL on the linguistic level.（承认原语词组在语言平面上的不可译性）

（2）Accept the lack of a similar cultural convention in the TL.（接受目的语缺乏与 SL 文化习俗的相似性的事实）

（3）Consider the range of TL phrases available, having regard to the presentation of class, status, age, sex of the speaker, his relationship to the listeners and the context of their meeting in the SL.（对目的语词组可与原语词组汇合的范围加以考虑）

（4）Consider the significance of the phrase in its particular context—i.e. as a moment of high tension in the dramatic text.（对特定语境中的词组的意指加以考虑）

（5）Replace in the TL the invariant core of the SL phrase in its two referential systems（the particular system of the text and the system of culture out of which the text has sprung）.（按 TL 与 SL 两个参照系统将原语词组的核心不加改变地替换到目的语中）

上述几条可以说是一种非常一般的翻译常识，而且态度消极，无意提出什么对策。这样的表述不能解决什么实际问题，不仅如此，这种消极的表述也使“不可译性”（untranslatability）和“缺乏”（lack 指不同文化之间的相似习俗的缺乏）扩大化了。其实人类语言文化之间的“家族相似”（Wittgenstein, *PI*, Prt 1, §67）是本质属性。人类文化经验的可译性是主体，“缺乏”是交流中可用代偿手段加以弥补的次要现象。理论家当然应该立论于主体、主流，立论于互补、互动（Benjamin, 1923, 1968 Eng）。再说“接受”以后怎么办？大概是（3）到（5）条。其中（3）、（4）条说“加以考虑”（consider），怎么“考虑”？缺乏理论的明晰性。文中的暗含义是“选择汇合点”（第 3 条），怎么“选择”？悬念太多。最后条文（5）说这么办：抓住“SL 词组的不变的（恒定的、不能改变的）核心”，即“the invariant core of the SL phrase”，把它放到两个参照系（其一是 SL 语篇文本，其二是 SL 文化）中加以考虑，然后代之以目的语词组。这里问题就很多了，两个基本问题是：①作者已预定“基本转换单位”是“词组”（phrase-based approach），那么请问像“我走我的阳关道，你走你的独木桥”这样的句组（句子组合），怎么以词组本位翻译呢？在翻译实际中，词、词组、句、句段都得灵活运用，“本位”是动态的；（2）所谓“不变的核心”（invariant core）（Quine, 1959）既缺乏理论上的准确性，也缺乏操作上的可行性：①不少词在语内就没有“不变的核心”如“道”“天”“阴阳”等等文化符号中的语旨（意义、意指、意涵），即巴氏所谓的“核心”一直在变，从来没有“不变”，自古已然。英语中也有，如“community”“establishment”“protocal”“mechanism”等词的核心意义常常变更，更不用说词组了。语言层级越高，越不存在“不变的核心”。②力图去替换变化中的“核心”的译者也不是“不变的”，对语义的解读从来就是见仁见智，所谓“十个和尚十本经”，那又怎么替换呢？可见这种“事实上的规定性”（prescription de facto）是没有什么理论意义的，更何况在表述上缺乏理论上的清晰性和准确性。

至于说到“对应”问题，巴氏引述了波波维奇（Popovic）的对应对策作为回应：[21]

(1) *Linguistic equivalence*, where there is homogeneity on the linguistic level of both SL and TL texts, i. e. word for word translation.(语言对应:SL 与 TL 语段语言平面上的同构)[评议: 汉语与印欧语、斯拉夫语等西方语系之间只存在偶合性"词对词"的对应，谈不上语段平面上的语言同构]

(2) *Paradigmatic equivalence*, where there is equiva-lence of "the elements of a paradigmatic expressive axis", i.e. elements of grammar, which Popovic sees as being a higher category than lexical equiva-lence.(聚合对应: 语法成分的对应)[评议: 语法成分对应更谈不上。以主语为例。汉语以话题主语占优势，话题主语句根本无法与外语主语、谓语形成聚合对应]

(3) *Stylistic* (*translational*) *equivalence*, where there is "functional equivalence of elements in both original and translation aiming at an expressive identity with an invariant of identical meaning."(文体对应: 对等意义上的表达对等)[评议: 在文体平面找到功能上的对应是可行的]

(4) *Textual* (*syntagmatic*) *equivalence*, where there is equivalence of the syntagmatic structuring of a text, i.e. equivalence of form and shape.(语段对应即组合对应指语段组合结构的对应，也就是"形"的对应)[评议: 语段(组合)对应在句、段以上高层级是可能的，汉外组合对应只能说大体上，而且就意义而言，追求形式上的句法对应对交流效果意义不大]

上述四条中(1)、(2)及(4)条都是结构主义的，言不及义(指意义)，或"言"难以及"义"。这是典型的学院式结构主义研究，没有什么普遍的可操作性，也不符合功能主义的形式观。巴氏引证后，自己也对这种完全不切翻译实际的空想主义对应的对策描写表示很怀疑；[22]既要追求"表达上的等同"，又求结构上的对应，怎能办得到？

Translation involves far more than replacement of lexical and grammatical items between languages and, as can be seen in the translation of idioms and metaphors, the process may involve discarding the basic linguistic elements of the SL text so as to achieve Popovic's goal of "expressive identity" between the SL and TL texts. *But once the translator moves away from close linguistic equivalence, the problems of determining the exact nature of the level of equivalence aimed for begin to emerge.*

因此，巴氏同意霍姆斯（J. Holmes）所说的，"对应"一词可谓"乖张难断"（"perverse", Bassnett: 28）。怎么办？于是，巴氏下结论说，只好以 Popovic 的对策作起点。请注意，Popovic 谈来谈去的是"语言上的对应"（"表现上的对等"），并不关注意义：这叫作"弃帅保车"。下面再参照 Neubert 的见解：[23]

James Holmes, for example, feels that the use of the term equivalence is "perverse," since to ask for sameness is to ask too much, while Durisin argues that the translator of a literary text is not concerned with establishing equivalence of natural language but of artistic procedures . . . Equivalence in translation, then, should not be approached as a search for sameness, since sameness can not even exist between two TL versions of the same text, let alone between the SL and the TL version. Popovic's four types offer a useful starting point and Neubert's three semiotic categories point the way towards an approach that perceives equivalence as a dialectic between the signs and the structures within and surrounding the SL and TL texts.

下面我们就来探讨一下 Neubert 的论断。

9.3.3 "翻译是一种过程"：意义的交流"行为化"

后现代主义对当代西方翻译理论的负面影响之最是怀疑主义：怀疑语言的真实性、惊异于逻各斯的"扭曲能力"、怀疑"翻译本身"的"核心价值"

（存在），等等。Neubert 评述道：[24]

> Translation has evolved quite naturally over the course of human history. It has evolved as a unique answer to a basic human need for intercultural communication. The term *language mediation*, the collective name for translation and interpreting, underscores this crucial role. Still, translation is basically an unnatural act. The whole premise of translation seems problematic. How can we possibly use a foreign language to convey messages originally expressed in another language? The potential for distortion and loss of meaning is immense. A source text is embedded in a complex linguistic, textual, and cultural context. Its meaning, communicative intent, and interpretive effect draw upon its natural relationships in that environment. It is a daunting task to pull a text from its natural surroundings and recreate it in an alien linguistic and cultural setting. The text belongs to a dynamic cultural and linguistic ecology. The translator uproots it in a valiant attempt to transplant its fragile meaning. Translation certainly seems unnatural. Many translations sound unnatural as well. This is vivid testimony to the inherent difficulties of the process. As unnatural as translation may seem, it is a necessary transgression. Our complex global civilization demands it.

为了摆脱西方"翻译逻各斯"（Derrida, 1967）的影响，不少西方当代译论家远远避开了重意义的翻译传统，提出了种种反传统的"翻译界说"。1992 年，Neubert 在其著作 *Translation as Text* 中批评西方各派翻译理论完全是"prescriptive"（规定性的，第 6、8 页）、"particularistic"（把细节统得太死的，第 12 页），翻译成了"a veritable embarrassment of riches"（一座不折不扣的令人难堪的宝库，第 8 页），翻译是一种"displaced and disjoined communication"（阴错阳差的人际交流，第 10 页）等等。据此，他们认为翻译研究必须改弦更张，必须将重视"产品"（production）的研究改进为重视"过程"（process）的研究，而这个"过程"即"交流"或"交流过程"

（Neubert, 1992）。翻译交流过程论包含以下要点。

（一）“翻译能力”（translational competence），首先指翻译交流能力，包括交流知识：㉕

> The competence of the translator is not just a knowledge of the two language systems, but also a communicative knowledge. Communicative knowledge is *knowing how to use language* in specific interactional situations. Translation competence is the sum total of what a translator needs to know, and needs to know how to do, in order to translate. Translation competence activates several cognitive domains in an integrated process. The translator uses linguistic knowledge, and he or she uses communicative knowledge, a knowledge of the different interaction patterns in the two cultural communities. The translator also uses subject knowledge, a knowledge of the commercial, scientific, cultural and technical domains communicated through the text. Translation truly combines knowledge and communicative process.

（二）“翻译交流”指“文本世界”（text world）中的文本交流互动：㉖

> Translation is motivated by a common desire to cross that frontier. The source language (henceforth L_1) user and the target language (henceforth L_2) user want to communicate with one another. To accomplish this they ask translators to take source texts, which in the overwhelming majority of cases (interpreting excepted) have already fulfilled their communicative purposes, and recreate them as members of the text world of the target language. A text world is the repertoire of textual interaction structures used in a particular communicative community.

（三）“文本交流互动”指以文本为“交流单位”的翻译行为，包括：㉗

The process-oriented view of translation poses a number of difficult research questions. How do translators activate their textual knowledge during communication? How are ideas placed in texts, and how do listeners and readers receive the texts and recover the ideas they convey? Furthermore, how do pragmatic constraints affect the linguistic and semantic profile of the text? In order to be effective, a translator has to tap into both the L_1 and L_2 textual competences. A translator must understand what the L_1 text is doing and what information it contains before he can recreate it for an L_2 audience. The translator's text processing knowledge must include both L_1 procedural knowledge and L_2 procedural knowledge. Further, even though the translator's competence is based on a general text processing competence distributed in the culture, there are procedural components which are not part of general textual competence.

All texts are embedded in space and time; they are delivered by someone, to someone. They are the result of a process with a beginning and an end. While we may conceive of a textual competence as.

概言之，翻译者的任务是：[28]

The translator provides a channel between one set of procedural attachments and another. The translator converts one set of codes and structures to a second set by applying translation procedures to the L_1 text. The procedural attachments include mechanisms for:

1. Decoding the surface structure of the L_1 text（原语语段的表层结构解码）

2. Retrieving the ideational content of the L_1 text from the surface expression（从原语语段表层表述获得意念内容）

3. Identifying the plan and development of the L_1 text from the ideational configuration（捋清原语语段意念组织的铺叙发展）

4. Restructuring the expression, development, and plan of the text

according to L_2 standards（按译语标准重构语段）

5. Encoding the modified expression, development, and plan in L_2 linguistic structures（优化译语语言结构）

Neubert 等人提出的这一程序理论不无积极意义。特别是比诸结构主义的形式转换论，已大有进展。首先，诚如他们自己说的“打破了学院式的研究框架”，“注入了理论研究的活力”。其实，他们强调了交流也就强调了语言在翻译中的“用”，这是对的。再次，将 text（语段、语篇、文本）作为翻译单位比较易于落实原作者的交流意向以及文本的整体性“功能预期”，等于让“文本使用者”（“text users”, Winograd, 1975; Bobrow and Winograd, 1977; Neubert, 1992; S. Blum-Kulka, 1986）参与了“翻译交流”。

翻译交流程序论的关键是“交流行为化”（也就是“意义行为化”），这实际上导致了意义粗浅条化。我们可以从上述（一）—（五）的所谓程序机制中看得很清楚，语言各层级的 SL 与 TL 意义转换完全可能被拒之于**关注中心**之外，因为译者考虑的只是整体性的文本的“意念格局”（第 3 条），也就是说，只抓住了“大处着眼”而完全可能忽视“小处着手”，只顾宏观而完全可能忽视微观。“交流过程论者”只关注对读者、对 clients（出版者、读者）要求的落实，却并不顾原作者、SL 文本本身要求的实现，这实质上是一种单行道“交流”，谈不上真正的 SL–TL 交流。可见所谓“关注过程”“过程化”“意义的交流行为化”实际上是让这种单行的“交流行为”将 SL 意义粗浅条化甚至漫画化：交流过程导致意义流失，这与盛行的“目的论”（*Skopos* theory）、“流利论”（下面再谈）所强调的并无二致。翻译是跨语言、跨文化传播，只重 SL 意义大体及 TL 效果与只重 SL 一样，都是片面的。翻译交流行为既然是交流，就必然要有双方（SL 及 TL）的参与，**译者的天职是关注双方：原作的传播目的和内容与译作的传播效果和内容都应该是关注的中心**。“目的论”者将带有浓重商业味的“clients”拔高到了“终极决策者”的地位，受害的其实不止是 SL 作者，也包括没有获得 SL 充分价值的、没有在场并被剥夺了游戏参与权即交流权的读者。理论的片面性也在于此。

9.3.4 “译文流利至上”（fluency）论：意义在交流中的“蒸发”

Venuti 在 1995 年写了一本很有意思的书 *The Translator's Invisibility*。在书中，Venuti 指出目空一切的英美文化霸权话语提出的一条“势不可当”的标准：Fluency（为英美读者，行文必须流畅）。Venuti 说这实际上也为了至高无上的商业利益（“economic success”, “economic value”, Ibid, p. 2）：[29]

> “Invisibility” is the term I will use to describe the translator's situation and activity in contemporary Anglo-American culture. It refers to two mutually determining phenomena（两种互为因果的现象）: one is an illusionistic effect of discourse, of the translator's own manipulation of English; the other is the practice of reading and evaluating translations that has long prevailed in the United Kingdom and the United States, among other cultures, both English and foreign-language. A translated text, whether prose or poetry, fiction or nonfiction, is judged acceptable by most publishers, reviewers, and readers when it reads fluently, when the absence of any linguistic or stylistic peculiarities makes it seem transparent, giving the appearance that it reflects the foreign writer's personality or intention or the essential meaning of the foreign text—the appearance, in other words, that the translation is not in fact a translation, but the “original.” The illusion of transparency is an effect of fluent discourse, of the translator's effort to insure easy readability by adhering to current usage, maintaining continuous syntax, fixing a precise meaning.

“一切为了英美文化”的结果就是原作者的“文化自我”没有了，“人间蒸发”了：不管是什么原作，一切原本可以为英美读者平添几分外域知识、品位、风情、色泽的作品，都必须抹掉“味”、抹掉“情”、抹掉“色”，让知识“透明化”，以便英美读者易于接受！翻译成了为文化霸权服务的工具，谁还会有兴趣去探测原作的意义底蕴呢？ Venuti 这一观点可以说是一语破的！

综上所述，当代西方形形色色求新求变的翻译理论之所以不约而同地将意义边缘化、空洞化或“蒸发”掉的原因有三：

（一）后现代主义的影响。这一点，Venuti 还看得比较清楚，他本人也感到十分无奈，因此才发出了“后现代使语言变成了一块失控的一词多义的杂居地”（2000:218）的慨叹，翻译家和翻译理论家再也不像往昔那样“把与外语文本交流看作什么碍手碍脚、费尽心机的麻烦事了”（2000:217），更何况“fluency”这个词是何等的冠冕堂皇！

（二）商业化结果。西方翻译业在 20 世纪后半期的繁荣本身就是商业化的产物，翻译理论也不可能不受制于商业化。H. Vermeer 的“目的论”（1989）（*Skopos* theory）有一个中心思想：翻译行为的所谓自主性（autonomy）其实受制于一个不可抗力“force majeure”——Client（客户、顾主、委托人、出版商、公司）提出的 Commission（翻译合同中提出的任务、差事、差使、要求翻译干的活）。A. Lefevere（1982）讲得也很明白，翻译受制于三者，首当其冲的是 patronage（赞助者、资助者、出版者、雇主），十八九世纪像 Dryden 那样的艺术至上论者的浪漫情怀在 20 世纪八九十年代的“销售排行榜”前显得多么无奈无助！[30]“为艺术呕心沥血的翻译家，要挤上沃尔玛超市里的畅销书架”，可能吗？！

（三）文化全球化的影响。20 世纪下半期以来欧洲一体化及欧美文化接触空前频繁，深度也今非昔比，语际语义和语际文化之间的鸿沟确实在缩小，使翻译家和翻译理论家忽视了差异的恒常性和多变性，即所谓“一种倾向掩盖着另一种倾向”。这确实是我们不得不承认的事实。

9.4 当代西方翻译理论的武断性和片面性

我们应当了解，西方当代译论的发生、发展都有其特定的人文环境、对象性和时空条件。这是我们观察和研究的前提。实际上，也正是以上三者为我们提供了辨明它的许多特征的线索。

我国以及国际翻译界已有不少人（特别是比较了解翻译理论的人）都有一种感觉：西方（特别是英美）当代译论比较武断，语焉不详就想“一锤定音”。有不少人使用既定的、约定的学术术语时也自定其义。当然，这很自然，英语话语霸权、英美文化霸权有美国政治、经济霸权撑腰，又有学术霸权助威，西方（尤其是英美）译论“不武断”“温良恭谨让”才令人奇怪。现在不少以美国、英国为基地从事翻译研究的外籍理论家也沾染了这种恶习。

其实，学术上的武断是一柄双刃刀。武断会使自己失去审慎的判断力。图瑞（G. Toury）写的《描写翻译研究及其他》（*Descriptive Translation Studies and Beyond*, 1995）就是这样一部著作。该书名为“descriptive”（描写性），其实它的基调是 prescriptive（限制性、规定性），尤其是该书的第四部分（第 259—279 页）及第二章（第 53—69 页）谈“翻译行为法则”（Laws of translation behavior）和“规范”（norms）基本上是 prescriptions（规定性）。该书最基本的问题是作者对许多术语的界定与约定俗成的，尤其是与哲学上的界定不符。[31]本章在上面谈整体观时论述过这一点，并引证了皮尔士的建议。根据初步计算，**该书值得商榷之处一共 52 处**。由于篇幅有限，本文不可能详谈所有的大问题。现仅抽出两个足以显示作者论述的武断性的例子。

“描写性”和“规定性”都是方法论问题，不是理论范畴的问题。这两个术语的含义在哲学和语言学中都有科学界定。哲学上的“描写性”指对事物或过程的纪实性的、客观的、务求充分的观察和分析而避免作出非推论性的、武断的规定（B. Russell, 1903, 1912, 1927, 1940; A. Flew, 1979, 1999）。维根斯坦在《哲学研究》中说：“哲学不可干预语言的实际用法，它归根结底只能描述它”（*PI*, §124, 89e）；“在我们的思考中，不存在任何假设。我们应该摒除一切（主观）解释，而只以描写取而代之”（*PI*, §109, 47e）。在回答语言有没有类似法则（laws）时，维根斯坦说“语言中，不存在什么充分至极的规则性”（*PI*, §207, 82e）。因此，在翻译理论中谈什么“行为法则”以及笼而统之的“规范”（Toury, 1995: 259），显然是不妥当的，将“laws”理解为“规律”也不妥当：根据长期的查对，在英德或法德互译中的“行为法则”和“规范”基本上不尽适应于或根本不能用于英汉互译。汉语中不存在什么 inflexional 机制，汉语有充分的词汇手段，可以左右逢源进行代偿，这是汉语的“行为”特色。因此以形态为依据的德、英互译“法则”基本上不能用于汉英互译。在语言学中，“描写”指“非限制性陈述”，以语言学理论为例。“说语言学是一种描写性（也就是非规范性）科学，就是说语言学家尽力去发现和记录言语社群实际遵守而非来自外部的随意添加的规则、规范来加以修正”（Lyons, 1982: 47，原文缺如，中译根据胡壮麟主编《语言学教程》，第 17 页，2002；并参照了其他解释）。很显然，我们应该根据学术界早已约定的内涵界定来使用通用及专用的学术术语。这就是说，必须确定：（1）“描写”是一个方法论问题，不是什么理论范畴；（2）科学语言学理论除概念限定外，基本上是描写性的；（3）翻译学理论属于应用语言学中的一种双语转换理论，除了描写性理论以外，语言学没有其他理论，其中也包括翻译学理论。因为，语言学是一种描写性科学，翻译学亦复如此。[32]

现在我们来分析一下图瑞的观点。在经过一段冗长的、武断的（图氏常使用的用语如“in no uncertain terms”“always”即无一例外地、可以斩钉截铁地，etc, Toury, 1995）解释（见注 ㉝）以后，图瑞给出了以下一张图：[34]

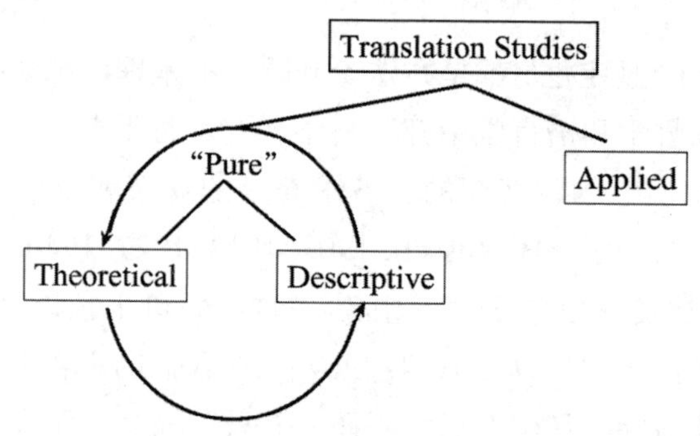

The Relations between DTs（描写理论）and Translation Theory

图瑞：“纯”理论下的理论研究与描写理论研究二者之间的关系

图9-2

这里的问题是：（1）属于“语言学家族”的翻译学除了描写性理论以外还有别的什么理论？“pure”理论是什么理论呢？是“思辨性理论”吗？“描写”就是“pure”吗？那么左边的“理论”又是什么呢？（2）“应用”理论不是“描写性”的吗？（3）属于经验科学的翻译学，除了描写性理论以外，还有什么不是以经验为基础的、不是描写的理论呢？翻译学有“超验的理论”吗？（4）如带箭头圆圈所示，“theoretical”源于“descriptive”，那么“applied”（应用）呢？如果“applied”不与描写发生关系，那么应用就是规定性、限制性的了，这对吗？其实这都是一些并不复杂的基本问题，看来 Toury 的概念相当混乱。妥当的关系示意大约如图。

下面一个问题涉及对语言描写研究的看法，具体到翻译的描写研究，应该有一个基本过程或基本取向。就图瑞的观点而言，还涉及一个更加基本的问题，就是对语言功能的看法。关于“功能”的基本概念，语言学史上也是早就有约定俗成的含义的，即语言功能的具体内涵。

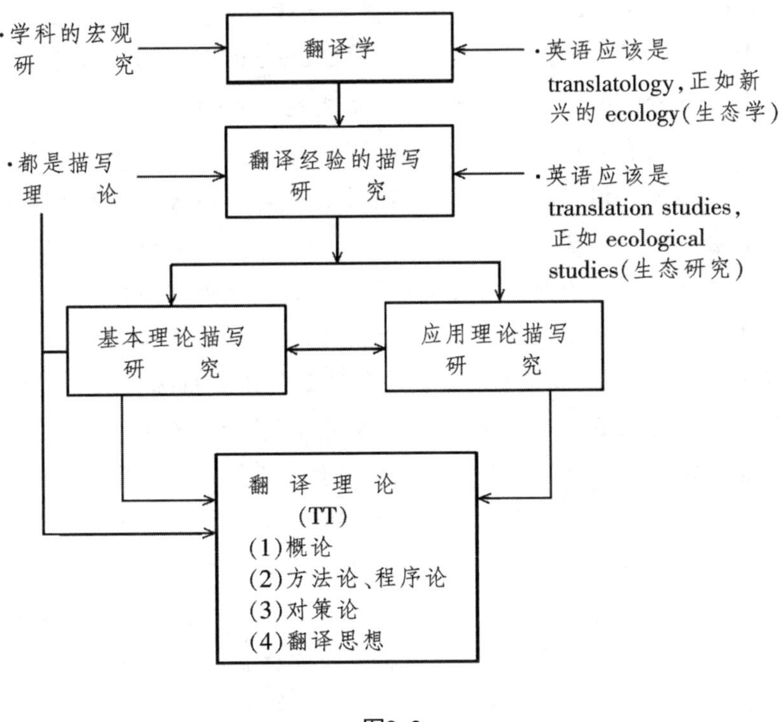

图9-3

下面我们借用一个简约的综述。对“功能”的初始研究，源于文化人类学家马林诺夫斯基（Bronislaw Malinowski, 1884–1942）：[35]

作为人类学家，马林诺夫斯基认为语言的交际功能有重要的作用。他认为，“语言的原始功能，应该被看作一种行为方式，而不是思想的对应物”(1923: 296)。语言原本“从来没有被用作反映思想的纯粹的镜子”，反映思想是“语言的牵强的、派生的功能”。“在原始的用法中，语言发挥了人类一致活动中的链接功能，是一种人类行为。它是一种行为方式，而不是一种思考的工具”(同前:313)。

韩礼德也注意到了德国心理学家布勒（Karl Bühler）关于语言功能三分的观点：表达功能，跟交际内容有关；表情功能，跟说话者的心理、精神态度有关；称呼功能，跟语言对听话者的影响有关。出生于俄国的语言学家、布拉格学派的重要成员雅各布森（Roman Jakobson, 1896–1982)，在布勒的基础上建立了六个功能的分类：他把布勒的第一种功能改叫“指称功能”(referential)，第二种改叫“感情功能”(emotive)，第三种改叫“意欲功能”(conative)，还增加了三种功能：元语言功能，用来讨论语言本身；诗学功能，通常跟艺术地或创造性地使用语言有关；交际功能，借自马林诺夫斯基关于建立和维持社会关系的功能。

韩礼德理论的创新之处是他努力把语言功能跟结构联系起来。他认为有三种普遍的语言功能：概念功能（可以再分为经验功能和逻辑功能)，人际功能和语篇功能。它们跟三种语法系统相联系：及物性、语气和主位。用他的话来说，“语言充当‘内容’的表达：那就是表达说话者对现实世界的经验，包括他自我意识的内心世界。我们把它叫作概念功能”。“语言用来建立和维持社会联系：表达社会角色，包括语言自身创造的交际角色，例如，我们在提出问题或回答问题时发问者和回答者的角色；而且，依靠人与人之间的交互作用，使事情能够做成。通过这种功能(也许可以称为人际功能)，人们被划分成社会群体，个性得到了确认和加强，因为语言在帮助一个人跟其他人交往时，也使他的个性得以表达和发展。”“最后，语言必须把自身跟其使用环境联系起来。我们可以把它叫作语篇功能，因为这使说话人或作者有能力构造‘语篇’，或者跟语境相关的连续的话语；使听话人或读者有能力把语篇跟任意的句子组合分辨开来”(1970: 143)。

从以上综述中，我们可以认识到，所谓“语言功能”——

（1）是一个**整体性**概念，它本身是一个开放的系统，翻译的功能也一样；

（2）是一个**群体的、社会的**概念，翻译的功能也一样；

（3）是一个**能动的、动态的**概念，翻译的功能也一样；

（4）是一个**客观**概念，功能由外部世界来衡量、检验，“功能”不是“目的”，主体不能自定功能，人只可以设定目的、预测功能，翻译的功能也一样；

（5）是一个**表示结果**（resultive）的概念，而“结果”表示终端状态的程度、强弱、完全不完全等等，翻译的功能也一样。

现在我们按上述（1）至（5）来看看图瑞这个图示：[36]

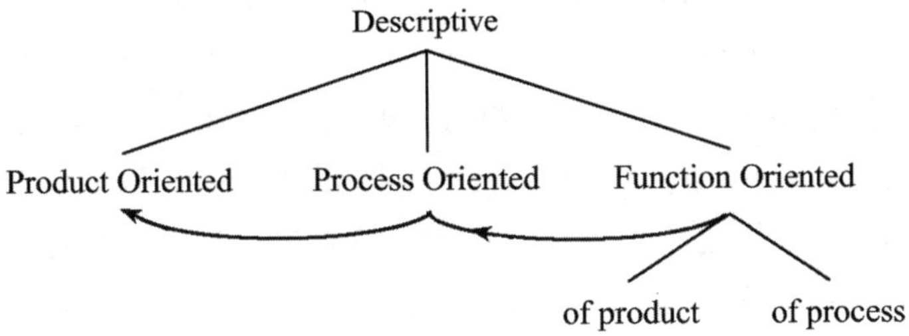

The main relations within DTS

图瑞：描写研究下的内部关系——始于功能而终于产品

资料来源：Gideon Toury, *Descriptive Translation Studies and Beyond,* p.14.

图9–4

看来，按箭头所示，图瑞是误用了“功能”，箭头的起点（也就是翻译行为的起点）应该是“目的”“目标”（objective）。翻译理论的描写（dimension）应该是：“目的、目标（O）设定过程实施（P）⇨ 获得成果（R）⇨ 功能评估（F）（发挥得怎么样了？）”，这才符合常理。因此，上表应修正为 OPRF 式：

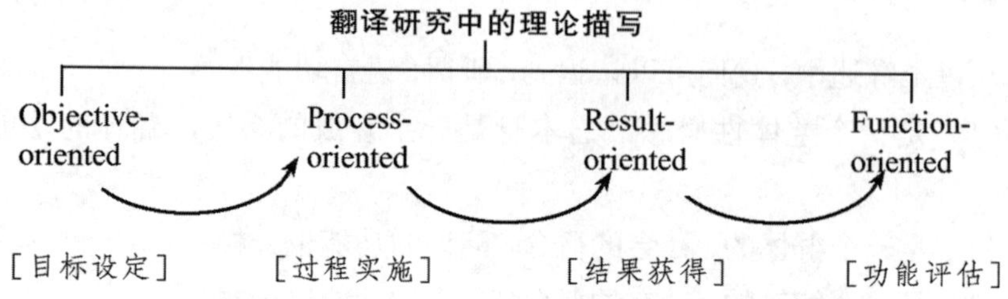

图9–5

另一个问题是关于翻译“过程”。其实，Holmes（1975），Toury（1984）以及 Neubert（1992）等等都三番五次地强调要研究“翻译过程”，但究竟什么是“过程”？什么是翻译过程？诸位理论家都语焉不详。同样，“过程”这个词在语言学中也是有明确、具体、约定的解释和界说的。以功能学派为例。1985 年，Halliday 提出了“过程论”，其中分为六个维度，也就是六个过程，即（1）物质过程；（2）行为过程；（3）心理过程；（4）言语过程；（5）关系过程；（6）存现过程。这六个过程是一个由三部分组成的整体，它们是行为（doing）、感觉（sensing）和存在（being）。以上六个维度和三个部分的组成，大体是一个圆形结构（见第 304 页）。其中三个大的扇形（1）、（3）、（5）是主要过程，其余是次要过程。[37]

根据语言学功能主义的这个“过程论”（Halliday, 1985, 1994: 108），“翻译过程”可以（而且必须）包括以下研究课题。

（1）**物质**（material）**过程**：研究 doing/acting，即行为实施的程序

（a）翻译实施的阶段性、特征及要求

（b）翻译的步骤（steps）

（2）**行为**（behavioural）**过程**：研究行为程序——操作法研究

（c）翻译中的语义辨析

（d）翻译中的文本理解和次文本解读

（e）翻译中的句法结构解析

（f）翻译中的译文操作

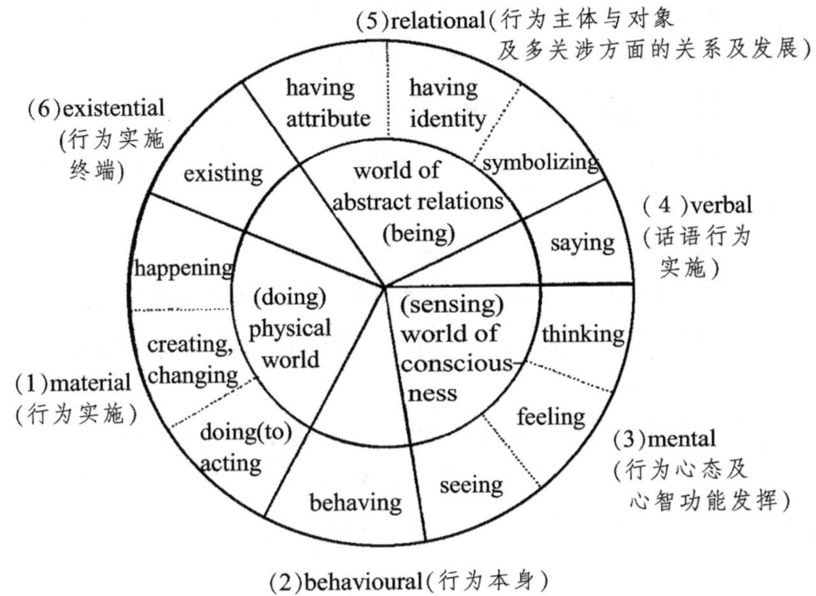

资料来源：M. A. K. Halliday, 1994, *An Introduction to Functional Grammar*, 2nd Ed.

图9-6 功能主义的“过程论”示意图

(3) **心智**(mental)**过程**：研究思维运作

(g) 双语的语义（包括文化信息）换码机制运作程序

(h) 审美感应及表现程序

(i) 逻辑判断运作程序

(4) **言语**(verbal)**过程**：研究话语转换程序

(j) 翻译中的话语语义解析（包括 implicature）

(k) 翻译中的话语语篇解构

(l) 翻译 TL 话语生成的认知论证

(5) **关系**(relational)**过程**：行为主体与客体及各关涉方面的关系及发展

(m) 译者（主体）与文本（客体）的互动

(n) 原语与译语比较在语际转换中的作用

(o)“本土化”VS“外域化”考量的互动

(p)“目的”(目标) VS “效果”考量的互动

(q)“表达” VS “审美”考量的互动

(6) **存现**(existential) **过程**:行为实施终端

(r) 双语转换(包括语义、文化、行文、体式、目的与效果)的终端检查

上面我们谈的是某些西方译论的武断性,武断的意思是论证错误或不足又不容异议;下面再来分析一下它们的片面性,片面的意思排斥选择性、排斥异议。

据粗略分类,西方译论中有 80% 以上都在谈文学翻译。谈翻译的人特别是“名家”,也大多是比较文学研究者。而西方国家的翻译行为至少有 80% 是非文学性的(即所谓 non-fictional),如果加上口译,则高达 90% 属于非文学性。西方跨国大企业、银行集团、科技组织及机构(研究院)、军事机构、国家机关等等,每天所从事的翻译则 100% 属于非文学性。根据 McGraw-Hill 公司公布的材料,该公司 20 世纪 90 年代的 10 年内出版的 non-fictional 翻译作品占翻译出版总数的 83. 5%。文学作品只是全部翻译“产品”的一小部分。只关系到一小部分翻译实践的理论是不是能够涵盖大部分翻译实务所涉及的理论问题呢?如果不能,那么以偏概全的严重局限性难道不应引起理论家们的高度关注吗?但是许多西方当代理论家却从不申明在先:他们研究的语料是文学性的,不要把文学翻译(特别是译诗)“个性”的问题扩大化。例如他们提出的下列对策论就完全不适应于每天都要大量处理的政府公文、法律文书、科技文献、军情资讯以及必须严格地“依实出华”的学术经典等类文体的翻译:这些对策有所谓“归化(本土化)论”、“流利论”、“译文中心论”、“目的论”(skopos)、“三决定论”(A. Lefevere)、“改写论”(S. Bassnett)、“抵抗论”(抗阻论,Resistance)、“食人生蕃论”、“新征服论”、“语言帝国论”(linguistic imperialism, Robet Phillipson, 1993)以及各式“翻译解构论”(Venuti, 2000: 270-271)、“翻译他者(The Other)论”(Venuti, 2000: 345)、“唯目的语文化论”等等。[38]以上各“论”,都只是属特定文体或范围的种种对策论,而且有些只是一家之言,涉及的只是某一对特定的 SL 与 TL,无一论可谓放之四海而皆准的学

术范式。国内外有人册封他们是“妙造天成”“自铸伟业”的“学术范式”，只能说是一种崇拜者一厢情愿的期许，但却很可能成为对广大翻译从业者的误导。理论研究者应该至少是说话负责任的唯物主义理论资讯传播者。

有些当代西方译论总也免不了求新求变却又语焉不详、只满足于“打一枪换一个地方”（“点到即止”），不求对问题进行刻苦的“清剿”（纵深研究及剖析）。[39]在西方当代译论论坛，立志于著述有纲有目、有条有理的理论著作的严谨学者可谓少之又少。这样的作风与“后现代主义风格”确实非常接近，即只注重归纳、分析、不注重演绎、综合（或正好相反）；只注重局部透视之精而微，不注重全局观照之周而慎。[40]后现代“非中心论”的“散打战术”（Straggling）和不顾后果、只求痛快宣泄（文章公开发展）的“直线思考”癖性对当代西方许多译论者的影响是相当明显的，显然不足为我师法。[41]

9.5 当代西方翻译理论话语的质量堪虞

一般说来，理论话语应该符合三个起码的条件：clarity（含义明确清晰），brevity（行文简约精练），sincerity（说话实事求是）。这三个条件的反面就是生涩晦暗、烦琐盘结、夸饰空洞。这些特点当代西方译论中“三味俱全”者，实非个别；兼具一二者，“名家”亦难幸免。下面举的这个例子就出自名家。现姑隐其名。我们的目的是揭示文风的问题，不在“以文论人”，而在“以文论事”。

> In contradistinction to non-empirical sciences, empirical disciplines are devised to account, in a systematic and controlled way, for particular segments of the “real world”. Consequently, no empirical science can make a claim for completeness and (relative) autonomy unless it has a proper *descriptive branch*. Describing, explaining and predicting phenomena pertaining to its object level is thus the main goal of such a discipline. In addition, carefully performed studies into well defined corpuses, or sets

of problems, constitute the best means of testing, refuting, and especially modifying and amending the very *theory*, in whose terms research is carried out. Being reciprocal in nature, the relations between the theoretical and descriptive branches of a discipline also make it possible to produce more refined and hence more significant studies, thus facilitating an ever better understanding of that section of reality to which that science refers. They also make possible the elaboration of *applications* of the discipline, should one be interested in elaborating them, in a way which is closer to what is inherent to the object itself.

Whether one chooses to focus one's efforts on translated texts and/or their constituents, on intertextual relationships, on models and norms of translational behaviour or on strategies resorted to in and for the solution of particular problems, what constitutes the subject matter of a proper discipline of Translation Studies is (observable or reconstructable) facts of real life rather than merely speculative entities resulting from preconceived hypotheses and theoretical models. It is therefore empirical by its very nature and should be worked out accordingly. However, despite incessant attempts in recent decades to elevate it to a truly scientific status, as the empirical science it deserves to become Translation Studies is still in the making.

读这样的文章，神经实在很吃力。通病是：句子结构错综盘结，中间频频打断、添加、插入，修饰语、附加语接二连三，刚刚接上一个又来一个。句子冗长（第二段第一句长达 69 字，这位作者的最长句多达 203 字），前一个概念似尚未了结，又提出一个新概念或新问题，使读者深感作者“文思如涌”而自己则力不从心，只好一再拜读。有时由于神经频受撞击，耐心频受挫伤，只好掩卷叹息。

行文流畅是思维流畅的表现，流畅的思维又是顺畅的情理的表现，所以刘勰说“情动而言行，理发而文见”，这叫作**“因内而符外”**（《体性》）。以上引文的第一、第二句就不合情理。这里有两个问题：首先，作者认为，经验科学"要有一个描写的部分"才能说是"完全的""相对独立的"。问题在于经验科学有哪一部分又可以不是描写的呢？哲学家认为，经验科学就是以**描写的方法**来描述对事物现象或规律的经验观察的科学，经验科学基本特征就是具有描写性。经验科学的概论、通论、专论、分论、命题、假设、推导、推断、结论等等都是以人们的经验（直接经验、间接经验）为基础，运用概念、判断、推理，阐释研发出来的。其次，再说别的科学就不需要"一个适当的描写部分"吗？[42]例如"天体物理学"，不需要人的经验观察吗？天体物理学可以"100% 规定性"吗？那么化学呢？没有人的经验观察（化学试验）怎么会有化学呢？

上述引文第二段又有一个理顺不顺的问题。作者说，过去一两千年翻译界一直想要提升翻译为科学（学科），可惜悉付东流，原因就是没有人明白要设定一个"描写部门"，幸好最近有人（包括作者自己）着力这样做了。问题在于：一两千年来，译论家不就是在"描写"翻译吗？如果不是，那他们又在干什么呢？ Steiner 的著作 *After Babel* 就是描写主义的。由此可以一直追溯到施莱马赫写的《论翻译问题》（1813），这部著作也基本上是描写主义的。如此等等，怎么能一概否定呢？看来问题其实很清楚，传统译论者其所以不能令人满意，问题不在于他们"没有描写"，而在于他们受到历史条件的限制，未能科学地描写他们所从事的翻译实务。正如维根斯坦所说的，人们无数次地提出问题，又无数次地对之进行描写。然而，他们没有突破"观察的框架来进行描写"。[43]对西方译论而言，这个框架就是死守自我领地外加一个"语言学（语文学）版图"，如此而已。历来忽视整体性整合研究，拒斥与译学关系密切的毗邻学科作相关性整合研究，"直线思考"癖性指引许多西方译者（有些中国人也免不了受其影响）和当代译论者不断地"以自己来描写自己"或者顶多用语言学来描写自己，这叫作**无参照自闭性描写**（"closed description with no reference other than linguistics and itself"）。当代一些西方译论还在受这种描写之苦！

有人说西方不少译论家文笔生涩、词句拗口主要是由于他们谈的问题"很深奥""很生僻"。这个看法很难苟同。下面是 20 世纪最知名的理论物理学家之一、哈佛大学教授 Philipp Frank 写的优美的英文，谈的是爱因斯坦深奥的物理学基本原理：[44]

However, if we compare Einstein's theory with previous physical theories, we note a certain difference in structure. It is after all only a difference in degree, but it directs our attention to a considerable change in the conception of physical theory.

Whatever conclusions may be drawn from them, Einstein's fundamental laws will describe motions in terms of the general space-time coördinates. Before the results of his theory can be verified by observation, it is necessary to know how statements about these general coördinates can be expressed in terms of observational facts. In traditional Newtonian physics, spatial coördinates and time intervals could be determined by the traditional methods of measuring length and time, by using yardsticks and clocks. However, the general coördinates in Einstein's theory are quantities that define the positions and motions of moving particles with respect to systems of reference that can possess all sorts of deformations, with variable rates of deformation at every point. No rigid and defined system of reference for space and time measurement is given as a general basis for the definition of the space and time coördinates. The methods of measurement must be developed along with the conclusions from the principles of the theory. What is the bearing of these facts upon our general conception of the structure of a scientific theory?

译论比较重求实的论证，不善奇思怪想，不求诡谲之论。下面这种低俗论争肯定不会出现在中国译论中——虽然中国译论论坛也常有媚外抑中的庸俗文句出现，低俗与庸俗都与健康的学术之争差之千里：[45]

The problem that bothers me more in Lewis's formulation, however, is its implicitly normative glorification of violence. It's not just that abuse usually means hitting or hurting someone (usually someone weaker) and Lewis wants to "abuse" or deviate from that usage by defining abuse linguistically, etymologically, as a deviation from usage; it's also that all the eulogistic terms in Lewis's essay are aligned with strength and domination, all the dyslogistic terms with weakness and submission. He seems to want to idealize hegemonic violence against the weak out of his essay, but it creeps right back (or never left in the first place) in the assumption that strong, forceful translation is abusive and weak, servile translation is nonabusive. It doesn't take much of a paraphrase of the passage that both Venuti and Willis quote, for example to underscore the violence it idealizes:

> The abusive parent's aim is to rearticulate analogically the abuse that occurred in his or her childhood home, thus to take on the force, the resistance, the densification, that this abuse occasions in its own habitat, yet at the same time, also to displace, remobilize, and extend this abuse in another milieu where, once again, it will have a dual function—on the one hand, that of forcing the familial system of which it is a dependent, and on the other hand, of directing a critical thrust back toward the context that it replicates and in relation to which it becomes a kind of unsettling aftermath (it is as if the abuse sought to occupy the parent's parents' already unsettled home, and thereby, far from "domesticating" it, to turn it into a place still more foreign to itself).

Does this project become more attractive, even rhetorically, when the target of the abuse is not a child but a text?

In *The Translator's Invisibility* Lawrence Venuti says of an abusive or foreignizing translation of Catullus that he is praising by the seventeenth century English translator John Nott that "its abusiveness (even if homophobic by late-twentieth-century standards) conveyed Catullus's Roman assumption that a male who submitted to anal and oral intercourse—whether willingly or not—was humiliated whereas 'the penetrator himself was neither demeaned nor disgraced'..." (Venuti 1994,

88). Am I the only one who finds the collocation "abusiveness (even if homophobic)" bizarre? Maybe it's only bizarre by late-twentieth-century standards? For Catullus—at least according to one late-twentieth-century commentator—forced or unforced anal or oral sex between two males was humiliating or abusive to the penetrated, not to the penetrator; or, to take only the most extreme part of that cultural norm, anal rape was only considered abusive for the abused, not the abuser. Surprise, surprise. The rapist, the penetrator, is neither demeaned nor disgraced—nor abused. Only the rape victim is. The only real surprise comes when Venuti, who is ostensibly on the side of the downtrodden in all this, the oppressed, the victims of sexism and colonialism and so on, insists that the dissident translator resist hegemonic norms by perpetuating that abuse in English translation—though only, of course, in purified (textualized, hence transcendentalized) form.

这样的文风你敢恭维吗？

当代不少西方译论者孜孜于细枝末节的精雕细琢，大问题搁在那里却语焉不详。对现代译学中关乎大局和成败的整体性整合研究不闻不问，相反，任何一个局部的小问题被抓住则不免以奇言耸听，加以炒作。这些现象，当然不敢说今日中国译坛上绝对没有，但有也只不过是极个别崇拜者对被崇拜者的盲目跟风和学舌罢了。

9.6 结语

根据以上的整体观察，我认为对待当代西方译论，最紧要的有以下几点。

（一）牢记清代学者龚自珍的几句箴言：**知其事，知其时；知其所云之事，知其所处之时**。龚自珍讲的其实是历史唯物主义的认识论、批评观：要真正了解一个观点、一种理论、一项主张，就一定要实事求是地分析那个观点、那种理论、那项主张的内容实质究竟有几分道理，还要看它是在什么时候、在什么情况下、针对谁提出来的，要看效果、看影响、看实际价值。重要的是我们既不做“崇洋派”，也不做“反洋派”，我们要做“考洋派”，“考”就是考察、考证。

（二）应该深信一条真理：事物总是一分为二，有好的地方，也有不好的地方。西方当代译论完全不像它的崇拜者、吹捧者追捧的那样“妙造天成”“自铸伟业”，它有很多缺陷、很多局限，远远不是“放之四海而皆准的真理”；同时，它既是西方人翻译经验的描写，也一定写出了他们的探索心得、体悟甚至感悟，这就是可取之处，值得我们学习、研究，有价值的就要吸收，这就叫作“外位参照”，也就是“外为我用”。

（三）实事求是，不抱偏见，不抱成见。**我们的基本态度应该是研究向前推展、认识随之跟进**。当代资讯发达，但总有欠缺之时，总有欠缺之处。我们根据掌握的事实说话，言必有据。经世治国，立业维艰。翻译任重道远。我们必须努力学习，多读书、读好书。本文对当代西方译论评过论非，有自励自强之心，无矮化西论之意。眼下“西方崇拜”在译界成风，本文也有唤起同人知己知彼、明察是非的苦心。中国所处的国际环境，远非一派鸟语花香，国人也不能不警惕。

〔注释〕

①参见 L. Venuti 著 *The Translation Studies Reader,* Routledge, 2000, p. 220。

②、③参阅许宝强、袁伟编《语言与翻译的政治》，香港：牛津大学出版社 2000 年版。

④参见 Stephen W. Littlejohn 编著 *Theories of Human Communication*, Wadsworth Publishing Company, Belment, 1999。到现在为止，传播学学科架构英美研究专著，大约共有 20 余种，这方面的中文书也有六七种。

⑤引自 M. C. Lemon 著 *Philosophy of History*, Routledge, London, 2003, p. 385。

⑥引自皮尔士著 “The Ethics of Terminology”，载 Thomas M. Olshewsky 编 *Problems the Philosophy of Language*, Halt, Rinehart and Winston, INC, New York,

1969, p. 22。

⑦引自 John Sturrock 著 *Structuralism,* Blackwell Publishing, 1993, p. 21。

⑧引自 C. G. Anderson 著 *James Joyce*, Thames and Hudson, London, 1967, p. 24。

⑨引自 G. Steiner 著 *After Babel*, OUP, 1975, p. 293。

⑩ Ibid, p. 291.

⑪ Ibid, p. 292.

⑫ Ibid, p. 283.

⑬例如 Sussan Bassnett-McGuire 在 *Translation Studies*（Routledge, 1988, p. 74）中对 Steiner 的批评。

⑭引自 Daniel Chandler 著 *Semiotics*: *the Basics*, Routledge, 2002, p. 75。

⑮ Ibid, p. 54.

⑯ Ibid, p. 29.

⑰ Ibid, p. 18.

⑱ Ibid, p. 19.

⑲引自 L. Venuti 编 *The Translation Studies Reader,* Routledge, 2000, p. 216。

⑳引自 Bassnett 著作见注，p. 22。

㉑Ibid, p. 24.

㉒Ibid, p. 22.

㉓Ibid, p. 29.

㉔引自 A. Neubert 著 *Translation as Text,* Kent Univ. Press, 1992, p. 1。

㉕Ibid, pp. 37-38.

㉖Ibid, p. 41.

㉗Ibid, p. 46.

㉘Ibid, p. 49.

㉙引自 L. Venuti 著 *The Translator's Invisibility*: *A History of Translation*, Routledge, New York, 1995, p. 1。

㉚引自 L. Venuti 著作见注，p. 236。

㉛参见皮尔士论述，见注⑥。

㉜参见刘宓庆著《中国翻译理论研究的新里程》，载刘靖之主编《翻译新焦点》，香港：商务印书馆 2003 年版，第 113 页。

㉝参见 Gideon Toury 著 *Descriptive Translation Studies and Beyond*, John Benjamin

Publishing Company, Amsterdam, 1995, p. 15。

㉞Ibid.

㉟引自胡壮麟主编《语言学教程》，北京大学出版社2002年版，第201—202页。

㊱参见注 G. Toury 著作，p. 14。

㊲参见注胡壮麟编著，p. 122。

㊳以上形形色色对策论主张并非都是西方译论者提出的，特此说明，但几乎一律都被中国的西方崇拜者范式化、神圣化了！

㊴特别与福柯的观点和方法很接近，福柯说“不要放过一个也不要执着于一个”。参见福柯的著作 *Madness and Civilization*（London, 1973），*The History of Sexuality*（NY, 1986），*The Foucault Reader*（NY, 1984）等。

㊵参见注 Toury 著作，p. 8 注（2）；p. 25 注（2）以及该书最后一部分，论翻译的“行为法则”（“laws of behavior” 第259页至第279页）。对翻译这种以多文化（文化形态和文化传统）、多语种（尤其是形态语言与非形态语言之间）为依据和出发点的实践活动来说，要规定、规范什么“行为法则”都是武断的、训令式的（admonitory）的，也是不明智的。其实 Toury 谈的只是德、法、英、希伯来语四种形态语言之间的一般语言转换规律，不是什么“行为法则”。翻译是一种“act（action）”即“a deed to do or to be done”，是个中性词，而 Toury 用的是“behavior”，暗含“某种（道德的、信仰的、理性的）规范性”。“法则”（law）之暗含规定性、规范性、限制性就更明显了。

㊶参见注⑤ M. C. Lemon 著作，作者批评后现代“五反”（anti-essentialist, anti-teleological, anti-foundamentalist, anti-representationalist and anti-realist implications）倾向及其思想方法和对策论（p. 378）。

㊷参见 E. D. Klemke 等人编著 *Introductory Readings in the Philosophy of Science*, Prometheus Books, NY, 1998, Part 4, “Theory and Observation”, pp. 309-392。

㊸参见维根斯坦著 *Philosophical Investigations*, 1953, §114, 48e; §124, 49e。

㊹转引自 Franklin Banner 编 *Main Currents of Western Thought*, Yale UP, New Haven and London, 1978, p. 687。

㊺转引自 Douglas Robinson 著 *What Is Translation? Centrifugal Theories, Critical Intervention*, The Kent State UP, Kent, Ohio, 1997, pp. 135-136。整体来说，Robinson 的理论话语品位不高，但在当代西方译论中尚算言之有物，不属下乘。Robinson 的观察一般比较犀利，文辞也就难免于尖酸、诡谲。

第十章
维根斯坦的意义观与翻译研究

可以说在古往今来所有哲学家、思想家的理论宝库中，维根斯坦（Ludwig Wittgenstein, 1889–1951）后期的语言哲学研究对翻译学基础理论特别是意义理论的建设关系最为密切。尽管任何一位大师辞世之后，世人总不免对之毁誉并呈，[①] 但对翻译学乃至整个语言学而言，维根斯坦哲学的历史地位和指导意义都是不可取代的，至少也是不容忽视的。[②] 本文只对维根斯坦的意义观对翻译研究的指导意义加以阐发。

众所周知，维根斯坦的哲学分为前期与后期（大体以 20 世纪二三十年代之交为分界线）：后期批判前期，因此从整体来看，后期哲学具有拨乱反正的批判性（而且主要是维根斯坦对自己的批判）。这一点维根斯坦说得很明白。[③]

维根斯坦对自己的拨乱反正集中于他前期哲学中的形而上学语言观：[④]

> 维根斯坦对传统哲学的批判主要是针对他早年著作中提出的关于语言的形而上学概念的。年轻的维根斯坦曾认为语言的功能是描绘事实，按照这个理论，语言元素的结合和实在元素的结合是对应的。语言的单词命名对象，词所代表的对象即是它的意义。维根斯坦晚年大部分著作都是反对这个语言概念的。

具体地说，维根斯坦对语言观的自我批判集中于两个大问题：一是关于对语言性质的看法；二是意义问题。他自我批判的胆识来自诚实的哲学家和科学家对经验的科学考察。我们不妨将爱因斯坦与维根斯坦作一对比。爱因斯坦论述了从经验上考察世界的观点：[5]

> 为什么有必要把自然科学思想的基本观念从柏拉图的奥林帕斯天堂拖下来，并且企图揭露它们的世俗血统呢？答案是：为了把这些观念从强加给它们的禁忌中解放出来，从而使我们在构成观念或概念时可有比较大的自由。这是休谟和马赫的不朽功绩，他们超过所有别的人，首先采取了这种批判的想法。

维根斯坦则是**从经验上考察语言**。[6]关于语言的性质和功能，维根斯坦扬弃了作为前期主导思想的“逻辑原子论”，而代之以基于生活形式的经验世界的“语言游戏”（language game）说。我们将有另文论述（见本书第十一章）。[7]

意义问题是后期维根斯坦研究的重点。后世有的批评家说维氏“彻底地否定了意义的存在”，这是不符合事实的。[8] 维根斯坦否定的只是前期的图式说形式主义意义观（这一意义观可以归结为：“只有命题才有意义，凡是命题必有意义”）。后期的维根斯坦哲学放弃了对理想语言的意义追求，而执着于对语言用法的经验观察，并力图通过这种经验观察，获得由用法确定的意义，它的最基本特征是语境赋予的动态，用维根斯坦的话说，即“意义寓于用法之中”（“. . . meaning lies in its use”, *PI*, Prt I, §197, 80e），“词语的意义就是它在语言中的用法”（“. . . the meaning of a word is its use in the language”, *PI*, Prt I, §43, 20e）。维氏也将这个见解简约地表述为：“意义即用法”（“Meaning is use”, *PI*, Prt I, §138, 53e）。可见，作为语言哲学家，维根斯坦没有也不可能“彻底否定意义的存在”，但他确实改变了对意义的所谓真值即“静态值”的追求，从而形成了我们所谓的后维根斯坦的动态意义观，正是他后期的意义观对翻译学意义研究具有不可忽视的借鉴意义。下面将展开论证。

10.1 语言行为的目的是交流，不是追求意义；意义把握服务于交流目的

在前期的代表作《逻辑哲学论》（*Tractatus Logica-Philosophicus,* 1921）中，维根斯坦将意义集中对于“命题”（proposition，在哲学上指一个可以是真也可以是假的表达式，expression）真假的辨析，这就是说，一个句子是否有意义或无意义，取决于命题（一个句子）是否有真值。维根斯坦举例说，“Socrates is identical”（“苏格拉底是同一的”或“苏格拉底是孪生的”）尽管具有命题的形式（有主词及述词），但却是一个无意义的命题，其所以被判定为无意义，就是因为苏格拉底在任何时候都不存在“identical”这种特性。同样，“These are contemporary eggs”（“当代鸡蛋”，不是开玩笑吗？）则是一个有意义的命题，其所以被判定为有意义则是因为鸡蛋确实可能有contemporary（同一时期产下的，coming into being during the same period of time）的特征。按照前期维根斯坦这个思路，名称表述事物，命题描述事态，命题之是否有意义，取决于逻辑与事实两个条件。因此，维根斯坦的结论是：⑨

> 我们不能思想任何不合逻辑的东西，除非我们必须不合逻辑地思想。人常常说，上帝可以创造一切，除了违反逻辑法则的以外。我们不可说任何一个“非逻辑的”世界，它看起来是怎样的。要用语言表示什么“违犯逻辑的”东西是不可能的，就如决不能在几何学上用它的坐标来表示违反空间法则的图形，或者给一个不存在的点注上坐标一样。

后期的维根斯坦摆脱了这种形式主义的唯名论思路，旗帜鲜明地进行自我的拨乱反正。首先他抛弃了形式推导，而代之以经验观察，以用法概念取代了意义概念。维根斯坦这样做的目的，在于表明在现实生活中、在人的语言经验世界中，意义服务于交流，而不是交流服务于意义，因此应该用交流目的来决定意义的所在而不是相反。维根斯坦举例说：

Now think of the following use of language: I send someone shopping. I give him a slip marked "five red apples". He takes the slip to the shopkeeper, who opens the drawer marked "apples"; then he looks up the word "red" in a table and finds a colour sample opposite it; then he says the series of cardinal numbers—I assume that he knows them by heart—up to the word "five" and for each number he takes an apple of the same colour as the sample out of the drawer.—It is in this and similar ways that one operates with words.—"But how does he know where and how he is to look up the word 'red' and what he is to do with the word 'five'?"—Well, I assume that he acts as I have described. Explanations come to an end somewhere.—But what is the meaning of the word "five"?—No such thing was in question here, only how the word "five" is used. (*PI*, Prt I, §1, 3e)

（现在让我们想一想语言的下列用法：我叫某人去买东西。我给他写了张字条，上面写着"五个红苹果"。他将字条交给店员，店员于是打开了标上"苹果"的抽屉，接着又在图表上找到"红色"这个词和这个词的对应图样，然后数起一、二、三、四、五来——我假定他记得这些数字——他一直数到五，而且每次说出一个数字就从抽屉里取出一个与图样颜色相同的苹果。其实，我们就是以这种或与此类似的方式使用词语——"但他怎么知道在什么地方、用什么方式查阅'红色'这个词呢？他又怎么用'五'这个词呢?"——嗯，我是权且认定他是按我上面描述的做，解释也就在某处告一段落。——但"五"又是什么意思呢？——我们并没有对这么一个问题提出疑问，我们只是说明"五"这个词是怎么使用的。）

维根斯坦的意思是，在实际的语言交流中，人们**关注的其实不是语言的意义**，而是**关注交流的目的——你想要说什么？**意义其实只是一种手段，它体现在用法中，词语的使用托出一种情景、一种语境，意义含蕴在这种情景和语境中，指向交流目的，此其一。其二是，语言交流正如做游戏，它的流变性、随机性极大。语言游戏固然有规则，但规则并不是铁板一块，游戏参加者必须在参与游戏中学习规则、驾驭规则，以适应交流的随机流变。因此，抛开交流中千变万化的情景和语境来追求意义是没有意义的。其三，这样就凸显了通过用法来把握意义的重要性，可见约定的用法是达致语言交流目的的唯一可靠的途径，意义之“矢”是用来射交流之“的”。据此，维根斯坦的评论家马尔康姆指出：在维根斯坦看来，“意义”与“用法”是不能同日而语的，意义随情景流变，而用法则是可把握的。因此维根斯坦说只有根据语言的各种初始运用来研究语言现象，才能排除词语处在“休眠”状态之中的（静态）意义的概念干扰，清晰地看到词语的交流功能和交流目的（*PI*, Part I, §5, 4e），这时，**意义也就动态化了**。现在，我们可以将维根斯坦的这一关于意义的功能主义思想作一图示：

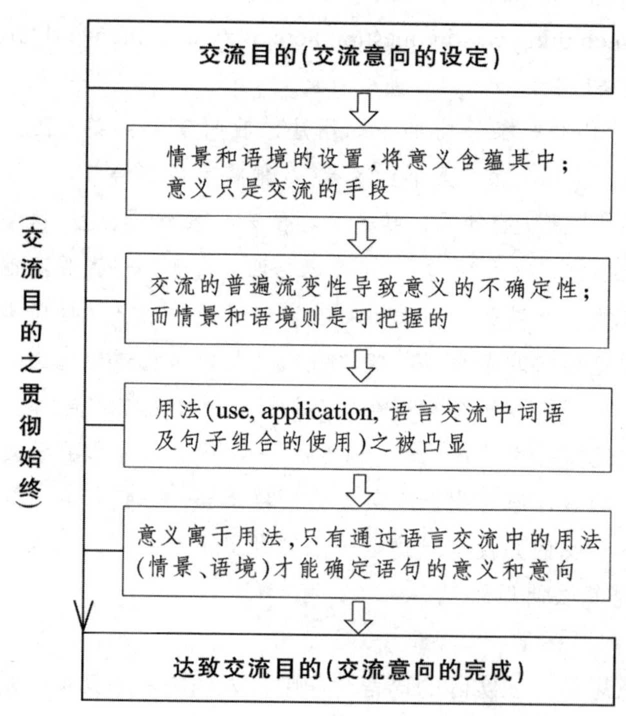

图10-1　从语言的交流功能中把握意义以完成交流目的：意义的动态化

很显然，抛开交流行为—交流目的来谈静态意义、僵化的意义，“意义”

势必就成了“无意义”。

10.2 意义寓于用法：意义的“游戏化”（动态化）和语言的“工具化”——意义得之于对语言工具的经验考察

维根斯坦的意义观有一个基本出发点：对传统的静态意义观的拨乱反正，而且主要是对指称论的拨乱反正。这一点，可以从《哲学研究》开篇引言，也就是奥古斯丁的那一段话看出来。奥氏这一段话的大意是说，每一个词都有一项意义与词相联，这项意义也就是词所代表的对象（所指、指称）。[⑩]维根斯坦反驳说：不尽然。为词下定义没有那么简单，“词所代表的对象”用什么做限定呢？词可以有多项意义，不限定又怎么知道是哪项意义呢？这就是传统指称论的要害，维根斯坦将这一要害也就是以上两层意义的“不确定性”描写为阻断人的视力的Dunst（haze，雾霭）、Nebel（fog，迷雾），并以此为据，明确地提出要真正把握词语的意义，必须诉诸对词语的“初始的运用”（应用，application）分析，只有这样才能清晰地看到词语的交流目的和功能。[⑪]据此，维根斯坦的结论是：词语的意义寓于用法之中（“. . . there isn’t any doubt that we understand the word,and on the other hand its meaning lies in its use”, *PI*, Prt I, §197, 80e），意思是说，要把握词语的意义，仅仅把握指称是不够的，“在大多数情况下，（‘. . . for a large class of cases—though not for all . . .’），词的意义就是它在语言中的用法”（*PI*, Prt I, §43, 20e），这个意思也可以简约地表述为“意义即用法”（*PI*, Prt II, §10, 190e）。维根斯坦的这一论断实际上是现代语用学的指导思想，也是语言学和翻译学的功能学派交流理论的基本原则之一。

翻译学应该怎样诠释、阐发和运用维根斯坦的这一论断呢？我们应该把握以下至关紧要的翻译学意义功能理论的基本原则。

一、词语的意义与词语的功能紧密相联——意义与功能相辅相成

在维根斯坦看来，人类的语言行为属于一种社会性活动，可以比喻为

“游戏”，与人的生活实际密切相联，是一种“生活的形式”（*PI*, Prt I, §19, 8e），也就是“语言游戏”（*PI*, Prt I, §23, 11e）。人们做游戏必须使用某种不可或缺的工具，这时，工具本身并不是意义，但功能使工具“被赋予了意义”，因此维根斯坦说，“die Sprache selbst ist das Vehikel des Denkens”（“the language is itself the vehicle of thought”，语言本身就是表达思想的工具，*PI*, Prt I, §329, 107e）。对此，维根斯坦曾经作了一个贴切的比喻：使用中的词语犹如使用中的银币。词语有承载意义的交流功能，恰如银币在交易中的价值功能。我们可以开列一张对照表，一边是词和它的意义，另一边是银币及其价值功能。这样一对照就很明白：意义与价值都存在于功能之中。《维根斯坦哲学》一书对此评论说：⑫

> 维根斯坦曾把词与银币作比较。词有自己的功能，好比银币可以用来购买东西。如果列出一张对照表，一边是词及其意义，另一边就是银币及其价值（或者说购买力）。无论“意义”或“价值”都存在于“用法”之中。所以，与词及其意义相对比，也可以说，银币及其用法相对比。
>
> 在词与银币之间作类比所选取的对比之点有二。其一是出发点：着眼于它们的功能，而不是寻找它们背后的什么对象、东西。银币的价值（或购买力）并不是它所购买的东西；词的用处并不是它所代表的东西。其二是结论上的对比。一个银币的购买力不能单独看它的面值。实际上它的价值来自在一个系统里的特定行市。一个词的意义也不能单从它的表面看出来，而要在人们在一个句子里对它的使用之中去找。说到意义即用法，这是从词的功能出发的。

维根斯坦这一平实的比喻应有助于化解所谓维根斯坦将意义等同于用法的误解。

二、“意义即用法”强化了语境和语言情景对语义的调节功能和对意义的限定（defining）作用

用语言哲学和现代语用学的观点来分析，“意义即用法”强化了语境——**词语联立关系**对意义的制衡和限定作用。语言哲学家哈尼斯（Robert

M. Harnish, 1994）曾经列举了以下七个句子来说明这一点。

(1) That was no mean (*insignificant*) accomplishment.
那是一项**非同小可**的成就。

(2) Those clouds mean (*are a sign of*) rain.
那些云**预示**将要下雨。

(3) This will mean (*result in*) the end of the regime.
这（事件、征兆、现象，etc.）**说明**那个政权的末日。

(4) I mean (*intend*) to help if I can.
只要能办到（力所能及）我**愿意**（会）帮忙（助一臂之力）。

(5) She didn't mean (*believe*) what she said.（假定第 2 个 "she" 指她自己）

- 她说的与想的不是一回事。（所言非所意）
- 她连自己也不会相信自己说的话。
- 她口是心非。
- 她说归说，实际上不是那么想（办不到）。
- 这是她的无心之言。

(6) Keep off the grass; this means (*refers to*) you!

- "勿踏草地"，（在）**说**你呢！（指你呢！）
- 你没有听到吗，别在草地上行走（践踏！）

(7) Lucky Strike means (*indicates*) fine tobacco.

- Lucky Strike **是**一种高级香烟（的牌子）。
- Lucky Strike **指**高级香烟（烟草）。

例中 "mean" 有七个用法，也就有了七项意义（原句括号内的解释）。哈尼斯指出话语意义（speaker meaning）的变化源自用法（use）的变化，这个过程就是人与人之间交流的典型过程（R. M. Harnish, 1994: xii）。很清楚，以上七例中 "mean" 这个词的意义完全受制于词语联立关系（句子）；而第（5）、第（6）、第（7）例表明，翻译中意义的"不确定性"（indeterminacy）正是源于上下文（context）的"不充分性"（inadequacy），意思是说，如果提供“更大的语境”（larger context），不确定性就可以确定化。这个“更大的语境”也被称为“情景语境”（“context of situation”，M. A. K. Halliday, 1978: 109）、“社会语境”（“social context”, B. Bernstein, 1971）。Halliday 说，情景语境是一个“符号结构”（semiotic structure），这个结构就像一个意义的星座（constellation of meaning），承载着由社会文化中的群体创造的、来自语言使用的意义。⑬

因此，我们不应将维根斯坦说的“意义即使用”理解得太窄。实际上，语境可能是**直接语境**，也可能扩展至**语言环境**。Halliday 举例说，一个孩子说“some more”时的意义可能只指牛奶、饼干之类的食品，而航天学家说“some more”时的意义就大不一样了，他们很可能指知识、技术、设备等等，不一而足。⑭其所以“不确定”，就是由于 inadequacy of situation（情景不足或缺如）。

正是在这个意义上，我们说维根斯坦将意义“游戏化”了：意义是不确定的，就像解数学题、猜谜、编笑话、发问等等（*PI*, Prt I, §23, 11e）一样。维根斯坦这样做，用意很深刻。经历了在逻辑哲学世界里的苦苦求索，特别是经历了求索后的苦苦思索，维根斯坦挺身而出，对自已拨乱反正（当时他作为分析哲学家已很知名），发出了“哲学是一场防止人的理智受到语言迷惑的战斗”（*PI*, Prt I, §109, 47e）的呼声。他要倡导意义、语言、哲学的回归，回归到人的实际生活，也就是他说的“生活的形式”，回归到对世界的经验考察。也正是在这一点上，我们说维根斯坦的态度与爱因斯坦的态度是基本一致的。

三、遵守规则的辩证法：准确地理解取决于对用法的把握

维根斯坦说，理解就是“获得清晰的观念”（“get a clear view of”, *PI*, Prt I, §125, 50e），而我们之所以不能获得清晰的观念——不能理解语句，则正是我们有失于对用法的把握。他说：

> A main source of our failure to understand is that we do not command a clear view of the use of our words.—Our grammar is lacking in this sort of perspicuity.A perspicuous representation produces just that understanding

which consists in "seeing connexions". Hence the importance of finding and inventing intermediate cases. (*PI*, Prt I, §122, 49e)

（我们不能理解的一个主要根源是没有**掌握**有关词语用法的**清晰观念**——语法不能提供这一清晰性。清晰的表述产生的正是那种"可以看出联系"的理解力。正因如此才有必要发现并建立**中介**手段。）

在维根斯坦看来，"理解"是指向应用（用法）的状态（*PI*, Prt I, §146, 58e），很显然，如果没有将语句的用法搞清楚，人对意义也就浑然不知，结果当然根本不可能获得理解；这就是说，理解与意义之间并不存在直接通道，要获得理解必须通过应用，这时的应用（使用、运用）主要指人与人之间的**言语交流**，交流中词语被置于特定的语境中，有了清晰的表述，交流双方都可以**看出（实际上是感应出）词语（词与句）之间的联系**，才能获得意义，达至理解。这一过程就是对语言工具的经验考察，脱离经验考察，光靠干巴巴的"语法"是不能达到理解的目的的。因此维根斯坦说"语法不能提供这一清晰性"，强调的是**交流经验的理解功能**。这正是功能主义的理解观主旨之一。例如下面两句诗："西风昨夜入庭梧，况味今年似旧无？"（朱翌《次韵书事》），第一句中的"入"与第二句中的"况味"和"无"如果脱离诗句中的词语联立关系，又怎么能理解"入"的意思是"穿透"（"风"穿透了密实的庭院梧桐的枝叶，可知其"劲"）、"况味"的意思是"景况与情味"，而"无"在古汉语中放在疑问句尾相当于"否""吗"呢？可见理解基于"看出（观察）联系"的交流经验，而经验的获得与积累主要来自交流中的应用（use, application），语法是帮不上大忙的，人们也不是学会了语法才会参与言语交流（M. A. K. Halliday, 1978: 48），这个道理正是语言游戏的真谛，符合现代认知科学的论证（MIT, 1999: 438; 453; 460）。总之，维根斯坦的理解观着眼于"用"。他说：

Is what we call "obeying a rule" something that it would be possible for only *one* man to do, and to do only *once* in his life?—This is of course a note on the grammar of the expression "to obey a rule".

It is not possible that there should have been only one occasion on which someone obeyed a rule.It is not possible that there should have been only one occasion on which a report was made, an order given or understood; and so on.—To obey a rule, to make a report, to give an order, to play a game of chess, are *customs* (uses, institutions).

To understand a sentence means to understand a language. To understand a language means to be master of a technique.（*PI*, Prt I, §199, 80e)

[我们所谓的“遵守规则”是那种只可能**一个**人去做，而且在其一生中只做**一次**的东西吗？——这当然是对“遵守规则”这一表达式的语法的一个注脚。

人们不可能只有一次遵守规则的机会，也不可能只有一次做报告、发命令或理解命令等等的机会——遵守规则、做报告、发命令、下一盘棋等等都是**习俗**（用法，制度）。

理解一个语句意味着理解一种语言。理解一种语言意味着掌握一门技术。]

同时，在维根斯坦看来，“使用”既是理解的过程和表现，“正确的使用”也是“正确的理解”的表征或标尺：

If he used the words “if” and “but” as we do, shouldn’t we think he understood them as we do? (*PI*, Prt II, §vi, 182e)

（如果某人像我们一样**使用**“如果”“但是”，难道我们不应当认为他像我们一样理解它们吗？）

这样，维根斯坦就将“用”作为一条主线，将**交流目的** ⇨ **参与语言游戏** ⇨ **遵守规则** ⇨ **获得意义** ⇨ **累积经验** ⇨ **达至理解** ⇨ **完成交流目的**连成了一条功能主义理解观的作用链，也就是他在上面所说的“理解一种语言意味着掌握一门技术”。

这里还牵涉到另一个重要问题——关于遵守规则的辩证法，我们将另文阐述。

10.3 生活形式 (form of life)：后期维根斯坦语言观和意义观的支柱——概念植根于人的生活

在维根斯坦看来，“生活（的）形式”与“语言游戏”两个基本概念相互依存又相辅相成：语言游戏源于生活实际，生活实际不能没有语言游戏，这两个概念构成了后期维根斯坦哲学的基本内容，也是鲜明特征。维根斯坦经历了对“理想的虚拟世界的语言”探索，回到了生机勃勃的现实世界，实现了返璞归真。

对翻译学而言，维根斯坦生活形式论的重要内涵如下。

10.3.1 语言游戏植根于生活

人际交流这种语言游戏是生活的一部分，是极其重要的“生活的形式”，可以说“语言交流”是生活形式的主体。在这一点上，维根斯坦的基本看法是必须首先**用生活去解释语言**，然后才能合情合理地用语言去解释、表述生活：生活形式是认识的基准，也应该是人的共识的基准。因此，维根斯坦说：

> “So you are saying that human agreement decides what is true and what if false?”—It is what human beings *say* that is true and false; and they agree in the *language* they use. That is not agreement in opinions but in form of life. (*PI*, Prt I, §241, 88e)
>
> （“那么你认为人们看法上的一致决定了什么是真、什么是假吗？”——正是人们**说出**的东西才有真假；他们是在他们所使用的**语言**上取得了一致。这不是见解上的一致，而是生活形式上的一致。）

维根斯坦的意思是，现实的、实在的经验世界是人的认知共同性的依据，语言用法上的一致决定人们的一致。汉语用“敲门砖”作隐喻，表示“利用某种东西作工具（手段），以达到某种目的”（虽然现在已经用不着用砖去敲门）；英语也有相似的用法，不过措辞不同，英语用“a stepping-stone to success”。这就是生活形式上的一致。

针对罗素等分析哲学家批评日常语言“不合逻辑”的指控，维根斯坦反驳说，用生活形式来判断语言才是合情合理的，因为“可用于描写语言游戏的一切都是逻辑的一部分”（*OC*, §56, 9e），他说：

> If language is to be a means of communication there must be agreement not only in definitions but also—queer as this may sound—in judgments. This seems to abolish logic, but does not do so.—It is one thing to describe methods of measurement, and another to obtain and state results of measurement. But what we call “measuring” is partly determined by a certain constancy in results of measurement. (*PI*, Prt I, §242, 88e)
>
> （如果语言是一种交流工具，那么必定不仅有定义上的一致，而且还有——这听上去似乎有点奇怪——判断上的一致。这样似乎取消了逻辑，实际上并非如此。对测量方法加以描述是一回事，而获得和说明测量的结果则是另一回事。但是我们所谓的“测量”，部分是由测量结果中某种常量来决定的。）

维根斯坦的意思是说，既然语言是人的极重要的交流手段，那么交流双方或多方必定要有对事物观念界定上的一致。如果“我”说的水的沸点（不论是摄氏还是华氏）与你说的水的沸点根本是两码事，那我们谈来谈去不还是矛盾百出吗？此其一。其二是现实的、实际的、实在的生活（包括环境）根据、情况、事实、条件、过程等等也应该是我们取得一致的基础，只有这样，判断才正确，才有可能一致。例如，我在珠穆朗玛峰下煮水，看到水冒泡；你在长江江边煮水，看到水冒泡，我们于是通话说两个人煮的水都到了水的科学定义上一致的“沸点”。这个判断正确吗？肯定不正确。因为我们两人的生活环境不一样，水的“某种常量”也可以是种种因时、因地而异的价值标准。“长袖善舞”（“长袖”一般指水袖）显然只能是针对中国古典舞作出的一致判断，如果用在现代舞上，这个价值判断就不对了。

所谓"公说公有理，婆说婆有理"常常也是这个道理——"公"的价值判断与"婆"格格不入，因此交流也就当然要"砸锅"了。

10.3.2 概念植根于生活

在维根斯坦看来，意义、意向、理解等等一切观念形态的东西以及感觉、知觉、期望、怀疑等等一切情感或感性形态的东西都属于生活形式；更重要的是，由于语言的使用才使一切观念形态和感性形态的东西成为可能，并表现为生活形式。这个倾向（按维根斯坦自己的表述是"信念"）在他后期的另一著作 *On Certainty*（《论确定性》，简称 *OC*, 1969）中表现得最为明显——虽然他是用高度隐喻性语言写的。可以说在《论确定性》中，整个论述的基本立论是生活形式：⑮

> ……维根斯坦有一句名言："有牢固基础的信念的基础是没有基础的信念。"这也正是他所谓的"生活形式"的含义。因为世界图式（world-picture, *OC*, §95, 15e）是生活形式的核心，一切生活形式总是体现出某种世界图式。由于世界图式只能通过生活形式显示出来，所以，在这种意义上，维根斯坦有时也把这两个概念交替使用。实际上，在他看来，世界图式和生活形式是一回事，它们都是指我们的语言游戏赖以存在的不可怀疑的基础，也是我们的生命得以存在和延续的生活之根。

维根斯坦认为"事实如此"就是确定性（*OC*, §30, 6e），正如"我"能确定"我有两只手"（如果没有特殊事件发生过，如截肢 amputation）（*OC*, §23, 5e）。可见正确的概念植根于生活，而且一旦植根于生活而被人接受、被人理解（know），就是正确的概念（*OC*, §177, 25e）。例如"cool"是个流行词，"cool"的很多当下词义在过去一二十年都未曾出现（如用于自我解嘲：明明被红牌罚下场，还对队里的伙伴说"I'm cool"："我没事""我无所谓"），然而现在已在美、英社会被广泛接受，参与语言游戏，成了"生活逻辑的一部分"。因此维根斯坦才说，凡是可用于描写语言游戏的东西都是

“逻辑的一部分（‘part of logic’）”（*OC*, §56, 9e），正如我国的荀子说“约定俗成”就是法则，就是逻辑。

10.3.3 生活形式的基本要素是“用”（使用、应用、运用）

在维根斯坦看来，离开了“用”就不存在生活形式、不存在语言游戏。我们是用语言来参与游戏，用语言作工具来表达自己的思想，**寓义于用**。这中间，生活是基础，离开生活，“用”也就无从谈起。所以说**“用”是维根斯坦“生活形式”论的基本要素**。如果从这一点扩展、延伸来看，“用”也就是身体力行的生活实践、社会实践。在维根斯坦看来，语言的特征就是“生活赋予的活力”，基于（也来自于）人类实践的社会性运用，正因如此，维根斯坦才将语言交流称为“游戏”。

在维根斯坦的后期哲学中，对“活动”“行动”“参与”的强调几乎贯穿到每一个课题中。这一点与他立志于批判游离于社会实际以外的哲学并试图改造哲学很有关系。

基于生活实践的“用”对翻译的重要意义也是不容忽视的：（1）“用”是准确把握意义的关键，意义存在于生活情景中，存在于“活的语言”（living language）中；（2）“用”也是准确把握意向的关键，因为意向必然要表现为语言行动和语言事实（*PI*, Prt I, §337, 108e）；（3）“用”是对人的**交流能力**（接收信息）、语言**领悟能力**（理解信息）、语言**表现能力**（表达信息）的三重试金石。因为“语言本身就是表达思想的工具”（*PI*, Prt I, §329, 107e），而工具的全部作用在于“用”；（4）“用”就是“参与”，参与语言游戏、参与交流活动、参与社会实践，只有参与才能学会规则、遵守规则乃至驾驭规则。因此维根斯坦强调不要“想”，而要“看”（*PI*, Prt I, §340, 109e）。这里的“想”指脱离实际、脱离交流活动的“想”，“看”指“看”出规律、“看”出事物共同点的“观察”（*PI*, Prt I, §72, 34e; §74, 35e），总之是指“看”出用法的“看”（*PI*, Prt I, §340, 109e），“看”出用法规则和整个游戏规则的“看”（*PI*, Prt I, §100, 45e）；（5）最后，就维根斯坦而言，他强调“用”是针对自己的拨乱反正，即否定自己前期倡导的视逻辑分析为哲学的主要任务的静态哲学观，提出哲学应回到脚踏实地的日常语言中来，研究日常语言的规则和运用。维根斯坦对日常语言用法的关注不仅吹响了哲学向语言转折的号角，而且推动了 20 世纪下半期语用学以 J. L. Austin, H. P. Grice 和 J. R. Searle 等为先驱的科学发展。

10.4 规则性与非规则性 (regularity vs irregularity)

语言游戏的规则性与非规则性是维根斯坦语言观中的重要课题，对翻译学的意义理论具有指导意义。

毫无疑问，任何游戏都有规则，参与游戏者都要遵守规则，语言游戏也不例外。但维根斯坦的规则论贯彻了对立统一的辩证思想，很有特色。他的见解虽然是以自己独特的散论风格阐述的，但思路清晰，意向突出。今将要点分项论述如下，供译学界研究。

10.4.1 规则是语言游戏的组成部分

维根斯坦认为语言运作之所以成为“游戏”的根由之一就是它的规则性，这种规则性是语言机制公认的组成部分。这一点必须首先说明。他说：

> Disputes do not break out (among mathematicians, say) over the question whether a rule has been obeyed or not. People don't come to blows over it, for example. That is part of the framework on which the working of our language is based (for example, in giving descriptions). (*PI*, Prt I, §240, 88e)
>
> （人们——比如说数学家们——并没有为一条规则是不是得到了遵守而爆发争论。例如，人们不会为它吹胡子瞪眼，因为规则是框架的组成部分，而我们的语言运作——比如对事物加以描述——就是建立在这一框架之上的。）

维根斯坦的意思是说，语言游戏必须遵守规则，因为有了规则，语言游戏才能“玩”下去。语言运作（Sprache Wirkt, the working of our language）不能不顾规则，他还特别指出“描写”之所以不能不顾规则，是因为“描写”常常被认为“自由度”最大的一种文本书写方式。**“自由度”的前提条件是基本的规则性。**

为什么对语言游戏来说规则不可或缺呢？“规则”为什么成了语言架构中的组成部分，语言运作为什么不能天马行空呢？维根斯坦回答说，这是因为人类社会活动不能没有约定性，语言交流当然也不例外。维根斯坦特别指出，翻译（“诠释一种未知语言”）需要这种约定性：

> Following a rule is analogous to obeying an order. We are trained to do so; we react to an order in a particular way. But what if one person reacts in one way and another in another to the order and the training? Which one is right?
>
> Suppose you came as an explorer into an unknown country with a language quite strange to you. In what circumstances would you say that the people there gave orders, understood them, obeyed them, rebelled against them, and so on?
>
> The common behaviour of mankind is the system of reference by means of which we interpret an unknown language. (*PI*, Prt I, §206, 82e)
>
> （遵守一条规则类似于服从一个命令。我们被训练这样去做：我们以一种特殊方式对命令作出反应。但是假如一个人以一种方式而另一个人用另一种方式对命令和训练作出反应，情况又会是怎样呢？哪一个人是对的呢？
>
> 假定你是一个探险家，来到一个陌生的国度，而你对这里的语言一窍不通。在什么情况下你会说这里的人民在发布命令、理解命令、服从命令、抗拒命令等等呢？
>
> 人类共同的行为是我们据以诠释一个陌生语言的参照系统。）

以社会约定为依据和依归的规则性应该是我们做翻译和翻译研究的基本规则之一。有些翻译译文不为读者所接受，不少新词百出、故弄奇巧的翻译论文甚至论著，也不为广大业内人士或研究界所接受，究其原因，则是译者和作者没有关注社会约定，没有看到“自由度”的前提条件是基本的规则性。功能主义的效果论有一条基本法则：社会接受。社会不能理解的标新立异，碍难立足。

10.4.2 遵守规则的经验性

工具运用是一种经验行为，语言运用也一样，人们总是从不自觉走向自觉，因此从初始时期的不自觉遵守规则到尔后的自觉遵守规则是一种经验性认知行为，包括理解、记忆、表现（*PI*, Prt I, §649, 166e）。因此，维根斯坦说，“经验的基础，就是掌握一种技术”“语言技术产生于语言经验”（*PI*, Prt II, §11, 228e）。那么，“经验”是不是可以直接达至“技术掌握”呢？维根斯坦回答说：必须依靠学习，学习知识；人必须由经验培养出认知（知识），才能通过技术掌握：

> Is there such a thing as “expert judgment” about the genuineness of expressions of feeling? —Even here, there are those whose judgment is “better” and those whose judgment is “worse”.
>
> Correcter prognoses will generally issue from the judgments of those with better knowledge of mankind.
>
> Can one learn this knowledge? Yes, some can. Not, however, by taking a course in it,but through “*experience*”.—Can someone else be a man’s teacher in this? Certainly. From time to time he gives him the right tip.—This is what “learning” and “teaching” are like here.—What one acquires here is not a technique; one learns correct judgments. There are also rules, but they do not form a system, and only experienced people can apply them right. Unlike calculating-rules. (*PI*, Prt II, §xi, 227e)
>
> （关于感觉表达式的真实性，是否存在着所谓“熟练判断”的情况呢？——甚至在这里，既有所谓判断力“较好”的人，也有判断力“较差”的人。

比较正确的医学预测通常来自那些较好地掌握了人类知识的人的判断力。

人能学会这种知识吗？能，有些人能。然而，不是依靠学习这方面的课程，而是透过**经验**。能把这方面的知识教给另一个人吗？当然能，得不时向他提出**建议**——所谓“学”和“教”就是如此。人在这里获得的不是一种技术，而是学会了正确的判断力。这里也有各种规则，虽然没有形成一个系统，只有有经验的人才能恰当地运用规则，这就不像算术规则。)

这一点给翻译学的启示是：(1) 语言交流包括翻译传播必须重实践、重活动、重经验，这是基础；(2) 认知、知识和 expertise 之源是旨在提升经验的学习，经验不可能直接达至“技术掌握”，而必须通过这个手段、途径；(3) 并非基于本人、本语、本域、本民族文化实践的直接经验的“理论”(包括翻译理论)，不可能直接达至“技术掌握”；对任何理论（包括西方理论）的正确判断都必须透过学习。这是结果。因此，我们的翻译认知行为模式应该是：**实务经验—学习—理解—判断与抉择（知识运用能力）—实务技能（技巧）**，如此周而复始。

10.4.3 遵守规则的渐进性

维根斯坦认为人总是从盲目地遵守规则开始，即“服从命令”“做出反应”，然后到熟悉规则、改变规则，如此周而复始（*PI*, Prt, I, §206, 82e）。因此，不仅游戏是动态的，而且遵守规则本身也是动态的、发展的，这就是所谓的渐进性。

维根斯坦的“渐进性”蕴含辩证思想：量变必然引起质变。这也是维根斯坦反对形而上学哲学方法论必然的思想发展。维根斯坦后期的哲学方法论有以下特征：它是语言的、分析的、常识的、动态的、直观的、相对的（舒光，1986: 393）。正是这个发展观使维根斯坦关于规则的论述体现了辩证法，即下面要谈到的他的所谓“悖论”。

10.4.4 遵守规则与驾驭规则

维根斯坦非常强调从参加游戏中学习规则、从学会规则中驾驭规则，即从“必然”（服从）到“自由”（驾驭），这个道理，他称为“悖论”。以下引文通常被维根斯坦研究界广泛探讨：

> This was our paradox: no course of action could be determined by a rule, because every course of action can be made out to accord with the rule, then it can also be made out to accord with the rule, then it can also be made out to conflict with it. And so there would be neither accord nor conflict here.
>
> It can be seen that there is a misunderstanding here from the mere fact that in the course of our argument we give one interpretation after another; as if each one contented us at least for a moment, until we thought of yet another standing behind it. What this shows is that there is a way of grasping a rule which is not an interpretation, but which is exhibited in what we call “obeying the rule” and “going against it” in actual cases.
>
> Hence there is an inclination to say: every action according to the rule is an interpretation. But we ought to restrict the term “interpretation” to the substitution of one expression of the rule for another. (*PI*, Prt I, §201, 81e)
>
> （这是我们的一个悖论：行为过程不可能由一条规则来决定，因为每一个行为过程都可能与规则相符。答案是：如果每件事都可能与规则相符，那么，它也可能与规则相悖，而且还会出现既不相符又不相悖的情况。
>
> 可见，误解来自如下事实：在论证过程中，我们给出了一个接一个的诠释，仿佛每一种诠释都至少令我们满意于一时，直到我们想出另一种支持前者的解释为止。这一点表明：把握规则的方式**不是**一种**诠释**，而是在实例中显示我们所谓的“遵守规则”和“反对规则”。
>
> 因此可以说：每一个遵守规则的行为都是一种诠释。但我们应当

把“诠释”这个词局限在遵守规则的一种表现形式取代另一种表现形式的范围之内。)

这一段引文是上面所说的“遵守规则的渐进性”的进一步推论。维根斯坦在引文的第二段中说，把握规则的方式不是彻头彻尾的“服从”，而是“反对”，用“反对”来对规则作新的诠释、用新的遵守规则的形式取代另一种遵守规则的形式，从初始阶段的**服从**到熟练阶段的**驾驭**正是渐进的结果。特别值得我们注意的是维根斯坦下面所说的**应当摆脱对规则的形而上学的“纠缠”**：

It is the business of philosophy, not to resolve a contradiction by means of a mathematical or logico-mathematical discovery, but to make it possible for us to get a clear view of the state of mathematics that troubles us: the state of affairs *before* the contradiction is resolved. (And this does not mean that one is sidestepping a difficulty.)

The fundamental fact here is that we follow the rules, things do not turn out as we had assumed. That we are therefore as it were entangled in our own rules.

This entanglement in our rules is what we want to understand (i. e. get a clear view of).

It throws light on our concept of *meaning* something. For in those cases things turn out otherwise than we had meant, foreseen. That is just what we say when, for example, a contradiction appears: “I didn’t mean it like that.” (*PI*, Prt I, §125, 50e)

(哲学的任务不是凭借数学或数理逻辑的发现去解决矛盾，而要让我们能够清楚地认识到困扰我们的数学的状况，即**先于**矛盾解决之前的事态——这绝不意味着哲学在回避困难。

这里的基本事实是：我们为游戏制定了规则、技巧，然而，当我们遵守规则时，事情原来不像我们设想的那样。因此，我们实际上被我们自己的规则纠缠住了。

我们想要了解事物(即获得清晰看法),但纠缠在规则之中了。

这阐明了我们关于**意义**的概念。因为,确有这类情形,事情原来不是我们所意指和预见的那样。例如,当一个矛盾出现时,我们说:"我的意思不是那样"——这就是上面说的情形。)

这是维根斯坦规则论中很重要的思想,他称之为"控制游戏"的"自然法则"("characteristic signs", ditto, §54, 27e)。维根斯坦提出了对翻译极为重要的三个要点:

一、强制性(限制性、规定性)VS 描写性

这是规则的两个基本属性和功能。我们已谈到了强制性。维根斯坦非常强调描写性。首先维氏是从哲学的高度谈描写问题:⑯

It was true to say that our considerations could not be scientific ones. It was not of any possible interest to us to find out empirically "that, contrary to our preconceived ideas, it is possible to think such-and-such"—whatever that may mean. (The conception of thought as a gaseous medium.) And we may not advance any kind of theory. There must not be anything hypothetical in our considerations.We must do away with all *explanation*, and description alone must take its place. And this description gets its light, that is to say its purpose, from the philosophical problems. These are, of course, not empirical problems; they are solved, rather, by looking into the workings of our language, and that in such a way as to make us recognize those workings: *in despite of* an urge to misunderstand them. The problems are solved, not by giving new information, but by arranging what we have always known. Philosophy is a battle against the bewitchment of our intelligence by means of language. (*PI*, Prt I, §109, 47e)

(是的,我们的思考不可能是科学的思考。我们的乐趣根本不可能是要去经验地发现,"与先入之见相反,我们思考着某种东西是可

能的”——不论这是什么意思——思想的概念被看作了空虚的媒介。此外，我们还可以提出任何一种理论。在我们的思考中，不得存在任何假设。我们必须摒除一切解释，而只用描述取而代之。而这种描写从哲学问题里获得启示，也就是目的。当然，这些问题不是什么经验问题，问题的解决毋宁是透过观察语言的运作，并以此使我们认识到了语言的运用：**纵然**有一种误解的冲动。问题之得以解决，不是依靠提供新的信息，而是凭借对已知的东西重新加以组织。哲学是一场防止我们的理智受到语言迷惑的战斗。）

接着，维根斯坦详述了对游戏规则的描写态度，强调制宜（因时、因地、因人、因事）原则：

How should we explain to someone what a game is? I imagine that we should describe *games* to him, and we might add: “This *and similar things* are called ‘games’.” And do we know any more about it ourselves? Is it only other people whom we cannot tell exactly what a mage is?—But this is not ignorance. We do not know the boundaries because none have been drawn. To repeat, we can draw a boundary—for a special purpose. Does it take that to make the concept usable? Not at all (except for that special purpose). No more than it took the definition: 1 pace=75cm. to make the measure of length “one pace” usable. And if you want to say “But still, before that it wasn’t an exact measure”, then I reply: very well, it was an inexact one. —Though you still owe me a definition of exactness. (*PI*, Prt I, §69, 33e)

（我们应当如何对人们解释什么是游戏呢？我想我们应当向他描写游戏，还可以补充说：“这种活动以及相似的活动就称作‘游戏’。”是不是我们自己对游戏知道得更多呢？是不是只有对别人我才不能确切地说出游戏究竟是什么呢？——然而说不出所以然并非不知道。我们不知道界限，因为尚未划出界限来。再说一遍，我们可以划出一条界限来——为了划出界限而划界限。但这对游戏概念的构成有益吗？

绝对没有——除了对为划出界限而划界限！这无非是下一个这样的定义:1 步＝75 厘米，这对“一步”这个长度的概念构成有所裨益。如果你想说:“但在此之前，它还不是一个精确的长度呢”，那么我回答道：不错，它不是一个精确的长度——虽然你还没有告诉我“精确性”的定义是什么。)

据此，维根斯坦强调说：

> Philosophy may in no way interfere with the actual use of language; it can in the end only describe it.
>
> For it cannot give it any foundation either.
>
> It leaves everything as it is.
>
> It also leaves mathematics as it is, and no mathematical discovery can advance it. A “leading problem of mathematical logic” is for us a problem of mathematics like any other. (*PI*, Prt I, §124, 49e)
>
> （哲学也许根本不应干涉语言的实际用法；它归根结底只能对语言进行描写。
>
> 因为哲学不能为它提供任何基础。
>
> 哲学让一切事物自行其是。
>
> 哲学也让数学自行其是，数学的发现不可能促进哲学的发展。对于我们来说，“数理逻辑的主要问题”像其他数学问题一样，都是数学问题。)

这里的“哲学”也可以泛指“理论”，欧洲人常有这种表述习惯。此外，维根斯坦的所谓“自行其是”也就是让事物按自己的发展规律，制宜行事，像火车在铁轨上运行，让初始状态通过人的制宜调节，从不自由进入到自由。

二、自由度 VS 非自由度

强调描写就等于将“规则”“规律”“法则”从僵化的封闭系统推进到发

展的开放系统。首先，维根斯坦论证说**规则的界定是相对的**，任何规则都摆脱了一定的模糊性，但它仍然存在（也很可能永远存在）模糊性：

> "But still, it isn't game, if there is some vagueness *in the rules*."—But does this prevent its being a game?—"Perhaps you'll call it a game, but at any rate it certainly isn't a perfect game." This means: it has impurities, and what I am interested in at present is the pure article.—But I want to say: we misunderstand the role of the ideal in our language. That is to say: we too should call it a game, only we are dazzled by the ideal and therefore fail to see the actual use of the word "game" clearly. (*PI*, Prt I, §100, 45e)
>
> （"但是，如果它在**规则上**仍有某种模糊性，那么它就不是游戏。"但这就使它不能成为游戏了吗？——"也许，你仍叫它游戏，但无论如何它肯定不是一种完善的游戏了。"这意味着：它不纯净了，而我现在感兴趣的是纯净之物。然而我要说：我们误解了语言中的理想的作用。这就是说：我把它叫作游戏，但是我们被理想弄昏了头脑，因而无法看清"游戏"这个词的实际用法。）

其次，维根斯坦指出语言游戏是日常活动，所以我们也应**将语言游戏规则日常化**，人们玩起这种"游戏"来才舒畅自如：

> On the one hand it is clear that every sentence in our language "is in order as it is". That is to say, we are not *striving after* an ideal, as if our ordinary vague sentences had not yet got a quite unexceptionable sense, and a perfect language awaited construction by us.—On the other hand it seems clear that where there is sense there must be perfect order.—So there must be perfect order even in the vaguest sentence. (*PI*, Prt I, §98, 45e)
>
> （一方面，很清楚，我们语言中的每个语句都是"按其本色地存在着"。即，我们并不追求什么理想，仿佛我们的日常模糊语句本来就没有什么无懈可击的意义，似乎有某种完美的语言等待着我们去构造；

另一方面又好像很清楚，意义存在之处必有完美的秩序。——因此，即便在最模糊的语句中也必然存在着完美的秩序。）

维根斯坦的意思是说，“让语言按语言的本色自然而然地存在着吧”，这也就是说让每一个语言游戏参与者按日常语言的本色自然而然地交流，每一个语言游戏的参与者（例如译者）都有权利和机会享受游戏规则给他留下的自由，在自由的领地中表达、在自由的领地中交流！维根斯坦这个见解与本杰明所说的译者在翻译中要使用“纯语言”“真正的语言”（Benjamin, 1923）的观点是不谋而合的（见本书中第十二章《本杰明翻译观试析》）。

三、遵守规则 VS 驾驭规则

可以说，维根斯坦关于规则的全部论述都可以归结到他并没有付诸词句的如下焦点上，关键是如何辩证地看待规则、看待遵守规则。这正是“维根斯坦风格”（Steiner, 1975）：欲言即隐。一方面，他明确地指出语言游戏中的规则是给定的（given）、既定的（established）、强制的、约定的，人们遵守规则是盲目的、服从式的，不是彼一时此一时的，不是兴之所致的，不是个人的；另一方面可以说他更明确地指出遵守规则必须“学”、必须“看”（不是“想”）、必须“改”（边玩游戏边修改规则）、必须积极参与（不是旁观）、必须蓄势超越（不是墨守成规）（*PI*, Prt I, §§54, 66, 125, 143, 201, 205, 207, 558, 567）。维根斯坦说：

> Let us recall the kinds of case where we say that a game is played according to a definite rule.
>
> The rule may be an aid in teaching the game. The learner is told it and given practice in applying it.—Or it is an instrument of the game itself.—Or a rule is employed neither in the teaching nor in the game itself; nor is it set down in a list of rules. One learns the game by watching how others play. But we say that it is played according to such-and-such rules because an observer can read these rules off from the practice

of the game-like a natural law governing the play.—But how does the observer distinguish in this case between players' mistakes and correct play?—There are characteristic signs of it in the players' behaviour. (*PI*, Prt I, § 54, 26e)

（让我们回忆一下根据某一明确的规则玩游戏的种种情形。

在教人们做游戏时，规则是有帮助的。教学生规则，并要求他们加以运用——或者说，规则是游戏本身的工具，甚至可以说，规则既不在教学中或游戏本身中使用，也不在规则表中制定。人们是透过观看别人如何玩游戏来学习游戏。但是，由于观看者能够透过游戏活动领悟有关规则——就像一条控制游戏的自然法则，因此，我们说他是根据某条规则来玩游戏的。然而，在这种情况下，观看者如何分清游戏者的错误玩法和正确玩法呢？在游戏参与者的行为中存在着特有的符号。）

维根斯坦强调观察习得、领悟习得、自觉习得（即“看”），由此而达到自然而然地操控游戏的自然法则，实现认知上的飞跃：自然习得（即“用”）。有人提出指责说，维根斯坦语言晦涩、论述散漫、言不及“义”（定义）、言而无“实”（本质），没有辩证观点。[17]这显然是一种误解。后期的维根斯坦立志改造哲学。哲学的任务被他界定为“描写的”（beschreibend，即descriptive）、“治疗的”（therapeutisch，即therapeutic），因此他拒绝画框框、下定义、谈本质。他认为哲学家总是扬言要“追求本质”“追求普遍性”，要追求“一切实体中普遍共享的东西（放之四海而皆准）”，还企图用一个词、一句话将普遍性加以概括，企图以此将世界图像化、符号化。这种现象被维根斯坦定义为“病态”（makaber，相当于英语的sick或morbid）。其实，这正是维根斯坦对自己的拨乱反正。

实际上，后期维根斯坦对遵守规则的所有论述都是对一个主旨的铺叙，这个主旨就是：辩证地看待遵守规则，而遵守规则是为了驾驭规则。维根斯坦认为：（1）**语言游戏中并不存在充分至极的规则性**（“There is not enough regularity for us to call it 'language,'” *PI*, Prt, I, §207, 82e），**这时留给人的是每个人基于经验的自主判断、制宜判断；（2）不要被规则所“纠缠”**

（“Diese Verfaugen in unsern Regeln”，即“this entanglement in our rules”, *PI*, Prt I, §125, 50e），还是要回到“现世状态”（“bürgerliche stellung”, ditto）；（3）语言游戏本身就是相对的，未来语言的规则化不是我们的奋斗目标（*PI*, Prt I, §130, 50e），不要陷入“定义化”思维的死胡同；我们的目的是要不断凸显“差异”，因为日常语言形式容易使我们忽视这种“差异”（*PI*, Prt I, §132, 51e）。翻译语言游戏包括双语对比的许多对策——可以说**整个翻译对策论正是要把握“差异”**：双语在文化心理结构、语言结构、表现法系统的差异等等，做到知己知彼，择义而译。维根斯坦是这样说的：

> Our clear and simple language-games are not preparatory studies for a future regularization of language—as it were first approximations, ignoring friction and air-resistance. The language-games are rather set up as *objects of comparison* which are meant to throw light on the facts of our language by way not only of similarities, but also of dissimilarities. (*PI*, Prt I, §130, 50e)
>
> （我们的语言游戏清晰、简单，但它并不是为未来的语言规则化而作的预备性研究，即所谓的“首批近似品”，这样的近似品在构建中忽略了摩擦和空气的阻力。语言游戏毋宁说是作为**比较的对象**而设立起来的，这类比较的对象不仅凭借相似性，而且还依靠不相似性，从而使语言的事实清楚地显现出来。）

上面提到相似性与不相似性（差异）问题，是维根斯坦意义观中最后一个重要论点，下面加以阐述。

10.5 关于“家族相似”（“family resemblance”）

从哲学上说，维根斯坦提出这个概念是为了批判“表现为本质的共性”这一论点。维根斯坦不相信有这样的“共性”，他关注的是“家族相似”，在《哲学研究》一书中，维氏详细谈论了许许多多语言游戏的形式和特征，却有意回避了语言游戏的“本质”问题。因此 W. White 在《分析的时代》中说，维根斯坦提出“家族相似”不是为了别的，而是要说明同一个词在不同的用法、职能和功能之间的差别。[18]这也就是说，词有一个“意义的家族”，或者说一个词的许多意义组成为一个“家族”，这就与语言游戏一样——各式各样的语言游戏组成了一个语言游戏的家族。他说：

> I can think of no better expression to characterize these similarities than “family resemblances”; for the various resemblance between members of a family: build, features, colour of eyes, gait temperament, etc. overlap and criss-cross in the same way.—And I shall say: “games” form a family.
>
> And for instance the kinds of number form a family in the same way. Why do we call something a “number”? Well, perhaps because has a-direct-relationship with several things that have hitherto been called number; and this can be said to give it an indirect relationship to other things we call the same name. And we extend our concept of number as in spinning a thread we twist fibre on fibre. And the strength of the thread does not reside in the fact that some on fibre runs through its whole length, but in the overlapping of man fibres.
>
> But if someone wished to say? “There is something common to these constructions-namely the disjunction of all their common properties”—I should reply: Now you are only playing with word. One might as well say: “Something runs through the whole thread namely the continuous overlapping of those fibres.” (*PI*, Prt I, §67, 32e)
>
> （我所能想象出的描述这些相似性的最佳措辞莫过于“家族相似”了：因为一个家族成员之间有着各式各样的相似之处——身材、容貌、眼珠颜色、步态、秉性等等，这些相似之处以相同的方式重叠交合。因此，我说：“游戏”构成一个家族。
>
> 例如，各类“数”同样构成一个家族。我们为何把某种东西称作“数”呢？嗯，也许它与我们一直称作数的东西具有直系关系；这样它与同样叫作数的其他东西就可以说发生了非直系关系。我们扩大了

数的概念，就好像我们搓一根线时把两股纤维搓在一起似的。而这根线的牢固度并不取决于这根线里面的某一股纤维，而在于许多纤维的绞合。

然而，假如有人说："所有这些结构具有某种共同点，即对所有这些结构的共同属性的析取。"对这种说法，我会这样回答：你无非是在玩弄字眼罢了！有人可能还会说："有某种东西贯穿整个一条线——这就是各股纤维的不断绞合。"）

"家族相似"所涉及的与翻译有关的意义理论包括以下要点。

（一）词的意义寓于用法，不同的用法含蕴不同的意义，这些意义构成一个"家族"，它们之间具有相似性，除完全同义字外，一般不具有同一性；**作为一个意义家族，把握成员之间的相似性是十分重要的，语内语际莫不如此。**

（二）语言游戏家族相似性普遍存在，但并不同一，意义家族也是如此。"意义家族"中的一个成员与另一个成员之间未必具有第三个成员所具有的那样的家族相似性。因此，**把握相似性中的相异性（差异）同样是十分重要的。**

（三）词的意义相似性中的相异性源于不同的用法，因此，**把握意义家族中的用法异同是一个关键**问题。这就回到了**意义取决于用法的基本论点上**。如果用法完全相同，意义也就完全相同。因此，翻译应精于用法分析。

（四）**用法**是一个范畴、一个开放系统，它是**意义定夺的极为重要的参照系**，这个参照系具有以下五个与意义密切相联的次范畴，即：（a）语法结构 ⇨ 意义、意向；（b）文化结构 ⇨ 意义、意向；（c）审美结构 ⇨ 意义、意向；（d）文体结构 ⇨ 意义、意向；（e）时间结构 ⇨ 意义、意向。译学意义理论必须对用法的五个次范畴进行**跨语言文化的整体性整合研究**。

（五）"家族相似"的主旨是凸显同一家族成员之间的**相对共同性和绝对相异性**，同时也是凸显多成员组成的"家族"**范畴的模糊性**。意义正是这样。比如有人举例说"sleepless"（失眠的）这个词义的"家族"**主要成员**包括 sleepless，insomniac，restless 三个。但由于失眠的**症状、程度和特征**不一样，这个"家族"还可以涵盖以下关系或近或远的"成员"：active, alert, antsy, anxious, bustling, edgy, figeting, fidgety, jumpy, nervous, on edge, strung out, tossing and turning, troubled, unsettled, wakeful, wide-awake, wired, worried 等等。我们在交流中究竟应该用哪一“成员”，取决于情景与语境，取决于精微的用法分析，也就是维根斯坦所说的“use”（使用、应用、运用）。要想在双语间同一范畴的词中找出两个对等、等同、等值的词来，不仅是不可能的，而且是不合理的，正如要在同一家族中找出完全相同的成员一样，既不可能，又不合理。维根斯坦正是用“一切取决于语言使用”这一观点来强化日常语言的有效性和决定性。

维根斯坦的“家族相似”论为当代的认知语言学（指 20 世纪 80 年代以来语言的前沿研究）的范畴化（categorization）理论提供了必不可少的哲学基础（categorization, *The MIT Encyclopedia of the Cognitive Sciences*, R. Wilson et al, 1999: pp. 184-105）。维根斯坦用“家族相似”批判了传统范畴论的局限性（范畴有确定性、范畴成员之间有共同的本质属性、范畴化是“自在的”，与人的范畴化能力无关等等），为 J. Austin（1963），R. Brown（1965），E. Rosch（1973），C. Mervis（1976, 1981），J. Searle（1979），M. A. K. Halliday（1994），G. & M. Lakoff（1980, 1989）和 F. Ungerer & H. J. Schmid（1996）的开拓性研究开辟了全新的视界。

总之，维根斯坦的动态意义观对翻译学的意义研究有如下启示。

（一）**将意义重新定位、将意义研究的方法论重新定位：**意义探索本身不是目的，目的是翻译（包括口译与笔译）中有效的双语交流和文化传播。翻译学意义研究不是语义学也不是词汇学意义研究，翻译意义探索应紧扣**翻译语言交流中的意义机制（对应式、表现法、效果论等等）**，应将意义充分动态化、随机化、情景化，总之是“游戏化”，并紧贴生活形式。

（二）翻译语言交流犹如“游戏”。就“人”而言，重在参与，重直接经验，就“语”而言，重在使用（应用、运用）。因此，**翻译学意义研究应紧扣“用”字**。我们应在研究中贯彻“意义寓于使用”的功能主义原则，涉及意义使用的历时发展和共时变异，尤其要着力研究语境和语言情景问题，为翻译的代偿性转换服务。翻译学应精通语言运用的学问。为此，应该将**关键放在“人”身上：“用”者唯“人”，“用”者在“人”；人的认知功能应当有至善的发挥。**

（三）意义本身及意义研究都应该**紧贴实际生活**，体现语言游戏的**生动性**、**现实性**以及**充满活力**的动态特征。翻译学意义研究应该既重视基础理论又重视翻译实务发展对理论的诉求，关注理论结合实际，与时俱进并富于成效。

（四）发展科学的翻译研究方法论，即：（1）**重经验观察和经验审视**；（2）**重描写**、**重实证**（语言事实和翻译行为的验证）；（3）**重整体**、**重全局**，指研究的整体性及视野的全局性。翻译研究应关注实实在在的翻译行为，普遍存在的翻译现象，并以此为依据进行理论提升，力戒形形色色华而不实的作风。⑲

（五）**重视学科的“家族相似”**，从语言学家族、认知科学家族及一切与译学理论具有相似性、相关性（relevance）的学科汲取理论思想和发展手段，此其一；其二是重视中国和外域特别是西方各国翻译理论的各种体系、各种流派之间的“家族相似”，做到**取长补短**，促进“家族”繁荣。

最后，还有一点很重要。西方有人主张绕开意义（将意义粗线条化、边缘化）来谈翻译，只求目的（符合目的语的文化需求）与效果（符合目的语的文化接受价值观），这是一条歧途。我们要继承我国积极的翻译传统观念，善于拨乱反正，用正确的观点与方法研究意义，建立符合科学的动态意义功能观，建设适应我国文化发展需要的翻译学意义理论。

〔注释〕

① 维根斯坦辞世后，世人亦有对之作负面评价者。对他的各种误解尤多。有代表性的见 A. C. Grayling 著 *Wittgenstein*, Oxford University Press, Eng tran, 1988。

② 参见江怡著《维根斯坦传》，河北人民出版社 1998 年版。

③ 见维根斯坦著 *Philosophical Investigations*（在本书中简称为 *PI*）中的 Preface。

④ 转引自舒光著《维根斯坦哲学》，台北：水牛出版社 1986 年版，第 254 页。

⑤ 转引自舒光著《维根斯坦哲学》，第 257 页。

⑥ 参见 *PI*, Prt I, §173, §325。

⑦ 已载入本书:《翻译是一种语言游戏》

⑧ 见江怡著《维根斯坦传》, 第 158 页。

⑨ 转引自舒光著《维根斯坦哲学》, 第 113 页。

⑩ 维氏所引原文如下:

"Cum ipsi (majores homines) appellabant rem aliquam,et cum secundum eam vocem corpus ad aliquid movebant, videbam, et tenebam hoc ab ies vocari rem illam, quod sonabant, cum eam vellent ostenders. Hoc autem cos velle ex motu corporis aperiebatur: temquam verbis naturalibus omnium gentium, quae fiunt vultu et nutu oculorum, ceterorumque membrorum actum, et sonitu vocis indicante affectionem animi in petendis, habendis, rejiciendis, fugiendisve rebus. Ita verba in variis sententiis locis suis posita, et crebro audita, quarum rerum signa essent, paulatim colligebam, measque jam voluntates, edomito in eis signis ore, per haec enuntiabam." (Augustine, *Confessions*, I. 8.)

在他们——我的长辈们——称呼某物，并随着声音向某物走去的当儿，我看见了这样东西，并铭记在心。噢，他们想指这样东西时，便发出那个声音。他们的动作可以说是民族的自然语言：脸部的表情、眼神的顾盼以及表达寻求、占有、拒绝或逃避某物时的内心情感的语调，所有这些都表明了他们的意愿。这样，当我一再听到那些在其适当的地方被用于各种语句之中的语词时，我便渐渐通理了它们的所指；在我鼓动唇舌发出这些符号后，我就借它们表达我的意愿（奥古斯丁，《忏悔录》，I. 8，周士良译）。

⑪参见 *PI*, Prt I, §5, 4e。

⑫引自该书第 335 页。

⑬参见 M. A. K. Halliday 著 *Language as Social Semiotics*, *The Social Interpretation of Language and Meaning*, Edward Arnold, 1978, p. 109。

⑭参见 Halliday 上著，p. 29。

⑮引自江怡著《维根斯坦传》，第 222 页。引文中 *OC* 是维根斯坦的著作 *On Certainty* 的缩写。

⑯参见舒光著《维根斯坦哲学》，第 394 页。

⑰参见舒光著《维根斯坦哲学》，第 402 页。

⑱参见舒光著《维根斯坦哲学》，第 285 页。

⑲例如，有的译论者为了“出奇”“标新”，往往使用许多自造的、难解的新名

词、新术语，如“翻译距离”“垂直翻译”“不可名状（的意义）”“翻译内外观”“信息性密度”“预备性衔接手段”“准描写理论”“距离描写规范”等等。理论力求创新当然是无可非议的，但“创新”首先要考虑的是读者的接受问题，而接受的第一步就是“看得懂”。维根斯坦曾经专门讨论过“私人语言”（private language）的问题，当代科学哲学家 K. Popper, C. Taylor, T. S. Kuhn, C. G. Hempel, R. Carnap 都谈到过科学理论中术语的明晰性的重要性。Carnap 在“The Nature of Theories”一文中说，理论术语和定义的准确性及明晰性取决于它们是否能被经验手段所证实、取决于它们的“理论概念”（theoretical concept）是否能被“properly interpreted”以及取决于它们的“explicitness”（明晰性）。该文载 *Introductory Readings in the Philosophy of Science*（IRPS）, Prometheus Books, 1998, pp. 316-332。此书由 E. D. Klemke 等人选编，是一部优秀的科学哲学论述选集，值得向译界推荐。

第十一章　翻译是一种“语言游戏”

20 世纪影响最大的分析哲学和语言哲学家维根斯坦在他后期的代表作《哲学研究》中提出了该著作的主旨性论题，即语言游戏（Sprachspiel, 英译 language-game）论。[①]《哲学研究》被誉为西方哲学“语言转折”的标志性著作，维根斯坦为之倾注了十一年的心血。因此，可以想见，语言游戏论是维根斯坦对语言也是对哲学的深思熟虑的体悟。

“语言游戏”是将种种语言活动与游戏作一类比，其中提到了翻译。维根斯坦说：

> Here the term “language-game” is meant to bring into prominence the fact that the *speaking* of language is part of an activity, or of a form of life.
>
> Review the multiplicity of language-games in the following examples, and in others:
>
> Giving orders, and obeying them—
>
> Describing the appearance of an object, or giving its measurements—
>
> Constructing an object from a description (a drawing) —
>
> Reporting an event—
>
> Speculating about an event—
>
> Forming and testing a hypothesis—
>
> Presenting the results of an experiment in tables and diagrams—
>
> Making up a story; and reading it—

> Play-acting—
> Singing catches—
> Guessing riddles—
> Making a joke; telling it—
> Solving a problem in practical arithmetic—
> Translating from on language into another—
> Asking, thanking, cursing, greeting, praying.
>
> —It is interesting to compare the multiplicity of the tools in language and of the ways they are used, the multiplicity of kinds of word and sentence, with what logicians have said about the structure of language. (Including the author of the *Tractatus Logico-Philosophicus*.)（*PI*, Prt I,§23, 11e; 译文见注②）

从维根斯坦列举的例子以及随后他所作的归纳性解释来看，所谓语言游戏大抵指以承载概念（意义）的语言为工具（"tools"）所进行的有意义的活动，这类活动体现语言工具的种种用法（"the ways they are used"），翻译当然属于此例。[③]假定操语言 A 的人对操语言 B 的人说"我们同意成交"，但对方不解其意，双方面面相觑。这就属于"无意义的活动"。假定这时有一名翻译在场为双方沟通意义，使双方拍板成交，皆大欢喜，这不正像做游戏一样吗？笔译亦复如此。当然这是最粗浅的解释。林纾曾在《冰雪因缘》（1909）序中畅谈他译书时的应对玄机之乐。他写道：[④]

> ……独迭更司先生，临文如善奕之著子，闲闲一置，殆千旋万绕，一至旧著之地。则此着实先敌人，盖于未胚胎之前，已伏线矣。唯其伏线之微，故虽一小物一小事，译者亦无敢弃掷而删节之，防后来之笔，旋绕到此，无复以应。冲叔初不着意，久久闻余言始觉。于是余二人口述神会，笔逐绵绵延延，至于幽渺深沉之中，觉步步咸有意境可寻。呜呼，文字至此，真足以赏心而怡神矣！

当然，维根斯坦说的"语言游戏"并不在于它的"赏心怡神"，而是着眼于语言运用的游戏观念，包括它的内容、特征和规则，下面再议。本章拟就维根斯坦的语言游戏论对译学实务及理论研究的意义展开讨论。

“语言游戏”论包含以下要点，每一要点都与翻译实务与理论息息相关。

11.1 “意义取决于使用”：把握交流中的意义

一切人际交流归根结底都是意义的交流。宋代诗人王观有两句诗（《卜算子》）说“欲问行人去那边，眉眼盈盈处”。对方并没有出声，但她的眉眼向对方做出了一言难尽的“意义的交流”。

一切人际活动归根结底也都是意义的活动。这时的“意义”包括“语言的”（verbal）意义和“非语言的”（non-verbal）意义，前者通过“Said”（说出）的方式，后者通过“Unsaid”（未说出）的方式。翻译行为的目标就是把握原语（SL）的意义，并以意义为依据，加上必要的形式考量，将译者所把握的全部意义转换到译语（TL）中。因此，译者怎样从原语话语（SLS）或原语文本（SLT）获得准确的意义就成为翻译实务和翻译理论首当其冲的问题。

维根斯坦认为“意义即使用”（“use”，也可以是“应用”“运用”，即“application”, G. Anscombe）。很显然，这是一种简明扼要的表述，回答“意义在哪里？”“怎样把握意义？”之类的意义定夺问题，不要误会为他在为“意义”下定义。维氏论证说，儿童学习语言、把握意义就是始于“使用”（*PI*, Prt I, §9, 6e），“只有根据语言的各种初始运用来研究语言现象”，才能“驱散（语言的）迷雾”。正是在语言的初始应用中，人们可以清晰地看到词语的目的和功能（*PI*, Prt I, §5, 4e），维氏认为词语的意义是由它的用法（use）决定的（*PI*, Prt I, §139, 54e），某一特定的意义适合于某一特定的用法（“the meaning fits the use”；维根斯坦也简要地说“meaning is the use”，我们理解为“意义取决于使用”或“意义寓于使用”比较恰当）（*PI*, Prt I, §138, 53e）。更简单、明白的理解是：**翻译要把握交流中的意义**，而不是游离于上下文之外的、孤立的意义。维根斯坦的论断是：

> For a large class of cases-though not for all—in which we employ the word "meaning" it can be defined thus: the meaning of a word is its use in the language.And the meaning of a name is sometimes explained by pointing to its bearer.（译文见注⑤）

维根斯坦进而考察说，意义其所以取决于用法，是因为意义"肯定必须属于某种语言的某一语境"（". . . they must surely belong to a language and to a context", *PI*, Prt II, §xi, 217e），语境使意指（to mean; to signify）具有某种目的性并确定化、具体化为此情此景的"对象"（"the object", *PI*, Prt I, §6, 4e），而不再是捉摸不定的东西。这样，**"语境—用法—意义"之间就有了互为条件的联系**，这实在是极其重要的规律，是"语言游戏"最基本的法则。维根斯坦说：

> If you were unable to say that the word "till" could be both a verb and a conjunction, or to construct sentences in which it was now the one and now the other, you would not be able to manage simple schoolroom exercises. But a schoolboy is not asked to conceive the word in one way or another out of any context, or the report how he has conceived it.
>
> . . .
>
> We take a sentence and tell someone the meaning of each of its words; this tells him how to apply them and so how to apply the sentence too. If we had chosen a senseless sequence of words instead of the sentence, he would not learn how to apply the sequence.（译文见注⑥）

可见，维根斯坦非常重视交流的语境。他认为不仅意义受制于语境，意向（intention，维根斯坦也用以指"目的性"，德语是"Zweck"）也含蕴于并受制于语境，"意向依附于情景中"（"An intention is embedded in situation", *PI*, Prt I, §337, 108e），表现为句子的形式。这就是说，意向的自然表达无不伴随与该意向相吻合的情景（德语 "Szenen", Prt I, §489, 137e），"境中有情，情为意表"（情境中表现意向），因此我们可以从把握情境来析出大体的意向，并将它表现在语言中。维氏将这个道理密切联系到现实情景——“生活的形式”，并解释说：

> What is the natural expression of an intention?—Look at a cat when it stalks a bird;or a beast when it wants to escape. (Connexion with propositions about sensations.) (*PI*, Prt I, §647, 165e; 译文见注⑦)

同时，维根斯坦还提醒说，意向常常是隐性的，隐匿于字里行间，“意向本身难有充分的、明显的言辞证据”（*PI*, Prt I, §641, 165e）。这对翻译也是非常重要的。举个简单的例子：主人不耐烦，要下逐客令（意向），他（她）根本不必直言要客人“走人”，而可以找一个非常自然的表达式——“李秘书，（请来为我）送客”。客人听了能不走吗？

在翻译中我们应该学会凭借“使用”来把握意义和意向，并赋形（外化）为表达式，这中间，关键是要运用感性为原语的意义和意向寻求符合情景的译语“自然表达式”（犹如“痛楚”而发出“喊声”——这“喊声”就是自然表达式，*PI*, Prt I, §665, 667, 168e, 169e）。这时，意向就**被整合在意义中**而外化表现为译语词句了，使“表义”和“表意”真正融为一体。这是维根斯坦很重要的观点。维根斯坦举了下面一个例子来表示“感觉（经验）—意义—意向—表达式”的内在关系：

> I look at an animal and am asked: “What do you see?” I answer: “A rabbit.”—I see a landscape; suddenly a rabbit runs past. I exclaim: “A rabbit!”
>
> Both things, both the report and the exclamation, are expressions of perception and of visual experience. But the exclamation is so in a difference sense from the report: it is forced from us.—It is related to the experience as a cry is to pain. (*PI*, Prt II, §xi, 197e; 译文见注⑧)

总之，维根斯坦基本的意义观——意义取决于使用——建基于他的以下功能主义主张：

（一）词是工具，因为“语言是一种工具（德语 Instrument）。它的概念也是工具”（*PI*, Prt I, §569, 151e），工具的使用必有其目的性和预设的效用，**目的性和预设性指向意义和意向**；

（二）使用工具的目的由场合（occasion，德语 Gelegenbeit）来决定，语言也一样，**语言情景即语境决定语词的使用**；

（三）“意义即用法”（“Meaning is use”：“一个词的意义就是它在语言中的用法”，*PI*, Prt I, §43, 20e），可以理解为**词的用法体现它的意义（意义通过使用表现出来）或从词的用法中看到它的意义**，不应理解为“用法本身是词的意义”；

（四）理解意义就是理解“意义寓于（lies in）它的用法之中（*PI*, Prt I, §197, 80e）”的道理，因此说，**“理解”是“指向应用的状态”**（*PI*, Prt I, §146, 58e）。

维根斯坦以上关于意义的理论观点是其语言游戏论的重要组成部分。因此从某种意义上说，语言游戏也是关于意义的游戏。**他将意义与游戏联系在一起的主旨是将意义动态化**。很明显，维根斯坦的以上主张被视为其后期哲学的标志，发源于维根斯坦哲学思想的主流，他正是以此**努力摆脱指称论静态意义观的束缚**。这都是译学意义理论需要悉心研究的。

11.2 关于遵守规则

谈论游戏当然也就必须谈论**游戏规则**，语言游戏也不例外，中国管这叫作“约定俗成”。同样，既然所有的“游戏”都有规则，翻译“语言游戏”也不例外。在这里，维根斯坦提出了三点：（1）对所有的游戏参与者来说，遵守规则都是自愿的，也是强制性的，除非他们不愿参与这项游戏（*PI*, Prt I, §219, 85e），这时他们也确实是“盲目的”；（2）人们在参与游戏的过程中学会遵守规则（*PI*, Prt I, §54, 27e），因为规则有约定性、稳定性的一面；（3）如果想要游戏成功地进行下去，还要实现关于“遵守规则”的一条辩证法：从“遵守规则”跃进到“驾驭规则”（skillfully handle the rules and laws；因为规则还有相对性、非稳定性的一面）。维根斯坦写道：如果你细心观看游戏，你就会发现“在游戏者的行为中存在着特有的符号”（“There are characteristic signs of it in the players behavior”, *PI*, Prt I, §54, 27e），符号之别常常表明不同的游戏参加者如何在“遵守规则”中用自己的方式一步一步从熟悉规则到自如地“驾驭规则”。“特有的符号”是从量变到质变过程中的一个动态标志。维根斯坦写道：

> And is there not also the case where we play and—make up the rules as we go along? And there is even one where we alter them—as we go along.（*PI*, Prt I, § 83, 39e；译文见注⑨）

可见规则是发展变化的，不是铁板一块；又是约定俗成的，不是任何人可以随意改变的。不仅如此，维根斯坦还指出了“游戏规则”的辩证性质：

> “But then the use of the word is unregulated, the ‘game’ we play with it is unregulated.”—It is not everywhere circumscribed by rules; but no more are there any rules for how high one throws the ball in tennis, or how hard; yet tennis is a game for all that and has rules too.（*PI*, Prt I, §68, 33e；译文见注⑩）

这中间的辩证法维根斯坦称之为“规管游戏的自然法则”（“a natural law governing the play”, *PI*, Prt I, §54, 27e）。他认为规则用以指引取向，认定取向要达到目的地，这一切要靠游戏参与者在参加游戏的过程中富集自己的经验，不为规则所累而能驾驭规则，原因是“语言中并没有什么充分至极的规律性”（There is not enough regularity for us to call it “language”, *PI*, Prt I, §207, 82e），一切都必须“约定俗成”。维根斯坦说：

> A rule stands there like a sign-post. Does the sign-post leave no doubt open about the way I have to go? Does it show which direction I am to take then I have passed it; whether along the road or the footpath or cross-country? But where is it said which way I am to follow it; whether in the

> direction of its finger or (e.g.)in the opposite one?—And if there were, not a single sign-post, but a chain of interpreting them?—So I can say, the sign-post does after all leave no room for doubt. Or rather: it sometimes leaves room for doubt and sometimes not. And now this is no longer a philosophical proposition, but an empirical one. (*PI*, Prt I, §85, 40e；译文见注⑪)

维根斯坦在这里说的正是规则的相对性、非稳定性（即常被忽视的灵活性和可变性）。正是规则的这些性质为参与游戏的人留下了宝贵的自我发挥的余地，也正是这块余地为体能、智能、潜能千差万别的人（游戏参与者）提供了“经验选择”（empirical choice）的机会或机遇——就像方向感指引人见到路标就知道往哪儿走一样。毫无疑问，如果规则不具备相对性、灵活性和可变性，不为所有参与游戏的人留下自我发挥的广阔余地，那么游戏中又怎么可能产生赢家，同时又必然会出现输家呢？

维根斯坦的这个哲理对**翻译语言游戏**的启示是显而易见的。

（一）所谓“翻译无定规”论是错误的。翻译语言游戏必须有自己的规则、规范、标准和指引等，这是从原则上而论的。双语转换不能弃意义一意向于不顾，不能弃形式于不顾，不能弃翻译的社会功能于不顾，等等。翻译有翻译的操作规范，如对应（代偿）的实施指引、口译的“原语效应”（迁移）容限都有一定的约定性和稳定性。

（二）规则不是束缚译者的绳索或枷锁，规则只是告诉了译者他可以干什么、不能干什么。然而，更重要的是：规则告诉了译者规则以外的、广阔的供自我发挥的“非规定性”余地，启示译者驾驭规则的玄机所在，正如优秀的足球运动员如何看准时机，飞起临门一脚或如何击破对方冲锋的机会削地铲球。在有经验的游戏参加者看来，规则只是“一条容限之线”（a line of tolerance）:“容限之内”（within the line）永远小于“容限之外”（beyond the line），广阔的“容限之外”正是译者的才情驰骋的疆域。

（三）游戏参与者一律自愿，普遍互动，各显其能，公平竞争，在规则面前人人平等。翻译中不存在“原作优越论”“译作从属论”，不存在“作者高于译者”“译者只是‘为他人做嫁衣裳’者”，以及“舌人动舌，贵人动脑”等似是而非的价值论。这就为译者发挥原创能力提供了理论依据和行为准则。

（四）“翻译是一种语言游戏”强调的是它的实践性。这一强调涵盖以下原则：（1）“参与”是获得经验、认识规律及规则的基本原则；（2）这一原则也适用于研究“游戏参与经验”的翻译理论，与参与经验完全脱节的“游戏理论”是没有意义的；（3）所有的语言游戏都有共性，也都有个性，因此游戏规则不能脱离实际，将个性、特性普遍化或生搬硬套，将特殊情况、特定个案看成普遍真理。

11.3 “生活形式”：意义使用及推理的基本依据

可以说，“生活的形式”是对语言功能最有概括力的术语。

按照维根斯坦的观点，意义取决于使用，也就是说可以用“使用”来体现、说明及管束、规范“意义”。那么“使用”（“use”也可以是“运用”“应用”）又由什么来体现、说明及管束、规范呢？维根斯坦的回答是“生活的形式”（德语 Lebensform，英语 form of life）：

> “So you are saying that human agreement decides what is true and what is false?”—It is what human beings say that is true and false; and they agree in the *language* they use. That is not agreement in opinions but in form of life. (*PI*, Prt I, §241, 88e; 译文见注⑫)

维根斯坦认为“我们的概念反映我们的生活……它们在生活中占有地位”，人的概念植根于生活，[13] 而语言是概念的载体，因此语言的真实反映生活的真实，用维根斯坦的话说：“想象一种语言意味着想象一种生活的形式”（“And to imaging a language means to imaging a form of life”, *PI*, Prt I, §19, 8e）[14]，就是说在任何情况下，语言必须与生活相连。维根斯坦的这个观点包含以下要点。

（一） 意义其所以寓于用法（使用、运用、应用），是由于用法产生于人的实在的经验世界，用法中体现的意义，具有“世俗的血统”，[15]我们可以解释为**社会性约定俗成**：用法无不以社会生活为土壤。

（二） 意义其所以寓于用法，是由于用法受到语境的管束和规范，受到**语言交流情景**的管束和规范，语境是语言或大或小的使用中的单元，而语言的真实反映生活形式的真实，“想象一种语言就是想象一种生活的形式”意思是：一旦论及语言，就一定会论及某种现实依据。因此，语言中的用法也应该或必然与生活的样式相符。

（三）“语言游戏”是人的活动、行为、运动，这一切无不**与人的生活息息相关**。在深层含义上，我们可以将“语言游戏”与“人生游戏”联系起来加以思考：语言中有意义（make sense）的东西大抵都经得起生活的考察、验证、鉴定甚至考验。[16]

（四） 由于生活是纷繁多样、复杂多变的，因此意义在语言中的“用”也就确实犹如游戏，**随机性极强**，就跟生活之纷繁多变一样。维根斯坦说语言中并不存在充分至极的规则性（*PI*, Prt I, § 207, 82e）。在这种情况下，如何获得准确的意义还得依靠推断，正如人们在许多游戏中（如猜谜语、编故事）需要推断意义、延伸意义甚至生成意义一样。在很多情况下，意义都是依据生活形式的依据合理推断出来的。合理推断也是一种规则运用。

以上四点无不与翻译实务及理论研究密切相关。翻译中的语义辨析、意义定夺、文本的整体性理解、话语深层（次文本）的意旨含蕴以及语言各层级结构上的剖析辩证、疏解等，都需要原语及译语在生活形式上的印证或证实。本杰明对翻译（以及德国与欧洲文化社会研究）的批判很多都是针对作者或译者严重缺乏“对事件的普遍性和现实性相关联”的思考，严重脱离“现实生活中的语言形态”，[17]导致“在文学《浮士德》与电影《浮士德》之间存在的差异，可能像整个世界那么大”。[18] 大概这也是本杰明执意提倡他所谓的“直译”的缘故。

维根斯坦为什么在后期的著作中引入并强调“生活的形式”呢？研究

界一直在探讨维氏这一转变。

以 20 世纪二三十年代之交为起点，维根斯坦从人工语言（也就是理想语言）研究转而致力于对日常语言的悉心观察和哲学阐释。生活感受和哲学思考使他领悟到脱离了语言现实的实证逻辑分析的片面性和日常语言的无限生机。他在第一次提出“语言游戏”论的后期著作 *The Blue and Brown Books*（《蓝皮书和白皮书》，1958）中写道：

> 有人说我们在哲学上认定理想语言和我们的日常语言相对立。这种看法是错误的。因为这使人觉得，我们似乎能够改良日常语言。事实上，日常语言完全正确。当我们试图构建“理想语言”时，目的不是为了用它来取代我们的日常语言；而仅仅是为了排除人们的错觉：以为他们已经掌握了日常语词的精确用法。也正因为这样，我们的方法是不仅列举语词的实际用法，而且还有意提出新的用法。

20 世纪 30 年代以后，维根斯坦的语言观明显倾向于日常语言，最终扬弃了对理想语言（形式语言）追求的学术理念。他用隐喻的手法写道：

> The more narrowly we examine actual language, the sharper becomes the conflict between it and our requirement. (For the crystalline purity of logic was, of course, not a *result of investigation*: it was a requirement.) The conflict becomes intolerable; the requirement is now in danger of becoming empty.—We have got on to slippery ice where there is no friction and so in a certain sense the conditions are ideal, but also, just because of that, we are unable to walk. We want to walk: so we need *friction*. Back to the rough ground! (*PI*, Prt I, §107, 46e；译文见注⑲)

维根斯坦的寓意很深刻。理想语言固然“没有摩擦”，犹如“光溜溜的冰面”，日常语言固然芜杂粗糙，犹如“粗糙的地面”但是，哲学家和语言学家还是不能不回到“粗糙的地面”。这是什么缘故呢？

维根斯坦的回答是：**不要想，但要看！**（“don’t think, but look!”, *PI*, Prt

I, §66, 31e)看似非常简单但却是一个真理。"看"什么呢？维根斯坦说，"看"（相当于"观察"）实际生活中的游戏，看"生活的实际"，这样就会明白一切了：

> Consider for example the proceedings that we call "games". I mean board-games, card-games, ball-games, Olympic games, and so on. What is common to them all?—Don't say: "There *must* be something common, or they would not be called 'games'"—but *look and see* whether there is anything common to all.—For if you look at them you will not see something that is common to *all*, but similarities, relationships, and a whole series of them at that. To repeat: don't think, but look!—Look for example at board-games, with their multifarious relationships.（译文见注⑳）

只有付诸对实际生活形式的**感性观察**（"看"）才能评判、判断、定夺语言陈述和意义把握的是非曲直。而且，维根斯坦指出，更重要的是，人们在**感性的"看"**（"观察""评判""判断"）以后，有了各自的意见、看法，并取得了一致或不一致。一致也好，不一致也好，究竟由什么来定夺？维根斯坦说得很明白：由"生活形式"。他说：

> "So you are saying that human agreement decides what is true and what is false?"—It is what human beings say that is true and false; and they agree in the *language* they use. That is not agreement in opinions but in form of life.（*PI*, Prt I, §241, 88e；译文见注㉑）

维根斯坦认为生活形式是人类认知的基础和依据，它是不容忽视的。人们要参与游戏就要遵守游戏的规则，而"生活形式"（包括行为方式、生活方式、思维方式以及人与自然的关系、人与人的关系、人与社会的关系）则是所有的语言游戏最高也是最基本的规则。要符合"生活形式"，回归到"生活形式"，回归到自然！

这一点对翻译实务和理论的启示是很深刻的。

11.3.1 “生活形式”是语言游戏的本体论基本规则

所谓“本体论性质”就是指某一事物的本原、实质、本质或最基本的性质。维根斯坦虽然不倡导“本质论”，他只提出“相似性”，但他并不否认相似性中的本质基因。譬如一个人类（H）的家族（h）。其 n 个成员固然具有相似性，但同时又都具有其本质特征“人类（H）”。而每一个家族成员的相似性都必然要依附在他的本质特征中，正如本质特征必然要体现在成员的相似性中一样。于是人类（H）的家族（h）就形成了如下的特征序列，这个序列可以有无穷个替代式：

人类（H）的家族（h）: $Hh_1, Hh_2, Hh_3, \cdots, Hh_n$
鸟类（B）的家族（b）: $Bb_1, Bb_2, Bb_3, \cdots, Bb_n$
酒类（W）的家族（w）: $Ww_1, Ww_2, Ww_3, \cdots, Ww_n$
……
X 类（X）的家族（x）: $Xx_1, Xx_2, Xx_3, \cdots, Xx_n$

这个序列的意旨其实就是“从一滴水看海洋”。不同的水可能具有不同的颜色或微量成分，但它的基本相似性都是 H_2O。它是现实世界的一种“形式”，维根斯坦将它称作“生活的某种形式”。这一思想对我们解释原语（口译）、阐释原语（笔译，根据 hermeneutics 的主张）的重大意义是不言而喻的：关键在于把握相似性、演绎相似性，从而析出特征、特性、个性。

据此，**翻译学有理由扩大意义转换的对应幅度。**[22]这中间的道理恰如认知语言学所说的，人类是用相似性来界定范畴，按范畴来表达自己的（F. Ungerer et al, 1996: 1-3）。以下的解释或阐释（尤其是在当下性要求很高的口译中）都应视为“合理的对应”：

- 江郎才尽→ lose one’s edge; be taken one’s edge off; pass one’s prime (heyday); come up against a falling-off; be drained of all the right stuff; go down the drain; etc.

• 吃不了兜着走→ be compelled to wind up the messy situation; face up the impending confusion; deal with the shambles; handle an awful mess; suffer from the pernicious result; cope with the uncontrollables; etc.

• perk oneself up →打扮；穿戴得很显眼；装腔作势；自鸣得意；装出自我感觉极佳的样子；翘尾巴；病得死去活来后慢慢恢复；本性（又）发作；故态复萌；等等。

• be（get）even with →扯平（了）；一不欠、二不亏；讲和；恩怨相抵；打个平手；来而不往非礼也；（受气以后）回头找（某人）算账；向（某人）报复；以眼还眼，以牙还牙；等等。

可见，按生活形式中家族相似的范畴作对应操作，语义场可以很大，从而使译者的思维可以进入左右逢源、游刃有余的自由度中。最终选择哪一个用语，取决于使用，也就是取决于语境，同时视译者的审美学修养而定。

11.3.2 “生活形式”是语言游戏的价值论基本规则

在维根斯坦看来，语言游戏是我们生活中的一部分。语言游戏的规则反映人类生活行为的基本方式和准则：普天之下人的“普遍参与”。人们参加游戏可能扮演不同的角色，但就“参与”而言，没有人应该排除在外，也没有人比他人高出一等，人人都平等参与。“普遍参与”带来的是全体参与者的全程互动（interaction）、合作与默契（tacit understanding），这是任何游戏包括语言游戏的普遍特点，翻译当然也不例外。

“生活形式”作为翻译的价值标准还有以下意义。

（一）翻译的意指（signifying）应该不悖于“生活形式”，一般指现实事物中的实际指称。所谓意指错误就是“以词指物”中乱点鸳鸯谱或张冠李戴。词语的意指错误，常常导致全句有悖于原意，而句子译错了则是由于词义判断错误。例如：

SL: The wind blew, not up the road or down it, though that's bad enough, but sheer across it, sending the rain slanting down like the lines they used to rule in the copy-books at school to make the boys slope well. (Charles Dickens, *The Pickwick Papers*)

TL:“风不是从路面吹来，也不是从背后吹来（那种风雨已经够糟了！），而是成斜线吹过马路，就像他们要求孩子要**按规定**的斜线才能将字写好一样。”

原语中“rule”的意指不是“（按）规定”而是“画线”（在句中的结构是 they used to rule the lines），译者的判断是错误的。作者说斜着吹来的风雨就像他们在学生练习簿上画的斜线，这样做学童写斜体字就会写得好些。

（二）翻译中译者对原文文本中描述或叙述的情景或状态的理解有悖于“生活形式”，就是中国传统文论中所谓“乖谬”（叙事论理“乖舛”），即有悖于常识或不合情理。例如：

SL: A pigmy women on a rope slung between the railing, counting. A form sprawled against a dustbin and muffled by its arm and hat moves, groans, grinding growling teeth, and snores again. (*Ulysses*, 1922, p.409)

TL：“一个侏儒女子在两道栏杆之间**吊根绳子**坐在上面打秋千，口中数着数。一个男子**趴**在垃圾箱上，**用胳膊和帽子掩着脸**，移动一下，呻吟，咯吱咯吱地磨牙齿，接着又打起呼噜。”

译文中不合情理之处是：人不可能坐在“吊着”的绳子上，因为“吊”着的东西一定是一头未拴死的东西，人怎么可能坐在这样的东西上呢？另外，“趴”指身体朝下，脸部贴着“垃圾箱”，既然“趴”着，又怎能“用胳膊和帽子掩着脸”呢（而且原文用的是 against，“sprawled against”肯定应该是“躺着”）？这都有悖于“生活形式”。

实际上，翻译几乎时时要用“生活形式”检验原文或译文是不是悖于常理、常识。以下是实例：

• “fart tax”（放屁税）——初见此词时以为是开玩笑，其实是真事，出在新西兰，“屁”指牛、羊排出的甲烷。

- “three-edged sword”（三刃剑）——这种剑世界上不存在。这个词没有意义。三角（棱）刀（triangulate knife）是有的。
- “腊祭”——“cured meat sacrifice”（腊味祭），错译。“腊祭”是有的，指“十二月祭”，因此应是 year-end sacrifice。
- “吃人的拦路狗”——“狗”怎么会吃人呢？初见时以为“狗”应是“虎”。经查找原件，才发现作者是以隐喻比拟土豪雇用的走狗经常拦路杀人。事情出在 20 世纪三四十年代的湘西。

维根斯坦说“语言本身就是表达思想的工具”（“. . . the language is itself the vehicle of thought”, *PI*, Prt I, §329, 107e），语言谬误往往源于思想的谬误，而思想（概念）是否谬误应**由生活形式来检验**。看来这应该是我们基本的价值标准之一。

（三）“生活形式”作为翻译理论的基本价值标准，也是我们论证中国翻译理论理想具有中国价值的重要哲学、理论依据。根据维根斯坦语言哲学理念，语言理论描写的是以“生活形式”作基础的现实世界，而不是以浪漫情怀为蓝图的虚拟世界。语言理论（包括翻译理论）的版图应该以“生活形式”的版图作基础。因此，可以说，中国翻译理论的版图应该以以汉语为母语的人的“生活形式”版图为基地，它也是以汉语作母语以及用汉语作为交流工具的人的经验世界的宝库。舍弃这个宝库来谈翻译理论建设，只能说是在描写虚拟世界的空中楼阁。

11.3.3 对“生活形式”翻译解读的基本依据

必须指出，维根斯坦始终是从语言哲学的视角谈“生活形式”的，这是他的语言游戏论中的一个核心概念。把“生活形式”当作翻译意义理论的认识论和价值论来看待，是我们对他的一种“翻译解读”。既然如此，就有必要对“生活形式”的实际含义作一个符合维氏基本理念的阐释供大家研究。

对翻译学而言，语言游戏论中的“生活形式”具有以下含义。

（一）“生活形式”是一个**语言描写主义的概念**，指语言作为人们日常生活的人际交流工具的自然活动。涂纪亮在《维根斯坦后期哲学思想研究》（2005: 33）中说：

> 在他的后期著作中，特别在《哲学研究》中，维根斯坦使用最多的还是“生活形式”这个词。他并没有对这个概念做明确的界定，但说过许多关于生活形式的话。在《哲学研究》中他往往把期望、意向、意谓、理解、感觉等心理活动都看作生活形式。它们是由于人们共同生活和使用语言而成为生活形式的。

（二）“生活形式”是一个**人文、文化历史学概念**，指人们在长期的文化生活交往和传统习俗中的语言交流形式，包括思维表述方式和风格，也就是我们常说的“约定俗成”，事实上，正是人们生活形式的传承缔造了他们语言思维方式和风格的传承。生活是语言的源泉，生活形式也是语言形式的源泉。明代胡应麟在《诗薮·内编》卷一中说：

> 四言变而《离骚》，《离骚》变而五言，五言变而七言，七言变而律诗，律诗变而绝句，诗之体以代变也。《三百篇》降而《骚》，《骚》降而汉。汉降而魏，魏降而六朝，六朝降而三唐，诗之格以代降也。上下千年，虽气运推移，文质迭尚，而异曲同工，咸臻厥美。

胡应麟讲的就是时代发展变化，使生活形式不断演进，从而推进语言形式发展变化的道理；也就是语言形式随生活形式之变而“**迭尚**”（不断完善出新）的道理。

11.4 “语言游戏”论对翻译研究的意义

综上所述，根据维根斯坦的基本思想，我们应该从以下四个方面来体认翻译作为语言游戏的论断。

（一）意义在翻译中的本体论意义。在日常交流（包括翻译）中，把握相互间的意义交流，交流中的东拉西扯、变化无常、张冠李戴、避重就轻、指桑骂槐、明枪暗箭，如此等等，恰如一场既有规则又无人死守规则的"游戏"。

（二）翻译的实践性和经验性。像其他语言游戏一样，一切形式的翻译都属于人的语际意义交流活动。翻译不同于其他形式的语言游戏之处在于：贯穿整个活动过程的主轴和目标是游戏参与者三方，涉及语际的多维度和多层面——作者、译者、读者之间的语际意义交流和形式运筹。翻译语言游戏这种以意义交流为特征的语际实践活动，决定了翻译学是一门与人类认知行为密切相连的经验科学。

（三）翻译有翻译的游戏规则——翻译行为规律的应用性和描写性。翻译行为是一种人文活动。关于翻译的意义研究和形式研究贯彻描写性（描写原则），[23]而描写是一个方法论问题，不是理论范畴的问题；描写的主要对象是语言用法（语境）规管下的意义机制和形式机制。翻译理论的基本特征是关于经验从最低层级（翻译操作）到最高层级（翻译思想）的认知描写。处处开列"norms"（规范）不仅不解决问题，而且指导思想就有偏差。从这里我们可以认识到翻译学属于应用语言学，并与语言应用的其他学科具有广泛的相似性。翻译研究必须具有应用描写的整体性（holism），着力于整合研究。

（四）翻译语言游戏中的一切游戏规则都具有辩证性质：游戏参与者（作者、译者与读者）都必须遵守规则，并在遵守规则的前提下，娴熟地、自主地、因势利导地应用规则直到驾驭规则。因此，翻译语言游戏关注平等参与，应该给译者以平等参与者所应享受的、适当的原创权利和权力。

（五）翻译行为是生活形式的一部分。因此，它必须享受生活形式的检验，并服务于生活形式。正是在这个意义上，翻译在目的语文化与原语文化发展的诸多方面发挥自己的社会功能。同时，由于生活形式是多种多样的，也是不断发展和提升的。因此，除了基本规范和规律以外，翻译中不存在恒常不变的价值标准，放之四海而皆准的翻译理论规则体系是不存在的。对"生活的形式"我们只能**加以描写**，无人能对它**加以规定**。

11.5 结语

维根斯坦将语言游戏化的目的是为了说明语言的功能本质是交流。脱离了“生活形式”的日常交流语言是没有意义的，同样，脱离了“生活形式”的日常交流语义也是没有意义的。即使是一个人的独白，也是自己与自己交流。维根斯坦正是将意义放在交流中加以审视和考察，将语言放在交流中加以研究，故以比喻简言之曰“语言游戏”。维根斯坦关于语言这一基本特征的审视、考察和研究，也就成了当代功能主义语言学派的思想源头之一。

翻译则是**语际语言游戏**，它的基本特点是**语际转换**（包括语义转换、文化转换、审美转换和整体性交流功能转换）。这是**翻译功能观**最基本的思想——维根斯坦只是赋予了它一个非常通俗的概念:“语言游戏”。

〔注释〕

①维根斯坦从未对“语言游戏”下过定义。究竟何谓“语言游戏”，现在已有很多解释。以下解释仅供参考：

> 总的来说，所谓语言游戏，包括下列要点：(1) 语言是人的一种现实的活动，它像游戏一样没有本质；(2) 语言的使用，词的功能，上下文关系，都是无穷无尽的；(3) 一个词的用法像一个棋子的走动，总有一个目的，这个目的也包括在语言的上下文关系之中；(4) 怎样使用词或语言总有规则，就像网球是一种游戏而且有规则一样，但词和语言的使用也像打网球并没有处处受到规则的限制，并且规则在一定意义上是随意的。

见舒光著《维根斯坦哲学》，哲学丛书 26，台北：水牛出版社 1986 年版，第 282—283 页。

②译文如下：

> 这里提出的“语言游戏”这一术语意在强调下面的事实：说某一种语言就是从事某种活动的组成部分，或是生活的某种形式。

下面的例子(还有其他例子)使我们看到语言游戏的多样性:

发出命令和服从命令——

描述一个对象的外表或对它进行测量——

透过描述(一幅图画)来构建一个对象——

报告某一事件——

思考某一事件——

形成和检验某一假说——

将实验结果绘成图表——

编写并朗读一个故事——

演戏——

唱歌——

猜谜——

编笑话、讲笑话——

解应用算术题——

将一种语言翻译成另一种语言——

发问、感谢、诅咒、问候、祈祷。

——将语言中各式各样的工具、使用这些工具的方法以及语词和语句种类的多样性与逻辑学家(包括《逻辑哲学论》的作者,即维根斯坦本人)关于语言结构所说的话,作一番比较,是很有意思的。

③在维根斯坦的著作中,始终没有对“为什么翻译属于语言游戏”进行过解释;但他多次提到翻译问题,强调词语在双语中相同的功用(use)及习惯表达法。

④引自罗新璋编《翻译论集》,北京:商务印书馆 1984 年版,第 181 页。

⑤译文如下:

就我们使用“意义”一词的大多数情况——虽然不是全部情况——而言,可以这样为“意义”下一个定义:一个语词的意义就是它在语言里的用法。同时,一个名称的意义有时也可以凭借它指向的载体来加以解释。

引文中虽然提到了为“意义”下定义,但维根斯坦还是着眼于以“用法”来解析“如何析出意义”,不是在为“意义”这个术语作语义学上的解释。

⑥译文如下:

如果你无法说出“till”一词既是动词又是连词,或者不能用这个词造句,其中它时而是动词，时而是连词，那么你就无法指导简单的课堂练习。但是，没有人会要求学童用这种或那种脱离语境的方式来构想词语，或者要他说说他是怎样构想出来的。……

我们说出一个语句，并把这个句子中的每个词语的意义都告诉了某人；这就等于把如何使用这些词语以及如何使用这个语句告诉了他。假如我们选择的是一个无意义的词语序列而不是语句，那么他就不能学会如何运用这个序列。……

⑦译文如下：

意向的自然表达是怎样的呢？——看一只猫潜行捕鸟或一只野兽想要逃走时的情状就清楚了。

（与关于感觉的命题有联系。）

⑧译文如下：

我看着一只动物，有人问我："你看见什么？"我答道："一只兔子。"我看见一片风景，忽然一只兔子蹿了过去，我惊叫道："一只兔子！"

两件事情，报道和惊叫都表达了知觉和视觉经验。但是，惊叫的表达式在意义上不同于报道：它是我们见景而喊出来的。它与视觉经验的关系有如叫喊与疼痛的关系。

⑨译文如下：

难道不也存在这样一种情况：我们在玩游戏的过程中制定规则；甚至还存在这样的情况：我们一边玩游戏，一边修改规则。

⑩译文如下：

"可是这样一来，'游戏'这个词的用法就没有什么规则了，我们玩的游戏也就没有规则了。"——游戏并不是处处都要受到规则的约束，没有什么规则规定网球应当打多高或打多重；但网球仍是一种游戏，并且也是有规则的。

⑪译文如下：

一条规则就像一块路标。路标难道不是确切地、公开地告诉我要去的路吗？当我走过路标时，它难道不是表明了我将要去的方向，是沿着大路走去，还是沿小道或穿过田野？可是它在哪里指出我该走的路呢？它又在哪里指出我是沿着它所指的方向还是——比如在相反的方向——走去呢？还有，如果不是一块路标，而是一排毗连的路标或是在路面上画的许多粉笔标记，那么，难道只有一种诠释它们的方式吗？——因此，我可以说，路标毕竟还是留下怀疑的余地。或者可以说，它有时留下了怀疑的余地，有时没有。既然如此，那么就不再是哲学命题，而是经验命题了。

⑫译文如下：

"那么你认为人们的意见一致决定了什么是真假吗?"正是人说出的东西才有真假；他们在其使用的语言上取得一致。这不是见解上的，而是生活形式上的意见一致。

⑬引自 Wittgenstein, *Remarks on Color*, 1977, Ⅲ, p. 302。

⑭胡塞尔的提法是"生活世界"，指人在其特定的生活视界中所经验到的世界，在这个经验世界中，包括着个人的、社会的、感性的和实际的经验。参见胡塞尔《现象学的观念》，第 42 页，转引自邹铁军等著《现代西方哲学》，第 80 页。

⑮参见舒光著《维根斯坦哲学》，台北：水牛出版社 1986 年版，第 257 页。

⑯参见舒光上著，第 310 页：

……

石里克认为"一切知识都是精神'游戏'的结果；许多科学家集其全身之力从事于测量宇宙之谜而不以其所得为念者，这就是纯粹'游戏'的人生哲学的表现；人类文化的进展与价值，都靠这个人生观念而产生的。"虽然他所说的"游戏"不是运动或玩耍的意义，而是表现人之绝对自由的志愿而不为其他目的所支配的活动，但毕竟也是指的活动。而且在《生活的意义》一书中他也指出，人类一切所为，即使是在生活中所需要的也应当看作"游戏"一样。

⑰参见三岛宪一著《本雅明》，贾倞译，河北教育出版社 2001 年版，第 156—158 页。

⑱参见三岛宪一上著，第 341 页。

⑲译文如下：

我们越是精益求精地考察实际语言，它与我们的要求之不相容便越尖锐。因为，毫无疑问，那水晶般的逻辑的纯净不是**研究的结果**，它只是我们的一种祈求。现在，这二者成了水火不相容了！眼下这一祈求也有落空的危险——我们已经濒临那没有摩擦的光溜溜的冰面。因此，在某种意义上说，这种情况是再好不过的，但正因为如此，我们便不能行走了。人要行走，就需要**摩擦**。回到粗糙的地面上来吧！

⑳译文如下：

看看我们称之为"游戏"的活动吧。我意指的是下棋、玩牌、赛球、奥林匹克运动会等。它们的共同点究竟是什么？不要说“应该有某种共同点”，否则它们就不会被称作“游戏”了。重要的是要看，**并看出**所有游戏活动中是否有着共同点——因为，如果你（认真）看它们，你并看不出**所有**游戏活动中有什么共同点，而只有相似、关系以及一系列的相似和关系。再说一遍：不要想，而要看！例如，看一看下棋以及它们各式各样的关系。

㉑译文如下：

“那么你认为真假取决于人类的约定吗？”——正是人类说出的东西才有真假；他们在**语言**的使用上作出约定。这不是见解上的一致，而是生活形式上的意见一致。

㉒详见刘宓庆著《口笔译理论研究》，北京：中国对外翻译出版公司2003年版，第4章4.22节。

㉓参见 Wittgenstein: *The Blue and Brown Books*, 1958, p. 18；及 *Philosophical Investigations*, Prt I, §109, 47e，维根斯坦用 Erklärung（explanation）时，意思相当于 description，参见舒光著《维根斯坦哲学》，第352—353页。

第十二章　本杰明翻译观试析

在西方现代文论家中，德籍犹太人本杰明（另译“本雅明”，Walter Benjamin, 1892–1940）是比较复杂的一位人物。我们应当怎样认识、怎样理解本杰明？下面是1986年版《现代欧洲哲学思潮》（*Modern Movement in European Philosophy*）一书中关于本杰明的述评：[①]

> 本雅明（本杰明）是具有多种色彩的批判理论家。他既是诗人神学家，又是历史唯物主义者，既是形而上学的语言学家，又是献身政治的游荡者，另外，他还有其他许多角色。他觉得自己的时代出了偏差，也觉得自己与时代脱了节。在纳粹德国，他是一个犹太人；在莫斯科，他是一个神秘主义者；在欢乐的巴黎，他是一个冷静的德国人。他永远没有家园，没有祖国，甚至没有职业——作为文人，学术界不承认他是他们中的一员。他所写的一切最终成为一种独特的东西（sui generis）——正如他的流亡同胞、在巴黎的朋友汉娜·阿伦特所说的，这一事实表明他属于无法对之加以分类的作家之一，其著作既不能与现存分类体系契合，也没有产生一种能够纳入将来的分类方法中的文体。……一个时代往往把自己的印记最清晰地打在受它影响最小的、最远离它的、因而受苦最多的人身上（*Illumination*《启迪》导言）。尽管个人屡受挫折，尽管面对纳粹的野蛮恐怖，本雅明依然憧憬着现代人的文化和政治复兴。这体现在他最喜爱的格言中：只是为了那些毫

无希望的人们，我们产生了希望。

本杰明生活在一个黑暗时代的黑暗国度里，又是备受屈辱和煎熬但仍看不到光明尽头的民族中的一个成员，思想、感情上有消极的一面，是可以理解的。② 不少西方和中国的批评者无限夸大他思想上的神秘主义的负面，几乎对他的每一句话都引向灵界的不可知论，作神秘诡谲的解读，这只会对本杰明本来面目的认识与事实越走越远，无异于误导读者。我们诚然要看到本杰明内心深处的矛盾（P. Demetz, 1986: vii），但重要的是，我们应该把握一点：本杰明是个严肃的学者、热切而勤恳的真理探求者，我们要摒弃偏见，用平常心看待他、用平常心去解读他的学术观点。此外，还应该看到，“欲知其文必先知其人”，也就是我国古人说的“诗本性情”，研究本杰明的翻译观必须更加关注本杰明其人，尤其是他的文学观和基本的哲学取向，用历史唯物主义和辩证唯物主义的认识论去分析、解剖本杰明这个“欧洲文化人”。

本杰明对文学翻译有许多认真的思考，不少见解称得上真知灼见，不少隐喻构思奇特、寓意深刻。这也是很值得我们研究的。下面我们将对本杰明的翻译观以及对他的文学翻译（特别是就译诗而言）论所涉及的几个主要问题进行阐释和分析。

12.1 关于本杰明的基本哲学取向和文艺观

在研究本杰明的翻译观以前，我们还必须对本杰明的文艺哲学思想有所了解。一般认为，本杰明的基本哲学取向和文艺观属于20世纪在欧洲盛行的浪漫主义。在德国，被称为“早期浪漫主义”（Early Romanticism, Manfred Frank, 2005）的一派文艺、哲学、历史学理论家代表人物是18世纪末的施莱格尔（F. Schlegel）、诺瓦利斯（Novalis）、奥古斯特·威廉（A. Wilhelm）和蒂克（Tieck）。1918年3月，本杰明写信给朋友，首次提到他的理论目标，表示他将致力于提出一种浪漫主义的艺术批评理论，这一理论认为：③

> . . . has the following view become predominant: that a work of *art in and of itself*, and without reference to theory or morality, can be understood in *contemplation* alone, and that the person contemplating it can do it justice.The *relative autonomy* of the *work* of art *vis-à-vis* art, or better, its exclusively *transcendental* dependence on art, has become the prerequisite of Romantic art criticism. I would undertake to prove that, in this regard, *Kant's aesthetics* constitute the underlying premise of *Romantic art criticism*. (*Briefe* 1: 176)
>
> （大意：艺术作品是一种自在、自为之物，与理论和道德观无涉。人们只需通过静观即可理解一件艺术品，这就是说，静观中的人可以对艺术品作出判断；艺术作品面对艺术时是相对独立的，它超越对艺术的依赖性。这是浪漫主义艺术批评的先决条件，可以说，基本上以康德的美学观作为这一批评理论的前提。）

这段引文中的一些要点："自在、自为之物""静观""艺术的相对独立性""超越""康德的美学观"等，后来都体现在本杰明的翻译思想中。可以说，本杰明的翻译理论思想基于他的浪漫主义艺术批评理论。为了更好地理解本杰明的思想，下面我们提纲挈领地阐述一下早期德国浪漫主义的一些主要论点（或特征）以及本杰明对这些观点的认同或修正（"The Task of the Translator": 76）④：

（一）Reflection（反映、内省）

在早期德国浪漫主义者的话语中，很多词都有双重意义。例如"reflection"。它有两个意义：其一是"反映"，其二是"内省""反省""观照"。"反映"重在客体行为，"内省"等则重在主体行为。究竟侧重哪个意义，要看语境。不少情况下，两个意义兼而有之，我们不要死抠字眼。

Reflection 是费希特（J. G. Fichte, 1762–1814）和其他一些早期浪漫主义者提出的一个具有关键意义的概念。费希特强调意志的行为（行动性，认为世界是人的"行为场所"，成功取决于"严酷的自我"在这个行为场所中表现出来的意志力量，受到海涅的高度赞扬），⑤ 使本杰明在精神上深受鼓舞和感召——尽管本杰明自认为费希特对他的影响远不如施莱格尔与诺瓦利斯。“内省论”对本杰明的翻译观几乎起着指引作用。这就是为什么我们将本杰明的翻译主张称作**内省式翻译观**——实际上，“内省”也就是他所谓的 contemplation（观照、澄心观照）。所谓内省、观照指人对于自我的思考，着重于对“思考的形式”进行思考。早期浪漫主义者特别是费希特认为人不仅能对内容进行思考，还能对思考的形式、方式（fashion, mode）进行所谓“思考的思考”，被称为“内在思考”。内在思考的特征是它的系统性，即不仅考虑事件本身，也考虑它的成因、发展、过程、变异、结果、效果等基本上属于事件内部并扩及外部环境的种种因素，这也很接近本杰明关于翻译的思路。

内省思考的另一个特征是直观性，它强调知识的经验性及经验的直接性，因此十分重视形式把握，而所谓“内省”也就集中在对形式的思考上。这个观点也源于费希特。费希特认为，现实中的“自我”必须提升，摒弃一切除个性“我”以外的东西，这种抽离会产生一个“绝对自我”，绝对自我是“我性”（Ichheit）的体现者，它不是个体，它是只能通过“知性直观”（intellecture intuition; Intellectuelle Anschauung）而产生的我。“知性直观”的对立概念是感性直观，它不是什么对存在的直观（感性直观），而是“对行动的直观”。那么“对行动的直观”又作何理解呢？费希特的研究者解释说：⑥

> 感觉并不设定什么外在东西，而是自我在自身中感到受某种陌生东西的限制。在感觉上继续出现的是直观（Anschauung），在直观中设定了某种外在于我们的东西，即被直观物。直观作为直观（原译如此，意思为“直观本身”）应该被固定下来，以便它能够被当成同一个东西来理解。但是，直观自身根本不是什么固定的东西，而是想象力在两个相反的方向之间的一种摆动。要使直观固定下来，必须有一种从事这种固定的能力，但这种能力既不是从事规定的理性，也不是从事创造的想象力，而是介于理性和想象力之间的一种中间能力，这种能力就是知性（Verstand）。知性之为知性，只是因为有某种东西在它那里被固定下来，知性可以说是理性固定下来的想象力，或者说是由想象

力配备了客体的那种理性。因为空间和时间是直观的规则，所以范畴就是知性固定的规则。因为知性固定对象，所以判断力（Urteilskraft）就是对已经在知性中设定的对象进行反思。知性与判断力必须相互规定，或者知性规定判断力，或者判断力规定知性。对自我完全主动性的直观——由于这种直观，我们可以看到，对于自我没有什么东西能是实在的——这就是理性认识（Vernunfter-kenntnis），即一切知识的基础。这里我们又返回到最初的出发点。任何理论哲学都超越不了自我的这种自身统一的相互作用。

因此，“知性直观”也称为“理智直观”：它既是感觉的、知觉的直观能力，又是理性的、理智的知性能力，具有这种能力的自我，并不依靠概念、判断、推理的逻辑思维，而可以直接把握认知对象、审美对象的内在本质。知性直观论对本杰明的翻译观的影响是显然的。费希特的知性强调**直观性的内省判断力**，即“绝对自我”对客体意向的判断。而本杰明在《译者的任务》（“The Task of the Translator”，以下简称 TT）中对翻译任务的描写正是**译者对原文的意向性判断**：⑦

The task of the translator consists in finding that intended effect [*Intention*] upon the language into which he is translating which produces in it the echo of the original. This is a feature of translation which basically differentiates it from the poet's work, because the effort of the latter is never directed at the language as such, at its totality, but solely and immediately at specific linguistic contextual aspects. Unlike a work of literature, translation does not find itself in the center of the language forest but on the outside facing the wooded ridge; it calls into it without entering, aiming at that single spot where the echo is able to give, in its own language, the reverberation of the work in the alien one. (TT: 76)

（译者的任务是在译语里激起原作的回声，为此，译者要找到的是体现在译语中的效果，即意向性。这一翻译的基本特征与诗作不同，因为诗人的着力处不是语言自身或语言的总体，而仅仅是直接诉诸特定的语文方面。与文学作品不同的是，译作并不将自己置于语言之林的中心，而是从外面眺望林木覆盖的山岭。译作呼唤原作却并不进入林木之中，译者寻觅的是一个别无他处的所在，在那里，听得到一个以自己之声回荡在陌生的语言里的回声。）

应当说明，本杰明这里说的只是对文学翻译（尤其是诗歌翻译）而言。引文中关于“语言森林”的说法和回声之喻也是对“知性直观”很好的说明。很显然，翻译中对待如诗歌之类的“意在诗外”或“言外有意”的文本，译者不离“形”（语言森林）去把握“意”（回声，主体对诗的意蕴的感应），实在很难说完成了译者的任务。但如果译者面前是一份法律文件、一本学术名著或一项政府间的协议，光听听“回声”就显然不够了：你只是站在森林之外，赞叹林木之茂美，却不走进去看个究竟，怎么算得上是一个森林的“探宝得宝”者呢？“言不及义”，焉能称得上翻译？这里，我们要看到本杰明的预设，才能理解他。

二、“Critic”（kritiker）（批评、批判）

这个词在本杰明的话语中也有两个意思：一是批评，相当于评论、评估；二是批判。按照本杰明的解释，浪漫主义的批评是“狂欢式地揭示传统的一切隐秘之源”（*Correspondence*, 88-89）；浪漫主义的批判则是“对所有界限的废弃”。本杰明在《浪漫主义艺术批判中的哲学基础》一文中写到：⑧

通过康德的哲学著作，使年轻的下一代获取批判概念的魔术性意义。无论怎样，在这里与批判概念相联结的并非是单纯打破判定、非生产性的精神态度，这一点非常明确。恐怕对于浪漫派的人们以及思辨哲学而言，“批判性的”这一用语是“客观性的生产的”或“基于深思熟虑的创造性的”意思。所谓“批判性”是指以语境联结方式把思考向高处提升，隔断并洞察这种联结是虚伪的，通过这种洞察，即魔法的力量，真理的认识不断充实起来。

本杰明认为，就方法论而言，早期浪漫派倡导的是所谓“内在批评”

(internal criticism),并以内在批评将各种有关的概念整合起来。这里所谓“内在批评”有两层意思(下文中标引号的表示取自本杰明著作《德国浪漫主义中的艺术批评概念》):[⑨]

> ……首先,内在是指审美对象自身固有的特点。作品的内在结构就提供了“对一切主观性的校正”。例如,施莱格尔“把精神法则贯彻进艺术作品本身”,结果,“评价就内在于对作品本体的研究和认识”。其次,内在是指潜藏的倾向。内在批评把作品看作没有完成的,但作品本身包含着独特的自我展开的动力。因此,“作品批评是对它的反思,只能是导致其内在内核的展开和绽露”。批评是对作品的潜在性质的开发,从而超越了作品本身,使作品不断产生新的意义。关于这种内在批评,本雅明(本杰明)采用了浪漫派的一个用语“觉醒”:“批评是关于艺术作品的试验。通过批评,作品的反思觉醒了,这就导致它自身的意识和认识。”
>
> 本雅明认为,批评的内在性保证了批评的客观性:“弗里德里希·施莱格尔提供的艺术批评概念的这种客观基础只能是关系到艺术的客观结构。”本雅明反复强调“早期浪漫主义的客观意图的力量”,特别是艺术批评概念中艺术的“客观法则”。人们通常认为,早期浪漫派鼓吹不受束缚的主观意志。本雅明在这里对流行观点提出挑战。在他看来,这种误解是由于浪漫派使用了含混术语造成的。浪漫派受唯心主义哲学家费希特的启示,采用了“反思”(内省、反省)概念。但是,费希特的“反思”是“对自我的思考”,而浪漫派的“反思”是“对思想的思考”。反思的对象是艺术,而不是自我。所以,浪漫派的“主观性”是指一种自动的展开过程,而不是心理意识。

“内在”(内在性)是19世纪末20世纪初期欧洲生命哲学家热衷的课题,柏格森就说过必须认识“内在的生命”,而“正是直觉引导我们达到生命的真正内部”(《创造进化论》,第176页)。可见所谓“内在批评”指的是对内部机制、内部结构的解构。

本杰明的这种批评观(批判观)与他在翻译观中对原文文本解构的态

度十分相似，不同之处是这里批评后的成果是“觉醒”，而在翻译中是原文被解构后的“再生”（afterlife）。下面的分析也很自然地使人们想到翻译中的“再生”：⑩

> 内在批判同时具有双重功能，既完成作品，又破坏作品：“就其根本意图而言，批评不是审判。批评一方面完成、补充和整理作品，另一方面消解作品，使之融化进绝对之中。这两个过程在根本上是协调一致的。”只有“以毁灭为代价”，作品才能完成。作品是在毁灭的过程中逐渐释放出其意义的。
>
> 内在批判是“完成性批判”，这包含着两层意思：一方面，如前所述，作品的完成是作品自身的展开和觉醒；另一方面，作品的完成也涉及个别作品（特定作品）与艺术的“绝对理念”之间建立的关系。本雅明指出：“所有的表现形式不断地组合，相互沟通，从而统一构成了艺术的绝对形式。后者等同于艺术理念。浪漫派的艺术统一体的理念也就存在于形式连续体的理念之中。”换言之，每个作品的理念都在于其形式，而艺术的理念不是外在于个别作品的，而是这些形式的连续总和。因此，艺术理念的揭示是从个别作品展开的，而个别作品也应纳入艺术形式的系列中。

本杰明认为，“完成”只是“形式连续体”的一个显现，“形式连续体”包含“无限的完成过程”，译作的“完成”也是一样，所谓生命的连续与完成也是柏格森的观点：⑪

> 在浪漫派的历史观中，时间不是同质的、空洞的空间，而是形式连续体的逐渐弥漫和排列。进步不是量变和积累，而是质变和深化。进步不是单纯的成长，而是无限的完成过程。“完成”乃是浪漫派救世主义的核心。从节奏意识看，“完成”绝不是同质的连续，而是不连续、间断。“完成”的表现形式之一是“觉醒”，苏醒是一种变奏。更重要的表现形式是打断进步过程的“停顿”，施莱格尔说：“如果没有停顿和中心，无条件的奋斗和进步又有何益？”本雅明强调，施莱格尔使用停

顿一词表明了他对进步观的基本立场。

在本杰明看来，翻译正是如此：它是一种样式（TT: 70），一种形式连续体，其有无限的完成过程、延续过程（TT: 71），[12]最后达到它的终极蕴含、终极本质（ultimate essence, TT: 73），即上段引文中所谓的“绝对形式”，而这一切正是“内在批判”的结果。本杰明在另一篇重要的语言论述《论一般语言与人的语言》（“On Language as Such and on the Language of Man”，简称LSLM，载*Reflections*, ed. by P. Demetz; trans. by E. Jephcott, 1986）中说：

> Translation attains its full meaning in the realization that every evolved language (with the exception of the word of God) can be considered as a translation of all the others. By the relation, mentioned earlier, of languages as between media of varying densities, the translatability of languages into one another is established. Translation is removal from one language into another through a continuum of transformations. Translation passes through continua of transformation, not abstract areas of identity and similarity.
>
> [翻译欲臻于至善，必须实现一个理念，即每一种成熟的语言（除上帝之言外）均可视为彼此间的互译。将语言之间的关系定位为不同的疏密度之间的媒介关系，则语言彼此间的可译性可以就此确立。翻译是通过连续性转换从一种语言过渡到另一种语言。翻译经历的是连续转换，不是抽象的一致和类似。]（LSLM: 325）

在本杰明看来，翻译这种形式“连续转换”过程的完成也就是所谓的“内在批评”的完成，标志这一完成的则是“绝对形式”。本杰明认为“批判哲学”的终极目的也就是 the Absolute（绝对）。

三、“The Absolute”（绝对、绝对性）

在西方哲学中，“绝对”“绝对性”基本上是后康德理想主义早期浪漫主义形而上学思辨中的一个用语，[13]用以指**实际上存在的整体性**（the totality of what really exists)，这种整体性表现为现实（reality）并必须超越“一切互相关联的思想”（all relational thought），因此“绝对性”具有跨越所有关系和差异的**统一性**（unity）。在哲学上，绝对性与相对性是一对对立的概念。

在早期浪漫主义的引导下，本杰明在艺术思想上也长期存在一种对“绝对”的追求，也就是对“绝对纯粹”或“纯粹性”的追求（TT: 79）。由于本身的犹太血统，本杰明在神学思想上又存在一套“神启”“神谕”观念，认为语言的终极本质是由上帝决定的，这样就使他沉迷于“绝对性”和“纯粹性”的描写。如果我们排除后者，可以看到本杰明的所谓“The Absolute”其实也就是可以比较“actualized”的“Linguistic Absolute”（“语言绝对”，Andrew Benjamin, 2002: 109），而“语言绝对”问题则是德国浪漫主义者，包括荷尔德林（F. Hölderline）常常谈论的话题。例如，荷尔德林认为人类语言莫不基于一种所谓“基础语”，这一“基础语”也就是“纯语言”（pure language），为人类所共有。“纯语言”传达的是“信息整体”，这就是荷尔德林之所以倡导直译（逐字对译）的原因，他认为这样可以“体现纯语言”的“绝对性”。这大概是所有浪漫主义者对语言的“终极本质”（ultimate essence）的共识。

综合散见于各篇中的诸多“提法”（reference），我们可以将本杰明对 The Absolute 的内涵和特征的解释归纳如下。

（一）表示本质性（essential substance, TT: 70）

本杰明认为翻译传播的东西，不应该只是语义信息这种“非本质的内容”（inessential content），因文学作品的实质（essence）是“信息以外的东西”（试比较：“意在诗外”“功夫在诗外”），由这种东西确定可译性：可译性是对本质的可译（TT: 70）。

（二）表示创造性（“creativity”, Andrew Benjamin, 2002: 113）

在本杰明看来，人类凭借语言获取知识，而语言的创造性之源在上帝。本杰明研究者安德鲁·本杰明（2002: 111, 113）说所谓“绝对性”在本杰明的话语中指上帝为事物命名的创造性。[14]本杰明在 LSLM 一文中说：

> In the creation of man the threefold rhythm of the creation of nature has given way to an entirely different order. In it, therefore, language has

a different meaning: the trinity of the act is here preserved, but in this very parallelism the divergence is all the more striking: in the threefold "He created" of 1:27. God did not create man from the word, and he did not name him. He did not wish to subject him to language, but in man God set language, which had served Him as medium of creation, free. God rested when he had left his creative power to itself in man. This creativity, relieved of its divine actuality, became knowledge. Man is the knower in the same language in which God is creator. God created him in his image, he created the knower in the image of the creator.

（大意：上帝造人与造物之道迥异。上帝并没有以词语作材料来创造人，也并没有为人命名。上帝没有期望让人服从语言，他只是置语言于人身之内，使语言成为他创造人的中介，使之服务于他的意志，同时让语言获得了自由：语言是上帝留在人身上的创造力，这种创造性变成了人的知识：人是语言的"知者"，而上帝则是语言的创造者。）

在我们看来，本杰明这一套说法晦涩无稽，可以说不值一驳。但本杰明实际上是为他的所谓"纯语言"、所谓"绝对"、所谓"内省"、所谓"灵韵"等寻找理据、寻求"终极本质"；也反映了本杰明对语言"真理价值"的浪漫主义及犹太神秘主义的苦苦追求，并试图对不可知论作出可知的解说。[15]

（三）表示"历史性"（historicality）

"历史性"也是德国浪漫主义者热衷的课题。他们谈论的所谓历史性大抵有两层意义：（1）对历史发展（的内涵）的谴责；（2）对历史真谛的浪漫主义的追求。这时，浪漫主义者对历史的"实在性"（actuality）的逃避隐藏着他们对"历史性绝对"的憧憬。德国浪漫主义研究者安德鲁·鲍伊（Andrew Bowie, 1997: 225）评论说：[16]

In the light of the growing accumulation of historical disasters, the only sense that can be made of history for Benjamin now lies in the escape from sequential temporality that can be achieved by a radical approach

> to culture: "For a piece of the past to be affected by actuality, there must be no continuity between them" (p. 587). Continuity is part of the world of "conditioned conditions", in which progress is measured by scientific and technical accumulation, not by what this accumulation means for real human beings. Truth is what happens when continuity is interrupted by insight into the fact that history remains a brutal disaster, even though the technical means are already present to alleviate its worst consequences. At this level Benjamin offers an apt diagnosis of the failure of the modern world to develop morally in the same way as it develops technologically, which is perhaps the vital unifying—and essentially Marxist—theme of Frankfurt School Critical Theory.

事实上，本杰明对这种历史性的追求可以说是悲剧性的。引文中提到的法兰克福学派批评理论的评论者霍克海默（Horkheimer 1980:341）著文说：[⑰]

> Whatever has happened to the people who have perished will not be healed by the future. They will never be summoned in order to be blessed in eternity. Nature and society have done their work on them and the idea of the Last Judgement into which the longing of the oppressed and the dying has entered is just a remainder of primitive thought which fails to recognise the trivial role of mankind in the history of nature, and thus humanises the universe. In the midst of this measureless indifference human consciousness is the only location in which injustice which has been suffered is negated (*aufgehoben*), the only authority which will not be satisfied with injustice. The all-powerful goodness which was supposed to sort out suffering in eternity was from the beginning just the projection of human participation in the impassive universe. Art and religion in which this dream found its expression are just as much testimonies to this dissatisfaction as they have become, on the other hand, means of deception

in the hands of the rulers in every period. Now, when trust in eternity must disintegrate, the writing of history (*Historie*) is the only way in which present day humankind—itself transient—can still pay attention to the accusations (*Anklagen*) of past humankind.

（四）表示“终极性”（ultimacy）

继“本质性”“创造性”“历史性”之后，“终极性”是本杰明所追求的“绝对”“绝对性”的最后一个内涵。“终极性”也是浪漫主义者最热忱的追求。它的逻辑似乎是这样：语言的生命（TT: 73）及生命的本质（TT: 73）体现出造物主（上帝）的创造性，具有创造性必然具有历史内涵即历史性，历史性赋予本质以终极性，于是“本质”就成了“终极本质”（TT: 73）。在《译者的任务》中，他写道：

There it is a matter of showing that in cognition there could be no objectivity, not even a claim to it, if it dealt with images of reality; here it can be demonstrated that no translation would be possible if in its ultimate essence it strove for likeness to the original. For in its afterlife—which could not be called that if it were not a transformation and a renewal of something living—the original undergoes a change. Even words with fixed meaning can undergo a maturing process. The obvious tendency of a writer's literary style may in time wither away, only to give rise to immanent tendencies in the literary creation. What sounded fresh once may sound hackneyed later; what was once current may someday sound quaint. To seek the essence of such changes, as well as the equally constant changes in meaning, in the subjectivity of posterity rather than in the very life of language and its works, would mean—even allowing for the crudest psychologism—to confuse the root cause of a thing with its essence. More pertinently, it would mean denying, by an impotence of thought, one of the most powerful and fruitful historical processes.

（很明显，在认知过程中无客观性可言，甚至连可以算作客观性的东西都没有，因为我们面对的是现实的意象。这就说明，如果译作的终极本质仅仅是力求向原作看齐，那么要完成翻译就渺乎其难。原作必须经历生命的更易才能得以新生，否则就不成其为来世。即便是意义明确的词语也会经历一个成熟过程。随着时间的流逝，某一作家文学风格中的明显倾向会逐渐褪色，而其中的文学创作内隐倾向则会逐渐显现。昔日令人耳目一新的文采今日而或成为明日黄花，曾经风靡一时的华章日后或许会变成陈词滥调。然而假令我们不在语言及其作品的生命本身而是在其后世衍生的主观性中找寻这种变化的本质所在，我们就难免不陷入浅薄的心理主义，并混淆了事物的起因及其本质。更重要的是，这意味着以思想的无能去否定一个最有力的、成果硕然的历史过程。)

这里本杰明谈的就是所谓“翻译的生命哲学”，而生命、生命本质正是本杰明在论说中常常提到的课题，也是德国浪漫主义者关于生命经验的经典主张。在他们看来，生命具有原始性和包容性，“生命”这个词，相当于欧洲传统形而上学中的“存在”，也就是康德所说的“物自体”，歌德将它归之于“元现象”（Urphänomen）。浪漫主义者认为生命与人的推理无关，生命经验是我们的直接经验。狄尔泰（Wilhelm Dilthey）的生命论认为生命实际上是人类社会文化的历史过程，因此，他所指的生命（Leben）实际上是“生命性”（Lebendigkeit），生命性具有两个基本特征（范畴）：时间性（Zeitlichkeit）和历史性（Geschichtlichkeit）。狄尔泰的这些观点与后来的海德格尔关于“此在”（Dasein）之说中提到的时间性和历史性之间具有明显的传承关系。狄尔泰也提到本杰明常常谈到的 reflection（反思）。在 1887 年一篇论歌德的文章中，狄尔泰说人常常受到一种“面向死亡的生命”的生存威胁，它迫使我们更敏锐地感觉到“生存”“死亡”和“世界”之间的一线之隔，正是这种挥之不去的威胁，使我们进入一种“反思的缠绵”（Dilthey, 1965: 162; Otto F. Bollnow, 1958: 6）。这些论断更使本杰明深受影响。

在分析本杰明关于“绝对”（纯粹、纯、终极性）的具体所指时，安德鲁·本杰明（2002: 120）认为“绝对”之所指实际上正是本杰明所说的“可译性”：

> Translatability while at work within communication is itself communicated by acts of translation. This restriction means that there has to be the silent word and thus the realm of pure language. Pure language remains unvoiced because its presence is no longer a possibility. And yet "pure language" remains. Once again what emerges as the insistent question is not "pure language", but the nature of its presence. Following Benjamin, it can be argued that this presence is best defined in terms of that which is recalled in any one translation. Once freed from the problematic of loss, what is recalled is that which makes translation possible. Possibility is the condition of language itself. Translatability is not just the "essential condition" of certain works, it is the infinite of language: the linguistic Absolute.
>
> （大意：所谓“语言绝对”指语言的无限性，它是一种“本质条件”，语言本身具有的这种条件，由此产生翻译的可能性。在人类交流中，也就是在翻译行为中，可译性在默然起作用，这时，**语言中无声的词语在交流。这种使 SL 与 TL 交流的语言，就是“纯语言”。**）

根据这个意见，我们可以捋出一条本杰明的思路，这一思路，大概就是本杰明翻译观一个基本的翻译思维模式：（见第 388 页图）

本杰明认为：翻译是用纯粹语言释放 SL 文本意涵（“intentio”）的过程，这时，多种语言被融合为相补充（TT: 76-77）的语言，形成“互补关系”（“reciprocal relationship”, TT: 72），这种关系使 TL 变成了透明体（TT: 79），正是在这个意义上，我们说翻译是一种中介（TT: 79）手段。在下面第三节中，我们将谈谈应该怎样从积极意义上理解本杰明所谓透明的“纯语言”。本杰明的**翻译语言互补论**是非常重要的翻译思想。

12.2 本杰明的翻译思想

从整体来看——特别是透过本杰明常常自相矛盾而且立意与行文晦涩的话语迷雾来看，本杰明所持的翻译观可以说是相当进取的，这种翻译观具有十分浓厚的浪漫主义色彩，因为本杰明从世界观到方法论都深受德国浪漫主义的影响，他的翻译观也就必然受到理想主义哲学元素（philosopheme, T. Ninanjana, 1992: 1-86）的支配，例如为本杰明所敬仰的早期德国浪漫主义者诺瓦利斯（Novalis）就认为翻译可以是“神话式地呈现艺术创作的纯净品质”，它给人们带来的不只是什么有型有款的艺术品，而是它的“理想模式”（Benjamin, *The Concept of Criticism in German Romanticism*, 154）。下面我们将集中探讨本杰明翻译思想中的几个比较突出的论点。

统观本杰明关于翻译的种种论述，他的翻译思想实际上聚焦于一点：**翻译的超越论**。可以说本杰明是现代西方译论家中第一位也是迄今为止唯一一位深刻地阐述了翻译超越理论的译论家。

一般说来，“超越论”指译语（TL）对原语（SL）的超越，这种超越可以专注于不同的层面：可以专注于意义的超越（TL 语义对 SL 语义的超越）；也可以专注于形式超越（TL 形式对 SL 形式的超越），基本上不涉及意义；当然更可以专注于意义超越加上形式超越，一切取决于**译者的翻译观**，主要涉及**翻译思想**加上**翻译态度及基本策略**。从整体看，本杰明属于后者：他的所谓“纯语言”，也就是升华的语言、超越的语言，基本上是一种**以超越为特点的表现论**——尽管他经常提到模仿问题。他的名言是：“如果译作的终极本质只是力求效颦于原作，那么要完成翻译就渺乎其难了。”（TT: 73）

本杰明的超越对策论主张很有特色，今将要点分述如下。

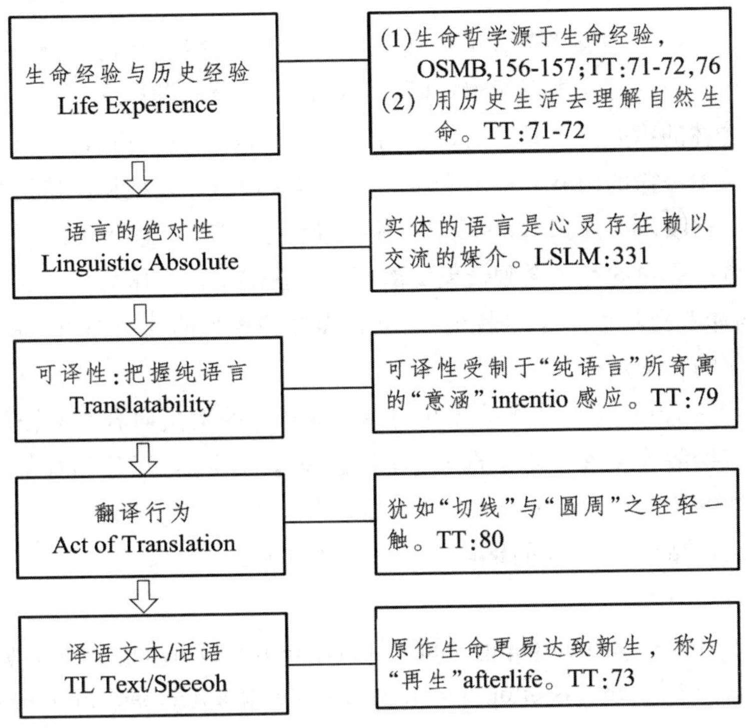

图12-1 本杰明的内省式翻译思维模式

12.2.1 森林之喻：语言互补的比喻之一

文学创作与文学翻译都是语言艺术表现活动，维根斯坦称之为“语言游戏”（*PI*, §23）。艺术活动与语言游戏二者之间，区别何在？本杰明举了一个例子，他比喻说：

> Unlike a work of literature, translation does not find itself in the center of the language forest but on the outside facing the wooded ridge; it calls into it without entering, aiming at that single spot where the echo is able to give, in its own language, the reverberation of the work in the alien one.（见前译）

本杰明认为，文学创作必须进入语言之林，置身于语言之林的中心，着力于情、思的行文内在运筹。而文学翻译则不然。翻译家并不将自身置于语言之林的中心，不是执着诗的词句运筹，受制于原诗句，而只是从外面眺望林木覆盖的山岭。译者要做的是沉醉于内省，以把握原诗透溢出来的**外在的召唤**，即“calls into（it)”（召唤、呼唤)，使内心受到感应、产生互动，译者所寻觅的是一个独一无二的所在，在那里，原作与译作交融互补（诗人与译者交互感应)，这就是“译语回荡在原语里的回声”(“the echo”)。这个比喻的含义是：

（一）翻译要超越原作的语义内容，让译作的语义内容与原作的语义内容保持**松散的关系**。翻译的任务是把握原作的形象、意象和音象。本杰明引用潘维茨（R. Pannwit）的话说：“我们必须回到语言的最基本因素中，力争到达作品形、意、音的聚焦点”。他指出（TT: 81）：

> The lower the quality and distinction of its language, the larger the extent to which it is information, the less fertile a field is it for translation, until the utter preponderance of content, far from being the lever for a translation of distinctive mode, renders it impossible. The higher the level of a work, the more does it remain translatable even if its meaning is touched upon only fleetingly. This, of course, applies to originals only. Translations, on the other hand, prove to be untranslatable not because of any inherent difficulty, but because of the looseness with which meaning attaches to them.
>
> (原作的语言品质愈低、特色愈不明显，它就愈接近信息，愈不利于译作的成形。对“诗歌”翻译这种特殊的写作模式而言，内容远非交流中的杠杆，要是让内容独霸全局，翻译也就做不成了。反之，一部作品的水准愈高，它就愈有可译性，即使我们只能在一瞬间触及它的意义。当然，这只是对原作而言。翻译之所以不可行不是由于翻译行为本身有什么困难，而是由于碍难使之蕴含原作的意义。)

在本杰明看来，诗歌译者一旦进入了原语的语言之林，就会陷入“语言森林的囚禁之中”，“译者所开拓的修辞酌句之门也就会砰然关闭，从而将译者禁闭于其中”（TT: 81）。翻译家要保持自由之身、自由之心，不要受制于原作的“实在的意义”，而要摆脱“实在的意义”，把握深层意蕴，以利译作的完成。本杰明一再提出“翻译的语言可以而且必须使自己从意义中摆脱出来，以利原作意蕴（intentio）的再现”（TT: 79），这实际上很近似中国人说的“意在言外”“诗在言外”。苏轼论超脱时就说过：“不识庐山真面目，只缘身在此山中。”

（二）诗歌原创与诗歌翻译的“目标”（“the aim”, TT: 76）不同，前者指向**诗人情怀的整体**，他是先有情怀，后见诸文字；而后者的指向则是**诗歌语言的整体**，译者是先见到文字，后把握诗人的情怀。因此各有各的行为对象、行为鹄的，译者不能将自己的情怀套在原作者身上，也不能将自我注入译作中，因为诗中已有一个期待译者的诗人的自我。大概正是在这一点上，德曼（Paul de Man, 1979）错误地认定译者与原文的关系纯粹是“语言与语言的关系”。德曼是只见物（语言），不见人（诗人、译者）。下面是本杰明的观点：

> Not only does the aim of translation differ from that of a literary work—it intends language as a whole, taking an individual work in an alien language as a point of departure—but it is a different effort altogether. The intention of the poet is spontaneous, primary, graphic; the of the translator is derivative, ultimate, ideational. For the great motif of integrating many tongues into one true language is at work. This language is one in which the independent sentences, works of literature, critical judgments, will never communicate—for they remain dependent on translation; but in it the languages themselves, supplemented and reconciled in their mode of signification, harmonize. If there is such a thing as a language of truth, the tensionless and even silent depository of the ultimate truth which all thought strives for, then this language of truth is—the true language. And this very language, whose divination and

description is the only perfection a philosopher can hope for, is concealed in concentrated fashion in translations . . .

（翻译的目标与文学创作的目标是不同的，不仅如此，翻译活动本身也不同于文艺创作。翻译以某一外语作品为出发点，而诗人的意图却是自发、原生、栩栩如生的；译者的意图则是派生、终极性的、观念化的。翻译压倒一切的意图是将各式各样的语言加以整合以达至一种真正的语言。在这一语言中，独立的句子、文学作品，或评论彼此无法沟通，因为它们都仰赖翻译；然而在译作里，不同的语言本身却以各自的意指方式相互补充、相互协调，最终达致和谐。如果真理的语言真的存在，如果所有的思想都在为之奋斗的终极真理能在和平之中落地为家，那么这种语言就是真正的语言。它的预言和描写是哲学家所期许的唯一的完美形式，但这种形式却隐藏在翻译集大成的形式之中。）

有人误解了本杰明的这番议论，以为他是在贬抑翻译，这是由于没有全面地看待他的基本观点。本杰明翻译思想的基点是翻译不能自甘被动，而“要积极超越原语”，犹如中国人说的，“不能抱残守缺”。怎么超越呢？本杰明说必须高屋建瓴，首先是知己知彼、认清翻译与创作目标不同。我们必须从大处着眼，直面原作和译作之间的区别。诗人的自由度是无限的，他（她）尽可以在文学原创的“语言之林”中漫游，发自本身也源自本身，因为他是自己情思的主人，也不必受文章机理之管束，而译者则不然，他是一个原创的陌生人，如果不摆脱这种原罪似的被动地位，也跟着原作者钻进语言森林之中，那就很难跳出原作者设定的框框了。这在中国传统文艺美学中叫作“意役于辞”或“以意役辞”，正是一种“不善诗之苦”（明·彭宾《岳起堂稿序》）。本杰明的策略是从超越的需要出发运筹译语，一旦把握了原语的意蕴，就要超越原语“语言之林”，使用一种能补原语之不足的整合性、互补性纯语言作译语——这也正是荷德林寻寻觅觅的“purity”（下文再谈）。

（三）“森林之喻”也说明本杰明反对机械直译，他的积极意思是要译者远眺全局，统筹策划，不要受原作“语言森林”的束缚，仅抓住一词一句去对译。然而，本杰明不同于荷德林的这个观点却常常引起误会。其实本杰明表述得很明白，他说（77-78）：

Traditional concepts in any discussion of translations are fidelity and license—the freedom of faithful reproduction and, in its service, fidelity to the word. These ideas seem to be no longer serviceable to a theory that looks for other things in a translation than reproduction of meaning. To be sure, traditional usage makes these terms appear as if in constant conflict with each other. What can fidelity really do for the rendering of meaning? Fidelity in the translation of individual words can almost never fully reproduce the meaning they have in the original. For sense in its poetic significance is not limited to meaning, but derives from the connotations conveyed by the word chosen to express it. We say of words that they have emotional connotations. A literal rendering of the syntax completely demolishes the theory of reproduction of meaning and is a direct threat to comprehensibility.

（在所有有关翻译的讨论中，传统概念包括两点：一是忠于原著；二是译文不拘一格，即所谓再创造的自由，前者指体现这种自由的对词句的忠实。但如果某种理论在译作中寻找的不是再创造的意义，而是别的什么东西，那么上述观念就没用了。当然，在传统用法里，译文的自由与忠实于原著好像总是处于冲突状态。**忠实对于达意有什么帮助呢？在翻译中，对个别词句的忠实几乎从来不能将该词句在原作中的含义复制出来。因为诗意的意蕴并不局限于字面意义，而是来自精心挑选的词语所传达和表现的含蓄义。我们都知道词语有种种情感的含蓄义。照搬句式则会完全瓦解使意义再生的理论，同时对可理解性造成直接威胁。**）

这里也透露出本杰明所谓的“语言绝对”“纯语言”的真意（请注意上段引语汉译中黑体部分）。下面我们还要讨论。

12.2.2 “切线之喻”：语言互补的比喻之二

怎样看待原文文本（SLT）与译文文本（TLT）之间的关系呢？一般都将它们比喻为不完全切合的两个同心圆。但本杰明的体悟却不同凡响。他认为，这二者的关系犹如切线之与圆周：切线只与圆周在一点上轻轻相触，二者随即分道扬镳。他说（TT: 80）：

> And what of the sense in its importance for the relationship between translation and original? A simile may help here. Just as a tangent touches a circle lightly and at but one point, with this touch rather than with the point setting the law according to which it is to continue on its straight path to infinity, a translation touches the original lightly and only at the infinitely small point of the sense, thereupon pursuing its own course according to the laws of fidelity in the freedom of linguistic flux.
>
> （意义在译作和原作的关系中有什么重要性呢？我们不妨打个比方。一个圆的切线只在一点上与圆周轻轻接触，随后切线即按既定方向伸向无限的前方。同样，译作只是在意义这个无限小的点上轻轻地触及原作，随即按忠实性法则在语言之流的自由领域继续自己的行程。）

任何一位苦心孤诣于摆脱羁绊、超越原作的诗歌翻译家都不得不叹服本杰明的这个比喻！你眼前要翻译的这首诗格律严谨、语义清晰、情思悠然，但你就是苦于不知如何下笔。按原诗字当句对地翻吗？你试过了：索然无味；按原意改头换面地译吗？你也试过了：不伦不类。正当你旬月踟蹰、惨淡经营却不得不忍痛割爱时，本杰明的“切线说”点醒了你：抓住原诗的形象、意象、音象——总之是整体的意蕴（intentio），赋之以精挑细选的语词、语句，并聚集于一点，让它与原诗语义的圆周轻轻一触——只觉得骤然把握了原诗意蕴的脉流！于是你奋然命笔，一气呵成，享受到了Pound 译唐诗时常常领悟到的那种莫名的畅快！

其实“切线”之说完全不限于译诗。任何翻译者都经历过“苦苦思量、搜索枯肠、骤然领悟、如释重负”的快意时刻，本杰明曾经将这种“领悟”称为“天启”（LSLM: 121），其实我们宁愿说这是作者与译者之间的“心灵相汇”、原语与译语之间的“意念交融”；原作者寄之于字里行间，翻译者得之于慧心慧眼：此之谓“切线与圆周的轻轻一触”，正好似李商隐的“心有灵犀一点通”！

12.2.3 “陶罐之喻”：语言互补的比喻之三

在本杰明看来，译作对原作的超越是后者赖前者而再生（afterlife），犹如后者之“投胎转世”（transmigration）。根据他的“翻译生命哲学观”，本杰明写道（TT: 72）：

> . . . a translation issues from the original—not so much from its life as from its afterlife. For a translation comes later than the original, and since the important works of world literature never find their chosen translators at the time of their origin, their translation marks their stage of continued life. The idea of life and afterlife in works of art should be regarded with an entirely unmetaphorical objectivity.
>
> （……译作以原作为依据，但是与其说译文源自原文的生命，毋宁说它是原文的再生。因为翻译晚于原作，世界文学的重要作品也从未在问世之际就有了选定的译者，它们的译本标志着其生命的延续。我们应当将艺术品的这种现世与来生之说看作一种完完全全的客观事实，而不是打打比方而已。）

在文中，本杰明一再阐释了他的这一翻译生命哲学观，一再重复了翻译使原作获得新的生命力这一对后世很有启示的思想，他继续写道（TT: 72）：

> . . . The history of the great works of art tells us about their realization in the age of the artist, their potentially eternal afterlife in succeeding generations. Where this last manifests itself, it is called fame. Translations

that are more than transmissions of subject matter come into being when in the course of its survival a work has reached the age of its fame. Contrary, therefore, to the claims of bad translators, such translations do not so much serve the work as owe their existence to it. The life of the originals attains in them to its ever-renewed latest and most abundant flowering.

(……伟大艺术作品的历史向我们昭示了它们在艺术家生活的时代的现实以及它们在后世的潜在永生。这种潜在永生即具体表现为声誉。如果一部译作不仅仅是传递题材，那么它的问世就标志着其原著享有生命延续的盛名。与拙劣译者的看法相反，这样的翻译并不是服务于原作，而是将其整个存在归因于原作。原作的生命之花在译作中得到了重归于世的、最繁盛的争妍吐艳。)

本杰明的这一论点是对翻译之天职的最崇高的评价，它符合各国的翻译文化现实，也符合人类的文明进化史。

本杰明还用另一个比喻阐述了翻译使原作再生的道理，那就是所谓“陶罐之喻”。译作与原作之间的“生之延续”（TT: 72）犹如破碎了的陶罐被黏合为原型（TT: 78）：

Fragments of a vessel which are to be glued together must match one another in the smallest details, although they need not be like one another. In the same way a translation, instead of resembling the meaning of the original, must lovingly and in detail incorporate the original's mode of signification, thus making both the original and the translation recognizable as fragments of a greater language, just as fragments are part of a vessel. For this very reason translation must in large measure refrain from wanting to communicate something, from rendering the sense, and in this the original is important to it only insofar as it has already relieved the translator and his translation of the effort of assembling and expressing what is to be conveyed.

(如果我们要把一只瓶子的碎片重新黏合成另一只瓶子，那么碎片必须能彼此吻合，虽然它们的形状不用一样。同样，译作虽不用与原作的意义相仿，但译者却得一五一十地将原作的表意模式细致入微地吸收进来，从而使译作和原作都成了一种更伟大的语言的可辨认的碎片，好像它们原本就属于一个陶罐似的。为了这个目的，译作必须大力克制那种要传达信息、递送意义的愿望。原作之所以重要，正因为它业已免去了译作和译者组织和表达内容的工作。)

本杰明的意思是：(1）破碎的陶罐之黏合意味着陶罐的再生；(2）黏合是“得”，但也必有所“失”，黏合品终究不是原件；(3)“失”中有“得”，“得”在大体成型（原型），使死者成为生者。这实际上也是本杰明心目中所谓的“直译”(TT: 78)：

On the other hand, as regards the meaning, the language of a translation can—in fact, must—let itself go, so that it gives voice to the *intentio* of the original not as reproduction but as harmony, as a supplement to the language in which it expresses itself, as its own kind of *intentio*. Therefore it is not the highest praise of a translation, particularly in the age of its origin, to say that it reads as if it had originally been written in that language. Rather, the significance of fidelity as ensured by literalness is that the work reflects the great longing for linguistic complementation. A real translation is transparent; it does not cover the original, does not block its light, but allows the pure language, as though reinforced by its own medium, to shine upon the original all the more fully. This may be achieved, above all, by a literal rendering of the syntax which proves words rather than sentences to be the primary element of the translator. For if the sentence is the wall before the language of the original, literalness is the arcade.

[另一方面，翻译的语言能够——事实上是必须——使自己从意义里摆脱出来，从而再现原作的意图(intentio)。这一切不是复制，而是译作自身的意图。它和谐地补足了原作的语言。因而如果说一部译

作读起来就好像原作是用这种语言写成的，这并不是对该译作的最高赞誉，在译作问世的时代就尤其如此。相反，由直译所保证的忠实性之所以重要，是因为这样的译作反映出对语言互补性的伟大向往。一部真正的译作是透明的，它不会遮蔽原作，不会挡住原作的光芒，而是通过自身的媒介加强了原作，使纯语言更充分地在原作中体现出来。我们或许可以通过对句式的直译做到这一点。在这种直译中，对于译者来说基本的因素是词语，而不是句子。如果句子是矗立在原作语言面前的墙，那么逐字直译就是拱廊。]

直到今天，人们还在责怪本杰明自相矛盾：一方面提倡超越，另一方面又为直译作辩护。其实，本杰明在上面说得很明白：他反对的是拘泥于原作词句意义的复制式直译，他维护的是**将原作的意蕴**（intentio）**和盘托出的忠实**。不过我们一定要明白，本杰明在这里谈的是译诗之道，他的这些观点显然不宜推而广之到一般的翻译。

12.3 关于所谓“纯语言”

在本杰明看来，“纯语言”就是完完全全理解了原文的意蕴亦即寄寓文本深层意涵的语言。

大概可以说，在精神和信仰层面，本杰明是有神秘主义的一面的。我们可以从他自我剖白的书信（Briefe）中看得很清楚：本杰明笃信宗教，几乎将宗教虔诚和哲学信仰、学术理念融为一体，这对当年犹太知识分子而言，不足为奇：

The central issue for Early Romanticism is religion and history; its infinite depth and beauty compared to the whole of later Romanticism is that it did not invoke religious and historical facts for the inner bond of these two spheres but rather sought to produce this higher sphere in its own thought and life, in which both ought to coincide. From this resulted

> not religion but an atmosphere in which whatever was without it and whatever pretended to it was reduced to ashes. If Friedrich Schlegel had such a silent disintegration of Christianity in mind, it was not because he questioned its dogmatism but rather because its morality was not Romantic, that is, it was not silent and not alive enough and precisely because it appeared to him to be excited, manly (in the widest sense) and ultimately ahistorical. These words are not to be found in Schlegel, they are an interpretation; one *must* interpret (intelligibly) the Romantics. Friedrich Schlegel breathed in this spiritual fire longer than any other . . . Romanticism is surely the most recent movement which, once again, rescues tradition. Its premature attempt in this period and sphere was aimed at the senseless and orgiastic disclosure of all the secret sources of tradition which ought to have overflowed unswervingly into the whole of humanity. (*Briefe* 1: 138)

应该说，在翻译理论层面，本杰明大抵是十分清醒的，一切也大都是实实在在的。值得注意的是居乎其间的语言层面。在本杰明的语言观中，彼岸世界与此岸世界似乎总是互为上下或者说互为表里。因此在谈到语言问题时，本杰明的论述总不免忽明忽暗，他在1916年写的《论一般语言与人的语言》（LSLM）就被认为"晦涩难懂"。其实，正如他在上面的引文中提到早期浪漫主义的中心问题是宗教和历史问题一样，本杰明的基本信仰中也充满宗教观念和历史观念。

"纯粹性"和"纯语言"是德国浪漫主义者的话题。理想中的"纯"与现实中的"不纯"相对，因此浪漫主义是用"纯"来反衬和反制"不纯"，以建立他们的理想世界（包括话语世界）。歌德和席勒都歌颂"纯"和"美"，席勒说"诗的语言必须是纯语言"，而"纯语言"即是"真语言"（true language）。这些理念和用语在本杰明的著作中常常出现。同样得到本杰明赞赏的是造诣和重要性仅次于歌德和席勒的德国浪漫主义诗人荷德林（F. Hölderlin, 1770–1834）。以翻译而论，荷德林是荷马、品达（Pindar, c518–c438BC，希腊最伟大的抒情诗人）、卢康（Lucan, 39–65AD，古罗马拉丁诗人）等人的经典文艺作品的译者，在德国翻译史上享有很高的地位。荷德林是直译的倡导者和身体力行者，荷氏译风对本杰明影响很深（*Briefe*, 1: 137）。荷德林对“纯语言”的理念也一如其他德国浪漫主义者。

如果我们撇开宗教含义不论，本杰明的所谓用“纯语言”翻译的理念包含以下含义。

12.3.1 语言的历史性 (Historicality)

“历史性”是浪漫主义者常常议论的话题（见前引语），反映浪漫主义对人类理性和理想启蒙历程的“热切的了解欲望”（歌德，1789）。在浪漫主义者看来，历史并没有终结，历史活在传统中，积极的人文理念固然诞生在过去，但它一直活着，作为传统活着，因此传统的生命力也就是“历史性”，语言中的“纯”正是如此。本杰明认为“历史可以提供一种真正理解的语境，舍此语言真实是不可能的。”日本评论家三岛宪一在论述本杰明理念中历史性与纯语言的关系时说：本杰明谈历史性时常有“根源”（origin）的意思，而“根源”……[18]

> ……是由在翻译论中与纯粹语言共同的思考构成的。就是说它是某种极其多样的历史现象（例如巴洛克悲剧和 19 世纪的巴黎）的、作为量化意义上的整体不可能把握的、但却是存在着的东西。在虚构性这一点上，正如本雅明（本杰明）自己所认可的那样，是与歌德的原生植物相关的，但这也不是全面虚构的事物。甚至是尝试以一句话概括可能存在的植物形态，但并非在量上。在这一意义上“植物”这一简单的单词就是根源。因此，一切都是根源的复活、再生，同时根源也常常是未完成的。即每次理念与历史世界相关对决时，其形态（复活、再生）都体现在“根源现象”之中。所以，在他晚年将根源换言为“根源的历史”的笔记中，被定义为“无阶级的社会”的是，应被满足的未完成的、至今所有形态的总体，而并非太古世界或未来的计划。

三岛的意思是说，事物都有初始状态（根源），初始状态经历复活、再生以迄于今，而且永不止步，这就叫作“历史性”。语言也一样，语言的历史性虽然不可以量化，但却是实实在在的事实，是不可忽视的“根源现象”。翻译要使用的语言就是这种具有历史底蕴、由历史富集起来的纯粹语言。

12.3.2 共同性和互补性（Reciprocity）

由于欧洲各国地缘文化的共同性而衍生出来的语言共同性，也被浪漫主义者视为“根源现象”。语言的共同性是歌德翻译观中重要的组成部分。歌德认为：⑲

> 语言形态之间存在着一种相互交织的关系，不同的语言在其意思和音韵的传译中有着彼此相通的共性，这就构成了包括诗作等文学作品的可译性。用现代术语来说，歌德是一个强调语言共性的翻译家，认为人类语言之间，即使各自的形态不同，也不会影响相互交流，因为语言所表达的意思是普遍存在的。

荷德林更明确地指出语言共同性正是“纯语言”的体现：⑳

> 人类每一种具体语言都是同一基本语言即所谓“纯语言”（pure language）的体现，翻译就是寻找构成这一基本语言的核心成分即意思。不同的语言是从“逻各斯”（Logos）这一统一体分离出的一些飘忽不定的团体，如要进行翻译，把不同语言中的成分融合起来，就必然要返回到逻各斯这个统一体上来。在翻译古典作品的过程中，译者应冲破语言上和心理上因古老、遥远而造成的障碍，抓住古语意思的核心，看到创作灵感的普遍性。荷尔德林（即荷德林）把语言的理解和复述过程当作对直觉进行考古研究的过程。他比任何语言学家、语法学家或翻译家都更加刻意寻找诗的和语言的普遍性根源。

本杰明继承了前辈浪漫主义者关于“纯语言”与语言共同性的相关性

论断，他说（TT:74）：

In the individual, unsupplemented languages, meaning is never found in relative independence, as in individual words or sentences; rather, it is in a constant state of flux—until it is able to emerge as pure language from the harmony of all the various modes of intention. Until then, it remains hidden in the languages. If, however, these languages continue to grow in this manner until the end of their time, it is translation which catches fire on the eternal life of the works and the perpetual renewal of language. Translation keeps putting the hallowed growth of languages to the test: How far removed is their hidden meaning from revelation, how close can it be brought by the knowledge of this remoteness?

（在那些没有被其他语言补充的语言中，意义是从不像在个别词句里那样出现在相对的独立中的；相反，意义总是处于不断的流动状态，直到它能够作为纯语言从各式各样的意向性样式的和谐状态中脱颖而出。在此之前，意义一直隐藏在不同的语言之中。如果这些语言以这一方式继续发展直至寿终正寝，那么正是译作抓住了作品的永恒生命并置身于语言的不断更新之中。因为翻译一再将语言的不可亵渎的发展加以检验，看看其中隐藏的意义离显露还有多远，或者说，我们对这一距离的认知能让我们将这一距离缩小到何种程度。）

在本杰明看来，语言都是互补的：包括意义的互补、意向的互补、命名上的互补和功能上的互补。他认为（TT:74）：

All suprahistorical kinship of languages rests in the intention underlying each language as a whole—an intention, however, which no single language can attain by itself but which is realized only by the totality of their intentions supplementing each other: pure language. While all individual elements of foreign languages-words, sentences, structure—are mutually exclusive, these languages supplement one another in their intentions. Without distinguishing the intended object from the mode of intention, no firm grasp of this basic law of a philosophy of language can be achieved.

（任何超历史的语际亲缘关系都依赖每一种语言各自的整体性意向。不过这种意向并不是任何语言能够单独实现的，意向实现于互补的整体之中。这一整体即所谓“纯语言”。即使不同外语的个别元素，诸如词汇、句子、结构等相互排斥，这些语言仍在其意向中相互补足。我们只有将意向性的对象和意向性的样式加以区隔才能牢牢地把握住语言学的基本法则。）

在本杰明看来，语言的共同性和互补性是使译者最终能将纯粹语言从被拘禁的牢笼中解救出来的重要条件（TT: 80)。本杰明认为：正是共同性和互补性造就了纯粹语言，或者说，造就了语言的整体性意蕴（intentio）——“纯”(purity)。本杰明正是从这一点上解释可译性和翻译的天职。从这一点上也可以看到浪漫主义对他的影响之深！

12.3.3 “纯”(Purity）与“灵韵(Aura）经验”

在本杰明生命的后期，德国社会政治情况恶化，他精神上、思想上的矛盾也明显激化。激进的社会政治观与宗教思想（主要是 Messiah 犹太救世主义）在抗衡中妥协、在妥协中抗衡。“灵韵”之议成了他思想上及艺术上的一种解脱和慰藉。

“灵韵”具有犹太神秘主义内涵及色彩，但本杰明的有关议论基本上属于此岸世界。他用以指潜意识现世审美态度，其中既有现实主义的追思，又有浪漫主义的憧憬。本杰明常用的几个词组有“现实性的灵韵”和“灵韵的思考”等。[21]“灵韵”也是本杰明的一种审美观照（aesthetic contemplation）的方法，而用作观照媒介的就是“纯语言”(LSLM: 328)。据此可以说，本杰明力图证明，翻译的最高境界就是凭借灵韵的凝视（审美观照)，运用纯语言，拯救出被囚禁的原作的意蕴；因此，高境界翻译，是灵韵观照的产儿，也可以说是“与哑寂的交流”(communicating muteness),

这时，交流的语言就是“纯语言”(LSLM: 326)。可见，在本杰明看来，**“灵韵—观照（凝视）—纯语言—可译性（语言间的互补）—译作”**是一条作用链：这中间，灵韵是起点（审美态度），译作是产儿，可译性是条件，“纯语言”则是必要的媒介（LSLM:328)。本杰明认为，翻译中离开了这条作用链，执着于表面上的词义直译就是“劣译”(TT: 70)。因为，文学作品的实质是信息以外的东西，犹如中国所说的“诗在言外”。基于此，本杰明提出了文学翻译要用“纯语言”的主张，以避免劣译（TT: 70)：

> But do we not generally regard as the essential substance of a literary work what it contains in addition to information—as even a poor translator will admit—the unfathomable, the mysterious, the "poetic," something that a translator can reproduce only if he is also a poet? This, actually, is the cause of another characteristic of inferior translation, which consequently we may define as the inaccurate transmission of an inessential content. This will be true whenever a translation undertakes to serve the reader. However, if it were intended for the reader, the same would have to apply to the original. If the original does not exist for the reader's sake, how could the translation be understood on the basis of this premise?
>
> （但是人们不是普遍认为文学作品的实质是信息之外的东西吗？就连拙劣的译者也承认，文学作品的精髓是某种深不可测的、神秘的、“诗意的”东西；翻译家如要将它付诸再现，则自己也必须是一位诗人。这就带来了劣译的另一特点，我们可以称之为不准确地传达了非本质内容。事实上，只要译作迎合读者，这种情况就会发生。其实要是原作是为读者而写的话，它也会陷入同样的境地。可是，如果原作并不是为读者而存在，我们又怎样来理解不以读者为前提的译作呢？）

到此为止，人们心目中可能仍然存在一个疑问：本杰明是不是常常被误解为“在纸上谈兵”呢？或者说“纯语言”是不是“浪漫主义者不切实际的神话”呢？更简单的提问是“究竟有没有‘纯语言’”？

可以肯定，每个民族的文学中都有许多这样意在言外（言将意蕴深深隐藏）的文艺作品，它们的作者正像本杰明说的，根本就不是为读者而写作、抒情，即庄子所谓“时恣纵而不傥，不以觭见之”（放纵无羁，所见所云变化多端，难入一格）。读这样的作品你似乎感到作者一方面在对你说话，另一方面更在暗地里“**与哑寂交流**”（LSLM: 326）。于是你感到茫然，常常不得不停下来问作者：“你到底在说什么啊？”

以我们熟悉的中国文学为例。中国最古老的诗歌总集《诗经》的“二南”中有诗《汉广》云：

南有乔木，不可休思。汉有游女，不可求思。汉之广矣，不可泳思！江之永矣，不可方思！

翘翘错薪，言刈其楚。之子于归，言秣其马。汉之广矣，不可泳思！江之永矣，不可方思！

翘翘错薪，言刈其蒌。之子于归，言秣其驹。汉之广矣，不可泳思！江之永矣，不可方思！

关于这首诗字面上的意义，历代评注家都有解释，不难解读，但它的深层意蕴人们至今仍莫衷一是。朱熹在《诗集传》中说这首诗描写汉楚一带人民的“淫乱之俗”，很多学者不敢苟同，不知道朱熹凭什么想到“淫乱”上去了。大概朱熹也“与哑寂交流”过吧。其实朱熹是有道理的。“淫乱”这种事情是不宜张显的，要写，也只好用一种优雅的方式，不着边际地谈一谈，叫作“心有寂寂焉”。

下面一节优美的散文出自《庄子》的《齐物论》与《至乐》：

厉与西施，恢诡谲怪，道通为一。

毛嫱、丽姬，人之所美也；鱼见之深入，鸟见之高飞，麋鹿见之决骤。四者孰知天下之正色哉？

《咸池》《九韶》之乐，张之洞庭之野，鸟闻之而飞，兽闻之而走，鱼闻之而下入；人卒闻之，相与还而观之。

庄子在说什么呢？他表面上东拉西扯，内心在“与哑寂交流”。交流什么呢？似乎在谈美人（毛嫱与丽姬）与美乐（咸池与九韶）。如果是这样，美人、美乐将鱼呀、鸟呀都吓得到处乱窜或退避三舍，那不是太奇怪吗？庄子这番描写历来的解读也是争议很多：有人说庄子意在讽刺“人之所谓美”；有人不同意，说庄子为什么要讽刺呢？大哲学家怎么会讽刺人世间“莫可言非”的人与事呢？现在人们才比较清楚，庄子“与哑寂交流”的主题是“美的相对性”，作者根本不是“在讽刺”，而是“在论证”。这可以说是一种高境界的抒情述志，忘却了现世的纷扰和功利，纯的理念，寄寓于纯净的文辞中，使语言蕴含思、情、志的功能发展到了极致。这大概就是浪漫主义者向往的“绝对”和“纯”。

可见本杰明讲得很有道理：就翻译而论，你不打破语言文字的表层牢笼，把握在囚禁中的作者的意蕴（灵韵、纯语言、可译性），将作者的潜意识搞个一清二楚，试问又怎么下笔？如果你不管这一切，只管按文字表面信息翻过去，连自己都在雾里云中，怎么能期望读者不给你的译作贴上“劣译”的标签呢？

从这一点上就可以看到本杰明的**文本解读策略**是三维的：生命（有血有肉、有情有志的人）、历史与哲学，也可以解释为文（文本）、人（作者、译者）、情与理。三者中人与情（理）是主要的、深层的、决定性的（见第406页图12–2）。美国的评论家德曼（Paul de Man, 1983）说“翻译是语言之间的问题”“不要翻出一个语言之外的意义来”云云，我们显然不应附和。[22]本杰明的人生观和世界观确实有神秘主义的一面，但正如我们在前面说的，在论及翻译的理论策略时，本杰明是非常清醒的、非常严肃的、非常深刻的。他的文本解读论和表现论三维结构见图12–2。

其实，在对待已经达到大师高度、被历史证明确有卓见的理论家的理论命题时，我们在理解上尤其应该把握通变的辩证原则。“纯语言”就是一例。本杰明观察事物冷峻中有热切，文思奇崛中有明断，可以说思情志达到了他特有的境界。因此在我们还没有充分理解某一观点的内涵时，不要轻易地将它贴上“神秘主义”的标签，附和人云亦云的浅陋之见。德国浪漫主义人才辈出，甚至有才华盖世、业垂青史的伟人。他们的学术命题都不应不经心地被视为“没有意义”甚至“神秘无稽”。我们的责任是必须虚心又悉心地加以研究。我国学者可以根据我们的需要，充实有些命题恰当的内容，从而做到外为我用。例如“纯语言”，我们完全可以嫁接过来，用以表示行文表意清澈剔透、毫不矫饰晦涩，抒情说理毫无阻滞、情纯志清的译文；更重要的是这种译文具有本杰明提倡的对原文的补偿功能，能补原文之缺、原文之拙、原文之奇，下面举例说明。

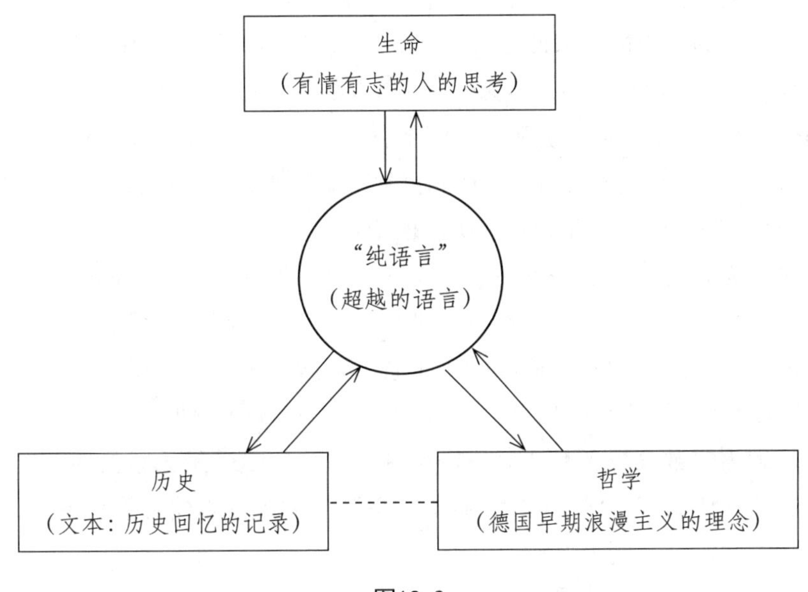

图12-2

很显然，这三维都富于德国早期浪漫主义理念的浓郁色彩，本杰明是从文艺美学和翻译学上作了阐发。它的要旨是：（1）真正的艺术永远追求并力求表现出人这个生命有机体的力量；（2）生命的力量只可能蕴含在未加虚饰的、但确实存在的纯语言中；（3）文本通常只是纯语言的“变体”“变式”或“反讽”。因此，翻译的任务就是透过种种变体的迷雾，以便把握未加虚实的纯语言，并以此解码作者对生命语言的诠释或演绎。（参见M. Frank著，聂军等译《德国早期浪漫主义》，2005；D F. Krell编著*Martin Heidegger*: *Basic Writings*, Harper, 1993: 198–199; 394–426）

12.4 理解本杰明

从20世纪60年代以来，本杰明逐步成为研究对象。从不少研究文献来看，可以说对本杰明的误解伴随着理解。造成误解的成因非常复杂，其中之一是受到西方（尤其是美国）所谓“权威”学者的误导。这些“权威”学者又被自己的门阀性学术偏见、种族偏见、宗教偏见所囿所困。德曼写过一篇评论（1983），婉转地指责本杰明写《译者的任务》是“自我陶醉”，又说“纯语言”是无中生有，本杰明常常前后矛盾；德曼还有不少关于翻译的似是而非的观点。[23]对于本杰明的人生观和世界观中的神秘主义成分，不少人更是大加渲染，似乎可以以此为本杰明盖棺论定。

本文无意对德曼之评本杰明作全面的分析批评。我们旨在分析介绍本杰明的翻译观，对他的一些精辟论断作一些引介和阐发，目的是建议我国译界深入研究这位大师。研究始于理解，理解又可以深化研究。我们希望对本杰明翻译观的研究可以提升我们对翻译的体认和体悟。

理解需要独立思考，研究更需要独立思考，这是至关紧要的。在这个英美文化话语霸权泛滥的时代，**独立思考可以说是学术研究最可贵的品质**。谨以此与我国学界同人共勉。

上面谈的中心思想是如何理解本杰明，例如他不惮其烦地谈到的所谓“纯语言”。下面举个例子，用意在于说明如何用本杰明的“纯语言”策略来翻译。下面一个语段取自亨利·詹姆斯（Henry James, 1843–1916）的小说 *The Beast in the Jungle*（《丛林中的野兽》）。詹姆斯的这种婉曲表现法不容易让中国读者感到“喜闻乐见”，不加改造而引入［译式一］，汉语就会比较生硬、生涩。以下是原文：

> What determined the speech that startled him in the course of their encounter scarcely matters, being probably but some words spoken by himself quite without intention — spoken as they lingered and slowly moved together after their renewal of acquaintance. He had been conveyed by friends an hour or two before to the house at which she was staying;

the party of visitor at the other house, of whom he was one, and thanks to whom it was his theory, as always, that he was lost in the crowd, had been invited over to luncheon.There had been after luncheon much dispersal, all in the interest of the original move, a view of Weatherend itself and the fine things, intrinsic features, pictures, heirlooms, treasures of all the arts, that made the place almost famous; and the great rooms were so numerous that guests could wander at their will, hang back from the principal group and in cases where they took such matters with the least seriousness give themselves up to mysterious appreciations and measurements. Bending toward objects in out-of-the-way corners with their hands on their knees and their heads nodding quite as with the emphasis of an excited sense of smell . . .

［译式一］

他们邂逅相遇，谈话中的什么东西使他感到吃惊，这是无关紧要的，那很可能只是他无意中说的一些话——是他们重逢以后，两人留下来，又一起慢慢走动时说的一些话。一二小时前，他被一些朋友带到她居住的那所房子来，他是参观另一所房子的一群人中间的一个，这群参观者受到邀请在这里吃午饭。由于大家在一起参观，他的理论是——他向来有这条理论——他在人群中消失了。午饭以后，多属分散行动，这些都是为了原先的活动：观看韦瑟恩德本身的景色，对使韦瑟恩德获得不小名气的精致摆设、固有特色、绘画、历代家珍、各种艺术珍品一饱眼福。那里有很多大房间，客人可以自己走动，落在大伙儿的后面。当他们随意这样做时，他们便可以尽情地进行故弄玄虚的鉴赏与估价。有些人很值得观察，有单个的，也有一对对的，他们在偏僻的角落里，弯着腰，注视着那些珍品，手放在膝盖上，频频点头，仿佛特别要强调他们兴奋地闻到什么东西似的。（取自《英美短篇小说荟萃》，上海译文出版社 1983 年版，第 175 页）

[译式二]

他应朋友之邀参观了她所住的那栋私邸，还跟着一群人观赏了另一栋大房子。参观后大家应邀共进午餐。饭后各人随意活动：这就应验了他常说的一句话："人多好走散。"就在这时，他与她不期而遇。邂逅中他们谈了些什么使他心动的话并不重要；他们边走边谈，很可能只是些漫不经心的闲聊。重要的是他们的不期而遇。这类的聚会当然是先有安排的：看景色、看收藏、看众人。私邸中房间很多，收藏不少，大家时而信步而行，时而驻足观赏。有人自鸣风雅、有人故弄玄虚。观察一下众生相也很有意思：有的成双成对，有的形单影只；有的在墙角观赏珍品，搔首弄姿；有的频频点头，仿佛真的闻到了什么奇香异味……

翻译是一种传播手段，旨在与人交流，维根斯坦称之为"语言游戏"，译文的功效应能尽力抓住读者。中国人读书讲求开卷有益，过于婉曲，流于晦涩，就不是读者喜闻乐见的了。[译式二]力图用本杰明提倡的"纯语言"和语言互补论，超越 SLT 略带矫揉、比较晦涩的婉曲表现法，为译文读者提供一种比较晓畅、简练又**带有动势画面**的汉语行文，以此来补偿原文翻到汉语中之不足，实现本杰明所谓的用纯语言提升翻译、让翻译来实现语言间互补性的翻译思想。[译式二]作为一个例子，也许并不十分理想（因为本杰明是针对译诗而言），但意在说明，本杰明的翻译思想并不"神秘"，他言之有理的翻译对策，也是可以操之在我的。**语言有差异**，但确实**可以共生，可以互补**——按本杰明的思想，译者的天职正是努力把握这种可译性，**完成这项共生互补的工作**。

〔注释〕

① 转引自刘北城著《本雅明思想评论》，台湾：商务印书馆1998年版，第61页。

② 批评家们常常忽视本杰明在国家认同和民族认同上很明确的一面。1923年本杰明写信给友人 F. O. Rang 说：

我一刻也没有忘记过自己与德国有多么深刻的关联。……但是，某一民族处于极度恐惧的状况时，承担申诉使命的是属于其民族的人们，而且是在最积极意义下属于其民族的人们。……的确是不应该由犹太人来议论。……另外，德国人与犹太人之间微妙的关系本身可能有正当维持的方法。……今天，在德国人与犹太人的各种关系中最明显的是带来灾难的关系。两个民族中高贵的人们为了保持真正有效的关联，在今天关于自己的关系应保持沉默。今后无论身在何处，我都不会忘记德国。

转引自三岛宪一著《本雅明：破坏、收集、记忆》，贾倞译，河北教育出版社 2001 年版，第 139 页。

③ 引自 *Walter Benjamin and Romanticism*, by B. Hanssan and Andrew Benjamin, Centinunm, 2002, London, p. 2。

④ 参见刘北城著作（见①），第 60—61 页。

⑤ 参见洪崭汉著《费希特》，台北：东大图书公司 1996 年版，第 6 页；另见三岛宪一著作，第 117 页。

⑥ 转引自洪崭汉著作（见⑤），第 134 页。

⑦ 以下引文凡标有 TT 者表示出自“The Task of the Translator”，数字表示页码。凡标有 LSLM 者，表示出自“On Language as Such and on the Language of Man”，数字表示页码。

⑧ 引自三岛宪一著作（见①），第 115 页。译文行文拗口，本文作者有技术性改动。

⑨ 引自刘北城著作（见①），第 62 页。

⑩ Ibid，第 63 页。

⑪ Ibid。

⑫参见三岛宪一著作（见①），第 145 页。

⑬在西方哲学中（尤其在谢林和黑格尔的著作中），“The Absolute” 指绝对非人格化的上帝（Very Unanthropomorphic God），而不是自然（Nature）。斯宾诺莎用“the Absolute”指现实中整体的、单一的（Single）物质存在；简单地说，“绝对”（性）就是现实中一切有形、无形范畴的整体，因此，“绝对”（性）具有统一性（unity），这种统一性可以超越一切关系和差异。

⑭ 参见 B. Hanssen 等编著（见③），pp. 113-114。

⑮参见三岛宪一著作（见①）第 100 页。

⑯引自 A. Bowie 著，*From Romanticism to Critical Theory: The Philosophy of German Literary Theory*, Routledge, London NY, 1997, p. 235。

⑰ Ibid, p. 36.

⑱参见三岛宪一著作（见①），第 145 页。

⑲引自谭载喜著《西方翻译简史》，北京：商务印书馆 1991 年版，第 131 页。

⑳同上，第 140 页。

㉑同上，第 229 页，关于“灵韵”（aura）本杰明自己有一段经常被引用的阐述：

> The concept or aura which was proposed above with reference to historical objects may usefully be illustrated with reference to the aura of natural ones. We define the aura of the latter as the unique phenomenon of a distance, however close it may be. If, while resting on a summer afternoon, you follow with your eyes a mountain range on the horizon or a branch which casts its shadow over you, you experience the aura of those mountains, of that branch. This image makes it easy to comprehend the social bases of the contemporary decay of the aura.

引自 “The Work of Art in the Age of Mechanical Reproduction”, 载 *Illumination*, pp. 222-223。

㉒见 Paul de Man 著文 “The Resistance to Theory”, 1983, 载 *Messenger Lectures,* Cornnel, NY。

㉓Ibid.

第十三章　论翻译的原创性

从中世纪起，欧洲就有一种看法：“翻译”从诞生之日起，就是一个社会的“可怜儿”，他没有最终成为“社会弃儿”，完全是由于上帝无意中给了他一技之长：“通异方之语”。这一点，连上帝“本人”也感到奇怪，因此两千多年来没有让译者过过什么舒心日子，用句时髦的话说，让他苟且偷生却“在职场上边沿化”了。西方知名的译论家 G. Steiner 写过一本有点芜杂但常有真知灼见的好书《通天塔——语言与翻译面面观》（*After Babel—Aspects of Language and Translation*, 1975）。Steiner 多次不无感伤地谈到翻译的“职业尊严”（“professional dignity”, 1975: 45, 284, 418）之不堪回首。他在书中引述 U. Larbaud（20 世纪上半期法国翻译家、译论家）对译者的描述说，在十八九世纪的欧洲，翻译就像冬日“教堂门口行乞的叫花子”（Steiner，第 284 页），他颤颤巍巍的手中提着破毡帽，伸向不屑旁顾的有钱人。时至今日，Steiner 补充说，尽管翻译成了最可称道的知识传播和心智培育的手段，翻译者仍然是一个“幽灵般的存在”（ghostly presence）：试问有多少人在拿到一本辉煌译著的时候，肯移一瞥慧眼去看一看译者的尊姓大名?! 又有多少人又肯动一动善心去了解一下“与译者付出的辛劳相比，他所得到的报偿是多么令人心寒地微薄?!”（Steiner，第 284 页）。连素来对“蹩脚翻译”贬斥有加的尼采也愤愤不平地说：“社会对翻译所犯的过错远远大于翻译在译书中所犯的过错！”时至今日，在世界各地的官场和商场上，翻译尽管在名位显赫的王公国戚、达官显贵们的交流中起着关键的作用，但他们还得“敬陪末坐”，恭听着政客富商们的高谈阔论，有时甚至是琐言秽语，而面前摆着的却是一块无名无姓的身份牌：“翻译”。

然而，本章不打算来清算鄙弃翻译是谁的“过错”，也不是想要探讨历史观和现实感是否公正的问题。我们现在是躬身自省。应该说，就翻译而言，本身的自我完善，还存在不少至关紧要的问题，要求我们正视，要求我们深入加以探讨。翻译本身的自我完善化程度才是决定历史天平倾斜度的关键。明末有位落魄的状元临终写过两句诗：“世间公允何处找，敢向心底探根由。”

有一种由来已久的因袭之见严重影响翻译的自我完善——实际上导致了翻译的“自我矮化”（self-belittlement）。这一因袭之见就是：翻译不具备“原创性”（originality），它永远是“非原生的”（protoplastic）、被动的、间接的、从属的、依附的、“短命的”（short-lived）、“嗟来伸手的”（begging），等等。试想，翻译“自我唱衰”“自我矮化”到这等地步，能剩下多少生机与生气去作“自我完善”？！

可喜的是，经历了上千年的“自我矮化”，今天的翻译家和翻译理论家终于可以理直气壮地提出自我完善的诉求，首先是还翻译一个实实在在的“原创性”！以下四点，就是我们的理据。

13.1 从人类语言的认知过程（即从思维到话语的生成过程）来分析，翻译从思维到话语生成的流程，与一般创作完全一致，不存在“非原创”与“原创”之分

20 世纪八九十年代，认知科学家对人类语言生成的认知过程进行了密集的实验研究。[①] 这些研究对我们比较语内的（intralingual）话语原创生成与语际的话语转换生成极有帮助。下图（图 13–1）是根据 W. J. M. Levelt (1989), P. Praamstra, A. Roelofs 及 A. S. Meryer (1999) 等人的研究绘制的[②]，语内的话语原创生成过程大抵如下。

不言而喻，下图（图 13–1）终端中所谓的 speech（话语或篇章），既包括日常话语，又包括各种类别或体裁的书面语语篇：它们可长可短，可以

正式也可以非正式，可以是文艺性的，也可以是非文艺性的。总而言之，它们都是"原创的"（original），意思是一切都"源自主体、本乎主体"，无疑义可辩。

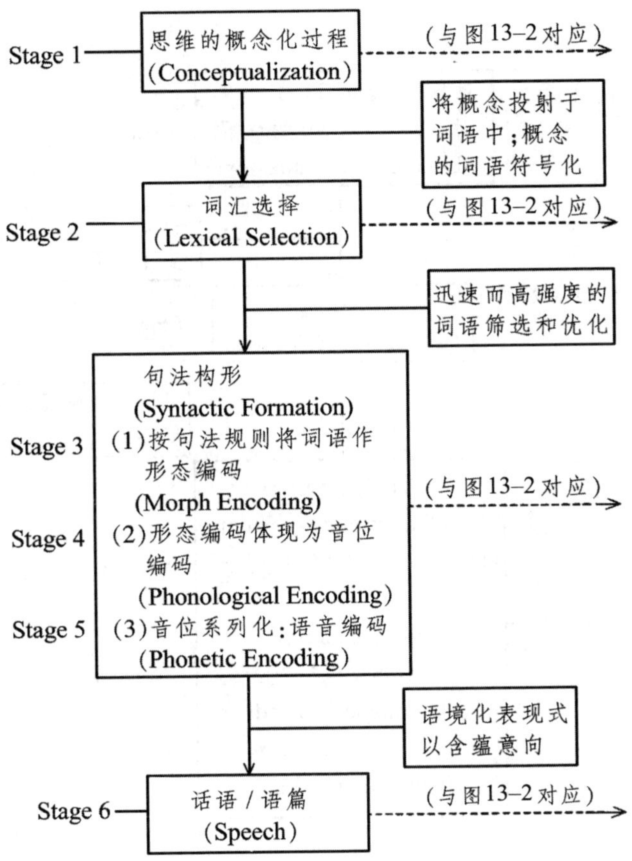

资料来源：Michael W. Eysenck 等著 *Cognitive Psychology*, Psychology Press, 2000。所谓 "WEAVER"，指 "Word-form Encoding by Activation and Verification"，详见上著 pp. 369-371

图13–1　语内话语生成的原创性（W. Levelt等人的WEAVER模式，1999）

现在我们再来看看图 13–2。这个图表示的是语际话语转换生成，也就是翻译的认知过程。值得注意的是，在与图 13–1 的对照比较中，我们可以看到二者的认知流程与实质性步骤是完全同一的：这就是说，所谓翻译的“非原创性”实际上与语内话语生成的“原创性”是完全同一的，实在也是无疑义可辩。

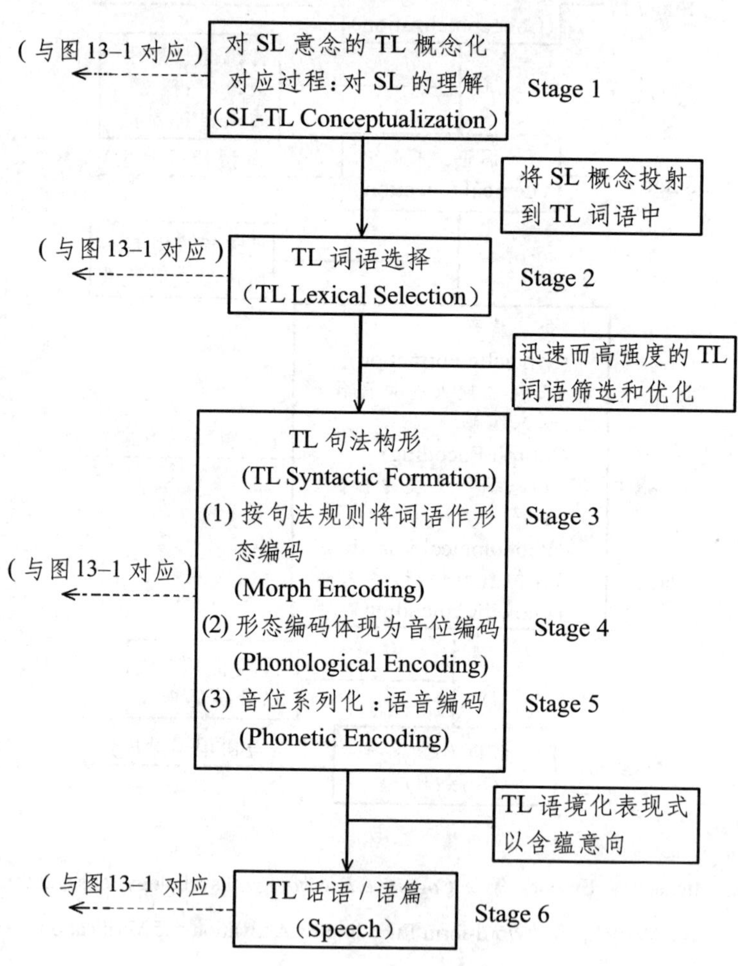

图13–2　语际话语转换生成的原创性（根据WEAVER模式推导）

如果将图 13–2 与图 13–1 加以对照比较，我们就可以看到，从认知过程来看，语际话语转换生成（翻译）与语内话语原创生成（文艺上也称为“创作”）不论在认知流程抑或在实质性步骤上完全同一。实际上，即便图中没有提到的审美运筹，翻译与创作也可以说是并驾齐驱。不仅如此，只要我们深加探究即不难发现，语际话语转换由于涉及双语，在认知的各级流程中比语内创作还多了一层跨语言文化的考量，涉及语言结构、语义语用微差、文化心理、审美运筹的特征等复杂的跨文化、跨语言比较与选择。此外，诸如此类的考量，虽然使翻译家“旬月踟蹰”，但他们却乐此不疲，许多人更为此奉献了终生，这就恰恰说明翻译所具有的“**原创魅力**”。翻译家在惨淡经营中深知其中的甘与苦，如果翻译欠缺这份原创的魅力，那么又怎能想象中外古今无数不乏创作才华的翻译家乐此不疲而又无艾无怨呢？宋代大诗人苏轼所说的“**不识庐山真面目，只缘身在此山中**”说的不正是这个道理吗？

13.2 原文文本只是翻译艺术创造的一纸蓝图，基本艺术法则都是“离形（蓝图）得似”

在展开这一观点的论证以前，我们先要表明一个原则性的看法，以便大家在基本共识的基础上和前提下展开探讨。这一原则性的看法是：无论是从认知层面看还是从操作层面看，我们都应当肯定“文学翻译是艺术创作”（Benedetto Croce, *Aesthetic as Science of Expression and General Linguistics*, 1902; R. Jakobson, *On Translation*, 1959, 1987; G. Steiner, *After Babel*, 1975; 林语堂，《论翻译》，1933；朱光潜，《谈翻译》，1944）。[③]余光中在《翻译和创作》（1969）一文中曾经以自己的创作经验与翻译经验作了对比，余氏的结论是：“翻译……尤其是诗的翻译，不折不扣是一门艺术。也许我们应该采用其他的名词，例如‘传真’来代替‘翻译’这两个字。真有灵感的译文，像投胎重生的灵魂一样，令人觉得是一种‘再创造’。”[④]

如果翻译是一种艺术创造，那么就产生了一个它与原文文本的关系问题。可以肯定地说，译文文本（TLT）与原文文本（SLT）之间不存在“主仆关系”或“父子关系”之类的关系中所存在的从属性、衍生性或依附性。对艺术语言的翻译而言，**原文文本只是译文文本的一纸蓝图**。艺术创作是蓝图的 visualization（显现），翻译也不例外。

从原则上说，SLT 与 TLT 二者之间只有先后之分而无优劣之别。这是不是有意贬低原文文本的权威性，或有意提高译文文本的独立性呢？

任何艺术创作都不可能不需要一个蓝图——大至一座宫殿、小至一枚胸针。蓝图体现原创者的艺术理念与艺术构思，虚拟中的艺术品被赋予了基本构形、布局、比例、色调以及预期效果等。但是任何艺术作品都不可能是蓝图的“百分之百现实化”或曰“绝对现实化”，杰出的艺术作品甚至与原创者的创作蓝图相异甚远。著名的例子是罗丹（A. Rodin, 1840–1917）的不朽作品 *The Thinker*（1879–1900）。在长达 21 年的创作过程中，罗丹曾经为这个作品构思过 20 多个蓝图，但蓝图不是模具，最终与世人见面的那座灿烂作品凝聚着艺术家奇丽的丰姿和感人的气质，承载着一种隽永的生命力，这一生命力正是从所有的蓝图中提炼、升华出来的，是对艺术蓝图的一种投胎转世的超越。可以说，艺术作品的原创过程，不仅是蓝图中**所勾绘出的东西**的现实化，而且，更重要的是蓝图中**所没有勾绘出的东西**的现实化：德国早期浪漫主义者称之为“闪现”（Blitzlicht）！

大体说来，就翻译而言，艺术化程度越高的原作就越需要译者将 SLT 视为“一纸蓝图”：“蓝图”是不可或缺的，但绝不是也不可能是供复制的模具。因为“蓝图”为译者提供的是一种对 SLT 理解的依据和指引：它包括从实到虚、分层又基本上叠合的三个层级，含蕴待转换的 SLT 意蕴：

表 13–1 “蓝图”——对 SLT 理解的指引

“Said”（已表述出来的）层级：显性
第一层级 Form
包括 SLT 的各种形式要素，涉及音、形方面的语言修辞设计
第二层级 Substance
包括 SLT 的意义（语义内容）

（续表）

"Unsaid"（未表述出来的）层级：隐性 **第三层级** "Hints"（J. Dryden, 1680）；"intentio"（W. Benjamin） 包括原作意向（"aboutness", Steiner）、"潜台词"、对主体的感应力（"appeal"，包括以下方面：文化的、审美的、情感的、价值观的，等等），使之在 TLT 中"闪现"

上表中第三层级"Hints"一词借自德莱登（Preface to *Ovids Epistles,* 1680），意思是"来自原作的一般暗示"（"general hints from the original"，"暗示"也可以理解为"提示""线索""助人领悟的指引"等），"暗示"当然是隐性的，隐而不显、隐而待发（发掘、发挥）的潜势、潜质正是蓝图的活力、生命力和魅力之所在：在很多情况下，对"Unsaid"的把握正是打开对"Said"的理解的钥匙。以晚唐诗人李商隐（812？—858）的诗《贾生》为例：

宣室求贤访逐臣，
贾生才调更无伦。
可怜夜半虚前席，
不问苍生问鬼神。

很显然，如果不了解第三层级的 Unsaid 意涵，读者就根本无法理解这首诗究竟在说什么，而要了解诗中底蕴，就必须将它推到一个非常特殊的历史语境中加以剖析。《贾生》非同凡响的艺术性在于诗人用处在权势最高层级的帝王的最低俗行径，反衬出贾谊这位汉代罕见的才俊对自身落寞的悲凉感和对国家民族竟落入这等陋夫之手的难以名状的忧患感！⑤ 这正是《贾生》SLT 一纸蓝图理应在 TLT 加以表现的关键。这时译者从原文中得到的"暗示"就可能明朗化又复明净化，使之足以把握诗的意蕴（intentio）并以本杰明式的"纯语言"（参见《本杰明翻译观试析》）来实现 TLT 表现，例如，以下源自 M. Flemin（1997）的英文翻译，就是一种尝试：

Looking for talent,
    the Emperor called me in at his palace,
    a man banished from court.
Showing his admiration,
    he, as an emperor, moved toward me.
Caring for no common people,
    he just confided in me:
"Talk about ghost, would you?"
    —Oh, my Lord,
    —Poor Lord!

译者改用了第一人称（原诗是第三人称），使自我悲凉感更有直接性，使意蕴表现更明澈。句式的改变也服从了这个目的。这就充分说明了翻译的原创性：翻译者没有抄袭原作者任何东西，他得到的只是艺术家在创作中运用的一种常规手段，体现原作者艺术经验和灵感的一纸蓝图，按照蓝图的指引跟踪原作者知、情、志的轨迹，他的创造正是在这个方寸之地的蓝图上打造出有声有色、有血有肉的新生代，从而与李商隐实现了“闪现式”的互补交融！

13.3 翻译原创的成果——原文的“再生”（“Afterlife”）

翻译揭示了一个不为人注意的事实，译者用自己的创造使沉睡了百年、千年的作品从故纸堆中一跃而出，死而复生，犹如投胎转世，再次活在当下的世人中。其实，我们用鬼斧神工来描述翻译家的这种原创也并不为过。

有鉴于此，德国的哲学家、翻译家本杰明写了一篇精彩的文章《译者的任务》（英译者 Harry Zohn）。本杰明写道：[⑥]

> ... a translation issues from the original—not so much from its life as from its afterlife. For a translation comes later than the original, and since

the important works of world literature never find their chosen translators at the time of their origin, their translation marks their stage of continued life. The idea of life and afterlife in works of art should be regarded with an entirely unmetaphorical objectivity.

(……译作以原作为依据，但是与其说译文源自原文的生命，毋宁说它是原文的再生。因为翻译晚于原作，世界文学的重要作品也从未在问世之际就有了选定的译者，它们的译本标志着其生命的延续。我们应当将艺术品的这种现世与来生之说看作一种完完全全的客观事实，而不是打打比方而已。)

在文中，本杰明一再重复翻译使原作获得新的生命力这一对译坛启发极大、影响深远的思想；论证了翻译可以让人类伟大思想的光辉像一盏盏不灭的长明灯一样永照人间，他写道：

. . . The history of the great works of art tells us about their realization in the age of the artist, their potentially eternal afterlife in succeeding generations. Where this last manifests itself, it is called fame. Translations that are more than transmissions of subject matter come into being when in the course of its survival a work has reached the age of its fame. Contrary, therefore, to the claims of bad translators, such translations do not so much serve the work as owe their existence to it. The life of the originals attains in them to its ever-renewed latest and most abundant flowering.

(……伟大艺术作品的历史向我们昭示了它们在艺术家生活的时代的现实以及它们在后世的潜在永生。这种潜在永生即具体表现为声誉。如果一部译作不仅仅是传递题材，那么它的问世就标志着其原著享有生命延续的盛名。与拙劣译者的看法相反，这样的翻译并不是服务于原作，而是将其整个存在归因于原作。原作的生命之花在译作中得到了重归于世的、最繁盛的争妍吐艳。)

可以毫不夸张地说，只要有翻译，伟大的艺术作品就可以获得超时空的“潜在永生”的权利，又复君临人世。试问，对世界文化而言，还有什么比这更加重要呢？可以说翻译保证了人类文明的延续和复现，并放射出经再锻造而获得的现世的光辉。

本杰明强调“原作的再生”“潜在的永生”“原有生命的延续”揭示了翻译原创性的历史价值。其实，与“再生”“永生”和“延续”这个纵向的时间坐标交叉的还有一个扩展、延展、伸展的空间坐标，我们可以概括为横向的“繁衍”(propagation)，繁衍是空间的多取向再生，或再生的空间性(spatiality)。再生的时间性和空间性及二者的关系如图 13–3 所示：

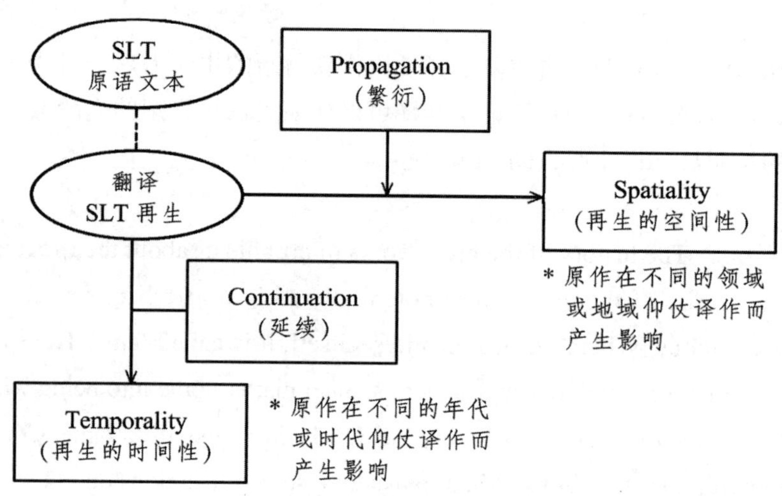

图13–3　SLT再生（Afterlife）的时间性和空间性

以中国古代的一大兵书《孙子兵法》(以下简称《孙子》)为例。《孙子》成书于春秋末期(约为公元前 480 年左右，梁启超对此有异议)，至今已近 2500 年。2500 年来，《孙子》共出现过 25 种版本，11 种注本。通过翻译，这本只有大约 6000 字的“小书”，产生了犹如“核裂变”的“再生力”，在延续和繁衍两方面“震波”至今不衰。20 世纪 80 年代以来，《孙子》已有法、德、英、日等语文译本约 38 种。1772 年，《孙子》传入法国，经路易十五的国务大臣 M. Bertin 授意，由阿密欧(J. M. Amiot，曾任驻北京教士) 译成法文。1860年，俄国汉学家斯莱兹奈夫斯基（Srezneveskij）首次将《孙子》译为俄文。德文版《孙子》于1910年在柏林出现，译者是Bruno Navarra（纳瓦拉）；同年，英国著名的汉学家和翻译家L. Giles出版了英文版的《孙子》。1876年，日本学者樱田迪在日本出版了《孙子》的唐代抄本，激起了日译及孙子研究至今不衰的势头。1949年，英译《孙子》在美国出版。与此同时，对孙子战略和战术思想研究的著述（尤其是与西方战略家的比较研究著作）在世界各地纷纷出版，各种规模的研究会时有举行，⑦西方及日本、以色列不少军事学院、商学院和文学院（哲学系）都将《孙子》列为重要参考书或必读书。代表孙子思想的很多名言警句几乎成了当代西方商界和军界的口头禅。毫无疑问，西方及日本、以色列等国学术界对孙子的高度重视正是得益于日趋兴旺的汉外翻译。这一点，我们只要读读西方当代最负盛名的军事及政治战略研究家哈特（B. H. Liddell Hart, 1895–1970）为堪称《孙子》英译权威的格里菲斯（Samuel B. Griffith）译本（1963）所写的《序言》中的片断即可了然。Hart将孙子与西方极负盛名的普鲁士战略思想家克劳塞维茨（K. Clausewitz）相比较，肯定了孙子对当代军事战略和作战的深远意义。Hart写道：⑧

> 孙子的《战争艺术》(即《孙子兵法》) 为世界上最古老的兵书，但论内容之渊博、对战争艺术了解之深入则是无人能及。该书可称有关战争指导的智慧精华。在过去所有的军事思想家之中，只有克劳塞维茨可以与之媲美。但即令如此，克氏也还是比孙子落后过时，有些地方更可谓陈旧老套，尽管克氏的书晚于孙子两千多年。孙子的眼光清晰犀利，见识深远隽永。

Hart晚年对孙子仍然推崇备至。他在*Why Don't We Learn from History*一书中写道：

> 保卫和平并无万应灵丹，但从古今人类经验之总和中可以抽出下列基本原则：
>
> (一) 研究战争并从战史中学习；

（二）应尽量保持强大实力；

（三）在任何情况下都应保持冷静；

（四）应有无限耐心；

（五）切勿迫使对方作负隅之斗，并应常助其“保全面子”；

（六）设身处地，能透过敌方眼光来看待一切；

（七）应绝对避免自以为是，再没有比这种态度更能使人变得盲目无知；

（八）力戒两种最普遍的妄想：一心求胜，认为战争可以不加节制。

据我所知，约在公元前300年问世的《孙子》，可谓最早研究战争与和平的一本书。上列八点都曾经明白或暗示地包括在该书之内。自从那个时代起，人类又已经打了许多次战争，大抵甚或悉数劳师无功，此足以证明人类从历史中所学到的教训实在少得可怜。但孙子所揭示的教训本身却永昭于世。

Hart从《孙子》中得到的战略、战术思想今天正在美国的军事学院反复研习。《孙子兵法》的翻译者凭原文“一纸蓝图”，运用他（她）的一支笔，使原著中的光辉思想、原则、原理、教义**永昭于世**，这份原创功力难道不应该让世人称道吗？尤有甚者，翻译将2500年前华夏中原小小吴国的一名小将孙武的一本“小书”中的战略战术思想发扬光大而广被于五洲四海，使西方心气最高的战略思想家也为之黯然失色，[⑨] 翻译这份原创功力难道不应让译界的广大从业者和整个社会引以为傲吗？

13.4 翻译的原创性表现为在操作层面主体（译者）权力感的实施

应该说，Larbaud和Steiner所描绘的、译者悠悠越千年的失落感虽然不能说“咎在（译者）本身”，但肯定与译者对自身职能的认知很有关系：在“悠悠越千年”中，译界和译者很少有人意识到译者在自我认识中出了什么毛病。这就是老子在《道德经》第七十一章“知不知”中所讲的道理：

一个人不知道他自己有什么病，这本身就是一种病，只有当他认识到自身的病之所在，他才能设法去治病，把病治好（“夫唯病病，是以不病”）。

自古至今，译界和译者在自我认识中最大的缺失是对本身（即主体）权力的懵然不知，因而在具体操作中茫然不定。长期以来，译者本身处在一种被动的、依附的、低人一等的心理状态中，这又怎么可能认识到自己所从事的工作具有原创性呢？

实际的情况是，任何伟大的作家都在完成作品之日起即处在对自己“产品”的“无权地位”（powerlessness，或 helplessness）：他既不再能控制自己的作品行文，也不能控制和左右读者对文本的解读，他甚至无法有效地澄清世人对他的作品的任何误解，因此后现代主义者才说“作者已经死了”，这就是所谓“作者权力的终结”。与此相反，**译者实际上正是权力转移的受益者**，他（她）理应能拥有并充分享受翻译主体的权力感，因为只有这样，他（她）才能化被动为主动，化从属为自主，化非原创为原创。这个“妙理”，中国传统美学称为“神思”。清代文论家况周颐有一段精彩的神思论：⑩

> 吾听风雨，吾览江山，常觉风雨江山外有万不得已者在。此万不得已者，即词心也。而能以吾言写吾心，即吾词也。此万不得已者，由吾心酝酿而出，即吾词之真也，非可强为，亦毋庸强求。视吾心之酝酿何如耳。吾心为主，而书卷其辅也。书卷多，吾言尤易出耳。

况周颐强调的“吾心为主”、以“吾词”写“吾心”就是主体权力感。这是非常值得翻译家、翻译理论家借鉴的。翻译要做到原创，如果不“由吾心酝酿而出”，让“主体权力”起作用，又怎么能办到呢？

概括而言，除了一般翻译思维及运作的基本方面（如意义分析、文本理解、表现法考量等）外，主体权力感集中于以下四个方面的“decision making”，我们称之为“定夺”，意思是“悉由译者善自为之”，前提当然是不悖 SLT 一纸蓝图，目的则是实现对 SLT 各种 constraints（掣肘）的超越。涉及“抉择定夺”的四个方面包括：explanation, clarification, correction 及 adaptation，其中 explanation 本文从略。

一、Clarification（澄清悬疑、歧义，或对原文中的前后矛盾、世人对原文的误解、歪曲等等进行裁定而后译之）

世界上不存在绝对清晰无误的原文。即使是被认为绝对无误的原文，也是由诠释者按主体权力定夺的结果。例如《圣经》的翻译就是这样。《圣经》的权威法文译本［《新约》（1582），《旧约》（1610）被称为Rheims-Donay Version（赫姆斯–杜埃版本）］就是罗马天主教学者在法国Rheims实施主体权力定下来的，这些学者对原文中的四百多处疑义或行文中的"悬疑"（the mooted）进行了定夺（语义或指代裁定），始有今日之法文《圣经》。可以说世界上所有的所谓的"绝本""权威本""钦定本"都是诠释者的主体权力实施的成果。

二、Correction（校正或勘校，俗称"改错"，改误为正而后译之）

对原文的校正对它的"再生"常常起着关键的作用，而校正是一种翻译主体行为。以讹传讹违反常理，当然也为翻译主体权力所不容。问题是伪讹常常隐藏得很蹊跷，不容易看出来，尤其是在原文表面上很顺畅的上下文中。如下句：

［例一］

• **原语——**

特别要指出的是，作者十分错误地将这一学说赖以依托的社会基础仅仅局限在资本主义架构内。（《功能主义探源》，1987）

原语有问题。"赖以依托"还是"赖以发展""赖以生存"？汉语中"赖以""得以""加以"是复合动词的构形成分，不可以随便加在动词前面，"依托"前面既不能加"赖以"，也不能加"得以""加以"；此外，"依托"也不能用被动式。句中"架构"是冗词、赘词，"学说"以某种社会制度作基础，不是以社会制度的"架构"作基础，可以改用"资本主义体制"。校正了原语，译语才能"顺理成章"。这就体现了翻译的原创性：

• **译语——**

1) Most particularly, it is really erroneous for the author to restrict the

infrastructure on which the theory rests to solely capitalist system.

2) Most particularly, the author restricts the infrastructure on which the theory rests solely to capitalist system, which is a downright erroneous idea.

[例二]

· **原语——**

Many news editors and reporters maintain that it is impossible to keep personal opinions from influencing the selection and presentation of facts, "True, news reporters, like everyone else, form impressions of what they see and hear. However, a good reporter does not fail to separate opinions from facts." (Lyman 52).

原语有问题。这个语段分为两部分，引语前是第一部分，引语是第二部分。按目前的叙述，两个部分似乎没有什么关系。作者塞进一个引语来说明什么问题？缺乏连贯性。我们翻译可以斟酌改进，不宜照猫画虎。这个问题不仅牵涉到行文是否松散，还存在一个表意是否晦涩的问题。汉语讲求欣畅，力戒晦涩（其实英语何尝又不是？）。上述语段译者可以试加改进如下，再进行翻译：

Many news editors and reporters maintain that it is impossible to keep personal opinions from influencing the selection and presentation of facts. *Yet not all authorities agree with this view. One veteran editor grants that* "news reporters, like everyone else, form impressions of what they see and hear." But, *he insists*, "a good reporter does not fail to separate opinions from facts."

· **译语——**

不少新闻编辑和记者认为，要想使个人的意见不影响事实选择和陈述态度是不可能的。当然并不是所有的作者对此苟同。比如，有位资深编辑说，新闻记者也是凡夫俗子，他们的印象来自所见所闻。不过他坚信，"一名好的记者是不会将见解和事实分割开来的"。

翻译行使主体权力以改正原文谬误是很有必要的。在一般情况下，原文不是什么经文，“神圣无谬”。这正体现了翻译的原创性。当代汉语和英语中常有人遣词造句不合逻辑，需要译者校正，不能盲目跟风。例如，“Like many others in LA,the quake helped Mr. Becker decided to leave.”（*NYT*, 2000），“like ... ”说的是人，“人”怎么与“地震”相提并论呢？权威报刊，谬不能免。又如“几年来，国家队征服了不少世界级高山峻岭”，问题在“征服”。人怎么能“征服”山呢？被征服的东西起码是“一蹶不振”，人爬上了山，山就“一蹶不振”了吗？

三、Adaptation（适应 TL 多层级需求，也称为 Acculturation）

翻译者具有充分的酌情权，可以对 SLT 做出适当修改以适应目的语的需要，而授权者正是目的语的需要。所谓“目的语需要”，其实是一个多层级结构。很显然，目的语的各种需要并不是等量齐观的。这个课题我们尚在深入研究，希望将来能制定出必要的参照规范，供理论界和译界研讨。下面可将要旨大致以图表示（见图 13–4）。

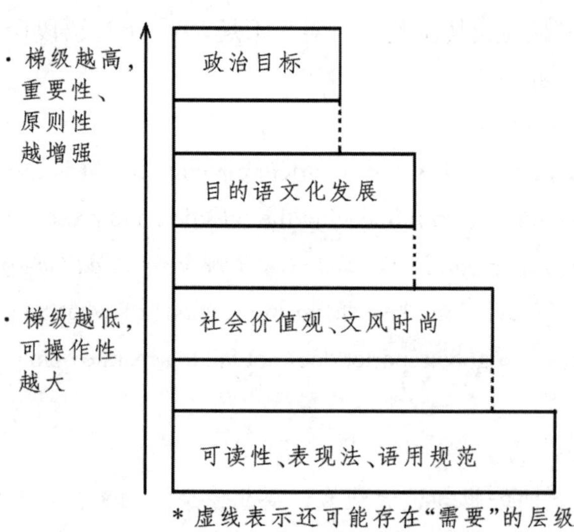

资料来源：根据 *Reporting for the Media*,（6th ed, Hartcourt Brace, 1997）等书编制。

图 13–4 “目的语需要”的多层级结构

在一般情况下，TL 文本可读性及社会接受的倾向是使译者不得不行使“主体权力”的主要原因之一。下例中，主语用的是第一人称，因为英语中第二人称似乎有失于礼貌，这是英语社会的接受倾向，而在汉语中，用“你”反而显得比较亲切：

• **原语——**

Writing on the Internet, we can be as anonymous as we like. Unless we tell them, the people we communicate with do not know our age or gender or race, whether we're fat or thin or neat or sloppy. Even people who know us personally don't know who we are if we conceal our identities with invented screen names.

• **译语——**

在互联网上写作时你可以用自己喜欢的匿名。除非你告诉他们，与你交谈的人是不会知道你的年龄、性别和种族的；你是胖是瘦、靓还是不靓，对方也一无所知。即便你将自己的尊姓大名掩盖起来而在计算机屏幕上使用杜撰的名字，熟悉你的人也不会知道你是何许人也。

上图中“目的语需要”的最高等级是“政治目标”。中外古今许多杰出的译者都曾在“兴邦救国”“革旧图新”等崇高的政治理念驱动下从事翻译，在这样的翻译家笔下，主体权力感体现得最突出。严复是我国翻译史上充分运用主体权力的杰出代表，他的译作中的不少篇章，可以说是在目的语需要的原则规管下主体权力实施的经典译文，在中国译坛已脍炙人口。下面是较少为人谈及的一个片段。严氏本乎 SLT“一纸蓝图”以洗练流畅的古典汉语的原则翻译了英人 H. Spencer 的 *Study of Sociology*（1873）（严译《群学肄言》）。译文如下：

……夫群进而民任职不同，此其通例，固易见也。顾如是之经纶，非天创，非人设，非帝王之所诏教，非黔首之所利图，皆出于自然，而莫为之所。故欲见其会通，立之公例，必取无数群之人事，而详审并观之，又必于群演浅深，得其精粗疏密之致，而后通例见焉。夫分功，理之易明，例之易立者耳，乃其事若此，知此则群学所治之难，可共喻矣。（译本第59—60页，原本第65页）

严复自己了然于心，他是按自己的政治理念从事翻译，目的是“播文明思想于国民”（《与梁任公论所译〈原富〉书》，1902）。他的基本原则是“达旨”，操作原则是“取明深义，故词句之间时有所颠倒附益，不斤斤于字比句次，而意义则不倍本文”（《天演论》译例言，1898）。[11]这就是说，在意义转换上，他是凭SLT“一纸蓝图”；在语言转换中，特别是在译文操控上，他运用了主体权力。他不讳言“参以己见”“附以己见”，但这一切也是为了有效地“达旨”，而不是为了“标高揭己”。

就整体而言，严复的译文容或未臻理想，但他对翻译社会功能的**体验**、对翻译主体权力的**体认**和对翻译的原创性在实质上的**体悟**不仅在中国翻译史，而且在世界翻译史上都是堪为彪焕的先驱。

必须指出的是，翻译的主体权力是一个相对概念，“主体权力”不容无限延伸，原因是它不是一种绝对权力：翻译的前提和依据是SLT“一纸蓝图”，翻译是语际的意义对应转换，不是天马行空；其次，主体的Clarification、Correction和Adaptation都应该受到理据的规管，TLT的“目的语需要”只是理据的一个方面，另一个重要方面在SLT中。很显然，SLT任何形式的勘校、改动、增删都必须有充足的理据（包括注疏论证、互文论证及人文论证）。仍以《孙子兵法》为例。在宋代以前无人对之发难，南宋时叶适和陈振孙开始提出诸多挑战。直到近现代，研究者和欧美翻译家仍对《孙子》的《九地篇》等行文提出异议，认为九地之议中伪夺和错简很有可能，[12]但至今无人敢运用“主体权力”对《九地篇》擅加改动。1992年中国出版了《孙子兵法》英译本（湖南出版社，程郁、张和生校注并今译），译本《前言》说明译文作了一些改动，依据的是《宋本十一家注孙子》及银崔山汉简《孙子兵法》。毫无疑问，译者有充分的酌情权，但不能在任何情况下滥用这种权力。权力滥用与原创性没有什么共同之处。

13.5 翻译的原创性问题属于翻译的价值论(Axiology)

价值论研究对学科建设不是可有可无的问题。事实证明，价值论不仅可以促进方法论，而且可以强化本体论。从上文的论证可以看到，原创性应该是翻译价值论中的核心问题，必须深入研究。

作为价值论中的核心问题的翻译原创性，表现为以下三方面。

（一）所谓翻译的社会功能，可以具体表述为：**翻译行为和结果在哪一个层级上满足了目的语的需要**。为准确地、实事求是地考察这一点，我们不仅要看主观愿望，而且要更加重视客观效果，坚持效果论的辩证法。因此，并无主观愿望、但有客观效果的翻译行为与结果与并无客观效果、但有主观愿望的翻译行为与结果都应该实事求是地加以评估。这一点，也应包括翻译理论研究。

为准确作出比较和判断，有人提出"满足需要""主观愿望""客观效果"等翻译行为和结果价值评估中重要的关系项(relevancies)的量化问题。"量化评估"（quantified assessment）可以增强科学性。但除了"客观效果"可以从受众反馈中厘定出若干有意义的量化指标以外，其他关系项要加以量化恐怕还很困难。观念性的东西一般是很难量化的（T. S. Kuhn, 1962）。⑬

（二）翻译的原创性是一个整体性概念，即与艺术原创在认知整体过程中的同一性，这是就基础而言，如本文所述。我们的立论是翻译行为具有超时空的再创造性而能使原作再生，恰如艺术创作，这是就整体而言，尤以艺术语言的翻译为然，这是就实践层面而论。一般应用语文的翻译原创性则表现为翻译主体权力的实施这一原创过程。从表面上看，翻译家只需"依文（原文）出意（以译文表达原意）"，似乎是一种机械性行为。其实他根据的只是原文的"一纸蓝图"，能做到"蓝图"的现实化，全凭翻译者身体力行中的**体验**，在体验中获得认知即**体认**，并在锲而不舍的翻译艺术实践中达至**体悟**境界。我们在对译作进行原创评估中，可以大体看到译者的翻译原创能力和造诣达到了何种程度，达到了何种境界。

（三）翻译原创性的重要条件是权力转移（power shift），即权力从原作者转移到翻译者。从这一点看，Larbaud 和 Steiner 所历数的翻译的困境可以说是一种译者的作茧自缚，可以看到历史的烙印。翻译者应该从自我作茧中解放出来，真正建立主体权力感。

译者主体权力感的发挥标志着他（她）对翻译原创性之从**体验（对实务经验“深有体会”）**到**体认（对实务经验加以理性观照，提高认知水平）**，进而提升到**体悟（对翻译之为原创有所领悟，获得了真知）的过程**。翻译不是按原文照猫画虎，刻印、套印“蓝图”。翻译之为原创，一定要实现超越：基于“蓝图”又高于“蓝图”，有见于“Said”，更有感于“Unsaid”；译者有权根据目的语之所需，在以目的语阐释原意、实现意义转换时“参以己见”“附以己见”（严复），使译文既不损原文（原意），又“不倍原文”（原意）。我们在对译作进行原创评估时，要密切关注他（她）的“原创造诣”（originality and attainment），看到他（她）如何把握住**“意自原文而又言必己出”的翻译原创原则**，也就是维根斯坦所倡导的遵守规则而又**驾驭规则**的功夫。⑭

（四）据此，我们可以大体根据严复“达旨”的基本目标，厘定出可操作的主体权力感发挥指引，请参考研究下表。表中我们借用了 Steiner 的一个词“preservitude”（Steiner, 1998: 282），并赋予了本文主旨含意之一——“原文文本（SLT）的‘权力’保留地”（其实，SLT 作者既然“已经死去”，SLT 并谈不上有什么“权力”，但它无论如何是“一纸不可或缺的蓝图”，舍弃它即无异于舍弃翻译本体论依存实体，等于取消了翻译）；“Latitude”是“自由度”，相当于严复的神理原意，融会于心，下笔抒词，自善互备，前后引衬，参以己见（言），以显其（原作者及 SLT）意。表中威拉莫维奇（Wilamowitz, 1891）的见解也源自 Steiner：

表13–2　翻译主体权力感发挥参照指引

Preservitude 原文文本“权力”保留地——基本上是静态的 “What must be retained”（Wilamowitz, 1891） • 包括 SLT 的全部意义及意向（“aboutness”, Steiner, 1971），同时不忽视 SLT 的“formal sensibility”，即原作者及 SLT 中的种种审美形式设计（devices）。

续表

Latitude 主体权力领地——基本上是动态的 "A freedom based rigidly on a preservitude" (Steiner) • 包括各种对原意的解释（interpret）手段，涉及 Explanation, Clarification, Correction 及 Adaptation 等四个方面，其目的是要超越 SLT 各种掣肘（constraints），做到严复所说的"下笔抒词，自善互备"(1898)；同时，不应忽视主体权力的相对性，这一领地至为广阔，但也不可以无限延伸。

大概可以期望，翻译家体悟到翻译的原创性之日，就是他的译作"脱"原文文本之"颖"而再生之时。他需要 SLT "一纸蓝图"，更需要超脱蓝图的语言功力和艺术功力，总之是"原创功力"。这正是本杰明所倡导的"内省式翻译"思维运作的结晶。

〔注释〕

①参见 Robert A.Wilson 及 Frank C. Keil 主编 *The MIT Encyclopedia of the Cognitive Sciences*, The MIT Press, 1999, 该书收有有关 Cognitive Linguistics (134), Language Production (453), Language and Thought（444）等分项研究报告摘要，可供参考、研究。

②引自 Michael W. Eysenck 及 Mark T. Keane 合编 *Cognitive Psychology,* Psychology Press, Taylor & Francis Group, 2001, pp. 369-371。

③这里只是略举一些名家。从总体上看，赞成"翻译是艺术"的人比反对此说的人要多得多。

④引自罗新璋编《翻译论集》，北京：商务印书馆 1984 年版，第 742 页。

⑤诗中"宣室"指西汉未央宫前殿的正室。"才调"犹言"才情"。"可怜"的意思是"令人惋惜"。据说贾谊曾经殷切希望与汉文帝谈谈自己的改革大略，但谈到半夜贾谊发现文帝枉自留神却不关心老百姓，只想谈神论鬼，鄙俗不堪（《史记·贾生列传》"孝文帝……因感鬼神事而问鬼神之本……）。皇帝的卑琐行径使贾谊

百感交集。

⑥转引自 Rainer Schulte 等人编 *Theories of Translation: An Anthology of Essays from Dryden to Derrida*, the University Press of Chicago, Chicago and London, 1992, p.73。

⑦参见钮先钟著《孙子三论：从古兵法到新战略》，台北：麦田出版社 1997 年版，第 11 页。

⑧引自 Liddell Hart 著 *Sun Tzu: The Art of War*, Eng tran Samuel Griffith, Oxford University Press, 1963, Foreward。

⑨据《左传》（昭公二十七年）记载，吴王阖闾元年（514BC），孙武以行伍之士立功。但他著书年代已不可考。《孙子兵法》在当时就是一本"畅销书"，《韩非子》中说："今境内皆言兵，藏孙武之书者家有之。"现在各大洲许多国家都有自己的译本《孙子》，它们都可以说是孙武《孙子兵法》的"afterlife"（再生）。

⑩见况周颐《蕙风词话》卷一。"神思说"出自梁代刘勰《文心雕龙》，但这个命题在中国传统美学中源远流长，描写创作的主体权力感的中国第一位哲人可以说是庄周。他在《庄子・天道》中说"得之于手而应于心，口不能言，有数存焉于其间"。在《春生主》中，庄子还写出了主体权力运筹的快感："……神遇而不认目视，官知止而神欲行，……以无厚入有间，恢恢乎其于游刃必有余地矣。"

⑪参见严复《天演论》译例言，罗新璋编《翻译论集》，北京：商务印书馆 1984 年版，第 136—137 页。

⑫对此，台湾学者钮先钟在《孙子三论》（城邦，1997）中说（第 20 页）：

> 孙子是一位治学态度相当严谨的学者，此种态度在古代尤其难能可贵。从现代学术标准来看，他的书也应获得高度的评价。他对于重要名词常有精确的界定，其基本观念也始终一致，而殊少矛盾。虽然书中也有若干脱落或难以解释之处，但大致都可能是由于后人无数次的整理注释，也自然很易于使原文受到若干改动，实为事理之常，并不足怪。不过，又还是很侥幸，留传至今的《孙子》十三篇仍然还是一本相当完整的书，而且从书中可以看到孙子战略思想的全貌，并找出其中的精华。

⑬中外不少论者对翻译理论提出批评说，译论空泛的根源之一是方法上拒绝科学的量化手段。其实，译论家不是拒绝量化手段，而是"知其不可为而不为"，不是"执意不为"。例如"对应"问题，我们曾经努力用量化手段来标示"对应的等级"，企图以此规管操作和评估翻译质量。但由于"对应"涉及的大都是观念方面的问题，

边界模糊，因此量化不是不可能，就是没有什么实际意义。人类观念的基本特征之一是模糊性，“量化”在这里几乎无用武之地。

⑭参见刘宓庆著《翻译教学：实务与理论》，北京：中国对外翻译出版公司 2002 年版，第 40 页。

第十四章　翻译是对原语的超越——论打造“脱颖而出”的译文

我国宋代的诗论家戴复古写过一首诗，论诗文之贵己出，诗云：①

意匠如神变化生，笔端有力任纵横。
须教自我胸中出，切忌随人脚后行。

这首诗用来表达思维和文艺创作中的超越（transcendence, Kant, *Critique of Pure Reason*）当然是切中枢要的。无论是写诗或是写小说，从构思到表现都应该“自我胸中出”，纵横笔端，运筹意匠，切忌机械模仿——“随人脚后行”。但是做翻译要不要这支“如神”“有力”之笔，来“纵横”“生变”？如果要，那么译者又该怎样运“神”、如何用“力”，总之是如何“随作者脚后行”，才能做到以**本乎原意又超越原意**、**凭借原文又超越原文**？

14.1　翻译超越的必要性和可能性

为使我们能痛感超越之必要，这里先来读一读两段译文：（摘自译著《本雅明：破坏、收集、记忆》，2001，河北教育出版社）

……可能是对坏了的家具和机器的部分也很珍惜，在它们之间制造“新的突发性关系”的幸福的梦想世界。“收藏的狂热与配置的散漫性”是从日常生活中的有用性场合脱离的世界。甚至让人认为物不断回到给无名者命名的亚当的语言世界中。……（第 254 页）

……也可以认为是在这个世界的支配构造中最末梢的植物性存在，如果着眼于从忘欲的彼岸以透明形态这一点，那么就像卡夫卡把从自己身体内部飞出来的干咳命名为“那些动物们”一样，是我们的身体。

作为全体，这个论卡夫卡——虽不太有这种指责——也可理解为身体性事物的新定位常试。这样说来，在这篇随笔之中，与动物性＝被造物性相并列，认可动作和行为中的重要意义也引起了重视。“卡夫卡从人类动作中排除了至今为止的（理解）支持，把它作为没有结束的各种思考对象。”（第 315 页）

这里请容许我借用尼采当年对某一译文的评语：这样的翻译“完全是在愚弄人们的良知”（1887），“使读者怀疑作者是不是发了疯，让译者也染上了疯病”（1888），“那真是没完没了的梦呓”（1887）！下面是另一个例子。我们可以来做一段英汉对比阅读，看看这类使读者怀疑原作者是不是“发了疯”的译文中的问题是不是源自原著，也就是弄明白“是谁之过”？（译文摘自译著《现代经典散文选》，2001，广东人民出版社）

The most serious and damaging charge we can bring against civilization is that by the very standards of civilization it is a ridiculous failure. *It takes* a high degree of sophistication and technical resources to make such an international shambles as we seem fated to do. *It takes* something like genius in folly to have millions starving in the midst of plenty, to have technological magic whose fruits are poverty, squalor, anarchy, and death; *it takes* a refinement of absurdity to use the most generous aphorism of the highest religions to justify or rationalize intolerance, violence, and our established international disorder. (Irwin Edman)

（我们能对文明提出的最严重、伤害力最大的控告是：按文明本身的标准看，它是荒谬的失败者。需要高度精密方法与技术资源才能够制造出我们似乎注定要做的国际屠宰场。需要有类似愚昧为天才的能力才能使数以百万计的人在富足之中挨饿，才能拥有以贫穷、肮脏、混乱、死亡为其成果的科技魔术；需要最精致的荒诞才能够利用最高超宗教的最宽宏的箴言来为不容异己的偏执、暴行，我们已成国际大混乱作辩解或予以合理化。）（第 439 页）

原文看不出有什么问题，作者是美国资深的政治评论员、哲学家，问题肯定在译文。这样的译文就像一根枯藤，死死地缠住有生机的树木（原文），枯藤缠住树木，完全不理会它几经断送了树木的生机！什么叫“荒谬的失败者”？原意是说，现代高度发展的文明本来不应该失败却屡遭失败，事情竟是如此荒唐！什么叫“类似愚昧为天才的能力”？原意是说，文明竟使数以百万计的人在丰衣足食中挨饿受冻——能干得出这种愚昧之极的行径的人也够称得上“天才”了！什么叫作“最精致的荒诞”？原意是说，文明将荒谬绝伦乔装打扮成悲天悯人的精致教义，以便打着这个幌子做坏事。什么叫“我们已成国际大混乱”？原意是说，文明竟使普天下的乱局成了一桩桩既成事实，迫令世人逆来顺受。**原文作者**历数现代文明的“败绩”和“恶果”，一连用了三个并列句（It takes...），组织相当严密。话语“内张力”似乎达到了饱和点。但原文中的这份效果在译文中根本找不到蛛丝马迹。**译文读者**感受到的却只是一个接一个莫名其妙的词组堆砌带来的晦涩感，一句接一句莫名其妙的“需要”造成的突兀感，整个语段给人提供的只是一堆破碎的词语概念混合，根本不可能使人产生话语的连贯意念。在这种情况下，对原语文本的理解势必成了“剪不断、理还乱”的徒劳。这就叫“译犹不译”。

……

看来，任何翻译行为的实施者都必须尽全力跨越原语在他面前筑起的**许多屏障**。下面五道屏障都是属于**常态屏障**。我们在前面举的两个例子中译者所碰到的也都是常态屏障——大体上也就是要“脱颖而出”中的“颖”了：

第一道屏障是语言文字符号的视觉或听觉屏障，译者经受考验的是其初始阶段的语言感知—感应能力，能不能大体看到“表”下之“里”是什么？是诗歌，还是文告？犹如一个品酒人，首先得品出是香槟还是露酒。

第二道屏障是意义—意向屏障，译者经受考验的是思维认知能力。首先是语符（vehicle）与语旨（tenor）的快速关联能力；其次是根据语境筛选、甄别语义的准确推演能力。意义和意向对语境具有高度敏感性，因此译者思维认知能力中的推演和判断也应包括对“意义（意向）—语境”动态机制的密切关注和把握。

第三道屏障是句法屏障。译者经受考验的还是他的思维认知能力，但此时译者的推理判断集中于句法结构的解析（解构和辨析）。句法结构是一个复杂的结构体，它是多层级的（词、词组、分句、句子、语段）、多维度的（语义方面、文化方面、审美方面、逻辑方面）。译者必须面面俱到，不忽视整体性考察，才能跨越这一道厚厚的屏障。

第四道屏障是文化心理屏障（包括审美）。译者经受考验的是他的文化—审美辨析能力。文化都是着色的（coloured）、审美优化的，文化色盲不能完成翻译行为。上引第一段译例其所以读来莫名其妙，正是一个文化着色的解析问题，译者在跨越这道屏障时不幸“马失前蹄”。

第五道屏障是超文本和次文本理解的障碍。译者经受考验的是他的文本和超文本解读能力。在很多情况下，作者在读者面前展开的是“看得见”（said）的第一文本。第一文本下还隐藏着第二文本，也叫作 cotext（次文本）。第二文本常常“尽在不言之中”（unsaid），上引第二段译例其所以读来莫名其妙，正是译者疏于对次文本的透视解读。原作者 Irwin Edman 是一位美国哲学家，写过很多文章批判美国社会的病态，鞭挞“文明下的疯狂”。他写的每个句子几乎都要求读者“戴上透视镜”才能理解——这正是 Edman 的意向与风格，也就是维根斯坦所说的“伴随句子的一种特殊的感觉”（*Philosophical Investigations*, *PI*, Part I, §595, 155e），是一种特殊的意向性意指（intended signifying）方式，也是语言游戏中的参与者赋予“游戏行为的特有的符号”（“characteristic signs”, *PI*, Prt I, §54, 27e）。对此，翻译显然不能掉以轻心。

以上五道常态屏障，是指一般翻译遇到的情况。这些屏障在译者面前纵横交错，要求译者使出浑身解数，实现超越（transcendence）——如果他

(她)不想在这种种屏障前败下阵来，做尼采所谓的“不可救药者”(*Nietzsche, The Antichrist*, 1888, translated by Walter Kaufmann, p. 628）的话。刚才说过这时的所谓“超越”，是就一般的情况而言。不同的文本具有不同的难度。大体而言，有两类不同的文本，要求不同品位、不同高度的超越：一种是“常态翻译”，就是前面说的“一般翻译”，要求做到对原语作尽可能深入的理解，对上述五道屏障尽可能全力以赴向前跨越、“冲刺”，最终就能顺利地跨过一道道屏障——这就是一般的所谓**翻译超越**了。另一种超越是对高难度或非常态文本的超越，下面就是常见的几种非常态屏障，要求**高品位、高标准的超越**——大体上也就是要“脱颖而出”中的“颖”了。

第一种非常态屏障 最常见于古典文献，它们的“非常态”是由历史时空造成的。时空障碍造成理解障碍几乎是必然的结果。例如，中国的《易经》(又名《周易》）形成于中国漫长的周代（公元前1046—前256)，为时长达790年。据估计，《易经》成书于西周初年，集中了古代华夏先民“殷鉴”(殷商灭亡后先民总结的历史失误和教训）的智慧，形成了64卦，其中的卦辞、爻题、爻辞文字都很简约、古奥，例如第十六卦《豫卦》，据说就是汉武帝登基时卜占到的一个卦，“豫”被解释为“和乐”。豫卦辞《六三》里说“盱豫(xuyu)，悔。迟有悔。”诠释者说它的大意是：“阿谀奉承还悠然自得，总有一天会后悔不已，若不及时追悔，还会有更多的后悔”，汉武帝认为很有道理，就拿这个卦作依据，判断和惩罚他底下拍马屁的奸臣。很显然，《易经》的这种文本是很难翻译的。中外至今没有完全的、可靠的译本。

第二种非常态屏障 最常见于地缘文化(包括社会人文、宗教和政治等)造成的文化隔膜，这种隔膜也会严重阻碍理解。11世纪波斯诗人莪默•伽亚谟（Omar Khayyam）写的《鲁拜集》(*Rubaiyat*）就是一个例子。“伽亚谟”这个姓就很奇特，它的意思是“天幕编织者”，据说这是一个“中亚式的隐喻”。莪默是古波斯东部的一个先知，他准确地预言了自己的死辰，并准确地预言他的坟头会长出紫色的玫瑰。毫无疑问，《鲁拜集》是古代波斯文化的奇葩。1857年，英国翻译家Edward FitzGerald (1809–1883) 第一次翻译了《鲁拜集》，随后还有四五个译本，都被古波斯语研究者称为“改写”，谈不上是翻译。1958年，郭沫若以日语翻译为蓝本翻译了《鲁拜集》，他在汉译本前言中说，“我把它同菲茨杰拉德的英译本比较，它们的内容几乎完全不同”

(2003: 6)。这也可以印证古波斯文化研究者只把这些翻译看作"改写"的断语。文化隔膜中最大、最深层的障碍是文化心理，它受制于价值观、人生观、生死观和宗教伦理观等。在非常态心理障碍面前，翻译可能一筹莫展。

第三种非常态屏障 最常表现为作者精心地赋予文本意旨的玄机性（高度的隐性意向性）和意义的模糊性，具有这种特点的文本其实是很多的。在中国，最古老的有老子的《道德经》、庄周的《庄子》和屈原的很多作品。由于文本的高度玄机性，使读者常常具有"不识庐山真面目，只缘身在此山中"的审美陶醉感和"痴迷"感，因而益发激发他孜孜于去寻找"庐山之美"，也就是作品的艺术玄机。例如，老子在《道德经・一章》中的四句话"道可道，非常道；名可名，非常名"，就吸引了英语世界的 182 位译者、德语世界的 240 位译者、法语世界的 109 位译者（丁巍，《老子典籍考：2500 年来世界老学文献总目》）进行翻译，估计现在全世界的《道德经》各种译本已近 500 种。现代西方意识流作家很多作品就属于非常态文本。例如，爱尔兰作家乔伊斯（James Joyce, 1882–1941）写的两部著作 *Ulysses* (1914–1921) 和 *Finnegans Wake* (1939) 中的非常态屏障就很多。乔伊斯对他的朋友说："打算翻译 *Finnegans Wake* 的人最好早一点动手，因为世界上懂得它的含义的人眼下至少还有一个人，那就是我。"（参见 C. G. Anderson 著 *James Joyce,* Thames & Hudson, 1986: 113）

14.2 翻译超越的基本特征："类基因原创性"

现在我们来探讨一下翻译超越的条件，这就要从翻译超越的基本特征谈起。

"类基因"（quasi-gene; quasi-genetic）是一种比喻说法，借自当代生态学和欧洲比较文学，指被比较的同类双方的基本特征（基因结构和形态）的类似性。**翻译的原创性应该具有类似被翻译的文本的基本特征**。

实际上，到此为止，我们所议论的超越，还只是**一般意义上的超越**——其实只能算是"同步转换"或"跨越"。这里的所谓超越只不过为了纾译者之困、解翻译之难。这样的超越，与本章一开始讲的戴复古论写诗中的"意匠纵横论"——也就是积极意义上的超越，还有一定的距离。我们倡导的超越，不仅是一条纾困解难的出路，而且是一种让翻译瞄准原创标高甚至有过之而无不及的翻译策略，可以用"脱颖而出"来概括。德国的文论家本杰明（W. Benjamin）对这一策略写过一段精辟的议论。他说：②

> And what of the sense in its importance for the relationship between translation and original? A simile may help here. Just as a tangent touches a circle lightly and at but one point, with this touch rather than with the point path to infinity, a translation touches the original lightly and only at the infinitely small point of the sense, thereupon pursuing its own course according to the laws of fidelity in the freedom of linguistic flux.
>
> （我们不妨打一个比方来说明意义或意指在译作与原作者之间的关系中的重要性。切线与圆周只是在一点上**轻轻相触**，然后前者即沿直线方向作无限延伸，也就是说，切线的延伸是按一触而不是按交点定下的法则。同样，译作只是在意义这个无限小的点上**与原作轻轻相触**随即在语流的自由领域中按忠实性原则，开始自己的行程。）（着重点为笔者所加）

本杰明这个切线（译作）与圆周（原作）相触之喻可以图示如下，请注意**切线**（tangent）**对圆周的超越**：

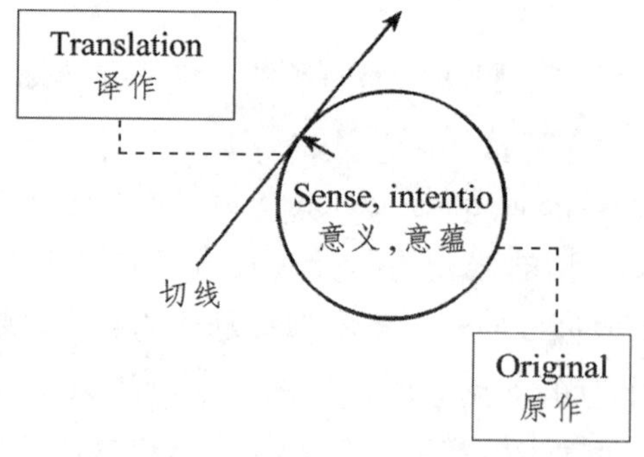

图 14–1

用本杰明这个比喻来说明翻译对原作脱颖而出式的超越可以说再恰当不过了。圆周有自己的轨迹，切线也同样有自己的轨迹。但切线不同于圆周，它不仅有自己的轨迹，还有自己的指向和运动规律。很明显，切线不可能也不应该绕着圆周转，那样切线就不成其为切线了！切线与圆周"轻轻相触"并实现了对圆周的超越，同时也就展现了**自身的基本价值**。可以说，除了与圆周"轻轻相触"以外，切线是以超越圆周来完成自我（对圆周也一样）的！这难道不正是翻译的底蕴和奥秘吗？我们在前面说过译作要"本乎原意又超越原意，凭借原文又超越原文。"原意是译者要把握的种种语义内容，原文则是译者把握语义内容的物质手段和依据。译者一旦把握了全部语义内容——也就是完成了本杰明所喻的"轻轻相触"，译作就要按自己的轨迹开始自己的行程。这就**充分说明了翻译超越的原创性**。同时，应该指出，作为翻译，本杰明所说的"轻轻相触"理应具有至关紧要的作用。切线如果不与圆周"轻轻相触"，二者就不可能在意义或意指上密切相通，当然也就谈不上翻译。③

问题是，"至关紧要"的意义传递或转换在本杰明笔下怎么竟成了"轻轻相触"呢？"轻轻相触"能完成这项至关重要的工作吗？

这里涉及本杰明翻译（指译诗）思想中的一些重要观点。首先，在本杰明看来，译者要关注的与其说是传达意义毋宁说要如何再现原作的意涵（intentio，也有"意向"、"意图"的意思）和意蕴（significance），④ 译者的任务是要用自己的静心观照（contemplation）释放被原文"禁锢"的意涵和意蕴，而词语的意义（meaning）也可以说原来就是被原作者"轻轻附着在词语之上"（"its meaning is touched upon only fleetingly"）的。其次，基于上述观点，本杰明认为翻译体现"语言的互补性"：原作衍生译作，译作再生原作。这就是我们所谓"**类基因原创性**"。本杰明写道：⑤

> One the other hand, as regards the meaning, the language of a translation can—in fact, must—let itself go, so that it gives voice to the intention of the original not as reproduction but as harmony, as a supplement to the language in which it expresses itself, as its own kind of intentio. Therefore it is not the highest praise of a translation, particularly

in the age of its origin, to say that it reads as if it had originally been written in that language. Rather, the significance of fidelity as ensured by literalness is that the work reflects the great longing for linguistic complementation. A real translation is transparent; it does not cover the original,does not block its light, but allows the pure language, as though reinforced by its own medium, to shine upon the original all the more fully.

(另一方面，翻译的语言能够——事实上也必须——摆脱意义的束缚，从而与原作的意涵 intentio 同声相应。这种同声相应不是复制，而是对原作的一种和谐的补充，也就是译作与原作在意涵 intentio 上的互补。因此所谓“这部译作读起来好似原创”云云就算不上对翻译的最高褒奖，特别是在原作问世的时代。相反，因直译而确保的忠实性其所以不容忽视，正是由于这样的译作反映了对语言互补性的热切向往。真正的译作是透明的，它不会埋没原作，掩盖原作的光辉，而是以自身做媒介强化了原作，使“纯语言”在原作上平添了色泽。)

撇开长期争议中的一些观点不论，[⑥] 本杰明在上面所提出的“同声相应”论以及语言互补论对我们体验—体认—体悟翻译是十分可取的见解，非常接近我们在这里倡导的积极意义上的超越。本杰明在其另一译论“On Language as Such and on the Language of Man”（《论原本的语言与人的语言》，略作 LSLM, 1978）中强调翻译应该将自己的理念植根于语言演进的动态观上。人类的每一种语言都是对另一种语言的翻译；翻译者的职能是要打造不同语言之间在意指方式（mode of signification）上相济相容的和谐境界。因此可以说“翻译是将不完美的语言译为较完美的语言”（LSLM: 325）的语言净化、升华工作。[⑦] 本杰明的这一思想倾向，实际上是标举翻译的高度原创性，有助于促进译界对翻译的体认。

当然，本文所提倡的积极意义上的脱颖而出式的超越（以下简称“超越”）不限于翻译思想的探讨。翻译思想研究应该指向翻译对策研究，而对策研究则应该体现翻译思想。

14.3 成功的翻译超越必应具备的条件

现在我们必须先来探讨一下翻译中超越的一般要求，为翻译操作提供对策考量。

一、超越以理解为基础和依据，同时强调理解的能动性，排除对原意的黏附（黏着性）

这里的理解指对文本的解读，而理解则是一个动态概念。译者能进入超越的解读必须首先对原文剖析得通体剔透，像 G. Steiner 说的“. . . decipherment is dissective, leaving the shell smashed and the vital layers stripped, . . .”（解读应该是一种解剖，把文字外壳砸个稀巴烂，翻透五脏六腑）。[⑧] 杰罗姆认为译者应该是一位征服者，Steiner 接着比喻说，译者其实“是一个侵略者、搜刮者，把掠夺的东西悉数带回老家”。只有这样，译者才能“高屋建瓴”（“of a higher magnitude”, Steiner: 343），重组目的语文本。高屋建瓴对超越的意义是不言而喻的，只有高屋建瓴才能离原语之形，得原语之神，做到离形得似，而我们可以说这里的“神”，大抵就是本杰明所谓的意涵、意蕴（intentio）。我国清代文论家焦循的名句则是：文之强弱，不在形（form）而在骨（framework），不在骨而在气（force），不在气而在神（spirit）（焦循，《雕菰楼集》，《文章强弱辨》卷八）。而所谓“黏着性”是将形、骨、气、神相互黏附，其结果是译者自己的理解永远离不开原语的概念纠缠。

这里，我们可以提出当代传播学对理解的认知层级分析作超越论的参证。

传播学将理解（传播学的用词是 perception，重感知）分为结构式理解与功能式理解。结构式理解依据“可感觉”的形式结构，就翻译而言，即关注对文本直观的理解，可以说是一种表层翻译。

积极的超越式翻译不止步于表层，而是切入深层诉诸传播学的所谓“选择性理解”（selective perception），即透察文本由心理因素（包括意向、态度、情感及文化心理等）所支配的内在意义结构（试比较焦循所谓的

“气”与“神”)，也就是 W. Severin（1999）所谓的“理解的功能式”。⑨“功能式”的理解具有不同等级的“能产性”，表现为不同等级的层级翻译，试以下表表示：

表 14–1

<table>
<tr><th></th><th>层级</th><th>特征</th></tr>
<tr><td>结构式理解</td><td>表层翻译：零超越［偏重外在结构的直接表现，与 SLT“亦步亦趋”］；传统上称为直译</td><td>① 执着于表层因素（形式结构、语序、形态变化等）的对应表现
② 忽视 SLT 文本内在的心理意义格局和内容
③忽视发挥符号解释者的功能
④基本特点是追求形式上的“等值”</td></tr>
<tr><td rowspan="2">功能式理解</td><td>中介层翻译：一般意义上的超越［偏重对指称意义的解释与 SLT“若即若离”］；传统上称为兼译（直译与意译的调和）</td><td>①仍未放弃表层双语对应的努力
②注意到解释者应发挥的功能，但仍不能把握 SLT 文本的心理意义结构（格局和内容）
③力求调和双语的读者文化接受
④审美上仍未放弃“形式转换”的努力，但效果不佳，只求最大容限</td></tr>
<tr><td>深层翻译：把握意蕴，实现积极意义上的超越［注重内在关系的动态表现与 SLT“离形得似”］；即梁启超所谓“圆满调和”，适应于难度大的转换：必须超越</td><td>① 表层结构是意义的依据，但它只是形式载体，不是实体，通常只有认识论意义
② 注重内在的心理意义分析及其在 SLT 中的动态表现：意涵或意蕴
③ 注重符号解释者的功能发挥，力求实现意义与意蕴的理想整合；不排斥形式的本体论意义
④ 整合的必然结果：
(a) 心理意义结构（格局和内容）的充分把握意蕴得以体现
(b) 注重 TLT 表现法的审美优化
(c) 重视目的语读者的文化接受
(d) 达到了传播的效果和目标</td></tr>
</table>

大概可以说，理解进入深层，加上动态的表现功力，离形得似，庶几可云“超越”，也就是脱颖而出了！

二、超越具有认知上、智能上和经验上的明显的综合性、集成性；译者的认知体认必须向审美了悟提升

翻译中的积极超越取决于**译者的功力**，俗话说“功到自然成”。这时的所谓“功力”，相当于当代德国译论家所谓的“原创力”“原创性”（“creativity”; Wilss, 1988: 127, Alexieva, 1990: 5, Preiser, 1976: 2f, Kussmaul, 1995: 45-50）。[⑩] 它既是认知的，又是智能的以及经验的（empirical），因此可以说具有明显的综合性（体认）及集成性（体悟），其中包括：

（一）对原语意义和意涵的剖析能力

也就是 Steiner 所说的“把（语言）外壳砸个稀巴烂，翻透五脏六腑”（Steiner, 1998: 314）。当然对 SLT 的这种剖析应该有明确的目的性和重点。作为翻译，对 SLT 的剖析旨在“吃透”文本的意义及全部语符下的意指，这是 Said 部分。更重要的是 Unsaid 部分，也就是 SLT 下面的一个 co-text，即意义及意指以外作者的“尽在不言之中”，本杰明称之为 intentio（“意涵”，也可以说“意蕴”）。意涵通常不但以感性形式蕴含在微观语境中，更以非直觉形式隐含在整个文本中，这是**翻译解读的重点**。解读的顺利完成就为表现上的超越打下了基础。问题是：SLT 既有 Said 部分，又有 Unsaid 部分，译者当何以应对？这里涉及表现上的“明”与“暗”或“显”与“隐”（explicitness vs implicitness）、“直接”与“间接（directness vs indirectness），总之是操作上的“拿捏问题”（tactful and sensitive handling）。从对策论基本原则的视角看，充分、准确、深入地把握 Unsaid 实在是译好 Said 的关键。

（二）文化认知（辨析）和转换能力

西方有知名的文论家提出主张说翻译是语言对语言、以语言翻语言，因此翻译与语言以外的一切没有关系。[⑪] 这种观点是不符合事实的，我们将另文评析。人的概念表现为词语时看来只是语言问题，其实它涉及人的文化心理结构、文化经验结构、人文环境对思维和表现的机制等复杂因素，语内如此，语际也如此。翻译家对原语的解读不可能脱出他思维中的一个前结构，而这个结构本身就是“文化的”。[⑫] 杜甫的诗“国破山河在”中的“国”字，F. Benner 理解为“country”（重行政管治），W. Fletcher 理解为“nation”（重民族性、组成成员共同的种性），D. Hawkes 理解为“state”（重

政体、政权)。下面我们且对李商隐的《无题》作一个大致的文化分析，包括文化色彩、文化心理和词语的文化—审美信息内涵。

相见时难别亦难，	• 七言律诗本身就是中国文学中的文化符号，句中字、义对称只有中国文字体系才能办到。
东风无力百花残。	• 中国文人感时伤别的典型心态，花残风弱中送别也是中国传统文艺中的审美意境，表示感伤。
春蚕到死丝方尽，	• 蚕和丝是中国农耕文化很有代表性的地缘历史和地缘文化符号，隐喻也是完美的“中国式”。
蜡炬成灰泪始干。	• 与上句前后相衬，是非常中国化的隐喻并列对比结构。
晓镜但愁云鬓改，	• 中国唐代女性极注重鬓发的蓬松样式(pompadour)，因而常用“云”来描写。
夜吟应觉月光寒。	• 夜吟是中国文化人的文化行为，仕女皆然；“月光寒”和“花溅泪”，属于传统的审美意象。
蓬山此去无多路，	• “蓬莱”是中国地理文化符号，有特殊的文化意涵，意指思慕中的人的居处。
青鸟殷勤为探看。	• “青鸟”是文化典故，出自《山海经·大荒西经》。“托青鸟传情意”是中国人的文化心理，犹如“鸿雁传情”，流传至今。

上述大致的文化分析向翻译家提出的问题是语言中的文化—审美信息应该如何辨析和转换以实现积极的超越？或者说，有没有若干参照规范和操作要领，使译者能超越前面提到的文化心理屏障，而又不使 SLT 与 TLT 之间存在互不相容的“tension”？下面是 Angus C. Graham 对上节诗的翻译：

For ever hard to meet, and as hard to part.
Each flower spoils in the failing East wind.
Spring’s silkworms wind till death their heart’s threads;

The wick of the candle turns to ash before its tears dry.
Morning mirror's only care, a change at her cloudy temples;
Saying over a poem in the night, does she sense the chill in the moonbeams?
Not far, from here to Fairy Hill.
Bluebird, be quick now, spy me out the road.

我们可以从汉、英比较阅读中看到译者的功力：译者的文化辨析非常缜密，SLT 中文化信息能保留者悉数保留，而英语行文流利自然，意象似己出，实属上乘的超越。Graham 的译义转换体现了本杰明的翻译思想：他不是将汉、英两种语言看作互相对立的、各自只能表达两种不同民族心声的语言，而是**在它们之间找出一种"纯语言"，一种传达人类真情实意的共享工具，让不同语言之间实现"互补"**。但意象派批评 Graham 超越得还不够，可以在文化典故上更"离形"一点，也就是说更向"功能式理解"靠拢，像"东风""春蚕""蓬山""青鸟"都可以再提升虚化。这也是一家之言。

（三）审美判断能力

翻译审美属于表现（法）论。目前不少中国和西方研究翻译表现论的人绕开审美，只从语言本身出发谈表现，犹如隔靴搔痒。[13] 译界要努力改变这种倾向。

绕开审美就是绕开 perception。Perception 在美学中的意义界定是感知（感觉、知觉）。狄德罗（Denis Diderot, 1713–1784）说过，"人类是借助于感知（sense）来辨析理解（understanding）"（Treatise on Beauty, 《论美》）。[14] 翻译审美绕开感知无异于使自己陷入色盲之境。

但是对美的辨析始于审美态度。[15] 审美态度是获得审美经验的初始条件和第一步，这时审美主体（译者）对审美客体（原作）进行扫描或审视（contemplation，观照、静观）；同时审美客体则以自己的审美潜质期待主体的感应。因此主体从审美态度获得审美经验是一个互动过程。西方当代美学家的这个共识是有道理的，个中真谛非常符合中国老庄思想中之"物我同一"。庄子认为"天下莫不以物易其性"（《庄子 · 骈拇》），审美主体感知和认知（"性"）的获得与提升根本就（"莫不"）少不了审美客体（"物"）。

从翻译的视角来看，意思是：翻译家要做到对原文的审美超越，首先必须对原文采取开放的态度，摒弃一切偏见、定见以及种种预设的“标准”，完完全全让物（原作）来感应自己，以获得审美经验，实现物我同一，才能称得上超越式物化表现。Graham 曾经这样记述他在翻译审美体验中对客体的开放性审视态度以及主客体互动过程：⑯

> Li Shang-yin, unlike Li Ho, is among the stable reputations in Tang poetry. The metaphorical complexity of his couplets, in which one scarcely ever meets a simile, will be examined in detail in the notes to several of his poems.（李商隐不同于李贺，他在唐代诗歌中一直稳享盛誉，李商隐很少用明喻，他的诗句的隐喻性颇为婉曲。）His use of allusion is the subtlest in Tang poetry-abrupt transitions in which an allusion provides the unmentioned bridge, delicate variations on commonplace references, oblique glimpses of historical events, direct presentation of a scene before his eyes in which one senses elusive parallels with a scene in history or poetry.（在晚唐诗歌中李商隐善于妙用典故，善于出其不意地用典故引入呈现新的桥段，在平易中见机巧，以点睛手法以史喻今，发人深省。）But in spite of ambiguous wordplay which cannot be transferred to another language, and allusions which it is often profitless to explain, it should be possible, whether or not I succeed myself, to translate him very effectively— much more effectively than Tu Fu, an unquestionably greater poet who may seem his inferior in English, because Tu Fu's imagery does not reach as far into our instinctive depths as imagery with erotic roots. Li Shang-yin's language has a vitality independent of the allusions which enrich it:（李商隐用词以闪烁模糊著称，因而难以直译，其中的典故尤难给出令人满意的解释，但我仍尽力翻出效果来，比我翻译杜甫的诗效果要好得多，因为杜诗的意象虽是上乘，但在西方译者看来却未触及男女之情的深处。李商隐诗句的生命力即在于此，他使自己使用的引语典故别具深意而感人至深。）

VAST SEA MOON FULL/ PEARL HAVE TEAR

沧海月明珠有泪

The line, from *The Patterned Lute* (《锦瑟》), is not fully intelligible without knowledge of two allusions which establish the connexion between the moonlit sea and the tears on the pearl.But even before recognizing them, “moon” is already interacting in one’s imagination with “pearl”, “pearl”with “sea”, “sea” with “tear”. (这是李诗《锦瑟》中的一句，不明白引语的人是很难充分理解个中含义：沧海，月明与泪珠有什么关系？其实月色与人们想象中的明珠、明珠与海、海与泪相映生辉，是不难想象的。)

西方有人批评 Graham，上文已经提及。这个问题涉及超越的文化审美考量的一个原则：超越是为了再现还是为了原创？如果一涉及外域文化(例如西方译者涉及中国文化)，就“超越得越多越好”以至完全“归化”为英美文化(正如L. Venuti反对的那样，1992)，那就不仅失去了超越的意义，而是翻译者的失职，如果不是有意去逢迎某种话语霸权，原语中民族文化的奇光异彩是不应该“被超越”的！这应该是翻译基本的审美态度。

(四) 逻辑校正能力

翻译超越显然不能由于超越因而导致不合逻辑，这是一层意思，另一层意思则是更基本的：由于原作的内容或叙述上有不合逻辑之处，因而不能不在译文中作出校正，也就是超越。

无论如何，主体对客体（原作）应该具有十分敏锐的逻辑判断能力。美国哲学家刘易士(C. I. Lewis, 1884–1964）写过一篇论述，认为主体对客体意向(intention) 的解释当然可以见仁见智，但不能罔顾逻辑；主观主义的解释(“subjectivistic interpretation”) 不是主体性，因为它不符合现实性、实在性（“actuality”)。这个道理与维根斯坦说的语言游戏要符合“生活的形式”(“form of life”) 的道理是一致的。解释可以“超越”生活形式，但不能悖于生活形式。

(五) 译语表达能力

表达是翻译超越得以实现的手段，只有工于表达才能使超越落到实处，这是自不待言的。工于表达要有语言功力也是自不待言的。但翻译的积极超越所要求的表达能力，不单单指文采（柳宗元："以质乎中，而文乎外"，《柳河东集》，卷二十五，上海人民出版社），因为单单具有文采的译文是没有意义的（刘勰："繁采寡情，味之必厌"，《文心雕龙·情采》）。积极的翻译超越要求译者通原作者之情愫、达原作者之义理，也就是本杰明所提到的用"纯语言"译出的"透明的译文"。所谓"透明"，就是没有含混晦涩，清澈纯净；至于"纯语言"，本杰明说就是"language of truth"或"true language"，可以理解为传达了真情实意，剔除了矫饰冗赘，使译语与原语在意指及意涵（intentio，也可以是 significance）的内容和方式（mode，也可以指样式、体式、时式）上调和互补，从而使译语与原语之间"不存在语义上的隔膜"（tensionless），与中国传统文体论中对"隔"的批评不谋而合。实际上，由于译作用不同的语言表达了原作中的意指和意涵，因而"使读原作而不解或存疑的人可以去读译作使疑义冰释"，也就是说译作使原作相得益彰。正是在这个意义上，本杰明说不要将不同的语言对立起来，而要使它们相互补充。译者的任务就是要摆脱对原语的形式黏附，概念黏附，句法布局黏附，必须通过自己对原作的通体观照，释放出它的"真情实意"并用译语表达出来，从而打造出一个二者相济相容（SLT→TLT）的和谐状态。[18]

本杰明的这种表现论（也是他的翻译价值观论）既是一种理论标高，也可视为操作指引。我们试按他的思想和操作指引将本文前面第三段 Edman 的原作再译如下。

> 所谓文明，本应造福于人类，如今我们见到的却是它的累累败绩，这是何等荒唐！据此，我们有理由对文明提出严正的指控，给它以当头棒喝！今日之文明拥有高度精密的科技和丰富的技术资源，却偏偏制造出一个又一个国际屠场。今日之文明拥有足够的财富与智能，却愚不可及地在富足中制造千百万饥民；用科技魅力滥制贫穷、龌龊、混乱和死亡。今日之文明将最崇高的宗教教义和最宽容的处世箴言化作了满口荒诞来为不容异己的偏执和暴行辩解，将国际乱局贴上"天经地义"的标签。

这样的翻译算不算“透明”的翻译？特别是这样的语言算不算可以补原文之短、通原文之塞、表原文之奇的“纯语言”而与原语具有“类基因的原创性”？恐怕既要去问墓地里的本杰明，还要去问任人解读的Edman，更要问我们**众多读者**了。正因如此，维根斯坦坚持说翻译是一种“语言游戏”，参加者既要遵守规则，又要能驾驭规则——这里的“驾驭”也就是我们现在讨论的超越。“超越”有个性特征，下面再议。

三、超越必然具有明显的当下性

所有的“超越”都是一种推陈出新。这里的“陈”指“历史的否定”（M. Heidegger, 1927），这种否定可以是“不合时序”的旧译，也可以指新的时序要求给原作以新的诠释。当下性是超越的重要标志，因为一般说来“新”蕴含了**超越的新的价值**。

当下性体现特定历史条件下的人文心理和风貌。对此，汉代的刘向在《说苑·修文》中说过一段很有意思的话：

> 凡音生人心者也，情动于中而形中声，声成文谓之音。是故治世之音安以乐，其政和；乱世之音怨以怒，其政乖；亡国之音哀以思，其民困。声音之道，与政通矣。

符合当下性的新价值观是改革、超越的催化剂。不符合特定的历史条件，即当下的世情、政情以及人文心理风貌的翻译，就有一个推陈出新的诉求、一种“超越的张力”（Husserl, 1907），原因是翻译传递当下“人心”之“音”。这是从反映论的观点来看当下性。人类总是渴求发展和进步的，无论处于乱世抑或处于盛世，都会出现一批先进分子发出“治世之音”或求拨乱反正，或求进一步的安世济民。国家民族繁荣期的盛世警言，无论发自内部或外部，都是极富积极的当下性的。

而翻译则是传递这种变革诉求的急先锋。因此，当下性体现翻译的历史观。本杰明在“The Task of the Translator”（《译者的任务》，1923）中谈到过翻译使原著**再生**（“afterlife”），其实“再生”就是对现世的超越。在历史的语境中看翻译，每次译作都只是一个历史时期的权宜之计。经典原著的每一次新译都是“一个时代的权宜之计”对“另一个时代的权宜之计”的超越，犹如人从一个新世代传递到另一个新世代，每一次传递都是人的“原质”的某种提升。因此，我们不妨说，翻译的历史观应该是一种进化论的历史观：这里不是**机械论的取代**，而是**进化论的超越**。因为它既包含了对原质的摄取，更包含了对原质的**扬弃**和**优化**。如果从这个积极的历史视角来看，尼采对罗马时代翻译的贬抑之词实在是一种有失公允的苛责。

四、“翻译超越”与“自我超越”

与超越的当下性相辅相成的是超越的个人特征。维根斯坦认为翻译是一种语言游戏，翻译语言游戏像其他游戏一样给所有参与者提供了平等的机会，从而使翻译与原创处于平等地位。译者拿到原作就像足球队员接到球一样，可以全凭一己之灵性施展脚下功夫。

由于**任何译者都是当下的个人**，任何解读都是个人的解读。因此，个人特征就与当下性融合在一起，进入到翻译超越的整个操作过程。值得注意的是，世界上的一切“个人”都是“文化的个人”，也就是所谓“文化自我”。世界上也不存在“与文化绝缘”（culture-insolated）的、“真空”中的翻译行为。下面这节诗译自拜伦的 *Childe Harold*（1812–1818），但译诗却带有浓厚的中国文化色彩：[20]

> 刹那间便须劳燕分飞各西东，
> 可真是苦煞了这些多情种；
> 相看泪眼，叹此生难再相逢！
> 更难卜何日再能这样眉目传情；
> 唉，夜是多么甜蜜，早晨却如此可惊！

译者（中国人）的“文化自我”通过拜伦的诗顽强地表现了出来。可见翻译超越还涵盖一个如何超越自我的问题：在任何情况下都不应让文化自我干扰文化翻译。诗人、翻译家卞之琳就此评论说：[21]

这段译文读起来相当流畅，而且还颇有“诗意”，但是它所采用的语言、所表现的文采与原作大有分别：原诗以朴素亲切的语言描写青年男女突然离别的情景，没有译文中这样浓厚的脂粉气和旧词曲老套带来的陈腐气。所谓“刹那间劳燕分飞各西东”在原诗中不过是“突然分离”，所谓“多情种”不过是“年轻的心灵”。译文里用完了唱本滥词，到最后一行只好再来一句比较平常的说法，前后就**不和谐**，更不用说和译文上下段的普通语调**不相称**了。这种追求滥调的倾向使译者不但只是浮光掠影，而且有时不顾原文字义以致破坏了整个气氛。（重点是本书作者加的）

卞之琳提出的其实是一个根本问题：译者应该用怎样的“自我”来实现对原语文本的超越？这既是一个**认知**问题，又是一个**审美**问题。

14.4 翻译超越与“文化自我”

翻译超越要凭借积极的、进取的“**文化自我**”来实现，而“文化自我”总是通过译文顽强地表现出自我特征——这种表现可以是积极的超越，也可以是卞之琳说的上面那种以“追求滥调”的超越，一切取决于译者的文化掌控能力和审美表现功力。总之，译者应该善于审时度势，收放自如地超越自我，这时的自我，是积极的自我，是一种“**新我**”，而不是“**旧我**”。总之不要使文化自我成为文化翻译的羁绊。

于是一个逻辑的结论摆在译者面前：关键在于自我完善。美国知名学者和译论家 G. Steiner 曾经不厌其详地述说着西方成功的汉学家乃至不懂汉语的翻译家如何历尽艰辛地理解“讳莫如深”——艾略特用的形容词是“translucencies”（半透明的、或暗或明的）——的汉语。Steiner 用了一句话来总结他们成功的秘诀：This insinuation of self into otherness is the final secret of the translator’s craft.（*After Babel*, 1998 ed, p. 378），意思大抵是：归根结底一句话，译者功在潜入作者的心灵。

大概可以说，历尽艰辛的“潜入”所富集的“张力”（类基因原创性的诱发和衍生）必定会“脱”原文之“颖”而出，青出于蓝而不逊于乃至胜于蓝，庶几可云“超越”。用司空图的话说就是必得入于化境方能悟出神韵——于是又回到了一条古老的法则：**出神入化**。

这样“出神入化”的翻译究竟有没有？在外国译界，我不敢说。据英国文论家、诗人 John Dryden (1631–1700) 说，“肯定是有的”。在中国译界，我也敢肯定是有的，那就是严复翻译的《天演论》第一段。历数十年翻译之阅历，我也曾想发现比严几道这段翻译更加使我感念的译文，这期间当然不乏差强人者，但平心而论，都未曾见到有出严复其右者。严复这段译文成功的关键在于完全摆脱了对 Huxley 原文的“形”与“骨”的黏附、黏着，而是紧紧把握了它的“气”与“神”，又使汉语之精美发挥到了极致。我们先看看 Huxley 的原文，再来加以对照：

> It may be safely assumed that two thousand years ago, before Caesar set foot on Southern Britain, the whole country side visible from the windows of the room in which I wrote, was in what is called “the state of nature”, except, it may be, by raising a few sepulchral mounds, such as those which still here and there, break the flowing contours of downs, man’s hands made no mark upon it; and the thin veil of vegetation which overspread the broad backed heights and shelving sides of the coombs was unaffected by his industry.The nature grasses and weeds the scattered patches of gorse, contended with one another for the possession of scanty surface soil; they fought against the droughts of summer, the frosts of winter, aid the furious gales which swept, with unbroken force now from the Atlantic and now from the North Sea, at all times of the year, they filled up, as they best might, the gaps made in their ranks by all sorts of underground and overground animal ravages. One year with another, an average population, the floating balance of the unceasing struggle for existence among the indigenous plants, maintained itself. It is as little to be doubted, that an essential similar state nature prevailed, in the region, and for many thousand years before the coming of Caesar; and there is

no assignable reason for denying that it might continue to exist through an equally prolonged futurity, except for the intervention of man. (T. H. Huxley, *Evolution and Ethics*, page i)

很显然，Huxley 的行文充满十八九世纪英文典籍的特征。现在我们来看看严复笔下脱颖而出的审美运筹：

赫胥黎独处一室之中，在英伦之南，背山而面野。槛外诸境，历历如在几下。乃悬想二千年前，当罗马大帝凯彻未到时，此间有何景物。计唯有天造草昧，人工未施，其借征入境者，不过几处荒坟散见坡陀起伏间。而灌木丛林，蒙茸山麓，未经删治如今者，则无疑也。怒生之草，交加之藤，势如争张相雄，各据一抔壤土。夏与畏日争，冬与严霜争，四时之内，飙风怒吹，或西发西洋，或东起北海，旁舞交扇，无时而息。上有鸟兽之践啄，下有蚊蝼之啮伤。憔悴孤虚，旋生旋灭。菀枯顷刻莫可究详。是离离者亦各尽天职，以自存种族而已。数亩之内，战事炽然，强者后亡，弱者先绝。年年岁岁，偏有遗留。未知始自何年，更不知止于何代。苟人事不施于其间，则莽莽榛榛，长此互相吞并，混逐蔓延而已，而诘之者谁耶？（严译《天演论》，第一页，英语原本 1—20 页）

毫无疑问，严复的这种翻译，就是我们所谓“高难度、高品位的超越”。本书录载于此，一则为感念先驱，二则更为激励来者：要有“脱”原语之“颖”而出的志气，去实现超越。

这也正是我写这本书的基本目的之一。

〔注释〕

①引自《宋金元文论选》，北京：人民文学出版社 1987 年版，第 85 页。

②引自 W. Benjamin 著 “The Task of Translator”，载 R. Schulte 等编 *Theories of Translation*: *An Anthology of Essays from Dryden to Derrida*, UCP, Chicago, 1992, p. 81。

③本杰明在文后还提到“轻轻相触”的问题，他的措辞是“. . . even if its meaning is touched upon only fleetingly”, p. 82。

④参见本杰明在前文中的另一处论述，其中提到 significance（意蕴）的问题：

> . . .What can fidelity really do for the rendering of meaning? Fidelity in the translation of individual words can almost never fully reproduce the meaning they have in the original, *For sense in its poetic significance is not limited to meaning, but derives from the connotations conveyed by the word chosen to express it*. We say of words that they have emotional connotations. A literal rendering of the syntax completely demolishes the theory of reproduction of meaning and is a direct threat to comprehensibility.（斜体为笔者所用）

⑤引自②中本杰明上文，p. 79。

⑥这些争论的问题有：（1）本杰明是不是有意要贬抑意义？为什么？（2）本杰明的所谓 intentio 究竟指什么？（3）“一部作品读起来好似原创”难道不是最高的褒奖吗？（4）直译（“literalness”）能“确保忠实性”吗？（5）本杰明所谓的“纯语言”（“pure language”）是“神秘主义的”吗？究竟什么是“纯语言”？

⑦本杰明该文（LSLM）载 *Reflection*，英译者是 E. Jephcott, 1978 年由 Schocken 出版，第 315—332 页。

⑧参见 G. Steiner 著 *After Babel,* Oxford, 3rd ed, 1998, p. 314。

⑨参见 Warner J. Severin & James W. Tankard, Jr. 合编 *Communication Theories, Origins, Methods and Uses in the Mass Media*, Longman, 4th ed and 5th ed, New York, 2001, Chap. 4。

⑩例如，P. Kussmaul 认为翻译的“原创力”包括：（1）认知理解力；（2）流畅的思维能力；（3）扩散的思考能力；（4）表情能力；（5）综合评估能力。见 Kussmaul 著 *Training the Translator*, John Benjamin Publishing Company, Amsterdam, 1995, pp.39-53。

⑪这里指的是美国当代文论家 Paul de Man 的某些观点，文中所述是其一。德曼的论述 *The Resistance to Theory* 载 C. Cazeaux 编 *The Continental Aesthetics*

Reader. Routledge, London and New York, 2000, pp. 429-444。

⑫“前结构”表现为“前理解”（fore-structure of understanding）是“释义学循环”中的三个部分：fore-having（vor-habe），fore-sight（vor-sicht）和 fore-condeption（vor-griff），三者均与文化息息相关。参见 Josef Bleicher 著 *Contemporary Hermeneutics*, Routledge, 1980. p. 267。

⑬参见 G. N. Leech 著 *A Linguistic Guide to English Poetry*, London, Longman, 1976。

⑭引自 M. Lipman 编 *Contemporary Aesthetics*, Allyn and Bacon, Boston, 1973, p.16。

⑮参见 David Fenner 著 *The Aesthetic Attitude,* Humanities Press International, NJ, 1996, pp. 4-5。

⑯引自 *Poems of the Late Tang*, Penguin Books, 1977, p. 143。

⑰参见⑭中的著作，p. 463。

⑱参见 W. Benjamin 著 “The Task of the Translator”, p. 78。

⑲参见 Nietzsche 著 “On the Problems of Translation” (tran Peter Mollenhauer)，载 *Theories of Translation*: *An Anthology of Essays from Dryden to Derrida*, UPC, Chicago and London, 1992, p. 68。

⑳见杨熙令译《恰尔德·哈洛尔德游记》，新文艺出版社 1956 年版，第 119 页。

㉑引自卞之琳等著《艺术性翻译问题和诗歌翻译问题》，载罗新璋编《翻译论集》，第 662 页。

附录

[研究资料 I]

严复与近代思想启蒙

何晓明*

一

一部中国近代史同时也是中华民族的思想启蒙史。在这个伟大的解放运动中，严复以他不朽的译作和著述确立了自己的辉煌地位，成为“在中国共产党出世以前向西方寻找真理的一派人物”的杰出代表。

进入近代，在世界资本主义冲击之下，封建的中国加速走向自己的尽头。到了严复降生的年代，新社会的曙光固然还不可见，但旧时代的丧钟已经在有见识的中国人心中隆隆地震响了。维新运动的兴起，标志着年轻的中国资产阶级第一次登上了政治斗争的舞台。维新运动是一次肤浅的政治变法，同时又是一次深刻的思想启蒙。维新派用以唤起民众的武器，从本质上讲，已经是奠基于新型的资本主义经济关系之上的资产阶级意识形态。从时间上看，维新派比龚、魏不过晚了半个世纪，但是从思想上看，却比后者前进了整整一个时代。当然这是就总体而言，具体到个人，因经历、学识所限，对“新学”的理想、掌握程度各异，其间的差别又是相当大的。康、梁等人从小受纯粹的封建教育，又不能直接阅读西人著作，更不曾到过欧、美，亲身体验资本主义的文物制度，因此他们所运用的新学武器，内容支离、肤浅，且掺杂大量封建因素，牵强附会之处，时时可见。严复则不

* 资料来源：《中国文化现代转型》，湖北大学中国思想文化研究所，湖北教育出版社 1995 年版，第 462—476 页。

然。他幼年就学于新式学堂，成年后又留学英国，观察资本主义社会制度，研读资产阶级政治学说，造诣之深，连维新泰斗康有为，也不能不承认他为“中国西学第一者”。[①]而且在他身后，也没有人从整体的资产阶级思想启蒙的意义上，做出比他更大的贡献。20世纪中国政治舞台上的风云人物，从胡适、陈独秀到李大钊、鲁迅、毛泽东，很少有人否认严复对自己的深刻影响，这绝非偶然。我们可以借用严复自己的话，来评价他在近代思想启蒙中的地位和作用：“在当时而能如是，诚命世之才，宜乎其能为一学开山也。”[②]

二

严复在广阔的领域里进行资产阶级思想启蒙，大致归纳，有政治观、哲学观和科学方法论三个方面。

(一)政治观

严复率先突破前人以朴素人本主义的“民主”来对抗“君主”的水平，提出“以自由为体，以民主为用”[③]的深刻命题。他认为民主仅是自由在政治上的一种表现，而后者才是资本主义的实质和核心。他一针见血地指出资本主义命脉之所在为“学术则黜伪而崇真，于刑政则屈私以为公”，“斯二者与中国理道初无异也。顾彼行之而常道，吾行之而常病者，则自由不自由异耳。”[④]针对传统因袭下世人对于自由的普遍误解，严复辩证道：“中文自由，常含放诞，恣肆，无忌惮诸劣义。然此自是后起附属之诂，与初义无涉。初义但云不为外物拘牵而已，无胜义亦无劣义也。”[⑤]与中国传统的自由相反，“彼西人之言曰：唯天生民，各具赋畀，得自由者为全受。故人人各得自由，……侵人自由者，斯为逆天理，贼人道。”[⑥]“中国历古圣贤之所深畏”的自由，被西方资产阶级理直气壮地写在自己解放的大旗之上。

与资产阶级民主、自由观直接相关的是平等观。严复解释说：“民族者，治制之极盛也。……夫民主之所以为民主者，以平等，故班丹（边沁）之言曰：‘人人得人，亦不过一’此平等之的义也。顾平等也有所以为平者，非可强而平之也，必其力平，必其智平，必其德平，使是三者平，则郅治之民主至矣。”[⑦]严复把人与人的平等关系归结为相互间权利与义务的不可分割。“义务者，与权利相对待而有之也，故民有可据之权利，而后应尽之义务生焉。无权利而责民义务者，非义务也，直权分耳。”[⑧]因此，权利和义务一旦分离，也就没有民主和自由可言。“事关纲常名教，其言论不容自由”，[⑨]既然“君为臣纲，父为子纲，夫为妻纲”，君、父、夫仅有权利，而臣、子、妻仅有义务，那么他们之间当然就不可能存在平等关系，也没有自由可言。在这种毫无平等自由的纲常名教支撑之下的“中国之治制，运隆则为有法之君主，道丧则为专制之乱朝，故其中谈治之策，经世之文，皆当本君主之精神而观之，而后知其言之至善。脱以民主之义绳之，则大谬矣。”[⑩]由于时代和阶级局限，严复虽然未能进一步剖析资本主义民主、平等的阶级实质，但他毕竟是从资产阶级民主政治的高度，根本推翻了封建政治全部合理性的理论支柱，因而比单纯的伦理道德批判更具深刻的理论力量。

在政治学原理辩证的基础上，严复展开对现实封建政治的批判。“中国自秦以来，无所谓天下也，无所谓国也，皆家而已。一姓之兴，则亿兆为之臣妾。其兴也，此一家之兴也，其亡也，此一家之亡也。”[⑪]联系国难危急的现实局势，严复尖锐地指出封建纲常的防卫体系已无力阻止“异族之得为中国主者”，中国封建政治到了非改弦更张不可的时候了。但是严复并没有从此走上激进的政治革命的道路。在如何使自己的政治观社会化、现实化的问题上，他恪守两条基本法则：“君权之重轻，与民智之浅深为比例。”[⑫]“社会之变象无穷，而一一基于小己之品质”。[⑬]展开来讲，即“政欲利民，必自民各能自利始。民各能自利，又必自皆得自由始。欲听其皆得自由，尤必自其各能自治始。反是且乱。……是以今日要政，统于三端：一曰鼓民力；二曰开民智；三曰新民德”，[⑭]因此民主之制应该缓行。如果脱离当时中国的现实政治，从一般意义上的人的进步与社会发展的对应关系看，严复的上述认识，并无可挑剔之处。但是，由于严复单方面强调人的进步对于社会变革的根本意义，而忽视社会变革对于人的进步的强大推动作用，把社会进步狭隘地归结为社会“分子”个人品质的自我完善，并且这种自我完善又是脱离人的广泛的社会联系、脱离动荡的政治现实封闭地进行，这就从理论上的偏颇导向了政治上的保守。“然则及今而弃吾君臣可乎？曰是大不可。何则？其时未至，其俗未成，其民不足以自治也。”[15]“为今之计，唯急从教育上着手”。这便是严复从激进的资产阶级民主政治理论中得出并终身实践的温和的现实政治主张。

坚决斥责资本—帝国主义的侵略，是近代思想家们的一个共同政治观点。但是，在如何认识这种侵略本质的时候，便见仁见智，体现出个人水平的高低。列强对华侵略固然是政治行动，但它必然有经济方面的深刻原因。严复分析道：“如今日西国之患，恒坐过富，母财（资本）岁进，而业场（投资场所）不增，故其谋国者之推广业场为第一要义。德意志并力于山左，法兰西注意于南陲，而吴楚之间则为英人之禁脔，凡皆为此一事而已。此基所以为争之情，与战国诸雄与前代苦中国之戎虏大有异处。”[16]这虽然未对列强经济—政治侵略的非正义性和危害作更深一步的批判，但它毕竟为人们点明了科学认识资本—帝国主义实质的路径，这也是康、梁等人不能望其项背的。

（二）哲学观

严复对中国传统哲学进行了多方面的批判。他以资产阶级进化论的历史哲学对抗封建循环论；以近代自然哲学对抗封建迷信；以资产阶级功利主义人生哲学对抗封建主义的义利分裂观。

严复一生中最伟大的贡献，就是他翻译、介绍、宣扬了近代科学形态的生物进化论，并把它革命地（不同于西方社会达尔文主义者反动地）运用于社会历史领域。“宇宙有至大之分例，曰万化皆渐而无顿。”[17]他一方面赞同斯宾塞“以天演自然言化，著书造论，贯天地人而一理之”，另一方面又用赫胥黎的“与天争胜”论来补救斯氏“任天为治之末流”，“且于自强保种之事，反复三致意焉。”[18]

严复强调人类社会是一个不断进化的自然历史过程，“运会既成，虽圣人无所为力”。[19]他斥责“天不变，地不变，道亦不变，化观化不审似是实非之言也”。[20]在《社会通诠》的译者序言里，严复系统地阐发了自己的进化论历史观：“夷考进化之阶级，莫不始于图腾，继以宗法，而成于国家。方其为图腾也，其民渔猎，至于宗法，其民耕稼，而二者之间，其相嬗而转变者以游牧。最后由宗法以进于国家，而二者之间，其相受而蜕化者以封建。方其封建，民业大抵犹耕稼也，独至国家，而后兵、农、工、商四者之民备具，而其群相生相养之事乃极盛，而大和强立，繁衍而不可以克灭。此其为序之信，若天之四时，若人身之童少壮老，其有迟速，而不可或少紊者也。"这里有两个序列：图腾→宗法→国家；渔猪→游牧、耕稼→兵农工商。前者指社会政治形态，后者指相应的产业结构形态。这种建立在对于社会发展必然趋势科学把握之上的进化论历史观，显然比康有为的脱胎于"公羊三世说"的带有浓郁循环论色彩的历史哲学先进得多。

严复是社会进化论者，但他与西方社会达尔文主义唱的是对台戏。"舟车大通，种族相见，优胜劣败之公例，无所逃于天地之间"，[21]这与动物界没有区别。但是，"人之所以为万物之灵，而世之所以有进化之实者，以能不忘前事，而自得后事之师也。不然必至之而后知，必履之而后艰，将如环然，常循其覆辙而已，乌由进乎？"[22]人类进化绝非全凭自然的选择、淘汰，其根据就在于人类可以发挥主动精神去汲取历史的经验教训，发愤图强，而这恰恰是动物所不能做到的。千千万万不甘沦落的中华民族的优秀子孙正是从这个意义上，始而愕然、继而欣然地接受了严复所宣传的进化论，终而奋然地走上了救国救民的艰苦征途。

承认历史的光明前途并非仅无产阶级所能。一切剥削阶级在他们处于上升阶段时，无一例外地大力宣扬这一点。而当他们的阶级政权建立的客观可能性愈渺茫时，这种对光明未来的渴望便表现得愈加强烈。严复的进化论历史观，也突出地体现在他对未来的展望和憧憬之中。"窃料黄人前途，将必不至于不幸也。即使其民今日困于旧法，拘于积习之中，卒莫由以自拔，近果之成，无可解免，而变动光明，生于忧患，行且有以大见于世史，无疑也。"[23]严复同他的西方前辈一样，"完全真诚地相信世界乐园"。"吾党生于今日，所可知者，世道必进，后胜于今而已，至极盛之秋，当见何象，千世之后，有能言者，犹但暮遇之也。"[24]有的论者因此而批判他的"不可以名理论证也"是"不可知论"，[25]我以为是不公允的。严复立足于近代科学基础上，提出进化史观，这已经为世人"提供了新的东西"。至于他老老实实承认"吾党生于今日"不知道"千世之后""当见何象"，未能为后人描绘出人类未来社会的具体图景，这又何错之有？恩格斯曾经精辟地指出，对未来社会的描绘愈是精确，就愈是陷入空想。与严复相反，康有为倒是在

《大同书》里活灵活现地展示了未来世界的生动景观，但那一切，又有几许被后人承认是“可知论”者的先知先觉呢？

严复是学习近代自然科学出身的中国第一代学者。他的自然哲学奠基于进化论，闪耀着近代科学光芒。“故用天演之说，则竺乾、天文犹太诸宗教所谓神明创造之说皆不行。”[26]在《天演论》中，他对原文加上《天刑》《天难》的小标题以抨击“天道”。他用近代自然科学成果来具体论证宇宙及人类社会都是物质进化的自然结果。“天者何？自然之机，必至之势也；阅今而考古，格物而致知，必求真实而后已者。凡为此耳，夫非妖祥咎证之谓也，吾党有志图存之士，其求深识，此所谓天者。”[27]他援引哥白尼的太阳中心说和牛顿的机械运动理论，试图用力的机械运动来解释宇宙间的一切变化。“大宇之内，质力相推，非质无以见力，非力无以呈质。”更精彩的是，他把人类运动与自然界在物质的意义上直接联系起来。“且人非得自然之助，势且无以为功。何则？人力必仰于食，是亦所谓自然之力也。”“一切动力之原，而悉本之于日轮也。”[28]

严复把自然哲学与历史哲学统一起来，从自然规律中寻找社会历史发展的方向。认为牛顿力学一出，“而后天学明人事利者也。”[29]他把数、名、力、质、天、地、生、心等自然科学与资产阶级社会学（群学）挂起钩来，把后者视为前者发展的极峰。“盖于名数知万物之成法，于力质得化机之殊能，尤必借天地二学，各合而观之，而后有以见物化之成迹。欲明生生之机，则必治生学；欲知感应之妙，则必治心学。夫而后乃可以及群学也。……故学问之事，以群学为要归。唯群学明，而后知治乱盛衰之故，而能有修齐治平之功。”[30]把政治革新单单归结为社会学问题，这在今天看来固不足取，但在传统神学史观笼罩学坛的当时，这种朴素形态的机械唯物论毕竟给人以耳目一新之感。

一个民族的思想启蒙，最根本、最艰巨的莫过于人生哲学的改造与更新。中国传统的儒、道融合的人生哲学经过几千年的悠悠岁月，已达到无孔不入，根深蒂固的程度。对义利关系，“君子喻于义，小人喻于利”；对个人境遇，提倡“乐天知命”，为人行事，讲究“中庸”，“不为祸始，不为福先”。总之，“温、良、恭、俭、让”的五字诀几乎可以概括中国传统人生哲学真、善、美的全部规范与最高境界。它的消极方面，无疑是造成因循、保守、封闭、落后的重要因素。在竞争激烈的近代世界舞台上，这种人生哲学不加改造，显然严重束缚中华民族奋发自强的手脚。

传统人生哲学非功利主义特征突出，与相对淡薄的物质要求形成鲜明对照的是对于精神完美的强烈追求。“朝闻道，夕死可也。”严复则提出，人生的目标不是追求抽象的善。善与恶是以具体感受的苦乐为其标准的。“人道所为，皆背苦而趋乐，必有所乐，始名为善，彰彰明矣。”[31]这种资产阶级人生哲学的典型特征，就是对于物质财富和利益的赤裸裸的追求。“它把宗教的虔诚、骑士的热忱、小市民的伤感这些情感的神圣激发，淹没在利己主义打算的冰水之中。”[32]严复认为自私是人的本性，但自私又必须以不损害他人为前提。“两利为利，独利必不利。”[33]这就要处理好利与义的关系。他驳斥陈腐的义利分裂论:“大抵东西古人之说，皆以功利与道义相反，若薰莸之必不可同器。而今人则谓生学之理，舍自营无以为存。但民智既开之后，则知非明道则无以计功，非正谊则无以谋利，功利何足病？问所以致之之道何如耳。故西人谓此为开明自营，开明自营于道义必不背也。”[34]这种义利结合观建立在近代经济学基础之上，超越了抽象伦理思辨。“自天演学兴，而后非谊不利非道无功之理，洞若观火。而计学（经济学——引者注）之论，为之先声焉。……庶几义利合，民乐从善，而治化之进不远欤？呜呼！此计学家最伟之功也。”[35]

针对保守、因循，但求中庸不思进取的传统心理，严复指出:“彼《周易》否泰之数，老氏雄雌之言，固圣智者之妙用微权，而非无所事事而俟其自至之谓也。无所事事而俟其自至，此太甲所谓‘自作孽，不可逭’者耳。天固何尝为不织者减寒，为不耕者减饥耶？”[36]时代变了，人们对于生活的态度也要改变。中华民族要在竞争中成为强者，首先要求他的成员具有争强好胜的进取精神。“盖生民这之要三，而强弱存亡莫不视此：一曰血气体力之强，二曰聪明知虑之强，三曰德行仁义之强。……未有三者备而民生不优，亦未有三者备而国威不奋者也。”[37]相反，传统的人生哲学不改造，“民力已恭，民智已卑，民德已薄”的悲惨现实将无可挽回，而中华民族的沦亡，亦将在劫难逃。

（三）科学方法论

富强之基在于科技，科技之本在于方法。严复这方面的启蒙思想，重点有三，即经验论、归纳法和逻辑学。

几千年中华文明的演进，形成了庞大厚重的以人文文化为主体的文化结构，与此相应地形成了一整套程式化的重直觉、重内省、重先验理性的方法论体系。在这种体系的笼罩下，以实验和实用为其价值特征的近代科学方法论很难发展起来。严复指出，“中国士人，经三千年之文教，其心习之成至多，习矣而未尝一考其理之诚妄；乃今者洞牖开关，而以与群伦相见，所谓变革心习之事纷至沓来，于是相与骇愕而以为不可思议。”㊳他批判陆王主观唯心主义先验论的学术路线，“质而言之，则直师心自用而已。自以为不出户可以知天下，而天下事与其所谓知者，果相合否？不径庭否？不复问也。自以为闭门造车，也而合辙，而门外之辙，与其所造之车，果相合否？不龃龉否？又不察也。……其为祸也，始于学术，终于国家。”㊴此即“西语阿菩黎诃黎（apriori，先验的），凡不察事实，执因言果，先立一说以概念余诸也，皆名此种。若以中学言之，则古书成训，十九皆然。”㊵与此相对，严复介绍道：“然而西学格致，则其道与是适相反。一理之明，一法之令，必验之物物事事而皆然，而后定之为不易。其所验也贵多，故博大；其收效也必恒，其宗极也，必道通为一，左右逢源，故高明。”㊶

根据英国哲学家培根的经验论，严复提出人的真知灼见生于一本——阅历之知，即“元知”，“吾人的学穷理，志求登峰造极，第一要知读无字之书。”㊷本于“元知”的“推知”只是第二位的，“勿以推知为元知，此事最关诚妄。”㊸他还进一步探讨了经验论与实验方法的联系，强调科学实验的重要意义，认为“格物穷理”的内涵不仅仅是观察、体验，还应包括实验。这就改造了这一抽象，模糊地接触到认识从感性向理性深化过程的客观唯心主义命题，使之具有近代朴素唯物主义反映论的色彩。

强调经验，反对先验，仅仅是培根归纳法的前提。“内籀者，观化察变，见其会通，立为公例者也”，通过归纳，得出“通而为一”的高层次的认识，然后再“渐入外籀”，进行演绎“而其理乃益密。”㊹严复论归纳与演绎的关系：“内籀云者，察其曲而知其全者也，执其微以会其通者也，外籀云者，据公理以断众事者也，设定数以逆未然者也。……二者即物穷理之最要涂术也。”[45]他批评中国传统学术“之所以多无补者”，并非没有运用演绎法，而是演绎“其所本者，大抵心成之说”，是先验的非实验归纳的产物，“此学术之所以多诬，而国计民生之所以病也。”[46]

由于儒、道文化的压倒影响，墨子以后的中国古典逻辑学一直处于相当贫乏的状况。因此传统学术不注重通过归纳演绎的形式逻辑方法去认识世界，而是强调直觉思维，讲究“顿悟”。针对这种传统，严复研讨了西方科学昌明的原因，提出逻辑学是“一切法之法，一切学之学，明其为体之尊，为用之广。”到了晚年，虽然“精神茶短，惮用脑力”，[47]他仍多次表示要将《穆勒名学》中关于归纳法的部分全部译完。

三

中国近代史上一个引人注目、令人深思的现象是，在资产阶级思想启蒙中，维新派比革命派做得更多；而在维新派中，保守的严复比激进的康、梁、谭贡献更大。用形而上学讲不通的现象，毕竟是客观的历史事实。当孙中山和康有为积极投入用不同方式变革封建制度的实际运动的时候，严复却反复强调首先对人民进行资产阶级的教育。从政治上看，严复要保守得多，但是，康、孙的先后失败，又恰恰从反面证明了严复主张的根本意义。

严复是“十九世纪末年中国感觉敏锐的人”，[48]他从世事的风云激荡中，敏锐地觉察到中华民族深重危机的根源，不仅在于缺少近代西方的声光电化，坚船利炮之“末”，更在于面临崩析的腐朽君主专制制度之“本”。要改变这一制度的前提条件，是用先进的资产阶级意识形态去唤起民族精神的觉醒。“吾民之智、德、力，经四千年之治化，虽至今日，其短日彰，不可为讳，顾使深而求之，其中富有可为强族大国之储能，虽摧斫而不可灭者。未其众如此，其地势如此，其民材又如此，使一旦幡然，悟旧法陈义之不足殉，而知成见积习之实为吾害，尽去腐秽，唯强之求，真五洲无比国也，何贫弱奴隶之足忧哉！”[49]正是基于这种民族性格客观、冷静的分析和对民族前途乐观、坚定的信心，严复满腔激情地在十分广阔的领域内，以前无古人、后少来者的气魄和水平，进行资产阶级的思想启蒙，筚路蓝缕，功不可没。

但是，诚如马克思所说："资产阶级著作家在资产阶级同封建主义进行斗争的时期提出的原则和理论无非是实际运动在理论上的表现，同时可以精确地看出，这种理论上的表现依其所处实际运动阶段的不同而反映出空想主义的、教条主义的、学理主义的程度也往往不同。"[50]作为软弱的中国资产阶级思想家，特别是一个始终游离于本阶级实际政治变革运动之外的思想家，一个"能坐而言不能起行者"，[51]严复自有他不容不论的严重局限。

我们可以借用赫尔岑评论黑格尔的话来评论严复。"尽管黑格尔的天才是非常巨大而有力，可是他毕竟也是一个人；在用迂回曲折的语言发表意见的时代里，他怕把话简单明了地说出来，因为他不敢前进到自己的原理的最后结果；对于不惜一切地彻底接受全部真理，他还缺少英雄的气概。一些极其伟大的人物在从他的原理中显然会得出的结论面前裹足不前；另一些人则惊慌失措地向后倒退，不去寻求明确性，而是把自己弄模糊。黑格尔看出了有许多公认的东西需要予以摒弃，他舍不得打碎，可是另一方面，他也不能不把应该说的话说出来。黑格尔常常把原理探索出来而不敢承认原理的一切结果，他不去寻找简单明了的、自然的、当然可以得出的结论，而还要让它跟现存的事物相安无事，发展被弄得更加复杂，明确性被弄得模糊不清。"[52]严复在"用迂回曲折的语言发表意见的时代"，敢于大张旗鼓地宣扬与封建传统水火不容的资产阶级启蒙思想，这比黑格尔勇敢得多。但是他又同黑格尔一样，缺少"彻底接受全部真理"的"英雄气概"，而是"让它跟现存的事物相安无事"，特别是到了晚年，更"惊慌失措地向后倒退"。中国资产阶级经济、政治上的软弱决定了其思想的无力。而这个阶级的思想旗手严复的个人因素，更加重了中国牌号的资产阶级启蒙思想的"空想主义、教条主义和学理主义"的浓郁色彩。

资产阶级的思想启蒙，在中国未能获得它在西方那样的辉煌胜利。因此而来的深远影响，直到今天仍然顽强地残留在社会主义现实生活之中。当中华民族庆幸自己不经资本主义的历史阶段而进入更为高级的社会主义历史时期的时候，却忽视了资产阶级的思想启蒙对于自身精神从封建主义向社会主义转变这一过程中的、很难为其他东西所替代的"思想材料"的重要作用。我们尝到了自己酿造的苦酒。中华民族在付出沉重代价，终于战胜林彪、"四人帮"封建法西斯专政的现实危险性之后，重温严复80年前的话，“为思想，为言论，皆非刑章所当治之域”；[53]“一朝之法，因时损益，不独于天理物情未可强合，且即与道德之所去取，经典之所是非，亦不可相持而并论”，[54] 不是还有许多值得深思的东西么？

〔注释〕

①《戊戌变法》第二册，神州国光社 1953 年版，第 525 页。

②《原富・按语》商务新版，第 440 页。

③《原强》。

④《论世变之亟》。

⑤《群已权界论・译凡例》。

⑥《论世变之亟》。

⑦⑧《孟德斯鸠法意・按语》，商务新版，第 158、535 页。

⑨《群已权界论・译凡例》。

⑩⑪《孟德斯鸠法意・按语》，商务新版，第 100、88 页。

⑫《中俄交谊论》。

⑬《群学肄言・译余赘语》。

⑭《原强》。

⑮《辟韩》。

⑯《原富・按语》，商务新版，第 96 页。

⑰《政治讲义》。

⑱《译天演论・自序》。

⑲《论世变之亟》。

⑳《救亡决论》。

㉑《社会通诠・按语》，商务新版，第 133 页。

㉒《孟德斯鸠法意・按语》，商务新版，第 198 页。

㉓《社会通诠・按语》，商务新版，第 155 页。

㉔《天演论・按语》。

㉕ 见《论严复与严译名著》，第 88 页。

㉖《天演论・导言》。

㉗《原富·按语》，商务新版，第525页。

㉘《原富·按语》，商务新版，第298页。

㉙《译天演论·自序》。

㉚《原强》。

㉛《天演论·按语》。

㉜《共产党宣言》

㉝㉞《天演论·按语》。

㉟《原富·按语》，商务新版，第77页。

㊱《原强》。

㊲《原强》。

㊳《穆勒名学·按语》，商务新版，第215页。

㊴《救亡决论》。

㊵《穆勒名学·按语》，商务新版，第57页。

㊶《救亡决论》。

㊷《西学通门径功用说》。

㊸《穆勒名学·引论按》。

㊹《原富·译事例言》。

㊺《译天演论·自序》。

㊻《穆勒名学·按语》，商务新版，第66页。

㊼《名学浅说·译者自序》。

㊽ 鲁迅：《热风·随感录二十五》。

㊾《社会通诠·按语》，商务新版，第155页。

㊿《马克思恩格斯选集》第1卷，第191页。

(51)《严几道年谱》，商务印书馆1936年版，第42页。

(52)《科学中华而不实的作风》，商务印书馆1981年版，第69—70页。

(53)《孟德斯鸠法意·按语》。

(54)《孟德斯鸠法意·按语》。

[研究资料 II]

汤因比:“文明的比较研究”及“希腊模式与中国模式”

取自汤因比（Arnold Toynbee, 1889–1975）著《历史研究》（*A Study of History*）第六章“文明的比较研究”及第七章“希腊模式与中国模式”（刘北成、郭小凌译）

[原书第六章　文明的比较研究]

我着手对人类事务进行比较研究是从提问开始的，我对当代西方的做法——把个人所处的时代和西方国家当成整个人类史的顶峰，表示质疑。因为我恰好是个英国人，我自问：我所在时代的英国是历史巅峰的说法属实吗？我得出结论：这种观点不过是一种民族主义的幻想。这个幻想对1972年的英国人较之对1927年（我在那一年开始为本书做笔记）的英国人更不可信。我认识到，英国若单就其本身而言，无论在我所处的时代还是在早些时候，即自从英国首次明显成为政治地图上的组成部分起，它事实上都不是一个“可加以认识的研究领域”。我因此去寻找一个最小的单位，英国应该是这个单位的一个组成部分，如果把这个单位当作一个自在的个体来处理，它是可以理解的。我找到的这种单位就是西方文明。在一个社会物种当中（这个社会不仅比单个民族国家要大，而且比较清晰可辨，实际上接近于自成一体）识别自己国家的样本时，我发现自己面对着两个有关的事实：首先，西方并不是整个世界，世界划分为西方和一系列其他现存的文明；其次，与西方以及其他同代文明息息相关的事实表明，它们的历史尚未结束。对于研究这个物种来说，至少要有一个完整的文明史样本，作为必要的第一件实证材料。

我因此从时间上向以前推溯，上溯到属于我自己的西方文明的源头，直至我触到一个更早的文明的末端，也就是希腊—罗马文明（希腊文明的别称），西方文明正是经过基督教文明而附属于这个文明的。这段希腊文明的历史是它那类文明的完整样本，它无疑已经完结，因为在我所处的时代，已看不到任何希腊文明的存在。它在很久以前被两个接替者所取代，一个是西方文明，另一个是西方文明的姊妹及同代共时的拜占庭文明。希腊文明的历史在时间上也无疑没能延伸到我们这个时代，因为人们已经知道，不仅它的接替者，而且它的前身米诺—赫拉斯—迈锡尼文明（爱琴文明的别名）也没有从时间上延伸到现在。在希腊文明史当中，有一个我一直在寻找的文明样本。它对西方的探寻者存在着一般价值以及两种特殊的价值。一般价值是它完整无损。它有明显的开端和结尾，两端之间有文字记录的完整历史，至少有完整的成文史轮廓。其特殊的价值在于它同西方历史联系在一起，并且西方人对它耳熟能详。即使是一个未曾受过希腊、拉丁古典学教育的西方人，也可能知道希腊史比西方以外的其他任何文明史要多一些。

现在，我已找到了一个文明史的完整样本，那么如何利用它为我的目的服务呢？我的目的是发现一些通盘研究人类事务的组织方式和手段。从一开始，我就拒绝使用习见的展示历史的方法，也就是把整个历史一股脑儿带到研究者所处的时代和地区。这样做意味着拒绝单线的历史表现图式，因为那种图式只是借助于万流归宗的手法，使人自以为历史是沿着单一的路线运行的，而历史的单线式是不符合实际的，只有多线式才是适合我们所发现的历史现象的唯一图式。

但是，多线式提出了一个单线式未能提出的心智问题，意即如何组织材料的问题。人们只要依循单线说，就不会遇到这样的问题。因为这样的观察者仅仅注意他看到的事件，他是在一个单一的序列中发现了它们，一个单一序列能以叙述的形式再现出来。然而他一旦放弃单线式，他就发现手头有一系列在时态上相同的历史现象。它们不可能用单线的叙述加以处理，因为它们并不构成一个单一的序列。所以就需要把一些不同的叙述归入某种相互联结的关系，并假设这种关系是不能加以叙述的，因为在同一时间不可能讲述两个以上的故事。当我们不得不在两个或两个以上同时发生的事件之间建立一种关系时，这就要求我们对它们持一种总览全局的观点，因而要求我们对它们进行比较研究。

我们对一些样本做比较研究，意在指出它们的共性和差异之处，发现是否有一种适合它们的标准类型，尽管它们均有各自的特点。但为了有把握地进行比较，我们也对此感到满足，就是我们现在提出要加以比较的那些样本，是具有可比性的。[①]这里存在两种思考活动，一旦我们采用解释现象的多线式以取代自以为是的误人子弟的单线式，便要求作两种思考。同时我相信，这也正是可以构建起一个能很好地服务于我们的模式的地方。

"模式"（model）一词，在用来表示科学调查之意时，可以被看成是作为工具使用的一种符号。

一个符号与它象征的事物并不是同一的，在时间和空间方面也不是同时延伸的。假如不是这样，那它恐怕就不是事物的符号而是事物本身了。一个符号等于一件事物的再现是错误的假设，实际上符号的意思不是再现而是阐明。检验一下符号是否准确，并不在于它是否能忠实地再现它所象征的事物，而在于它说明了它的象征之物还是使我们对它的象征物感到困惑不解。一个有效的符号是能够说明事物的符号，一批有效的符号是我们思想结构中不可缺少的组成部分。

一个模式是否类似于外部世界的某件事物，只有通过核查才能做出鉴别。当我们通过检测一个模式是否符合它所象征的现象来核查它有效与否的时候，这样做本身并不是目的，而仅是达到某个目的的一种手段。我们最终的目的不是想知道这个模式是否合理，而是要借助一种合理、因而也是有效的工具，对真实的结构和性质有新的、深入的了解。模式本身正确或谬误到什么程度，并非是本质的东西。

构建一个模式与检验模式同它的象征之物是否相符乃是两种不同的举动，[②]但把这两种举动彼此分离开来也绝非妥当。如果分头进行这两个举动，那么其中任何一个都不可能获得满意的结果。构建模式所用的资料，不过是资料总和中的很小一部分，我们永远不能用这很小一部分来取代其余的资料。正因为如此，任何模式的结构始终是实验性的，是暂时的，除非经过验证表明，它与我们知识范围内的所有其他资料相适应。[③]如若不是这样，我们拥有的资料总体的画面便总是混沌的，直到我们找到一个模式，把它们归拢成某物种的一个样本模型为止。

我们除非在同一时间、在相互依赖中进行构建与核查的工作，从而使它们彼此结合在一起，否则我们便不能说我们暂时的模式，对某个化明显的混沌为有序的原则，是否提供了真正的线索；或者说，是否这个特定的模式必须加以修正、补充，或者干脆抛掉以利于制定另一个模式。我们既不能说我们像小孩从小棒堆上拣木棒一样，在混沌中挑出特定资料的几个片段，就有了至关重要的共同特点；我们也不能说，它们被挑到一起纯属偶然。我们在进行这两种举动中的任何一种时，必须暂时预期另一种举动的结果。每一举动未经检验的结果，都可用来检测另一举动的有效性，这是我们能做的唯一检验。

这里对我在希腊文明史当中发现的那个"模式"做一番检验，旨在证明这个"模式"是否符合其他同类社会的历史。为了做这个检验，我必须暂时使用我在第九章列出的文明一览表，并力求对它加以证明。我验证自己的这个"模式"，是把它用到那个仍未经检验的一览表上面。这种验证将引起我对该"模式"本身加以修订，做法是把它同中国文明史所提供的第二个"模式"结合起来考虑。此外，这也导致我得出结论：单单一个"模式"，即使是一个复合模式，还不足以将所有资料组织成为一项比较研究所需的形式"。

[原注]

① 这种显著的基本点是由伯恩斯提出来的，见《社会学史导论》（*An Introduction to the History of Sociology*），芝加哥大学出版社，第 732 页。

② G. 巴克达赫尔在《澳大拉西亚哲学期刊》（*The Australasian Journal of Philosophy*）1956 年 12 月期第 168 页上，援引了牛顿关于他自身工作方法的一句

格言:“在这种哲学中，命题是从现象中推演出来的，然后通过归纳而成一般原理。”巴克达赫尔将牛顿的第一步称作“归纳的过程”，第二步称作“归纳的推论”。

③ 我的看法同巴格比的一样，“我们能够对我们的方案作出判断，只有在将它应用于历史事实并已看到它给我们带来什么结果之后”。见《文化和历史》(Culture and History)，伦敦：朗曼出版社 1958 年版，第 202 页。

[原书第七章　希腊模式与中国模式]

现在我把自己的希腊模式应用到其他文明史领域当中。在这样做之前，我先把它分解开来，然后逐一使用它的各个部件。这个程序可能产生一览无遗的效果，因为我们将发现，不同的组成部件在不同程度和数目不等的事例上能够与一定的现象相适应。我对 M. R. 科恩（Cohen）的建议牢记在心:“对那些与事先设计的模式不相吻合的事实，要予以特殊的注意。”[①]

我的希腊模式在构成上不只包括希腊文明的内部史，还包括该文明与同代各文明之间的关系（这里的同代各文明系指其成员与希腊文明内部的下层阶级具有呼应关系的文明)，包括它与基督教的关系，最后还包括它通过基督教与后来的东正教、再后来的西方文明的关系。对历史事件的这种构造还可细分为下列若干要素。

第一个要素是希腊文明自身的政治史的结构。在我们拥有文字记录的希腊史的肇始阶段，希腊世界在文化上的统一与政治上的分裂形成鲜明的对照。我们发现在政治上分为一系列主权独立的国家，其公民认识到他们都是同一文化的所有者，但这并未能阻止他们相互之间进行战争。随着时间的流逝，这类自相残杀的战争变得如此残酷，以致这一文明因此堕入了痛苦的深渊。当它濒于解体的临界点时，由于希腊世界在罗马帝国内姗姗来迟的统一，使它的解体得到了缓解。这带来了暂时的和平与秩序，但却付出了过分高昂的代价，一系列“致命的打击”最终摧毁了所有政治力量，只幸存下来一个胜利者。到了希腊式的“大一统国家”被罗马建立起来为止，希腊世界已经精疲力竭到如此的程度，以致它不再能长久地维持自己的世界性国家了。罗马帝国的崩溃最终引起了希腊文明的解体。

第二个要素是希腊文明在其"解体"之后的社会史结构。社会中居统治地位的少数人这时为了维持自己的权势，越来越仰仗武力，越来越放弃对感召力的依赖。这种与多数人关系的性质方面出现的变化，既疏远了希腊文明范围内的少数上层依附者，也使其境外的原始民众产生了疏离感，而过去他们是受其吸引的。这两个阶级各自转化为内部和外部的"无产者"（这里阶级的含义是指在社会"内"而非"属"于这个社会）。内部的无产者由于外部无产者蛮族人和外部文明的代表们的加入，在数量上膨胀起来。他们通过军事征服，强制性地与希腊文明内部的无产者结成一体。

第三个要素是在同一阶段中的希腊文明的宗教结构。内部的无产者创立了较高级的宗教——基督教，它从已融入希腊内部无产者队伍的一个非希腊文明那里吸收了灵感。基督教使希腊世界以及它的蛮族入侵者都皈依了它。一种反宗教的思潮——新柏拉图主义试图组织起来，它主要是从希腊本土的思想源流那里获取灵感，但这一企图却以失败而告终。基督教的社会组织形式——基督教会，具有虫茧般的作用，两种新的文明，即东正教文明（另名为拜占庭文明）和西方的基督教文明，就在一段文化中断之后，最终从这一虫茧中脱颖而出。

第四个要素是"外部无产者"（蛮族人）所起的作用。他们的创造力在史诗中展现出来，他们的民族主义以接受异端形式的基督教（阿里乌斯教派）或接受在起源上与基督教有关的宗教（伊斯兰教）表现出来。蛮族人在军事上征服了希腊化的大一统国家，在其领地上建起一些后继的国家。但是，他们同"内部的无产者"的作用相比，对于创建新文明的贡献简直微乎其微。这些新文明的母体是基督教会，不是继承罗马帝国的蛮族国家。

第五个要素是在两种"希腊化"文明——拜占庭文明和西方文明的历史过程中，一系列希腊文化的"复兴"。这些复兴试图直接而不是间接通过基督教中的希腊成分，从希腊精神中汲取灵感。

我们现在来考察我的希腊模式中的这些要素，在多大程度上符合各个文明而不是希腊文明的历史。

我们在希腊世界历史初期便发现文化统一与政治分裂相结合的特点，这看起来是普遍的现象。按照巴格比的说法，在所有已知的前文明社会中，都存在这种情况。它的频繁出现是不足为奇的，因为毕竟只有两种可能的选择：如果一个社会在政治上不能团结，那么它必然要分裂。所以政治分裂本身是过于一般的特点，以至它没什么可大惊小怪的地方。我的希腊模式中具有重要意义的结构成分是由分裂到统一的革命性变革，这是一连串破坏性更大的战争的产物，这些战争在政治统一实现之前已把文明拖入凄惨的境地。在各个文明的历史中，可经常见到这一希腊模式的构成成分。例如，它发生在——以明白无误的希腊形态的再版形式——安第斯文明和中美洲文明史当中（如果我们现在把中美洲文明看作连续性的一元化文明，把阿兹特克帝国看成一个正在形成的大一统国家的话）。同样的形态也丝毫不差地出现在叙利亚文明、中华文明、印度文明、苏美尔—阿卡德文明、俄罗斯东正教文明、日本的远东文明当中。叙利亚是在亚述帝国及其后继者新巴比伦帝国和阿黑门尼德帝国时出现了统一。中国是在“战国”时期结束后的秦与汉帝国时出现一统天下。印度是在同样自相残杀的列国战争时期过后，统一于孔雀帝国。在阿卡德帝国和后来由乌尔第三王朝建立的帝国，以及再后由汉谟拉比突然重建的帝国，即在整个苏美尔—阿卡德世界，情况也是如此。俄国的统一是在莫斯科帝国时期，日本的统一则是在德川幕府建立统一政权的时期。

在埃及文明史中，如果说存在过一个时期，在这个时期里，埃及的诺姆（古埃及早期国家的通称，后来成为统一王国的行政单位州的名称，类似他国的行省。——译者注）是众多独立的主权国家，彼此间不断发生战争，并在随后一个时期，起初是上埃及，接着是第一瀑布以下的整个尼罗河流域，都在政治上统一到所谓的“古王国”当中，那么其中也能辨认出我们希腊模式的政治结构成分。② 这一结构成分与希腊模式相符，但年代上却不一致。各竞争国家之间的战争不仅将希腊文明拖入痛苦的境地，而且把它带到解体的边缘，在此之后，希腊文明史从政治分裂到政治统一的革命性变革，就进入了故事的最后一章。埃及文明史中存在着同样的革命变革，但它才刚刚开始。埃及各诺姆（州）的战国时代，假如真有的话，那就是“前文明”意义上的“史前史”时代（指无文字记载的时期。——译者注）。在埃及，政治统一与文明的破晓时期同步。随后就是埃及史最富创造力的时期，接着取而代之的是土崩瓦解的局面，与希腊史中的情形没什么两样。我们在两个看上去处于颇为不同阶段、履行不同功能的文明的历史中，发现了相同的构造，这表明共性可以覆盖这两种历史基本结构之间的显著差异。

西方文明的姊妹——东正教或拜占庭文明的结构与埃及模式雷同。在东正教国家中，罗马帝国崩溃后的空缺很快被政治统一所填补。在这里，政治统一是通过成功地复兴罗马帝国而完成的。这一成功与西部的情况形成鲜明对照，在那里，从查里大帝开始，复兴罗马帝国的企图便一再地破产。

我的希腊模式的第二个要素——一个崩溃的社会分离出内部和外部的无产者集团——的确出现在许多非希腊社会中。希腊史的这个要素同第三个要素——通过内部的无产者，创立其灵感源自国外的较高级宗教——密切结合在一起。这第三个要素是模式的关键部分，因为以希腊为例，包容较高级宗教的教会具有虫茧的功能，两种新文明正是由那里脱颖而出的。因此，重要的是发现基督教会的历史形式到底是一种在其他例子中也适用的标准形式，还是某种例外。

为了核查这一点，我们必须首先把这一形式分解为若干部分。基督教会是在无产者中间兴起的，这些无产者身处一个正在解体的文明当中。基督教的灵感来自不同的文明，它很轻易地击败了自称为源自本土文明的反教会势力，在该文明的领地上成功地建起了教会组织。获胜的教会不仅使它所在的世界改奉了基督教，而且还使这个世界的蛮族入侵者改变了信仰。它生育出两个新文明，我们不能把它们简单地视为先前作为基督教母体的希腊化文明的继续。确实，西方文明和拜占庭文明是希腊化的文明，但它们又与希腊文明本身有所不同，因为它们也是基督教化的，并且从一开始便基督教化了。

大概与旧世界西端的基督教史最并行不悖的就是旧世界东端的大乘佛教史了。大乘佛教的灵感同基督教的一样，也源自国外，是一种在接受地兴盛起来的宗教。基督教在希腊世界得到发展，但却是从叙利亚汲取的灵感。大乘佛教崛起于中国，其灵感的源头却在印度。此外，大乘佛教是在中国社会的无产者中间传播，这是指它把反儒教传统的中国当地人与怀疑儒教传统的蛮族入侵者吸引到自己身边来。同时，大乘佛教的发展招致一个反对组织——道教，它与新柏拉图主义有惊人的相似之处，均由地方哲学构建而成，它们试图仿效外国宗教的特点以增强其感召力，从而窃取外国宗教的巨大影响。大乘佛教和基督教之间的这些类同之处给人以深刻印象，但除了这一点之外，两种宗教的历史就没有更多的平行之处了。

在西方世界和拜占庭世界，基督教赢得垄断地位达许多世纪之久，尽管现在它的这种地位正在逐步丧失。新柏拉图主义的反教会组织以及四种既定的希腊哲学——柏拉图主义、亚里士多德主义、斯多葛主义和伊壁鸠鲁主义，到此时为止，也就是在至少1400年里已全部消亡殆尽。希腊文化硕果仅存的也只是基督教有选择地接收过来的一小部分。拜占庭和西方世界在复兴希腊文化当中企图直接从源头做起是肤浅和短暂的。西方社会和拜占庭社会尽管目前正在停止基督教化，但它们仍然无法摆脱基督教。它们的文化遗产已经浸满基督教的成分，以致它们要想挣脱自己基督教的历史是根本不可能的（例如，共产主义意识形态具有犹太教—基督教渊源一事便是明证）。在东亚，历史运行中的革命成分较少。大乘佛教即使在其权势鼎盛的时期，也未能将缔造中国哲学的道教或儒教成功地排挤出局。中国在20世纪初叶，儒教、道教以及大乘佛教依然存在，这时距大乘佛教首次传入中国已有1800多年之久，从大乘佛教丧失局部优势地位的时间算起也有一千多年。这段局部优势时期自4世纪初的西亚统一政权开始，到844—845年官方对佛教的迫害止。直至1911年，中国的大一统国家依然故我，受过儒学教育的文职官员仍旧治理着国家。这种大一统的国家，治理国家的传统制度，知道使这个制度如何运转的文职人员，儒家思想熏陶下的贵族士绅作为文职人员长期的招募来源，所有这些构成了一个绝无仅有的、完整伟大的体制。这一体制的连续性即使是在中华文明的其他要素发生最严重断裂的情况下，也没有出现任何中断。

基督教在原希腊文明领地上的大获全胜，佛教在东亚遭遇到的明显失败，这两者相反的命运提出了连续与中断的矛盾问题。同样的问题在印度史中也提了出来，印度本土宗教的革命性转变，并不亚于外国宗教——大乘佛教和基督教传入中国和希腊化世界。印度社会与中国社会的情况不一样，管理行为不属文职行政当局，而属宗教部门。婆罗门等级因此等同于中国的士大夫阶层。虽然印度宗教自公元前2世纪开始，在长达一千年的时间里，从精神到实践均发生了激烈的变革，但婆罗门仍想方设法维持他们对印度宗教事务的垄断。

这样事情就很明显了，我的希腊模式中的不同要素不能一概而论，不能都当作解释文明史结构共性的法宝。正像我们已提到的，希腊模式的政治构成至少在九种文明的历史中得到重视。但另一方面，如我们所看到的，希腊模式的这个要素在用于埃及世界的历史时，却遭遇了彻底失败。埃及政治史的构造不仅有所不同，而且是反其道而行之。在希腊史中，大一统的国家是历史的最后阶段。在埃及史上，大一统国家却是最初阶段。当我们通过把一种较高级的宗教当成中介性的虫茧，来考察各有关文明的产生时，我们发现希腊模式作为一把解释的钥匙，失败之处常常多于成功。[③]希腊模式的这个要素的确如我们所见，在中国史和印度史中得到了再现，大概在埃及史中也有相同的情形。但在每个例子上，连续性的中断似乎都不具有决定性，还不足以使我确信自己的假设性解释：中断之后便是新文明史的开端。

因为希腊史在我们的检验中已表明，它未能提供一个适用于所有其他文明的模式，所以我们再来考察一下中国史，对它进行同样的检验，看它在多大程度上可以作为一个代换希腊史的模式，或者在多大程度上作为希腊模式的补充。如果我们对中国史做一番回顾，从 1911 年清政权倾覆开始，对以前的历史过程做一审视，那么我们就会发现一种非常明显的结构。中国历史具有漫长的跨度，它表现为一个大一统国家的理想不断变为现实，中间又不时被一些分裂和混乱的局面所打断。这两种局面在时间长度上有很大差别，所以二者更替的节奏是没有任何定规的周期性循环。从清政权回溯到明朝和元朝，连续统一的局面之间出现的分裂状态相对短暂。元朝以前的分裂持续了大约 150 年。再往前统一的宋王朝持续了 167 年。宋朝之前有半个世纪的分裂状态。统一的唐政权加上前面的隋王朝，超过三个世纪。此前的分裂和混乱局面却有四个多世纪（往上推算，经西晋的瓦解至后汉的灭亡为止）。这之前，统一的汉朝外加秦朝大约有 400 年，中间被两次剧烈短暂的动乱（公元 9—25 年和公元前 207—前 202 年）打断。

自统一的清政权在 1911 年覆灭始，回溯到公元前 221 年秦统一政权的建立止，这段历史明显展现了中国史的结构。在 1911 年以后，中国经历了又一次分裂，这种局面在 1949 年随着一个新的、由共产党领导的统一政权的建立而告结束。但我们无法断定，这种引进外来西方思想的做法不会给中国史带来一次决定性的中断，引起中国政治结构的转变。因此我们也无法预测，我们熟悉的统一与分裂往复循环的老套路，是否将继续以传统的方式发挥效用。的确，中国已被一种并非中国的哲学或宗教所征服。以前也一度出现过佛教形式的宗教征服，但这种来自印度的宗教在表面上取得成功之后，最终被中国本土的世界观所克服。但我们现在并不知道，这种本土的世界观是否将证明有足够的能力。

中国的未来是难以捉摸的。但另一方面，有关中国自公元前221年政治统一以来的史实，却是毋庸置疑的。我们已注意到，从汉代上溯到中华文明的初起时期，中国史的结构类似于希腊模式。中国最初拥有清晰的历史记载的时间，不早于公元前9世纪或者公元前8世纪。在这个时期，中国是以地方列国政治分立的局面出现的，秦汉王朝最终实现的政治统一，则是列国之间旷日持久的痛苦战争的结果。但在公元前221年政治统一之前，中国早已实现了文化统一。在这方面，中国最伟大、最富创造性的思想文化运动发生在兵连祸结的春秋战国时代，即完成政治统一之前。这是包括孔子在内的几乎所有中国哲学学派奠基人所在的时代，儒学最终被推崇为经典。孔子是位保守主义者，他从未梦想过中国会实现有效的政治统一。秦始皇的事业或许让他震惊，汉高祖刘邦修复统一一事也不见得会使他多么高兴。孔夫子如同柏拉图和亚里士多德，视政治分立为正常现象。中国早期史的这种可靠的构成，包括政治分裂与思想文化成就的共时性，与早期希腊史的结构雷同，完全不同于接踵而来的中国历史形态，其思想僵化和政治统一的轮廓不断被非正常与暂时的分裂动乱所打断。

然而，这是后来的轮廓，在公元前221年以前尚未形成，只是从汉代起才被中国学者当作他们对整个中国历史的解释模式。结果，这个模式在不违背事实的情况下就不能适用于中国早期史。但中国的学者宁愿违背事实，而不愿放弃他们这种自成一体、先入为主的解说。

由于中国学者正确地观察到晚后的统一政权是对秦汉统一的刻意复原，他们因此设想这也一定是某个较早的统一政权的复兴，他们因而把自己的这种统一的阶段系列再向上推，经过周、商和夏代，重现由假定的原初圣贤们建立的理想政体。这些圣贤大概是具有人形的神的缩影。就我们所知，夏代是传说的朝代；商、周政权是真实的存在，它们的历史性得到幸存下来的物质文化遗骸的证明，包括诸如商代刻写在“卜骨”上的铭文之类的、具有指导意义的同代文字史料。但没有证据表明，商周政权是同秦汉王朝及其之后的各个化身一样的政治实体。从中国历史的传统表现来看，由始皇帝完成并经刘邦加以拯救的那种有效的政治统一，实际上必定是史无前例的成就，如同恺撒与奥古斯都在希腊世界所取得的成就一样。

中国学者的传统中国史模式其实与埃及史非常适应，它彻头彻尾地符合埃及史实。在埃及“古王国”时期，即在历史的开端时期，我们看到一个统一的政权，既不像夏朝那样只是传说，又不像影影绰绰的周王朝，而是令人信服的可靠存在。从古王国的这种统一与分裂轮流交替的第一拍起，这种节奏便持续下去，经过埃及史的第一中间期、新王国以及一连串复兴新王国的努力，在这里正像在中国史相应的阶段一样，帝国建造师的角色越来越多地由外国人扮演，以埃及史为例，有利比亚人、埃塞俄比亚人、亚述人、波斯人、马其顿人、罗马人，而当地人建立的王朝则越来越少见。

传统的中国模式假若用到早期希腊史上，那就如同用在早期中国史上一样，简直风马牛不相及。另一方面，倘若我们的观察方向不是朝前推溯，而是向后延伸，从罗马帝国开始，即从公元前 31 年开始，将注意力集中在帝国中部和东部地区，那里是希腊大一统国家的腹地，并且在戴克里先（Diocletian，罗马帝国皇帝。——译者注）于 284 年将帝国政府移至尼柯米迪亚以及君士坦丁一世（罗马帝国皇帝。——译者注）于 324—330 年迁都君士坦丁堡后，成了帝国政府的所在地，那么这个模式则相当符合罗马帝国史。在这一中心地区，分合交替的节奏异常清晰可辨。69 年和 193—197 年的分裂动乱局面，在 235—284 年长达半个世纪痛苦的无政府状态中得到重复与加强。继戴克里先和君士坦丁的复苏之后，就是哥特人于 378 年在亚得里亚诺波尔痛击帝国军队所造成的崩溃。但这次岌岌可危的逆转又因 5 世纪的一次稳定复苏而被迅速加以克服。查士丁尼一世（Justinian I, 527–565 年的罗马帝国皇帝）消除了一次新的瓦解局面，复兴了希腊大一统国家。由于他再次扩张的错误图谋，造成过度紧张，随着这种过分的努力之后就是一场新的无政府状态，从 602 年延续到 717 年，至少比 235—284 年的动乱和痛苦要长两倍。但在 717 年，大一统国家又一次由立奥·塞鲁斯（Leo Syrus, 717–741年在位的拜占庭皇帝。——译者注）恢复起来。此后，统一有序的局面维持到1071年。1081年再度统一，并维持到1186年。那一年，保加利亚人发动叛乱，西方基督徒于1204年攻陷君士坦丁堡，瓜分东罗马帝国，造成持续两个世界之久的动乱。但在14世纪后半叶几十年里，统一得到恢复，这次却是由“奥斯曼土耳其人”完成的统一。新的“罗马恺撒”重新扩张和恢复了大一统国家，版图扩至东南欧和罗马皇帝图拉真（Trajan, 98–117年在位）当年曾夺得的底格里斯—幼发拉底河流域。这个土耳其罗马帝国持续了约400年（1372—1774），中间穿插着16世纪和17世纪之交发生的灾难和混乱。1683年，奥斯曼帝国二度围攻维也纳失利后再次陷入动乱。奥斯曼帝国在1768—1774年的俄奥战争中惨败，从此末日来临。即使如此，19世纪前半叶仍有一次统一。奥斯曼帝国在东南欧的统治直至1878年才最终倾覆，在西南亚的统治则苟延残喘到1918年。末代奥斯曼的“罗马恺撒”于1922年被其臣下废黜，皇位也被废除。这比西部罗马皇帝头衔的最后一位持有者放弃其头衔的举动晚了116年。

希腊世界晚期史始于公元前31年，我们有一个从公元前221年开始的中国史形态与它相对应，而这个形态又是埃及史整个过程的惟妙惟肖的再版。在黎凡特（Levant, 地中海东部诸国及岛屿。——译者注）如同在中国的情况一样，这种分合治乱的持久节奏直到今天也没消失殆尽，仍然留在人们的脑海里。不过，这个希腊大一统国家有一些落后的环西地中海沿岸的边远省份，其中包括意大利和曾是大一统国家政治核心的、半开化的罗马城本身。为了完成中国模式对旧世界西端的西方史吻合程度的检验，我们还必须将它应用于最西端的历史。这一实验将证明，在这里，自378年以降，中国模式便不符合史实，如同它明显与公元前31年以前的希腊世界以及公元前221年以前的中国史本身不相适应一样。这种传统的中国模式与中美洲史和安第斯文明同样矛盾，而希腊模式却反倒很适合它们。

我们根据传统中国模式对各个文明史的这番考察表明，这个模式同希腊模式一样，不能放之四海而皆准。的确，它与埃及史结合得天衣无缝，但这仅仅是在我们置“史前史”于不顾的前提之下。传统中国模式不能适用于所有其他文明的早期史，甚至与中国文明本身的早期史也不相符。它的自相矛盾之处在于，尽管孔子除了是位披着泥古服装的创新者外，还是他所处时代的孩子，但对于传统中国模式自己的、令人尊敬的大哲人孔子所处的时代，它却只能给予南辕北辙的解释。传统中国模式不得不把孔子的时代，当作西周和秦帝国之间的一个小段落视而不见。从大一统国家建立时起，中国模式便的确适合希腊以及随后的拜占庭的历史，适合底格里斯—幼发拉底河流域和伊朗的历史，也或多或少适合伊朗的历史，同时还勉强适合印度史。但它完全不符合西方史、中美洲史和安第斯史。在一个将历史展示为大一统国家分合交替的形态中，忽略了地方性国家和离散的犹太人，没有给犹太人留出余地。犹太人丧失了自己的地方性国家，始终不想（同大多数其他民族一样）成为帝国的缔造者，却设法（不像大多数其他民族）在没有国家或民族家园的条件下保存自己的民族特征。从中国的视角观察世界历史，犹太人恐怕在先知时代和法利赛时代就湮没无闻了。

看来，传统中国模式的不足至少与希腊模式的缺陷不相上下。但中国模式同希腊模式一样，在历史中闪烁着耀眼的光芒，如把这两种模式相互联系起来加以观察，它们则更加光彩夺目。希腊模式广泛适用于各文明史的早期阶段，中国模式则广泛适用于各文明史的晚后阶段。我们可以把中国模式的晚后阶段同希腊模式的早期阶段结合在一起，组建成一个改良的模式。④ 这一文明史的组合模式显示这些社会在开始时存在着文化统一，却没有政治统一。这种政治局面有利于社会和文化的进步，但代价是地方各国之间连绵不断的战争。随着这个社会的成长壮大，这种战争变得越来越惨烈，迟早要引起社会的崩溃。在旷日持久的"麻烦时期"过后，混乱局面为一个大一统国家的建立所治愈。这个统一国家周期性地陷入无政府状态，但无论这类中间期长短与否，它们总会被政治统一所克服。在最初的统一过去之后，一定有某种强大的力量维持着这种治乱交替的过程。统一被修复的现象一而再、再而三地发生，甚至在极为漫长的混乱、以致传统上可能认为无法修复的"中间期"过去之后，仍会恢复统一。

这一新的模式无可争辩地适用于大多数我们称之为"文明"的社会形态。埃及文明在其历史的开端时期便实现了政治统一这一点是绝无仅有的。但我们已看到，如果我们考虑埃及史的前文明阶段，那么埃及也事先有过一个政治分立的时代。⑤ 中美洲文明、安第斯文明和希腊文明只是例外地经历了大一统国家的一次更换，而不是在一次最初的更换后，正常地经历了随后的一连串治乱分合的交替。但在希腊文明的案例中，这种结局仅仅对其最西部的领地而言才是真实的（指西罗马帝国。——译者注）。西方的历史学家倾向于注意这些落后的边缘地区所发生的事，因为这是他们自身文明的历史。但这种说法对于罗马帝国的中部、东部行省来说就没有什么意义了。在这一地区，衍化程序与中国模式相适应：从 717 年开始，直到 1922 年，存在着一系列重建大一统国家的现象。

这种希腊—中国的组合模式很明显是一种标准模式，可用来解释人类史的各个阶段。例如，当我们对一个文明的成长时期进行考察时，我们若发现该时期的社会是由一些政治上各行其是的地方社会所组成，但享有一种共同的文化，那我们对这个时期应是创造和进步的时期这一点就不会感到大惊小怪了。由人们之间的直接交往产生的刺激力，在一个小型社会中发挥的作用，要比在大型社会里的作用大得多。在小型社会中生活，与具有同样规模及同样类型的邻居处在积极的、相互竞争的交往之中，更具有刺激性；因为这种社会结构，将亲密无间和较为宽广的视野这两种刺激力结合在了一起。在统一的经济和文化范畴内，一个处于政治分立状态下的政权，对文化的有利之处在休谟的《关于艺术与科学的兴起和进步》一文中得到了绝妙的说明。但这些美好的成分是以列国间频繁的战争为代价的。当这种代价超过多样化以及竞争的刺激所能提供的任何好处、到了彻底失去平衡的地步时，这个社会也就分崩离析了。人们也许要问，一个社会为什么不对崩溃做预先的防范，或者说为什么不对政治统一迅速采取补救的措施（反正最终也要求助于它）来避免崩溃呢？为什么人们要在摆脱战争、服从一个统一国家之前，忍受经年累月的“麻烦时期”的煎熬呢？答案是：人类是习惯的动物，地方自主政权在其自身优劣尚不分明的时代，已经占据了人心，以致它先前的受惠者只有在长期体验到它带来的灾难和痛苦、成了它的牺牲品之后，才会抛弃对它的忠心。

然而，大一统国家一旦建立起来，这个政权也一样会赢得人心，这点不足为怪。政治统一的实现带来了和平与秩序，同先前已变得无法忍受但尚未被超越的“麻烦时期”形成对照，因此受到人们的欣赏。现在，刺激力的损失与摆脱灾难所得到的无可估量的宝贵实惠相比，似乎是微不足道的，只要统一国家存在，就有了避免恐惧威胁频频发生的保证。随着时间的推移，统一国家越来越深入它的依附者们的心灵，除非这些帝国的建造者已成了外邦人，并不断干一些恶事。⑥我们很容易理解，为什么一个大一统的国家一旦确立，便在它覆亡之后能一再得到复兴。但我们仍不得不自问，当它建立起来之后，尽管它的多数臣民通常希望维持这个统一国家，但为什么总还会有分裂的"中间时期"。

这些统一国家的衰落和倾覆可以解释为一个社会在它先前的"麻烦时期"所遭受的致命创伤留下的后遗症。这种疲乏症假若尚未达到精疲力竭的地步，就可用来解释在维持统一国家当中出现的那种力不从心的现象。但它却无法解释一个缺乏维持其统一国家活力的社会，如何能在后来集聚起重建它的能量。自从大一统国家成立之日起，便似乎在文明史中盛行着治乱交替的韵律，我们在寻找这种韵律的原因时，不能满足于中国人对它的解释，即把它看成是宇宙基本韵律——阴阳交替在人类事务中的体现，而阴阳说法本身是自明的，因此无法加以说明。这个韵律贯穿各统一国家的历史，但却有一个人为的解释，也就是经济意义上的解释。

像西方那样把科学深思熟虑地应用在技术之上是史无前例的、最近的事情。即使是在当代，工业革命已开展了 200 年左右，并且从它的发源地英国传播到了地球的各个角落，但人类的大多数仍然处在前工业化阶段。在此之前，最近一次经济革命是通过治水来提高农业生产力的，这发生在公元前 4000 年末的某个时间，它把适于人类居住的沼泽和丛林转化为苏美尔—阿卡德文明和埃及文明的摇篮。⑦ 但地球表面仅有一小部分可开垦的土地，能够出产一些可用来比较的农产品。不过，直至将科学开始用于农作物和家畜的改良之前，即使是在最适宜的环境里，农业技术实际上也始终是停滞不前的。同当前的工业革命一样，这只能追溯到 18 世纪的英国。因此，在近代以前，文明正常的经济基础一直是静止状态的农业，大部分地区的生产力水平并不比属于前文明的新石器时代的社会高出多少。但文明社会结构的消耗却远远胜过新石器时代的社会。当文明在政治上已组织成大一统国家并且这个国家已存在了一定的时间后，其开支恐怕也到了最大限度。前科学时代的农业经济无力承受这种经济负担，这显然是导致统一国家出乎意料的灭亡的原因之一，众多大一统国家因此被接二连三地推翻。经济因素在决定一个大一统国家是否崩溃或得以幸存一事上所起的重要作用，可以通过比较罗马帝国不同省份的各自命运来加以衡量。西部行省——帝国统治于5世纪在那里崩溃——在经济上相对落后。中部和东部行省——帝国统治于同一世纪在那里幸存下来——是希腊世界手工业和贸易的中心，那里在经济上的相对实力要优于相对不利的战略地位。尽管中部和东部比起西部来说，要更直接地暴露在从大草原西海岸而来的欧亚游牧民族，以及来自伊朗和伊拉克的萨珊波斯军队的袭击之下，但帝国还是设法在这里站住了脚跟。虽然它的确也垮台过，如在7世纪。倘若皇帝查士丁尼在6世纪没有因企图重新夺回先前抛弃的西部而过分加重了税收负担，它也许能在这个经济较兴盛的地区继续生存下来。后来，在8世纪，当这个希腊大一统国家以两个互相竞争的形式——安纳托利亚的东罗马帝国和在高卢的加洛林帝国——重建起来时，历史由于相同的经济原因的作用，再次重复了自身。加洛林帝国迅即解体，东罗马帝国却安然无恙达三个半世纪之久，避免了进一步覆亡（717—1071）。两地之所以具有不同命运，其原因无非是这个时期安纳托利亚的经济仍能承受统一国家的负担，而同时代的阿尔卑斯山外的西欧却承受不起。这一点很有意义，即正好在1071年灾难的前一个世纪，东罗马帝国的中心地带安纳托利亚的社会和经济出现了越来越明显的病状。

这是一些生动的例证，说明经济生产对一个大一统国家生存的价值。但是到此时为止，统一国家的当权者们却很少注意这一点。他们常常对技术进步的可能性漠不关心或者干脆采取敌视的态度，因为他们认为，任何技术变革都会威胁经济的稳定，因而也会威胁社会和政治的稳定，而这种稳定是统一国家的奠基人好不容易才确立起来的。罗马帝国政府在其历史的任何阶段，肯定没有认识到，技术有可能解决这个大一统希腊国家遇到的纠缠不清的财政和国防问题，就像亚历山大里亚的发明英雄制造出滑轮机的例子所证明的那样。在4世纪的西部行省，当帝国正在为自己的生存而战的时候，丝毫没有注意到用防御机械来补充人力短缺的可能性……在旧世界东西两边的大一统国家里，公共机关似乎通常将自己的活动限定在收取土地税，以及在农业歉收或公共开支增大时对纳税的农民或他们的地方加紧榨取上。

颇有意义的是，在中国，地方诸侯国秦国于公元前 221 年战胜了自己的最后竞争者，首次建立起一个统一的国家。它在公元前 4 世纪系统地革新了社会经济结构，目的在于提高人们的生产力，将增加的产品置于政府的控制之下，这使秦国在各竞争对手当中露出头角。但同样具有意义的是，当这个统一国家的奠基人秦始皇将统治扩及整个中国时，引起了剧烈的反抗。始皇帝死后，秦朝的统治很快被推翻，无论是他本人还是哲学上的"法家"（其理论曾是秦政权行事的依据）流派，都受到后来确立的中国传统的排斥。由汉武帝（140—187 年在位）正式尊崇并直到 1911 年断断续续保持其垄断地位的哲学流派不是法家思想，而是儒家思想。儒家虽然懂得水利对农业和交通的价值，但对农业之外的经济事业不感兴趣。

这种经济结构的缺陷不仅可以用来解释中国这样的统一国家不断崩溃的事实，而且也适用于其他建立在同样经济和社会基础之上的国家。譬如，它可以解释埃及古王国的覆灭，可解释 5 世纪罗马帝国的统治在其西部行省的垮台，可解释在同一地区的罗马帝国化身——加洛林王朝于 9 世纪的崩溃，以及 11 世纪在安纳托利亚的罗马帝国化身——拜占庭帝国的覆亡。这四个案例都发生在与中国相对的旧世界的另一端，这些统一国家的经济基础几乎无一例外都是农业。当地产主和官方沆瀣一气，摆脱中央政府的控制，在政府的摊派上加入私货时，为了维持一个统一国家而压在农民头上的负担——这种负担即使在最好的政府统治之下也是沉重的——就变得无法忍受了。

如果说这些大一统国家走马灯似的、一再崩溃的原因的确是经济方面的，那么近来人类的经济条件所发生的变化——感谢近代西方的工业革命——就为将来世界范围内一个大一统国家的出现指出了比较美好的前景。现代技术伴随着出生率以及死亡率的刻意降低，可能会给未来世界国家的财政带来闻所未闻的好处。未来的世界国家，不再向穷人和呆滞的农民经济征收难以忍受的赋税，而是依靠世界范围内农业科技的应用，有能力对根本改变其传统的新石器时代的农民生活方式提供资助。

如果这的确是一个未来世界国家的远景，那对于人类倒是一件幸运的事。因为史无前例的科技进步已展现出这种高度生产力的前景，但它同时也生产出了可怕的武器，假若使用它们，战争就会变成灭绝人类的灾难。

只要我们今天的世界在政治上，在一些主权独立国家之间，仍旧存在着分裂状态，就始终不能排除使用这类武器的可能性。在目前形势下，我们同那些处于“麻烦时期”的前人相比，对这种危险的政治分裂局面同样不能容忍。但在核武器时代，我们也不能按照传统的方式，通过战争——除了一个胜利国外，其余所有互相竞争的强国均被消灭——让现在这种势在必行的全人类的政治统一得以实现。人类将不得不依靠协议来达到政治统一。

[原注]

① 科恩：前引《人类史的意义》，第114页。

② 过去，在埃及学专家中间，这种观点确实广为流行。但是，E. J. 邦伽尔特勒在《史前埃及文化》(*The Culture of Prehistoric Egypt*) 一书中（修订本，伦敦，牛津大学出版社1955年版，第12页）认为：“人们一般并不承认诺姆存在于前美尼特国家时期。”

③ T. A. 山姆伯格问道：“教会是否是关乎文明生与死之间的一种普遍联系。”(《社会研究》，1947年9月，第267—284页）

④ 中国历史本身提供了构建这种改良模式的所有必要的资料。如果中国学者对早期中国史没有做出过分热情的调整和联结的话，也就没有必要求助于希腊模式了。为了更正早期中国史结构处理上的错误传统，我们不得不这样做。

⑤ 法兰克福指出，我们如若从希腊和西方的角度来看埃及历史，我们就无法看到它的真实面貌。[见《近东文明的诞生》(*The Birth of Civilization in the Near East*)，伦敦：威廉—诺尔盖特出版公司1951年版，第27—31页。] 正像法兰克福所看到的那样：“在金字塔建造之前很久便形成了一个奇妙的社会统一的思想。当建造它们的时候，人们就几乎认识到任何理想的社会形式都可以转化为现实。在随后的世纪里，这一理想始终呈现在统治者和人民的眼前。这是一种应当令西方史学家惊异不已的新颖理想，因为它虽然在非洲以十分微弱的形式残存下来，但它完全超出了希腊人、罗马人以及近代人的经验。它体现人和神之间的一种和谐，这是我们连最大胆的梦想都没想到的事，因为它是依靠神权维持的，而神则委托法老以人的身份来主管人类事务。社会与大自然和谐无间，宇宙秩序在社会领域的法则——公正，在这个大国内广为流行。”（第27—31页）法兰克福关于埃及人的“政

体不是被人为强加的而是从无法追忆的远古预言中演化出来"的理论（第 99 页），是令人信服的。另一方面，当法兰克福继续指出这种政体"存在了几乎 3000 年而没有遭到反对"时，他的看法便与中王国时期留下的埃及文献证据发生了矛盾。这一点证明，古王国政权的理想和这些理想赖以变成现实的措施（即建造金字塔）最终引起了道义上的反应，最终在第六王朝的末期导致了政治革命。

⑥ K. W 埃尔德曼在《文化与历史档案》（*Archiv fur Kulturgeschichte*，1951 年版，第 174—250 页，此例载第 224—225 页）中论及这种例外的情况。

⑦ 这种经济革命有可能因政治领域而非技术领域的进步而出现。见本书第五章。

A Study of History

Arnold J. Toynbee（1972）

刘北成　郭小凌译

上海人民出版社 1997 年版

［研究资料 III］

西方当代翻译理论的源头之一：“后现代主义”简介

The nature of postmodernist theory

The basic postmodernist perspective

For those unfamiliar with “postmodernism”, let us first characterise its principal thrust. Essentially, those who subscribe to “postmodernism” do not believe that language faithfully “represents” reality—and that not only is it unlikely that anything else can “represent” it, but that the very concept of “reality”, understood as given, objective, is fallacious. This means there can be no (single) truth about the world, but that our knowledge of “reality” is always a construct, mediated by the multifarious contexts we inhabit (race, gender, economy, culture, and so on). “Truth”—e.g., about justice, beauty, morality, progress, events—is therefore radically relative, there being no “essential” meaning to things which the subject can, godlike, apprehend as “object” of his knowledge. Rather, the very notion of “the subject” as the detached understander of “the object” has no meaning, just as the notion of “the subject” as an autonomous agent in a world of known and manipulable objects has no meaning. Instead, both in our knowing and in our doing we are differing manifestations of an immense complex of ultimately groundless “positions” occupied and lived out by diverse millions of individuals and groupings. There is no ultimate or fixed “reality”, there are no transcendental truths, there is no authoritative projection into the future, nor an "objective" history from which to derive it. Whereas modern philosophy and science, from the seventeenth century onwards, spawned the Enlightenment belief in the rational instrumentality of mankind to increasingly understand and master its world so as to fulfil "the nature of man", the game is up—the myth is exposed. Man's own reflective insight into his consciousness (itself an Englightenment project) has revealed the fallacy of a world which can be "represented" in objective, universalist terms.

Also, this "crisis in representation" is not merely a theoretical perspective on "reality". Since at least the 1970s "reality" itself has increasingly reflected its inherent relativity, both in the output of the Western intellectual avant-garde (literature, film, fine art, architecture) and in the groundless culture of mass consumer society where values and life-styles are radically eclectic. This is linked to the twin phenomena of decolonisation and global capitalism, creating a world where "differences" are unamenable to homogenisation by any universalistic ideals, and where economic production is "post-industrial", increasingly devoted to information technology, and focused precisely on the commodification of "differences" via its reproduction and marketing of any and every "life-style" as exemplified in their various status-signs.

Before proceeding, two points are worth making. First, it should already be apparent that, from this "anti-representationalist" postmodernist perspective, the discipline of history is going to be in trouble! And as we shall see, this is indeed an implication which postmodernists draw, even to the extent that it implodes as a viable "discipline" and becomes just one more kind of "discourse" sharing the same ultimate groundlessness as any other.

Second, it is proper to forestall the error of representing postmodernist theorists as forming one united "school of thought" who draw the same political, philosophical, and moral implications. On the contrary, diverse positions emerge amongst them. For example, politically some draw left-wing implications, others liberal, others even conservative—whilst others again draw none and retreat into either pessimism or irony. This *eclecticism* regarding the implications of post-modernism is not, however, to be seen as emblematic of the postmodernist perspective, nicely logical as that might be. Rather, it is a feature of *all* those cultural/intellectual phenomena which, in lacking the cohesiveness and purpose of a school of thought (e.g., Marxism), are better called "movements"[1]—and it is in this light that we can best develop our account of postmodernism to the point where it impinges on the status of history in particular.

Postmodernism as a "movement"

By treating postmodernism as a "movement" I mean it is best understood as originating as a few key ideas, which were however of such a nature that, when combined with "the times" they were proposed in, influenced many other areas of thought. Here, the example of Renaissance humanism[2] is an instructive parallel. That movement began, it seems, in the field of the literary arts, where many were influenced by the new sensibilites which Petrarch introduced into his poetry and literary criticism, Just so, it seems, postmodernism began (in the 1950s) "primarily as a response to artistic innovation",[3] first in poetry and fiction. Just as the Renaissance humanists' inspiration flowed from rejecting their preceding intellectual heritage (medieval scholasticism), so were the first "postmodernists" inspired by a rejection of the principles underlying what they took to be their preceding cultural heritage, "modernism". They identified "modernism" (in the arts) with the intellectualism of the "rationalistic liberal humanism" characterising Western culture since the Renaissance (itself harking back to Classical culture) and which dominated the scene since the 1789 French Revolution. Underlying this Western "modernism" is the fundamental supposition of the individual as a thinking "subject" which confronts Nature as a world of "objects", a world that can be understood from the distance of "rationality", and increasingly rearranged to meet recognised universal humanistic goals (freedom, justice, beauty, social consensus, economic efficiency). Again, just as we saw the

Renaissance humanists did have *predecessors* for aspects of their ideas, so can many "postmodernist" ideas be traced back as developments from philosophies integral to *modernism*—for example, the ideas of Nietzsche, Wittgenstein's notion of "language games", and the existentialist school of thought. (This merely exemplifies how difficult it is, particularly in the case of historical "movements", to locate authentic *origins*.)

To pursue our parallel, just as the literary origins of Renaissance humanism spread out to influence painting, sculpture, and architecture, so the literary origins of postmodernism developed into painting, dance, architecture, and other areas of the arts, as well as deepening its impact upon literary criticism itself. It is just this "spreading" effect which typifies the emergence of "a movement", and one would be tempted to use the analogy of dropping a stone into a pond and witnessing the ripples spreading out to affect much else further out in the water, were it not that ripples weaken as they get further from their source, whereas historical "movements" *gain* in momentum, incorporating increasingly distant areas. The latter was the case with Renaissance humanism, which spread its influence beyond the arts to philosophy, political thought, religion, social attitudes, and economic activity. In short, the influence of Renaissance humanism, as a cultural/intellectual movement, can be construed as an integral factor in *forming* those wider features which characterise the period of the Renaissance itself, although many would say this is to claim too much instrumentality to what was, after all, "only" a cultural movement. Be this as it may (and the truth about the dialectic between Renaissance *culture* and Renaissance *society* probably lies in the middle), a similar outspreading of postmodernist influence occured, such that by the 1980s it impacted upon (some) contemporary philosophy, political theory, and sociology. Again, the parallel between Renaissance humanism and postmodernism as "movements" prevails (albeit necessarily provisionally, since the latter has only begun so recently), because "postmodernism" has extended into so many facets of contemporary society that it becomes difficult to maintain a separation between it as "influencer" and the (allegedly) "postmodern" society we inhabit.

Another (related) parallel between our "movements" is that although Renaissance humanism originated amongst high intellectuals, its general ethos became *fashionable*, both in the literal sense of affecting modes of dress and styles of consumer consumption, and in being regarded as valuable for *practical* purposes of employment and "getting on" in the world as an up-to-date person. A similar phenomenon has accompanied postmodernism. It began amongst the avant-garde literary circles, but spread not only to other arts and disciplines but also into *popular* culture, including dress and music, patterns of consumption, life-styles, and employment (the latter becoming increasingly "post-industrial", eclectically and happily short-term contractual, and broadly focused around information technology). However, disagreement exists amongst postmodernists as to whether "the masses" display genuine "postmodern" sensibilities, or whether this is limited to the new "bourgeoisie" of Western societies, the former merely being mute captives of consumer culture.

But such a disagreement is only one amongst many in the postmodernist movement, and this is yet another parallel with Renaissance humanism, for the latter encompassed a variety of often conflicting views on e.g., philosophy and politics. The same characterises postmodern theorists, such that no singular philosophy, political message, nor social prescription can be identified with them. In short, if Renaissance humanists were agreed on the attraction of the individualistic, secular culture of classical Antiquity, but developed diverse views from that starting point, so postmodernists agree on their "anti-representationalist" alternative suppositions to the liberal-universalist grounding of "modernism", yet develop divergent political and social views therefrom.

The final parallel is that, with any "movement", numerous people remain unaffected by it for generations. It neither affects their thinking nor their life-styles,and this can be because they are simply ignorant of it, or because they reject it as simply "wrong-headed", or because, given their circumstances (location, occupation), it simply does not impinge on them. This was the case with Renaissance humanism, where millions in early-modern Europe continued their rural, medieval ways of life and thinking for at least two centuries, and where even the intellectual elites by no means unanimously adopted its ethos in, for example, education and secular values. The same applies to postmodernism. Seen either as a new intellectual outlook, or as referring to the actual outlines of a new kind of society—a new period in history—it passes numerous people by. But it has not passed the field of historical criticism by, occupying a niche whose potentially destructive influence may yet turn to good, or prove to be a merely passing threat.

Some key postmodernist ideas

Derrida

There is an abundance of literature manifesting and exploring the diverse contributions of postmodernists. Our task now, preparatory to addressing their specific implications for history, is to extract from that abundance some of its key underlying ideas. (In addition, I will indicate some of the differing *political* perspectives advanced by postmodernist theorists, since these also offer intimations relevant to *speculative* philosophy of history.)

From the 1960s onwards the Algerian-French thinker, Jacques Derrida, has been one those "deconstructionists" concerned to show that language is not neutral, but is inextricably bound up with the culture in which it is used. In itself, this is hardly a novel proposition. But Derrida and others take their analyses far beyond the point where anyone can recognise language as "value-laden" or "ideological". Rather, Derrida can be understood as claiming that insofar as language is expressive of consciousness, and consciousness is that of specific human beings' experience within a definite spatial/temporal context, then language is not denotive of "reality" as some "objective" phenomenon. And yet the very function of language, on the surface, *is* to translate our experience of "reality" into consciousness—i.e., to make it *known*. But language is itself *part of* that reality, and thus one is caught in an infinite regression where the medium via which we are supposed to understand reality needs itself to be understood—and how is this to be done other than through the same medium, language? Thus, the apparent project of consciousness—to know reality—is self-contradictory. The apparent simplicity of language, as the fixed signifier of a signified reality, is shown to be an illusion. When it is "deconstructed" we find it feeds on suppositions derived from Western logic, and expressed in the structure of grammar, which have no ultimate or "true" grounding (e.g., the metaphysical distinction between "subject" and "object", the notion that a thing either is or is not).

Such "deconstructionism" has been seen either as a continuation of *modern* philosophy, or as part of *postmodernism*. Whichever, it has contributed significantly to that basic attack upon what postmodernists take to be the grand illusion underlying the Western metaphysical framework of thought—namely, that reality can be faithfully "represented" through language (and other media of "signification" such as photography, fine art, and drama).

Foucault

Another seminal influence on postmodernism is the French thinker, Foucault (1926–1984). Although proposing similar ideas to Derrida's about language, Foucault's focus was initially more on the *historical* contextuality of thought. He tried to show that the manner in which we order the world in our consciousness, including our own identities, emerges from that "being in the world" rather than from any prior logic which our experience has to be fitted into. Language, however, can give the impression via its meanings and rules that just such a pre-set structuring does characterise experience, lending it some fixed, metaphysical grounding, and thus fostering the illusion that there is some essential meaning to things, including the identities we attach to ourselves as "subjects" and "agents". Yet for Foucault it would seem that all we can talk about are the different modes of practices from and within which the meanings and rules of language emerge, such that at its most radical he has been understood as saying that "all we have are material effects and material acts; there is no essential meaning to things—no essential subject behind action". Further, and of special interest to us, it follows that "there is no essential order to history", since (whether we realise it or not) not only is history always written from the point of view of the present, both in the mundane sense that historians choose topics of interest to them *now* (often involving their rewriting history because applying their contemporary meanings to things), but also in the more radical sense that the discipline of history can lapse into the illusion that some causal efficacy and continuity must always underlie the past, thus giving it an order. But, as above, this is merely a feature (usually) of historical discourse, which (like any discourse) has no prior grounding or ultimate veracity behind it.

Much of the above arose from Foucault's (1961) study of the historicity of the concepts of "reason" and "madness", and of the changing institutions and practices adopted respecting the latter. Later (in the 1970s) Foucault developed this to argue that the "knowledge" which is expressed in various discourses is a form of power. Institutionalised power (e.g., the treatment of crime and punishment) is not the application of some a-historical rationality, but is co-extensive with the manner in which it construes that which it deals with. The "knowledge" contained in a mode of discourse and its referents has an authoritative instrumentality, and thus the workings of power can be understood through studying the social practices which have given rise to particular forms of discourse. Thus in itself "power" has no grounded, independent source, and Foucault claimed that nowadays in particular it is located in numerous parts of society, not only in official institutions and large organisations. Wherever a recognisable mode of living develops its own linguistic discourse, this becomes a form of "knowledge" which empowers those groups who practise that mode. For this reason, Foucault can approve of the positive effects such empowerment can have for groups otherwise excluded from consideration in the social field.

The idea that "knowledge" is never objective, but an intrinsic part of particular social practices and relations, and the idea that "knowledge" is "power", means that "power" is never objectively grounded or defensible in universalistic terms, and is potentially dispersable throughout society—and these notions became an important feature of postmodernist political and social thought, as well as having obvious implications (if ture) for the subject of history.

Lyotard

If these ideas of Foucault and Derrida might be seen as avant-garde examples of modern philosophy, their further extension underlies the theoretical writings of the postmodernist movement, one of whose leading figures is the Frenchman Jean-Frangois Lyotard (born in 1924), influential amongst USA intellectuals from the 1980s onwards. Emerging from a Marxist background in the 1960s, Lyotard came to reject Marxism because he saw it as just another version of the attempt to impose a universalistic set of ideas and values upon the world. Lyotard called such attempts "metanarrative", and the essence of his "postmodernism" revolves around exposing and challenging them. By a "metanarrative" he is referring to the suppositions he sees as interwoven in entire ways of thinking. The latter are articulated via their own kinds of discourse, and manifested in corresponding practices and institutions. For example, Marxism proposes that societies are fundamentally orientated around the productive process, are divided into different classes, are therefore unjust, and that progress demands the restructuring of the economic base in order not only to redress injustice but also to achieve universal rationality and fulfilment for people. This set of ideas, replete with its key words, assumptions about the nature of "society", and values, served to legitimate a particular outlook which pervaded the approach to life shared by millions. Another "metanarrative" is the liberal-rational-humanist perspective endemic to modern Western culture, whereby it is assumed that the basis for the progress of societies is the accumulation of "scientific" knowledge, not only for the sake of "enlightenment" regarding "truth" but also for its application to efficient economic production,"just" government and administration, and harmonious social engineering.[4]

These are examples — religions are others — of great overriding "stories" or (for Lyotard) "narratives" which are so embedded in a culture's consciousness (via its institutions and its language — i.e., its "discourse of representations") that they insidiously justify norms and practices to the point where they are regarded as universally "ture" because "natural" and "obvious". However, part of the point of calling them "metanarratives" is that they are "stories" which have no external grounding in *fact*. Moreover,"narratives" are always constructed and handed down through the telling. Just so,"metanarratives" underlie the supposed coherence of a society—although they are not told explicitly, but are implicit in the very mode(s) of articulation employed by the society. Lyotard draws from this the notion that "knowledge" is indistinguishable from the form it takes, and is, if not the determinant of a society, extremely influential on its characteristics. Yet it does not objectively "represent" reality. Such a "knowledge" or "representation" is impossible, since it can only be legitimised by some *other* alleged "knowledge" or form of discourse, equally groundless. Neither is "science" exempt, since it can only validate the "truth" of the knowledge it produces either by reference to some grand metanarrative outside its own terms of reference, or by accepting that the "truths" it uncovers are only expressions *within* the "language game" which constitutes the "rules" of scientific discourse.

Indeed, Lyotard uses the example of science to typify what he means by the postmodern condition in general. If there is still a "modern" science confident of the objectivity and universality of the propositions it produces concerning the world,there is also now a *post*modern science which feeds on uncovering the chaotic, unpredictable, and undecidable in the world, and which rejects the modern notion of "science" as *instrumental* knowledge for ordering the world. This state of affairs is mirrored throughout postmodern society at large, however, for now we are confronted by a multiplicity of different contexts and identities, each sustained through their own terms of reference or "language games", and whose legitimation cannot be subsumed under some (old) "metanarrative". Now we have to recognise that differences (e.g., gender, sexual orientation, work styles, family structures, ethnic practices and values) "legitimate" themselves through the "regimes of discourse" in which they are respectively expressed. The "knowledges" which such diverse contexts represent cannot and should not be reconciled under some overarching, universal notion of the "proper" norms for living. Rather, they are expressive of the plurality of ways of living, none of which can be privileged as "better" or more "right" than others. Dissensus, rather than consensus, characterises the postmodern world, and this is something Lyotard (followed by many "mere" liberals) applauds. It is true that this generates *conflicting* ideas, and sometimes the gulf between them is such that no common ground can be found (e.g., on what is just, beautiful, worthwhile). Lyotard refers to this as the emergence of a "differend", and insists that its unknowability must be respected rather than some consensus being forced upon the parties, or one or other party being silenced. Indeed, exploration of a "differend" may generate yet new insights into as yet unknowable modes of experiencing the world—in particular, perhaps, opening up the more "sublime" aspects of life which have been repressed by the universalising, instrumentality-orientated "knowledge" of modernity.

However, this latter possibility assumes our ability to choose for ourselves (albeit in a radically existentialist manner) which "language games" to immerse ourselves in. Latterly, Lyotard appears to move from the potentially emancipatory implication of a pluralistic, relativistic world to a more sinister one where we are not self-determining *subjects*, but simply manifestations of (different) praxes exemplified in what he now called the "regimes of discourses" which sustain them. As with Foucault, the subject (understood as a thinking and acting agent confronting and managing an exterior, objectively knowable world) ceases to have any real meaning. Rather, the "subject-object" dichotomy is itself but part of the many metanarratives characteristic of (especially Western) experience, expressive of the multiplicity of identities and praxes into and out of which we toss, as corks in a vast ocean.

Baudrillard

If Lyotard's thought centres on the impossibility of "representing" reality, so does that of the French thinker, Jean Baudrillard, born in 1929—but from a different perspective. Like a latterday Rousseau, Baudrillard is man radically at odds with his times. Rightly, he sees himself living in a world increasingly dominated by an economy geared towards consumerism—but his analysis of this fact has generated consideable controversy. For Baudrillard we have reached a new stage in history—(in fact, a kind of "end of history" in terms of its ability to generate any future real meaning)—because societies are no longer based on the production of objects to satisfy "objective" economic needs and desires (if they ever were). Rather, what the postmodern capitalist system produces are objects as "*signs*" of particular life-styles. Here, advertising, information technology, marketing, the media, and computer-simulation play a crucial role in creating a world where what we consume is related to status and (alleged) identity. We do not so much buy a suit, a drink, or a car for the "real" needs these "real" objects satisfy, as *buy into* this or that life-style and the values which these objects signify. Because these "signs" are "simulations" of some allegedly "real" object, they can not only be ceaselessly *reproduced* by modern technology, but their variety is also virtually infinite. Postmodern capitalism is thus devoted to the eclectic reproduction of "sign-objects" representing whatever life-style, values, or identities will sell—the latter being in the control of the media rather than determined by any objectively grounded utilitarian needs and rational aspirations. The world in which we increasingly live out our social lives is a complex of simulated contexts which have no real meaning in terms of being our experience of "being in the world", for the "real" world is superseded by a world of "simulations" which we inhabit and subscribe to as its consumers.

But this is not only the changed character of society in terms of its productive system and the logic of work, consumption, and social life which attends this. It is also the changed character of society in terms of what Marxists call its "super-structure", particularly the state, politics, and their ideological underpinnings. For Baudrillard these spheres are equally "simulations" which have lost any reference to grounded reality. The combined ability of communication technology and the media to reproduce and manipulate "simulations" and flood the masses with "information" means that "power" can sustain itself through incessant selfre-ferencing devoid of any objective grounding. For example, much media coverage of "the news" functions through polling, just as elections are themselves giant polls. But these exercises establish no real information because devised through the "question-and-answer" form, which in addition to depending on what questions are asked, is an empty tautology because a self-answering system of "information"—a product of its own "rules" of ordering and evaluating facts, ideas, and responses. "The public" is not real; "public affairs" are not real. Dialogue, criticism, opposition, are not real. They may be concocted, or even recognised for what they are, but only if they can be *reincorporated* into the self-sustaining logic of the simulation of "reality" generated in the media.

The upshot of this is that, for Baudrillard, we no longer live in a real world where we produce to meet our needs and fulfil our desires, guided by values rationally generated by our confrontation with the restraints and possibilities the objective world of nature provides, and struggling to organise better social structures through the management of real political processes. Rather, in most respects we live in "hyperreality", a world of groundless, endlessly reproducible "significations", which reproduce an "unreal" world. For Baudrillard, the USA is archetypal. In actuality, the USA is not "real" but "hyperreal", and the function of Disneyland (as an *explicitly* simulated world of fantasy) is to make Americans believe that their world is "real", because they can contrast it with Disneyland. Yet, for Baudrillard, Disneyland is the "reality" of the USA, because it *reveals* the self-referencing simulation which the USA has actually become; i.e., the USA as simulacrum generates the simulacrum, Disneyland, precisely to sustain its groundless identity. At a more sinister level Baudrillard suggests that the self-referencing logic of the hyperreal world leads to collusion between different simulations within it. If, at one level, the USA needs Disneyland, at another level all societies in the postmodern, hyperreal world need to self-reference themselves as, and through, "simulations", whereby (for example) an act of cruelty in a hostile society can be *welcomed* in its opposing society because it is used to confirm the latter"s values, just as the retaliation it provokes against the hostile society (bombing, economic sanctions) can be *welcomed* by the latter in turn, because fostering patriotic support from its own citizens. This does not mean that such events as massacres and retaliatory bombings are not "real" enough for those involved—but it does mean that the "reality" of events referred to as "wars", or, indeed, "peace-processes", is brought into question. For Baudrillard there is a sense in which many of these "events" are "unreal"—not so much because they are constructs of "spin", but in the sense that they are manifestations of a "hyperreality" which functions through the logic of simulacra rather than what we take to be the logic of the real world. The (ostensible), "war against terrorism" since the events of 11 September, 2001 in New York and Washington may offer a rich example for those who regard Baudrillard's perspective as profound. Others, however, have argued that his analysis is trite because he is in fact merely dressing up the well-recognised machinations of "realpolitik", where the participants deliberately practise collusion and media-spin. Baudrillard's point, however, (rightly or wrongly) is that the participants are *not* engaged in "realpolitik" but are simply unwitting agents of the postmodern world—i.e., are prisoners of hyperreality.

Finally, as for how it might be possible to escape this vacuous world of simulations and return to one ordered according to some grasp of "the real", Baudrillard suggests a catastrophic strategy whereby the consumerist masses take the system to its logical extremes in an orgy of eclectic "buying into" any and everything that's going, such that the hyperreal may implode under the weight of its own meaninglessness akin to going along with a plan one knows to be absurd, in order for it to reveal itself as such in practice.

Jameson

Partly influenced by Baudrillard, the US theorist Fredric Jameson is also a wellknown figure in the postmodernist movement, although as much a critical exponent of postmodernism as a practitioner of its perspectives. Once again, his thinking emanates from the claim that we live in a "postmodern" world whose principal feature is the loss of "representation" in its culture. Although his writings include analyses of art, architecture, philosophy, and politics, we can more easily grasp Jameson's approach by his analysis of consumer society and its TV and film culture. Like many, Jameson claims that at some (disputed) time after the Second World War, Western capitalism entered a new stage where it became multinational, post-industrial, and consumerist, this having profound effects upon social life and culture. Coupled with the new electronic technology, TV and the media generally have become the dominant form in which knowledge, information, or "culture" in general have been disseminated to the consumerist populace. But the electronic image (e.g., TV) is not just the form of communication—as in McLuhan's famous dictum that "the medium is the message", it profoundly influences the content. For Jameson, electronically reproduced images, adverts, and texts ceaselessly bombard the populace, but are devoid of any depth of content. Rather, under the relentless pressure of consumerist capitalism, TV programmes must be produced 24 hours around-the-clock, the press (both popular and high-brow) has to churn out something every day, and advertising needs to find novel, attention-catching images and slogans to replace their short shelf-life. The effect on peoples' consciousness, Jameson suggests, is that we lose our bearings amidst this mêlée of "representations" which in fact "represent" nothing but themselves—i.e., the technology of electronic reproduction. The culture it produces does not centre on representing reality—rather, it centres on the uninterrupted flow of simulated images, whose effect is to distort even our sense of time and place, since both these otherwise fundamental bases to our lives are constantly simulated by the media bombarding us with eclectic, quasi—"historical" references, and architecture, products, and life-styles which bear no intrinsic relation to the place where they happen to appear. The danger, for Jameson, is that in this post-industrial, global capitalist world—as "unreal" in a sense as Baudrillard's "hyperreality"—we are unable to distance ourselves from the groundless "reality" spawned by its culture, and our sense of *identity* is swallowed up, such that we lose the capacity to "represent" the world to ourselves as independent, responding, challenging subjects.

Here again, then, we encounter the notion that "the subject" is fast disappearing, and thus with it the possibility of "understanding" the world around us—for that world offers us no depth of grounding in reality from which to perceive and challenge it. And, for Jameson, it seems it will not be challenged in its overall fundamentals until (or unless) it generates some class akin to the disaffected proletariat of classical industrial capitalism, whose very position and consciousness confronts the totality of the system from the view-point of a genuine alienation. Meanwhile, only temporary, local social struggles take place in the sphere of micro-politics (e.g., feminism, sexual orientation, Green issues)—relatively easily absorbed by today's economy and culture.

摘引自 M. C. Lemon 著 *Philosophy of History*, Routledge, 2003, pp. 359-370